Substituição Tributária

Substituição Tributária

ESTRUTURA E FUNÇÃO

2021

Ricardo Siqueira de Carvalho

ALMEDINA

SUBSTITUIÇÃO TRIBUTÁRIA
ESTRUTURA E FUNÇÃO

AUTOR: Ricardo Siqueira de Carvalho

DIRETOR ALMEDINA BRASIL: Rodrigo Mentz
EDITORA JURÍDICA: Manuella Santos de Castro
EDITOR DE DESENVOLVIMENTO: Aurélio Cesar Nogueira
ASSISTENTES EDITORIAIS: Isabela Leite e Larissa Nogueira

DIAGRAMAÇÃO: Almedina
DESIGN DE CAPA: FBA

ISBN: 9786556273204
Outubro, 2021

Dados Internacionais de Catalogação na Publicação (CIP)
(Câmara Brasileira do Livro, SP, Brasil)

Carvalho, Ricardo Siqueira de
Substituição tributária : estrutura e função / Ricardo Siqueira de Carvalho. – 1. ed. – São Paulo : Almedina, 2021.

Bibliografia
ISBN 9786556273204

1. Direito tributário 2. Direito tributário – Brasil 3. Substituição tributária 4. Substituição tributária – Brasil I. Título..

21-71456 CDU-34:336:2(81)

Índices para catálogo sistemático:

Brasil : Substituição tributária : Sistema tributário : Direito tributário 34:336:2(81)

Maria Alice Ferreira - Bibliotecária – CRB-8/7964

Este livro segue as regras do novo Acordo Ortográfico da Língua Portuguesa (1990).

EDITORA: Almedina Brasil
Rua José Maria Lisboa, 860, Conj.131 e 132, Jardim Paulista | 01423-001 São Paulo | Brasil
editora@almedina.com.br
www.almedina.com.br

Para Judy, insubstituível

AGRADECIMENTOS

Agradeço aos meus familiares, especialmente aos meus pais, Arnolfo e Denise, a quem devo tudo, e a Maria Luiza, Alexandre e Guilherme, a quem tenho a sorte de ter como irmãos.

Agradeço à Faculdade de Direito da Universidade Federal do Paraná, minha morada acadêmica há tanto tempo, pela oportunidade de participar do programa de pós-graduação e de aprender muito, com os professores e colegas, ao longo desses últimos anos. Em especial, agradeço aos amigos e jovens tributaristas paranaenses, Carlos Renato Cunha, Guilherme Follador, João Guilherme Christofis, Maurício Timm do Valle, Nayara Tataren e Rosaldo Trevisan, por quem nutro profunda admiração.

Agradeço aos meus amigos, nas pessoas dos meus amigos e sócios Leonardo Bibas e Rodrigo Ramina, com os quais tenho o privilégio de conviver todos os dias, na RBC.

Agradeço ao meu orientador, Professor José Roberto Vieira, mestre, no sentido mais genuíno da palavra, digno de toda a reverência.

Agradeço a minha esposa, Judy Lorena, e a ela dedico este trabalho, porque me apoiou incondicionalmente, tolerando, muitas vezes, sem reclamar, um presente-ausente, em casa.

E, por fim, agradeço a Deus, pelas tantas coisas boas do caminho, em especial a vida do Daniel e a de seu irmão.

PREFÁCIO

Recebi, com bastante alegria, o convite feito por Ricardo Siqueira de Carvalho para prefaciar o seu livro "Substituição Tributária: Estrutura e Função", fruto de sua dissertação de mestrado defendida em abril de 2017 perante a Universidade Federal do Paraná, sob a orientação segura do Professor Dr. José Roberto Vieira. Na condição de membro externo da comissão examinadora, pude aferir não apenas a inequívoca qualidade do trabalho escrito, mas a desenvoltura e a assertividade demonstrada pelo então candidato ao título de mestre em Direito Tributário. Em releitura do trabalho quase quatro anos após, também me gratificou perceber que o autor continuou seus estudos e reflexões sobre o tema, de modo a apresentar para publicação na forma de livro um trabalho sedimentado que certamente suprirá uma lacuna importante em nossa doutrina tributária.

O tema da substituição tributária é um dos mais árduos de nosso direito tributário positivo, pela sua complexidade, pela forma em que se encontra disciplinado pelo nosso ordenamento, pelo desencontro das construções doutrinárias e jurisprudenciais que se dispõem a enfrentar o tema. Portanto, além das qualidades acadêmicas que sobejam no autor, sistematizar um tema dessa envergadura exige atributos outros, como enorme dedicação, perseverança e, sobretudo, coragem e ousadia intelectual.

Para enfrentar este desafio, o autor se vale, como ponto de partida (Capítulos 1 e 2), das ferramentas teóricas colhidas na Teoria Geral do Direito, de forma a reconstruir as categorias essenciais para enfrentamento do tema, não se contentando com a análise do fenômeno jurídico sob a perspectiva estrutural, cuidando de problematizar a dinâmica do ordenamento jurídico também sob a perspectiva funcional. Essa abordagem metodológica permitirá ao autor, mais adiante, integrar os diversos ângulos de análise necessários a uma plena visão da fenomenologia da substituição tributária.

No Capítulo 3, o trabalho se aproxima do objeto de estudo sob o prisma constitucional, surpreendendo o plexo de enunciados prescritivos dedicados ao tema nesse patamar normativo, seja para delimitar os princípios aplicáveis, seja para problematizar a natureza relacional entre o chamado "destinatário constitucional tributário" (normalmente, o contribuinte) e o substituto tributário. Já nesse momento, apresenta uma abordagem bastante provocativa ao comando do art. 150, §7º, da CF/88 (preceito central sobre substituição tributária), apontando as razões pelas quais, nas palavras do autor, "o teor do dispositivo briga com o restante do sistema constitucional tributário", na medida em que estabelece sistemática de tributação presumida e antecipada que desafia uma série de princípios de nosso ordenamento jurídico, como a segurança jurídica e a capacidade contributiva.

Ressalva, entretanto, a necessidade de se enfrentar o tema considerando o acolhimento do instituto, sob o prisma da constitucionalidade, pela jurisprudência do Supremo Tribunal Federal, sem que se abra mão da vigilância quanto à sua implementação concreta, na medida em que identifica a possibilidade de uma instituição ou execução da substituição tributária de forma inconstitucional.

Ainda nesse capítulo, a obra procura analisar e discorrer sobre as categorias presentes no Código Tributário Nacional e, de modo mais amplo, no próprio direito tributário positivo. Nesse passo, após extensa pesquisa e revisão de literatura (o texto dialoga, de modo crítico e propositivo, com a grande maioria dos autores que se dispuseram a tratar sobre o tema), o autor erige a sua própria – e original – proposta de sistematização e classificação da sujeição passiva tributária, identificando: (i) os contribuintes ou destinatários legais tributários; (ii) os responsáveis tributários; (iii) os agentes de retenção, e; (iv) os substitutos tributários.

No Capítulo 4, que consideramos o central deste trabalho, o autor investiga o tema da substituição tributária sob o aspecto estrutural. Nesse passo, inicia apontando a dificuldade semântica do termo "substituição tributária", marcado por forte ambiguidade (do tipo processo/produto) e, também, a forte influência da doutrina estrangeira no estudo do tema, que, na sua visão, mais dificultou do que contribuiu para uma disciplina clara do instituto. Após dialogar com as principais propostas teóricas que se dispuseram a explicar o fenômeno da substituição tributária, o autor encampa a construção de Marçal Justen Filho (inspirada, por sua vez, na visão doutrinária do italiano Andrea Parlato), apresentada na obra "*Sujeição Passiva Tributária*", que reconhece na substituição tributária um acontecimento muito semelhante à célebre contribuição de Paulo de Barros Carvalho para a fenomenologia da isenção tributária.

Na concepção de Justen Filho, endossada pelo autor, a fenomenologia da substituição tributária envolverá sempre duas normas jurídicas, uma autônoma (a norma-padrão de incidência) e outra não autônoma (a norma de substituição tributária), sendo que esta investe contra o critério pessoal do consequente daquela a fim de que o sujeito passivo da relação tributária passe a ser o substituto e não mais o destinatário legal tributário. O trabalho contribui, ainda, na identificação dos pressupostos necessários à instituição de uma norma de substituição tributária, a exemplo da veiculação em lei, da previsão de uma relação qualificada entre o substituto e o fato jurídico tributário (no antecedente), da previsão de uma relação jurídica em que o substituto figura de maneira exclusiva no polo passivo (no consequente) e do estabelecimento do regime jurídico da obrigação como sendo aquele do destinatário legal tributário.

Avançando no tema, o trabalho passa a investigar as grandes modalidades de substituição tributária que se tem conhecimento: (i) a substituição convencional ou "concomitante"; (ii) a substituição regressiva ou "para trás", e; (iii) a substituição progressiva ou "para frente". Em todos os momentos, o autor cuida de construir e consignar a sua contribuição específica para o tema, traço característico de um trabalho feito às custas de intensa reflexão e apurada capacidade analítica. Isso ocorre quando, por exemplo, o autor disseca conceitos normalmente tratados como sinônimos pela doutrina brasileira, como "dever instrumental de retenção na fonte" e "substituição concomitante", chamando atenção para situações em que o agente de retenção passa a ser mais do que o mero cumpridor de um dever instrumental (como nas retenções exclusivas na fonte do Imposto sobre a Renda, nas remessas de juros ao exterior).

O mesmo tipo de postura se percebe no enfrentamento do tema da substituição tributária para frente, em que o autor se desvencilha do senso comum teórico de tratar o assunto como uma antecipação da incidência, passando a abordá-lo como uma norma autônoma de incidência tributária (afinal, se relação jurídica surgiu e pode ser extinta pelo pagamento é porque algum fato ocorreu no passado, não no futuro). Neste último tema, cuida, adicionalmente, de chamar atenção para a necessidade de se preservar o vínculo entre esta norma de substituição tributária e a norma-padrão de incidência tributária, justamente por meio da implementação efetiva da norma que resguarda a restituição das diferenças cobradas em excesso pelo Estado.

Ainda nesse capítulo, ao lado de outras tantas, o autor traz contribuição para a atualíssima discussão que foi reaberta após o julgamento do RE 593.849 (Tema 201 de Repercussão Geral), quando o Supremo Tribunal Federal revisou o seu entendimento anterior para passar a reconhecer o direito à restituição do montante pago a mais no regime de substituição tributária, quando o fato jurídico tributário efetivo ocorrer a menor do que o presumido. A controvérsia que hoje surge reside justamente em saber o tratamento a ser dado na situação inversa, caso o fato jurídico tributário efetivo possua expressão econômica superior àquela presumida pela norma de substituição. Este tema é enfrentado na obra sob diversos ângulos, não apenas pelo aspecto formal (necessidade ou não de nova previsão a respeito no âmbito da Lei Complementar nº 87/96), mas sob o aspecto principiológico (revisitando a tensão principiológica entre praticabilidade e isonomia) e, também, sob o enfoque da própria razão da existência de um sistema de tributação presumida em oposição a um mecanismo regular de apuração (créditos *vs* débitos): "qual o sentido da substituição tributária, se a cobrança da diferença a maior, em face do contribuinte-substituído, acabaria devolvendo este à sistemática tradicional de apuração, de confronto entre créditos e débitos?", nos convida a refletir o autor.

O registro, pelo próprio autor, de retratação de seu ponto de vista anterior sobre este tema (em relação à posição defendida na arguição pública da dissertação, há quase 4 anos), comprova que este trabalho não é apenas fruto da reflexão para a defesa de tese, mas de constante sedimentação e amadurecimento do tema ao longo de anos de pesquisa e reflexão contínua.

No 5 e último capítulo, o autor integra à perspectiva estrutural antes delineada a análise da fenomenologia da substituição tributária sob o prisma funcional, investigando de modo detido os diversos princípios que orientam a interpretação do instituto em nosso ordenamento, como o princípio da praticabilidade (e suas diversas nuances no contexto das funções estatais), da eficiência, da livre concorrência, do interesse público, da igualdade, da razoabilidade, da proporcionalidade e da proibição do excesso. Não se trata, aqui, de simples exposição de um rol de princípios, cuidando o trabalho de problematizar, a todo tempo, os diversos ângulos de análise inerentes a tais primados, suas tensões constantes e os efeitos concretos na compreensão crítica do instituto da substituição tributária em nosso ordenamento.

A trajetória do autor se vê refletida na integração harmoniosa que se constata em sua obra entre profunda pesquisa acadêmica e preocupação pragmática. Isso porque, além de seu destacado histórico acadêmico (graduado pela própria UFPR em 2009, tendo cursado pós-graduação lato sensu em Direito Tributário pela UniCuritiba - onde hoje faz parte do corpo docente -, antes de ingressar no programa de mestrado, em 2015), Ricardo Siqueira de Carvalho, é advogado militante na área tributária e empresarial há mais de dez anos, se dedicando quotidianamente à intersecção entre teoria e prática, entre ciência e experiência.

Estou certo de que este trabalho é motivo de orgulho para o programa de pós-graduação em Direito Tributário da UFPR, para o Professor José Roberto Vieira (mestre no sentido mais genuíno da palavra) e para a "Escola Analítica de Direito Tributário da UFPR", por este liderada com tanta dedicação e que tem gerado tantos bons frutos e contribuições para a doutrina brasileira no campo do Direito Tributário.

Santa Cruz-ES, 19 de outubro de 2020

DANIEL MONTEIRO PEIXOTO
Doutor e Mestre em Direito Tributário pela PUC/SP
Professor da FGV-SP

SUMÁRIO

Capítulo 1
Introdução

João, funcionário público e cidadão exemplar, sempre se mostrou disposto a declarar e a recolher o imposto sobre a renda que auferiu, durante todo o exercício, no ano anterior. A sua boa vontade, porém, não o exime de se sujeitar, mês a mês, às subtrações regulares que as fontes pagadoras realizam sobre os seus rendimentos: é a sociedade locatária de seu imóvel, pessoa jurídica, que retém parte do aluguel; é a União, que extrai parcela de seus proventos; é o banco, que deduz de suas aplicações financeiras o valor equivalente do imposto, no momento do resgate.

José, empresário do mercado informal de bebidas, nunca se mostrou disposto a documentar as suas operações fiscais e a efetuar o recolhimento do imposto sobre as operações de venda que realizava com as suas mercadorias, pois assim assegurava uma (indevida) vantagem competitiva em face das suas concorrentes. A sua má vontade, porém, não foi capaz de impedir que, recentemente, os impostos passassem a ser recolhidos todos de uma vez, pelo fabricante das bebidas, de forma antecipada, em relação a toda a cadeia de comercialização. A notícia, é certo, também não agradou a fabricante de bebidas, em razão dos inevitáveis custos que terá de assumir para cumprir com os deveres fiscais.

Apesar das conveniências ou inconveniências causadas a João, a José ou ao fabricante de bebidas, a Administração Pública, graças a esses "... *modelos de transferência da responsabilidade tributária...*", na expressão de James MARINS, soluciona, do ponto de vista de seus interesses, a um só tempo, dois graves inconvenientes da gestão tributária[1]: **diminui o risco**

[1] Substituição Tributária e o Novo Código de Processo Civil, *in* Arthur M. FERREIRA NETO e Rafael NICHELE (coord.), **Curso Avançado de Substituição Tributária**, p. 443.

de que um determinado evento que denote riqueza permaneça alheio à tributação, incrementando, com isso, a arrecadação; e **delega aos particulares** a tarefa de fiscalizar e praticar atos que, idealmente, competiriam ao Estado – o quê a doutrina, habitualmente, denomina de "privatização da gestão tributária"[2] – desvencilhando-se, de certa forma, dos custos inerentes às atividades de fiscalização e cobrança.

Marins observa que esses mecanismos – de que são exemplos a retenção na fonte, a substituição tributária, a responsabilidade, a incidência monofásica *etc.* – têm sido utilizados cada vez com mais frequência pelo Estado. São mecanismos que se, de um lado, podem cumprir propósitos relevantes, de outro, "*... fomentam graves problemas pelo prisma material e processual tributários*"[3].

De fato, a preocupação com os relevantes e delicados problemas de "a quem" se pode atribuir a responsabilidade pelo recolhimento de tributos não é nova[4]. Há muito, discussões pertinentes ao tema vêm abarrotando a

[2] Sobre a expressão, na doutrina europeia, consulte-se José Juan Ferreiro Lapatza, *La privatización de la gestión tributaria y las nuevas competencias de los Tribunales Económico--Administrativos*, **Revista Española de Derecho Financiero**, n. 37, p. 84-85. Segundo Regina Helena Costa, a "privatização da gestão tributária" pode ser conceituada como a "*... delegação, aos particulares, da prática de atos que, no passado, competiam à própria Administração Pública*" – **Praticabilidade e Justiça Tributária: Exequibilidade de Lei Tributária e Direitos do Contribuinte**, p. 194.

[3] A reflexão de Marins merece integral reprodução: "*... tem sido crescente a utilização pela Fazenda Pública de modelos de transferência de responsabilidade tributária. Semelhantes práticas têm sido denominadas pela doutrina europeia de 'privatização da gestão tributária', justamente porque transferem para terceiros, sobretudo para pessoas jurídicas de direito privado, funções de formalização e até mesmo de arrecadação que historicamente cumpriam às administrações tributárias, muitas vezes convertendo o particular em* ***longa manus*** *do Estado. E não se trata apenas da fenomenologia clássica, que afeta a retenção e o agente retentor (****retención, retenedor****) na relação do indébito. Variados e criativos mecanismos e denominações como substituição para trás, substituição para frente, monofasia, responsabilidade, retenção, sub-rogação etc., alimentam vigorosas discussões doutrinárias e jurisprudenciais. Transformaram-se, de uma parte, em eficaz estratégia sob o prisma arrecadatório, mas de outra, fomentam graves problemas pelo prisma material e processual tributários*" – Substituição Tributária..., *op. cit.*, p. 443.

[4] Mais adiante, identificaremos, com mais vagar, as acepções do vocábulo "responsabilidade", que exprimem ideias distintas entre si e que têm sido objeto de incursões doutrinárias muito importantes para o aprofundamento do tema da responsabilidade tributária. A respeito, vide as obras de Herbert L. A. Hart, *Postscript: Responsibility and Retribution*,

pauta diária de empresários, advogados, procuradores, juízes, tais como o redirecionamento da execução fiscal contra os administradores, na hipótese de inadimplemento[5]; a responsabilização de grupos econômicos por dívidas tributárias[6]; e, como não poderia deixar de ser, a famigerada "substituição tributária".

A substituição, "*grosso modo*", é uma técnica jurídica mediante a qual a lei atribui a um terceiro, desde logo, a incumbência de entregar ao Estado o tributo que deriva de um fato jurídico realizado por outro.

Tal incumbência, segundo o direito positivo brasileiro, pode surgir simultaneamente à manifestação daquela riqueza (substituição convencional), posteriormente à sua manifestação (substituição "para trás" ou regressiva) ou, o que é objeto de intermináveis debates, anteriormente a ela, de forma "antecipada" (substituição "para frente" ou progressiva). Pode ser "vertical", no sentido de abranger agentes que se encontram dentro de uma mesma cadeia econômica, porém em fases distintas; ou "lateral", ao envolver sujeitos em cadeias econômicas paralelas.

in ***Punishment and Responsibility: Essays in the Philosophy of Law***, p. 210-237; de Daniel Monteiro Peixoto, **Responsabilidade Tributária e os atos de formação, administração, reorganização e dissolução de sociedades**; e Maurício Dalri Timm do Valle, **Princípios Constitucionais e Regras-Matrizes de Incidência do Imposto sobre Produtos Industrializados.** Por ora, o termo "responsabilidade" pretende expressar tanto a noção de um encargo assumido por um sujeito em razão do desempenho de um determinado papel social (*role-responsibility*) quanto o de investigação dos critérios legais que autorizam a imputação a um sujeito de uma sanção ou de uma compensação (*legal liability-responsibility*).

[5] No sentir de Renato Lopes Becho, o excesso de responsabilização tributária, notadamente os pedidos de redirecionamento das execuções fiscais, com base no enunciado de súmula 435 do Superior Tribunal de Justiça – "*Presume-se dissolvida irregularmente a empresa que deixar de funcionar no seu domicílio sem comunicação aos órgãos competentes, legitimando o redirecionamento da execução fiscal para o sócio-gerente*" – é decorrência direta da "... *ineficiência da Administração Tributária em propor rapidamente as ações executivas...*" **Responsabilidade Tributária de Terceiros: CTN, arts. 134 e 135**, p. 24.

[6] "*Tem, ultimamente, o Fisco direcionado autos de infração para pessoas jurídicas e físicas vinculadas ou não ao fato gerador, sob a alegação de participação de grupos econômicos ou de, estatutariamente, terem responsabilidade nas infrações de empresas, em que se detectem irregularidades*" – Ives Gandra da Silva Martins, Responsabilidade tributária dos grupos econômicos, *in* Arthur M. Ferreira Neto e Rafael Nichele (coord.), **Curso Avançado de Substituição Tributária**, p. 135-144.

Apesar da dissociação entre o substituto e o titular da riqueza gravada pela tributação, tolera-se a técnica em nome da "comodidade da arrecadação", da racionalização da atividade administrativa ou, como propugnado mais recentemente, da praticabilidade tributária.

Embora a substituição seja fenômeno presente, há algum tempo, na experiência jurídica brasileira, o que chama a atenção é a **vertiginosa difusão** com que vem sendo empregada em nosso sistema tributário, mormente no âmbito do Imposto sobre a Circulação de Mercadorias e Prestação de Serviços (ICMS). Não parece exagerada a afirmação de que a substituição tributária, de exceção, está a caminho de tornar-se a regra.

É certo que Alfredo Augusto BECKER, já nos idos dos anos sessenta, registrava que a utilização do substituto legal tributário "*... na época atual, já é frequentíssima, de tal modo que, dentro de alguns anos, o uso do substituto legal pelo legislador será a 'regra geral'*"[7]. No entanto, também é certo que não estava no horizonte do mestre gaúcho as distorções que o mecanismo tem o condão de gerar, mormente na substituição "para frente", modalidade essa que, claramente, não fazia parte das pioneiras considerações do autor a respeito do "*Substituto Legal Tributário*", em capítulo destacado na obra "*Teoria Geral do Direito Tributário*"[8].

Com efeito, é a difusão despreocupada e sem critérios desse instrumento que tem gerado problemas os mais diversos. Na apropriada metáfora invocada por Rafael PANDOLFO, ao tratar de uma das modalidades de substituição tributária, a progressiva, e levando em consideração os propósitos que ela almeja cumprir, anota que

> ... a mesma substância que cura (o remédio) pode matar (o veneno), dependendo do modo como é utilizada (o que inclui sua dosagem), conforme antigo ensinamento de Platão, em Fédron, ao referir-se à expressão phármakon ... a aplicação, a um contribuinte, de dosagem superior à sua capacidade contributiva e ao limite representado pela competência tributária estendida ao aplicador da dose (ente tribu-

[7] **Teoria Geral do Direito Tributário**, p. 588.
[8] *Ibidem*, p. 567-620.

tante), significará a morte gradativa da Constituição como garantia do contribuinte e como pedra angular do nosso ordenamento jurídico[9].

O diagnóstico dos que se deparam com o cenário atual é **grave**: o alastramento da técnica legislativa nos mais diferentes tributos, escreve José Antonio MINATEL, tem sido conduzido "... *sem qualquer preocupação com os pressupostos lógicos e legais que devem nortear a implantação dessa sistemática de arrecadação*"[10]. A substituição tributária é um dos temas mais tormentosos da sujeição passiva tributária, sendo que "... *as discussões tomam corpo em razão proporcional à expansão da sua aplicabilidade*", observa Andrea DARZÉ[11].

A inquietação da doutrina acerca do panorama atual e as manifestações no sentido de que urge identificar os critérios para o controle da criação e da aplicação das hipóteses de responsabilidade – e aqui, em particular, da substituição tributária – revela-se na surrada, mas não menos verdadeira, expressão de não ser admissível a outorga de um "cheque em branco" ao legislador em matéria tão delicada como a da sujeição passiva[12].

Tomando de empréstimo a questão lançada por Marçal JUSTEN FILHO, no preâmbulo do livro "*Sujeição Passiva Tributária*", atinente à liberdade

[9] ICMS e a Substituição Tributária, Limites Constitucionais e Phármacon, *in* Arthur M. FERREIRA NETO e Rafael NICHELE (coord.), **Curso Avançado de Substituição Tributária**, p. 293.

[10] Modo de Operacionalização e Atividade Fiscalizatória na Substituição Tributária, *in* Arthur M. FERREIRA NETO e Rafael NICHELE (coord.), **Curso Avançado de Substituição Tributária**, p. 105.

[11] **Responsabilidade Tributária: Solidariedade e Subsidiariedade**, p. 187.

[12] "*Autorizar que o legislador possa presumir a ocorrência de fato gerador futuro ... significa burlar a segurança jurídica e os direitos fundamentais do administrado, além de revelar verdadeiro cheque em branco que tem servido para desnaturar a identidade de tradicionais tributos...*" – MINATEL, Modo de..., *op. cit.*, p. 111; "... *uma disposição como a do art. 124, II, do CTN, que não confere cheque em branco para o legislador ordinário atribuir responsabilidade solidária a quem quiser*" – Hugo de Brito MACHADO SEGUNDO, Substituição Tributária, Normas de competência da responsabilidade tributária definidas na Constituição Federal, *in* Arthur FERREIRA NETO e Rafael NICHELE (coord.), **Curso Avançado de Substituição Tributária**, p. 89; "... *embora o Supremo Tribunal Federal tenha decidido ser constitucional a técnica de tributação* [substituição tributária progressiva], *obviamente não afirmou ser ela irrestrita, ou seja, não deu um 'cheque em branco' aos órgãos legislativos*" (esclarecemos nos colchetes) – Paulo Victor Vieira da ROCHA, **Substituição Tributária e Proporcionalidade: entre capacidade contributiva e praticabilidade**, p. 21-22.

do legislador para escolher o sujeito passivo tributário[13], e adaptando-a ao objeto de nossos esforços, perguntamo-nos: o legislador é **livre** para impor um regime de substituição tributária, escolhendo o substituto tributário segundo a sua conveniência[14] ? Quais são os limites e controles ao uso da técnica?

Daí porque o tema, conquanto objeto de vários estudos doutrinários, mereça sempre ser revisitado. Ainda mais porque a discussão científica sobre ele "... *acabou por se limitar, um lado, a aspectos formais (legalidade) ou políticos*", conforme Luis Eduardo SCHOUERI, ao discorrer sobre a substituição tributária progressiva[15].

Assim, interessa-nos investigar o fenômeno da substituição tributária no direito positivo brasileiro, especialmente à luz da doutrina nacional do Direito Tributário, o quê não implica ignorar, obviamente, as contribuições teóricas da doutrina estrangeira, cuja influência na matéria é notória, desde que com o cuidado de não as importar acriticamente[16].

[13] "*Minha tentativa foi fornecer uma resposta a uma indagação crucial (ainda que descurada pela doutrina): o legislador é livre para escolher o sujeito passivo tributário?*" – **Sujeição Passiva Tributária**, p. 1 do preâmbulo.

[14] E, numa boa síntese, Maurício Timm do VALLE, mostrando o panorama doutrinário atual sobre o tema da sujeição passiva tributária, conclui que a substituição tributária é "... *um dos temas que mais gera controvérsias, tanto entre os cientistas do Direito Tributário, quanto entre os aplicadores do direito tributário, aqui incluídos os Poderes Executivo e Judiciário*" – **Princípios Constitucionais...**, *op. cit.*, p. 250.

[15] Prefácio, *in* Paulo Victor Vieira da ROCHA, **Substituição...**, p. III.

[16] Geraldo ATALIBA sempre foi um contundente crítico da importação de soluções prontas de sistemas estrangeiros, censurando o transplante acrítico do que é produzido lá fora – Problemas Atuais do Imposto sobre Serviços, **Revista de Direito Tributário**, n. 27-28, p. 179-192. Em seu clássico "*Sistema Constitucional Tributário Brasileiro*", anotava "... *as trágicas consequências decorrentes da transplantação simplista que se tem feito de fórmulas, soluções e institutos de outras legislações*", pugnando pela construção de uma doutrina nossa, "*à luz da nossa realidade*" – **Sistema Constitucional Tributário**, p. 36-37 e 39. Com efeito, temos de ter o hábito de exercitar uma "antropofagia jurídica", isto é, ter em conta que, sendo o direito um objeto cultural, os exemplos ou soluções de fora devem ser absorvidos e digeridos por nós, de acordo com a realidade que nos cerca. Nas palavras de Eros Roberto GRAU, "... *é indispensável revisitarmos as exposições de Ascarelli a respeito do Direito comparado. Impõe-se exorcizarmos os portadores das síndromes de Harvard e Chicago, esse jeito específico de raciocinar conforme padrões de conduta, de comportamento e de pensamento que não têm absolutamente nada a ver com a realidade brasileira. Pobres moços, esses moços engravatados que pouco sabem do Brasil*

Nessa tarefa, o percurso é dividido em quatro capítulos, além da introdução: no segundo capítulo, são apresentados os pressupostos teóricos em que repousa a investigação, esclarecendo a proposta de um exame baseado na estrutura e na função desse mecanismo; no terceiro, almeja-se traçar um panorama da sujeição passiva tributária, a fim de distinguir a categoria da substituição tributária das demais que lhe são afins; no quarto capítulo, faz-se uma incursão sobre a figura da substituição tributária no direito positivo brasileiro; e, por fim, o derradeiro capítulo é reservado a uma investigação "funcional" do fenômeno.

e do Direito Brasileiro" – O Direito Posto, o Direito Pressuposto e a Doutrina Efetiva do Direito, *in* Alaôr Caffé ALVES *et al.* **O Que é a Filosofia do Direito?**, p. 38-39. Na mesma moeda, a experiência brasileira também pode muito contribuir para a de outros países, como bem expressou o poeta Oswald de ANDRADE: "*Quando o português chegou/Debaixo duma bruta chuva/ Vestiu o índio/Que pena! Fosse uma manhã de sol/ O índio tinha despido/O português*" – Erro de Português, *in* **Obras Completas – poesias reunidas**, p. 177.

Capítulo 2
Reflexões sobre o Objeto e a Proposta de Estudo: Estrutura e Função

2.1 O corte metodológico: uma análise jurídico-normativa da substituição tributária

O tema das técnicas de transferência de responsabilidade tributária, certamente, comporta análises sob diversas perspectivas. De um ponto de vista político, por exemplo, poder-se-ia examinar em que medida esses e outros mecanismos tributários constituem entraves à integração econômica do Brasil no projeto de consolidação e fortalecimento do Mercado Comum do Sul (Mercosul), como fez Fernando REZENDE[17]. De um ponto de vista econômico, caberia indagar qual é o potencial que essas técnicas efetivamente oferecem ao combate à evasão, na linha dos estudos publicados por Cristiano CARVALHO sobre a análise econômica da tributação[18]. Até mesmo de um ponto de vista psicológico, a questão mereceria uma reflexão mais detida, como assinala Hector VILLEGAS[19].

[17] Integração Regional e Harmonização Tributária: a perspectiva brasileira, disponível em https://publications.iadb.org/bitstream/handle/11319/2806/Integracao%20Regional%20e%20Harmonizacao%20Tributaria%20A%20Perspectiva%20Brasileira.pdf?sequence=1, acesso em 30.04.2020.

[18] Sobre a análise econômica do direito e sua relevância aos estudos dos deveres instrumentais tributários, v. Cristiano CARVALHO, Deveres Instrumentais e Custos de Transação, *in* Aires Fernandino BARRETO *et al.*, **Interpretação e Estado de Direito**, p. 81-88, Cristiano CARVALHO, Análise Econômica da Tributação, *in* Luciano Benetti TIMM (org.), **Direito e Economia no Brasil**, p. 246-265; Cristiano CARVALHO e Eduardo JOBIM, O Direito Tributário e a Interpretação Econômica do Direito: deveres instrumentais, custos de conformidade e custos de transação, *in* Luciano Benetti TIMM (coord.), **Direito & Economia**, p. 239-246.

[19] *"Por exemplo, vejam os senhores a importância psicológica que tem a retenção na fonte. Aos olhos de muitos contribuintes, mediante a retenção, o tributo passa a ser completamente dissimulado; e o*

Dentro da variedade de recortes possíveis, o estudo que ora se empreende sobre uma dessas técnicas – a substituição tributária – assume uma postura jurídico-normativa: "jurídica" porque a substituição constitui um fenômeno pertencente ao direito; "normativa" porque, conquanto o direito seja uma realidade complexa e multifacetada, a característica preeminente dessa realidade é a sua **normatividade**[20]: o direito é uma técnica de adaptação social, talvez a mais sofisticada, que visa a disciplinar o comportamento humano, mediante normas, voltadas para a realização de determinados fins[21]. "*A experiência jurídica...*", ensina Norberto

trabalhador que recebe um salário diminuído pelo valor retido acostuma-se a considerar seu salário em valores líquidos; o que paga, o patrão – que paga e deve reter – acostuma-se a fazer um cálculo global, em que inclui seus próprios impostos, aos quâis acrescenta os impostos de seus subordinados, que retém, e os montantes da previdência social que também retém. Tudo isso é para ele um custo que ele inclui no preço da mercadoria; dessa forma, imposto tipicamente direto, como é o imposto de renda, vem a produzir efeitos psicológicos e econômicos de imposto indireto" – Retenção de Tributos – agentes de retenção e agentes de percepção, **Revista de Direito Tributário**, n. 6, p. 68.

[20] Marçal JUSTEN FILHO, no início do livro "*Sujeição Passiva Tributária*", demora-se algumas páginas para fazer uma justa defesa da obra de Hans KELSEN e de sua tentativa de elaboração de uma "teoria pura do direito", criticada por alguns, sob o argumento de ser uma construção formalista e reducionista das várias facetas do Direito, como se ignorasse a condição intrinsecamente social do fenômeno jurídico. Como bem observa o autor paranaense, KELSEN não enxergava o Direito como um fenômeno que se reduz somente à norma. Cada ciência – Sociologia, Economia, Política – poderia estudá-lo e conhecê-lo. Mas "*O fenômeno jurídico, enquanto objeto da ciência do Direito, é que é norma exclusivamente*" – **Sujeição**..., *op. cit.*, p. 5. A propugnada "pureza" não é do Direito, mas um princípio metodológico da ciência do Direito, na tentativa de formular "*... uma Teoria Pura do Direito e, não, uma Teoria do Direito Puro*" – *ibidem*, p. 4. Outrossim, consulte-se Paulo de Barros CARVALHO, **Curso de Direito Tributário**, p. 49.

[21] Isso, porém, não significa, em absoluto, desprezar a análise e o estudo do fenômeno jurídico a partir de outras perspectivas, o que seria contrário ao próprio espírito científico. Em ciência, ensina José Souto Maior BORGES, "*O estudioso deve obstinadamente recusar-se a engrossar as fileiras dos que encaram as hipóteses científicas como dogmas de fé ... desconfiar das hipóteses teóricas ('Qual o ponto decisivo em que será vulnerável essa teoria?) é recusar-se numa atitude intelectualmente sadia – à anestesia do senso crítico*" – **Ciência Feliz**, p. 32. Não à toa a ciência do Direito Tributário, assim como qualquer ciência, estar em uma permanente reflexão sobre seus fundamentos.

BOBBIO, "... *é uma experiência normativa*"[22]; é o momento normativo que "... *caracteriza e entifica o Direito*", obtempera Marçal JUSTEN FILHO[23].

Enquanto experiência normativa, o direito positivo manifesta-se em uma **linguagem** investida de uma função **prescritiva ou diretiva** – em contraposição a outras possíveis funções da linguagem, como a descritiva e a expressiva – cujo objetivo é regular comportamentos, de forma direta ou indireta[24].

Dado o objeto, o direito positivo, a pretensão da ciência jurídica é a de conhecê-lo. E assim o faz mediante uma linguagem própria, que discorre sobre a linguagem (diretiva) do direito positivo, mas que com ela não se confunde. A ciência jurídica é uma metalinguagem que toma para si a incumbência de descrever o ordenamento, mediante proposições feitas a respeito de seu objeto[25]. Graças à demarcação do objeto científico, será possível "testar" as proposições teóricas voltadas para as normas jurídicas, submetendo-as a um "critério de experimentação", como ensina José Souto Maior BORGES: se sobreviver ao teste, a teoria se confirma, ainda que, sempre, de forma provisória; e, caso o ordenamento a infirme, será preciso substituí-la por outra que tenha um "... *conteúdo de explicação do ordenamento mais abrangente e congruente, em comparação com a teoria substituída*"[26].

Aliás, a propósito das últimas linhas, convém sublinhar que o "descrever" da doutrina jurídica não pode ser tomado no sentido mais raso da palavra, como se fosse uma mera repetição fastidiosa dos enunciados legais, mas sim no daquele lato estipulativo apresentado por José Souto

[22] **Teoria da Norma Jurídica**, p. 23.

[23] **Sujeição...**, *op. cit.*, p. 18.

[24] Guilherme FOLLADOR, **Normas de Competência Tributária**, p. 53. BOBBIO distingue três funções da linguagem: a descritiva, própria da linguagem científica, que pretende levar, ao conhecimento de outros, informações, um "*fazer conhecer*"; a expressiva, própria da linguagem poética, que pretende evidenciar sentimentos e transmiti-los aos destinatários, um "*fazer participar*"; e a prescritiva, própria da linguagem normativa, que consiste, sobretudo, em dar comandos, um "*fazer fazer*" – **Teoria da Norma...**, *op. cit.*, p. 77-79. Há outros autores que identificam mais funções, tais como o uso performativo – Timm do VALLE, **Princípios...**, *op. cit.*, p. 25-26.

[25] Lourival VILANOVA, **As Estruturas Lógicas e o Sistema de Direito Positivo**, p. 42.

[26] **Obrigação Tributária (uma introdução metodológica)**, p. 23.

Maior BORGES: "... *a função da doutrina consiste em fornecer a explicação científica dos fenômenos jurídico-positivos*", significando o verbo explicar um "... *descobrir o que antes estava encoberto. É des-ocultar o originariamente oculto. E que por isso mesmo não se mostrava claro. O que estava oculto nas suas plicas (dobras) somente se desoculta pela explicação, a retirada da dobra*"[27]. Talvez, mais até do que explicar, o intérprete **reconstrói** racionalmente as normas de um sistema, como observou HART, em suas ponderações acerca do sentido do caráter "descritivo" que KELSEN atribuía à ciência jurídica[28].

2.2 Perspectivas: estrutura e função

Nesse passo, refletindo acerca do conteúdo explicativo da proposta teórica, a presente dissertação tem por objetivo investigar a substituição tributária a partir de duas perspectivas diferentes e, segundo pensa o autor, complementares. A pretensão é a de analisar a substituição de um ponto de vista estrutural e de um ponto de vista funcional: **estrutura e função**.

Metodologicamente, parece-nos que essa visão dual é apropriada para a investigação da substituição tributária, pois as perspectivas se **complementam**. José Souto Maior BORGES preleciona que

> A Teoria Geral do Direito tende formalmente a determinar não apenas o estrutural, mas também o funcional, nas constantes normativas do ordenamento jurídico-positivo. Não se aplica só a estrutural no Direito, assim entendido o estudo da estrutura jurídica da norma jurídica, como a hipótese

[27] O Direito como Fenômeno Linguistico, o Problema de Demarcação da Ciência Jurídica, sua Base Empírica e o Método Hipotético-Dedutivo, **Anuário do Mestrado em Direito**, n. 4, p. 13-14.

[28] *Kelsen Visited*, *in* Herbert L. HART, A, ***Essays in Jurisprudence and Philosophy***, p. 287-295. Humberto ÁVILA e Paulo de Barros CARVALHO escreveram, recentemente, alguns artigos, tecendo críticas à tese "descritivista" da ciência do direito tributário. Vide: Humberto ÁVILA, Função da Ciência do Direito Tributário: do formalismo epistemológico ao estruturalismo argumentativo, **Revista Direito Tributário Atual**, n. 29, p. 181-204; Humberto ÁVILA, Ciência do Direito Tributário e Discussão Crítica, **Revista Direito Tributário Atual**, n. 32, p. 159-197; Humberto ÁVILA, A Doutrina e o Direito Tributário, *in* Humberto ÁVILA, **Fundamentos do Direito Tributário**, p. 221-245; Paulo de Barros CARVALHO, Breves Considerações sobre a Função Descritiva da Ciência do Direito Tributário, disponível em: < http://www.conjur.com.br/2013-out-01/paulo-barros-breves-consideracoes-funcao-descritiva-ciencia-direito-tributario>, acesso em: 30.04.2020.

e a sua relação com a consequência da norma. Comprova-o a teoria funcional, hoje em plena ascensão, e sem a qual não é possível explicar a distinção entre a indagação sobre o que é a norma (estrutural) e para que serve ela (funcional). São, como se vê, ópticas distintas, mas que, por isso mesmo, não se pré-excluem[29].

Em outra oportunidade, reitera o mestre recifense: "... *deve-se explicar não só o 'como' e o 'porquê' dos fenômenos jurídicos (perspectiva estrutural) mas também o 'para que', uma teleologia desses fenômenos (concepção funcional) etc.*"[30].

Convém esclarecer, com mais vagar, o que entendemos por estrutura e função.

2.3 A estrutura

2.3.1 Noção conceptual

Conforme brevemente apontado no excerto de BORGES, a perspectiva estrutural está relacionada a explicar o "como" e o "porquê" dos fenômenos jurídicos – e tem sido essa a perspectiva **dominante** no âmbito da teoria do direito desde a "... *guinada kelseniana...*", consoante esclarece Norberto BOBBIO[31].

BECKER sintetiza, com extremo apuro, o aspecto estrutural: considerando que o direito positivo é um conjunto de normas que se destinam a prescrever condutas aos indivíduos, impondo-lhes um "... *determinismo artificial*", o jurista deve se ocupar da análise da norma jurídica em um plano estático e em um plano dinâmico: quanto ao plano estático, deve investigar a estrutura lógica das normas jurídicas – a regra de conduta e sua hipótese de incidência – distingui-las, agrupá-las e harmonizá-las na totalidade do sistema jurídico; quanto ao plano dinâmico, por sua vez,

[29] **Obrigação...**, *op. cit.*, p. 36.

[30] O Direito como Fenômeno Linguístico..., *op. cit.*, p. 13-14.

[31] "*Sem fazer concessões a rótulos, sempre perigosos por mais úteis que sejam, acredito ser possível afirmar com certa tranquilidade que, no seu desenvolvimento posterior à guinada kelseniana, a teoria do direito tenha obedecido mais a sugestões estruturalistas do que funcionalistas*" – **Da Estrutura à Função: novos estudos da teoria do direito**, p. 53.

deve observar a atuação dinâmica da regra jurídica – a incidência – os efeitos jurídicos daí decorrentes e o seu cumprimento pelos destinatários, a que chama, pontianamente, de "respeitabilidade"[32].

Logo, examinar a substituição tributária sob o ponto de vista estrutural é (i) investigar a estrutura das normas pertinentes a esse fenômeno, particularmente o de seu envolvimento com a norma de incidência tributária; (ii) analisar o relacionamento dessas normas com o sistema como um todo, e como com ele se harmoniza; (iii) verificar como se processa o mecanismo da incidência das normas e quais são os efeitos – particularmente, as relações jurídicas – gerados(as) a partir do desenrolar dessa atuação dinâmica.

Nessas circunstâncias, apresentamos, brevemente, a seguir, alguns dos conceitos relacionados a essa análise estrutural: as normas jurídicas e sua estrutura; sua pertinência ao sistema jurídico; a incidência e a aplicação; e a relação jurídica, efeito jurídico dessa atuação.

2.3.2 As normas jurídicas

2.3.2.1 Conceito

"Norma jurídica" é expressão que, como qualquer outra, por transitar no domínio da linguagem, padece dos problemas da **vagueza** e da **ambiguidade** – problemas que se potencializam em face de conceitos abstratos, que não correspondem a um objeto do mundo sensível[33]. Convém, por isso, ainda que de forma breve, fixar desde logo o conceito que adotamos de "norma jurídica".

A norma jurídica não se confunde com os textos do direito positivo. "***Normas** não são textos nem o conjunto deles, mas os sentidos construídos a partir da interpretação sistemática de textos normativos. Daí se afirmar que os dispositi-*

[32] **Teoria Geral...**, *op. cit.*, p. 56-57. Esclareça-se que, embora BECKER indique a "respeitabilidade" como uma parte do plano dinâmico da norma jurídica, a investigação atinente à sua eficácia social extrapola os limites científicos ora propostos, pois exigiria uma incursão empírica, de natureza, essencialmente, sociológica, que não constitui o cerne do presente trabalho.

[33] Tércio Sampaio de FERRAZ JÚNIOR lembra que, só no plano sociológico, há mais de 82 definições de norma – **Teoria da Norma Jurídica: Ensaio de Pragmática da Comunicação Normativa**, p. 35-36.

vos constituem no objeto da interpretação; e as normas, no seu resultado", registra Humberto ÁVILA[34]. Os textos são apenas *"... o ponto de partida do processo de interpretação e aplicação do Direito"*, enquanto as normas são o produto da interpretação[35]. Por isso, afirma-se que os textos são os enunciados que se situam no plano do discurso das fontes – dos veículos introdutores de normas no sistema jurídico – ao passo que as normas, na condição de resultado da interpretação realizada por seus destinatários, estão situadas no plano do discurso dos intérpretes[36].

Tanto é assim, aliás, que não há uma correspondência biunívoca entre um dispositivo e uma norma: um dispositivo pode dar azo à construção de mais de uma norma, assim como uma norma pode ser construída pelo intérprete a partir de dois ou mais dispositivos[37].

Para alcançar o "*status*" de norma jurídica, no entanto, essa proposição deveria assumir uma forma particular, segundo autores de escol, tais como Eurico de SANTI e Paulo de Barros CARVALHO[38]. Para ser uma norma jurídica, a proposição deveria compartilhar da estrutura lógica de um juízo implicacional hipotético, representado por uma hipótese, que descreve um determinado evento, e por um consequente, que prescreve

[34] **Teoria dos Princípios**, p. 50.

[35] Heleníson Cunha PONTES, **O Princípio da Proporcionalidade e o Direito Tributário**, p. 20.

[36] Riccardo GUASTINI, **Das Fontes às Normas**, p. 27. Para um refinamento a respeito dos sentidos de "norma", estabelecendo distinções entre "formulações normativas", "enunciados normativos", e assim por diante, com base nas lições dos teóricos do direito, consulte-se FOLLADOR, **Normas...**, *op. cit.*, p. 12-17; e Timm do VALLE, **Princípios...**, *op. cit.*, p. 26-46. Sobre a distinção entre texto e norma, v. também Eros GRAU, **Por que Tenho Medo dos Juízes (a interpretação/aplicação do direito e os princípios)**, p. 39-42. O renomado professor das Arcadas rende homenagem a Tulio ASCARELLI, destacando que o genial jurista italiano *"... discerniu a distinção entre o **texto** e a **norma** anteriormente ao aporte ao pensamento jurídico das postulações instaladas pela chamada **nova hermenêutica**"* – *ibidem*, p. 41. Sobre ASCARELLI e o seu contato, no Brasil, com o Direito Tributário e com a doutrina tributária, vale destacar, a título de curiosidade, o artigo de Ruy Barbosa NOGUEIRA, Tulio Ascarelli e o Direito Tributário Brasileiro, **Direito Tributário Atual**, n. 10, p. 2703-2743.

[37] ÁVILA, **Teoria...**, *op. cit.*, p. 50.

[38] SANTI, **Lançamento Tributário**, p. 33; CARVALHO, **Direito Tributário: Fundamentos Jurídicos da incidência**, p. 40-41.

uma relação jurídica abstrata entre sujeitos; ligados entre si por meio de um vínculo de imputação.

Em vista disso, alude-se à existência de uma "homogeneidade sintática" das normas jurídicas[39]; desde que, sob o ponto de vista lógico-formal, elas possuiriam uma mesma estrutura lógico-linguística[40]; estrutura essa passível de ser preenchida com os mais diversos conteúdos[41]. Distinguir-se-iam elas entre si pela "heterogeneidade semântica", pela diferença dos objetos a que fazem referência.

A forma hipotético-condicional amolda-se com perfeição às normas de conduta, que ocupam papel de destaque no seio do ordenamento jurídico, mormente no âmbito do Direito Tributário, pois o tributo, figura nuclear desse ramo didaticamente autônomo do Direito, consiste precisamente em uma ação de entregar dinheiro ao Estado[42]. Uma emblemática norma de conduta.

Apesar do respeitável entendimento, há de se notar que é possível adotar, sem prejuízo científico, um conceito de "norma jurídica" em um sentido mais amplo, de modo a **reconhecer** a existência de **outras "espécies" de normas**, para além daquelas formalizadas em um juízo implicacional hipotético[43]. O "*status*" de norma jurídica seria decorrente não da

[39] Santi, **Lançamento...**, *op. cit.*, p. 32-33.

[40] Por manifestar-se exclusivamente pela linguagem, os textos jurídicos podem ser analisados da perspectiva da Semiótica, servindo, as dimensões da semântica, da sintaxe e da pragmática, como ferramentas para o conhecimento do Direito. Por isso é que Paulo de Barros Carvalho, quando discorre sobre a Teoria da Norma Jurídica, destaca que a norma deve ser vista como "*... manifestação do deôntico, em sua unidade monádica, no seu arcabouço lógico, mas também em sua projeção semântica e em sua dimensão pragmática, examinando a norma por dentro, num enfoque intranormativo, e por fora, numa tomada extranormativa, norma com norma, na sua multiplicidade finita, porém indeterminada*" – **Direito Tributário: linguagem e método**, p. 127.

[41] Bobbio, **Teoria da Norma...**, *op. cit.*, p. 70.

[42] Follador, **As Normas de Competência...**, *op. cit.*, p. 51-52.

[43] Para o aprofundamento do tema, é consulta obrigatória Follador, **As Normas de Competência...**, *op. cit.*, especialmente o primeiro capítulo, dedicado à elucidação do conceito de norma jurídica e à apresentação de outras espécies de normas e suas estruturas lógicas. Sacha Calmon Navarro Coelho, que atribui à expressão "norma jurídica" o sentido de proposição prescritiva, esclarece que "*... ao lado das normas, encontram-se, nos sistemas positivos, definições, conceitos, atribuições e princípios*" – O Fenômeno Jurídico e as Normas do

adoção daquela estrutura, mas de ser uma proposição que visa a, "... *de uma forma ou outra, disciplinar o comportamento humano*", o que se pode dar tanto de forma direta quanto indireta[44].

Para os que encampam esse sentido lato estipulativo, há, no direito positivo, além das normas de conduta, normas técnicas, normas conceptuais, normas constitutivas, que revelam **distinta estrutura sintática das de conduta**[45]. A atribuição de caráter normativo a essas proposições enriqueceria a análise de temas como o da competência tributária, como demonstrou Follador, e o da sujeição passiva, consoante investigação empreendida por Maurício Dalri Timm do Valle, ambos respaldados em seguras fontes teóricas[46].

Conquanto a questão não seja objeto da presente dissertação, inclinamo-nos em favor deste último sentido atribuído às normas, pela justificativa bem exposta por Follador:

> Num segundo ponto, sob o ângulo valorativo, a opção tem por razão de ser certo incômodo com a ideia de outorgar primazia, no sistema jurídico, às regras que regulam condutas mediante sanções - prescrições em sentido estrito, - tornando enunciados tais como as regras técnicas, definições e normas constitutivas desprovidos de vida própria, colocados que são na condição de meros apêndices dos sistemas normativos, meros auxiliares, meros serviçais das prescrições[47].

Direito como Técnicas Comportamentais – os meios de produção e a produção do Direito, *in* Betina Treiger Grupenmacher (coord.), **Tributação: Democracia e Liberdade – em homenagem à Ministra Denise Arruda Martins**, p. 999 – que denomina de "... *outros entes legais*". No sentido lato estipulativo ora empregado, pode-se dizer que o Direito Positivo é um sistema de normas, composto por normas de conduta, conceituais, constitutivas *etc.*

[44] Follador, **As Normas de Competência**..., *op. cit.*, p. 56.

[45] Assim, valendo-nos do trabalho de Follador, as normas técnicas seriam "... *as proposições que indicam um meio idôneo para se alcançar determinado fim*", regulada não em termos de direitos e deveres, mas em ônus; as normas conceptuais são as que "definem conceitos", com estrutura lógica segundo a qual "A tem o valor de B no contexto x"; e normas constitutivas como aquelas que "... *'instituem' novas possibilidades de fatos, cuja ocorrência seria impossível na ausência dessas mesmas normas*" – *ibidem*, p. 41, 43, 44 e 46.

[46] Follador, **As Normas de Competência**..., *passim*; Timm do Valle, **Princípios Constitucionais**..., *passim.*

[47] **As Normas de Competência**..., *op. cit.*, p. 55.

Desse modo, no presente trabalho, a expressão "norma jurídica" será utilizada no sentido de qualquer proposição produzida pelo intérprete, a partir dos enunciados normativos, com função diretiva.

Aproveitamos o ensejo para tratar de uma distinção feita no âmbito da Teoria Geral do Direito, entre normas de estrutura e normas de comportamento, que tangencia a discussão acima apresentada.

2.3.2.2 As normas de estrutura

As normas jurídicas de estrutura (de organização ou de segundo grau) são aquelas que têm por objeto a regulação de outras normas, dispondo sobre o relacionamento entre as regras de conduta[48]; "*... sobre sua produção e acerca de modificações que se queiram introduzir nos preceitos existentes, incluindo-se a própria expulsão de regras do sistema (ab-rogação)*", consoante Paulo de Barros CARVALHO[49]. São "*... normas-de-normas...*", na lição de Lourival VILANOVA[50].

A noção de normas de estrutura pode ser equiparada à de normas secundárias, dentro da distinção feita por Herbert HART entre regras pri-

[48] Paulo de Barros CARVALHO, **Curso...**, *op. cit.*, p. 145-147; e Paulo de Barros CARVALHO, **Direito Tributário: fundamentos...**, p. 61-63. Empregando a terminologia "normas de organização", v. Miguel REALE, **Lições Preliminares de Direito**, p. 94; e usando a expressão "normas de segundo grau", v. Norberto BOBBIO, **Teoria do Ordenamento Jurídico**, p. 45-48. JUSTEN FILHO traça uma sutil distinção quanto à exposição de BOBBIO: para ele, o gênero das "normas de segundo grau" seria mais amplo, comportando outras normas não contempladas pelo jusfilósofo italiano, tais como as que limitam ou extinguem o âmbito de validade de outras normas; e, além disso, não englobaria as normas que preveem uma sanção – Norma Tributária e Isenção, **Revista do Instituto dos Advogados do Paraná**, n. 7, p. 87-89. As normas de estrutura – "*... as que organizam o Estado e delimitam o Poder*" – são uma espécie das normas de segundo grau, das quais surgem as normas de competência – **O Imposto sobre Serviços na Constituição**, p. 22.

[49] **Curso...**, *op. cit.*, p. 146 e 503. Para CARVALHO, a estrutura lógica da norma de estrutura é igual à de uma norma de conduta. Diz ele, sobre os dois tipos: "*Ambas têm a mesma constituição interna: uma hipótese, descritora de um fato, e uma consequência, que é o mandamento normativo*". A diferença estaria no fato de a norma de conduta expedir um comando voltado ao comportamento das pessoas, ao passo que o mandamento da de estrutura "*... atinge outras normas, e não a conduta, diretamente considerada*" – *ibidem*, p. 503.

[50] **As Estruturas...**, *op. cit.*, p. 126.

márias, que impõem condutas aos indivíduos, e regras secundárias, que versam sobre essas regras primárias[51].

Particularmente, as normas responsáveis pela organização e conformação do sistema jurídico, que, nas palavras de Justen Filho, "... *fixam os pressupostos do ordenamento e balizam o mundo do dever-ser*", podem assumir uma feição sintática distinta das normas de conduta – não por outra razão, o autor paranaense sustenta que essas normas se estruturam segundo proposições de "ser", pois elas dizem como o direito "é", e não como "deve ser"[52].

Nesses casos, as normas de estrutura podem assumir a forma de juízos categóricos, uma vez que têm o condão de constituir ou alterar imediatamente a realidade por elas regulada. É de Miguel Reale a observação de que, nas normas de "organização", nas dirigidas aos órgãos do Estado ou nas que fixam atribuições na ordem pública ou privada, "... *nada é dito de forma condicional ou hipotética, mas sim categórica, excluindo qualquer condição*"[53].

[51] **O Conceito de Direito**, p. 122. Entre as normas secundárias, estão as de "reconhecimento", que identificam a pertinência de uma norma primária a um dado sistema; as de "modificação", que regulam a alteração do quadro das normas primárias; e as de "julgamento", que conferem e distribuem poderes a indivíduos para solucionar dúvidas sobre a transgressão de normas primárias – *ibidem*, p. 121-128.

[52] **O Imposto**..., *op. cit.*, p. 22 e 25.

[53] **Lições Preliminares**..., *op. cit.*, p. 94. O comando nelas previsto não está, portanto, subordinado a nenhuma condição. As normas de segundo grau dispõem sobre a realidade normativa do Direito. Novamente, valemo-nos de Reale: "*O que efetivamente caracteriza uma norma jurídica, de qualquer espécie, é o fato de ser uma estrutura proposicional enunciativa de uma forma de organização ou de conduta, que deve ser seguida de maneira objetiva e obrigatória ... Afirmamos que uma norma jurídica enuncia um dever ser porque nenhuma regra descreve algo que é, mesmo quando, para facilidade de expressão, empregamos o verbo ser. É certo que a Constituição declara que o Brasil é uma República Federativa, mas é evidente que a República não é algo que esteja aí, diante de nós, como uma árvore ou placa de bronze: aquela norma enuncia que 'o Brasil deve ser organizado e compreendido como uma República Federativa'. Esta, por sua vez, só tem sentido enquanto se ordena e se atualiza através de um sistema de disposições que traçam os âmbitos de ação e de competência que devem ser respeitados pelos poderes da União, dos Estados, do Distrito Federal e dos Territórios. A República Federativa é, pois, uma realidade de dever ser, uma construção cultural do tipo finalístico, ou, por outras palavras, é uma realidade normativa, na qual fatos e valores se integram*'" – *ibidem*, p. 95-96. Note-se que a posição de Reale diverge, parcialmente, da de Justen Filho, porquanto o autor paranaense defende que a norma de estrutura estabelece "... *como o*

2.3.2.3 As normas de conduta

2.3.2.3.1 Conceito

As normas de conduta, por sua vez, têm por objetivo regular diretamente o comportamento das pessoas, prescrevendo determinações a serem observadas por seus destinatários, e se revelam, sob o ponto de vista sintático, na forma de um juízo hipotético condicional, no qual hipótese e consequente se conectam por um nexo de imputação, denominado de operador deôntico ou cópula deôntica. A relação prescrita no consequente normativo decorre de um ato de vontade do legislador, obedecendo a uma lógica normativa ou deôntica.

Nisso diferem das leis da natureza, objeto das ciências naturais, cuja relação entre a hipótese e a consequência é estabelecida por um nexo de causalidade, que se expressa segundo a lógica clássica ou alética. Tome-se como exemplo a primeira lei de Newton, segundo a qual "se a força resultante sobre um objeto é nula, então a velocidade do objeto é cons-

ordenamento é (e, não, como deva ser)" – **O Imposto...**, *op. cit.*, p. 25 – ao passo que o respeitado filósofo de São Paulo sustenta que ela continua sendo uma realidade de dever-ser. Apesar da parcial divergência teórica, ambos, em essência, compartilham do entendimento de que a norma de estrutura tem feição sintática distinta da norma de conduta. Tanto é que ambos fazem uso do mesmo exemplo para dar consistência ao argumento, qual seja, o de que o Brasil é uma República Federativa, nos termos do artigo 1º da Constituição brasileira. O exemplo foi apresentado antes da promulgação da Constituição de 1988, baseando-se, portanto, na Constituição de 1967, cujo dispositivo enunciava que "*O Brasil é uma República Federativa*". A alteração do dispositivo constitucional, cujo texto passou a ser "*A República Federativa do Brasil, formada pela união indissolúvel dos Estados e Municípios e do Distrito Federal, constitui-se em Estado Democrático de Direito...*", em nada compromete a força do argumento, porque o dispositivo mudou, mas permanece existindo no ordenamento jurídico norma segundo a qual o Brasil é uma República Federativa. E, também, norma segundo a qual o Brasil é um Estado Democrático de Direito. Por fim, veja-se a crítica de José Souto Maior Borges, particularmente no sentido de que a classificação não se basearia em uma distinção relevante, tendo em vista que também a norma de estrutura se volta à regulação de comportamentos, quais sejam, "... *a conduta dos órgãos, inclusive os indivíduos-órgãos, agentes públicos e privados...*" – **Teoria Geral da Isenção Tributária**, p. 378 – que encontra respaldo em Bobbio. Isso porque, se as normas de estrutura "... *também regulam, em sentido lato, um comportamento: a conduta de produzir normas jurídicas*" – Santi, **Lançamento...**, *op. cit.*, p. 55 – há autores que afirmam, todavia, que as normas de estrutura não comungam da mesma estrutura das normas de comportamento, como visto.

tante": se a força resultante é nula, a velocidade "é" constante, não "deve ser" constante.

Enquanto a lógica normativa opera com o functor interproposicional "dever-ser", de modo que "*se A, então deve ser B*", a lógica clássica opera com o "ser", isto é, "*se A, então B*". Na lógica deôntica, o functor interproposicional "*... cumpre a função de um 'nexo de imputação', representando a existência de um ato de vontade destinado a regular comportamentos*", ao passo que, na lógica alética, a função é de um "*'... nexo de causalidade', destinando-se a relatar fatos*"[54].

Por se tratar de um nexo de imputação, a proposição jurídica submete-se ao binômio "validade/invalidade": uma norma jurídica não será verdadeira ou falsa, mas sim válida ou inválida, isto é, emitida ou não segundo os critérios de produção de normas que fazem parte do próprio sistema jurídico, em conformidade com suas regras e princípios. Espera-se que as prescrições normativas extraídas dos textos legais sejam observadas por seus destinatários; sua inobservância, porém, não interfere em sua validade.

Conquanto a norma de conduta tenha por objetivo interferir no plano do "ser", moldando a conduta dos sujeitos submetidos à ordem jurídica, nada impede que sejam descumpridas ou desobedecidas. Não é porque as pessoas pisam na grama, descumprindo a norma, que ela deixará de ser válida; sua validade **independe** do efetivo cumprimento e observância da regra no mundo real[55].

2.3.2.3.2 A hipótese e o consequente

As normas jurídicas de comportamento ou prescritivas apresentam-se na forma de um juízo hipotético, no qual o legislador imputa uma determinada consequência à realização de um determinado acontecimento.

[54] FOLLADOR, **As Normas de Competência...**, *op. cit.*, p. 31.

[55] Isso está longe de ser um consenso, todavia. O próprio KELSEN, na "**Teoria Pura do Direito**", afirma que "*Uma norma que nunca e em parte alguma é aplicada e respeitada, isto é, uma norma que – como se costuma dizer – não é eficaz em uma certa medida, não será considerada como norma válida (vigente). Um mínimo de eficácia (como sói dizer-se) é a condição de sua vigência*" – **Teoria Pura do Direito**, p. 12.

É formada, assim, por uma hipótese ou descritor e uma consequência ou prescritor[56].

A hipótese contém a descrição **abstrata e hipotética** de um determinado fato – o "... *suporte fáctico (abstrato)...*", na lição de Pontes De Miranda[57] – cuja realização, no mundo concreto, dará ensejo ao nascimento de uma relação jurídica, por força do fenômeno da incidência. As normas jurídicas, ao elegerem determinados fatos como integrantes de hipóteses normativas, exercem uma função classificadora, segundo Pontes De Miranda: separam os fatos relevantes dos fatos irrelevantes para o Direito[58].

Veja-se que essa descrição abstrata de um fato, na hipótese, não abarca o fato real na sua inteireza, na sua rudeza do mundo concreto, como bem observam Pontes De Miranda e Vilanova[59]. Antes, a hipótese seleciona determinadas propriedades e despreza outras, mediante um **ato de valoração** daquele que edita a regra jurídica. Ensina Vilanova que "... *a hipótese, que é proposição descritiva de situação objetiva possível, é construção valorativamente tecida, com dados-de-fato, **incidente** na realidade e não **coincidente** com a realidade*"[60]. Logo, ingressará no mundo jurídico o fato quando verificadas aquelas propriedades selecionadas na elaboração da hipótese normativa.

Por mais que a seleção seja um ato de valoração, é certo que o suporte fáctico descrito na hipótese de incidência deve corresponder a um evento que possa realmente ocorrer no mundo real. Do contrário, a operaciona-

[56] Eurico Marcos Diniz de Santi bem explica: "*A proposição normativa (jurídica ou prescritiva) revela estrutura hipotética (implicacional) geral ou individual, é sua forma lógica. Tem composição dual. Suas partes, elementos que inexistem por si só, podem estar dispersos na legislação positiva, integrando corpos jurídicos os mais diversos. Entretanto, recompondo logicamente, temos: (i) hipótese ou pressuposto, parte da norma que tem por função descrever situação de possível ocorrência no mundo e (ii) tese ou consequente, que prescreve uma relação modalizada pelo functor relacional deôntico num de seus três modos relacionais específicos: permitido, proibido ou obrigatório*" – **Lançamento...**, *op. cit.*, p. 31-32.

[57] **Tratado de Direito Privado – Parte Geral: Introdução, Pessoas Físicas e Jurídicas**, t. I, p. 4.

[58] *Ibidem*, p. 19-20.

[59] *Ibidem*, p. 20; Vilanova, **As Estruturas...**, *op. cit.*, p. 52-53.

[60] *Ibidem*, p. 53.

lidade da norma jurídica de conduta – a de regular as condutas entre os sujeitos – restaria completamente esvaziada, pois, ante a impossibilidade de ocorrência do fato lá previsto, não haveria condições suficientes para a instauração do vínculo jurídico.

O suporte fáctico abstrato, às vezes, **pode ser indiferente a atos humanos**: pode conter fatos da natureza ou do animal, por exemplo. São os chamados fatos jurídicos "*stricto sensu*"[61]. Apesar disso, os fatos juridicizáveis estão sempre ligados a alguma pessoa, no sentido de que o fato relevante para o fenômeno jurídico é aquele que possa, ao menos, ter algum reflexo sobre a esfera jurídica de alguém[62]. Marcos Bernardes de MELLO, legítimo porta-voz das lições pontianas, preleciona que "... *a irreferibilidade aos homens impede que o mero evento seja valorado no sentido de sobre ele editar-se norma jurídica, porque a sua relevância existe, apenas, enquanto instrumento de realização do direito, com vistas à adaptação social!*"[63].

Já o consequente ou prescritor normativo, em vez da descrição de um fato, carrega consigo a prescrição, também abstrata, de uma relação jurídica.

Novamente recorrendo às lições da lógica, o consequente "... *tem estrutura interna de proposição prescritiva*", prescrevendo uma relação jurídica entre um sujeito ativo e um sujeito passivo – estrutura relacional, portanto – segundo um dos modais deônticos: "permissão", "obrigação" ou "proibição"[64].

Se a hipótese não pode descrever um fato impossível, o consequente, de sua parte, não pode prescrever "... *o que é factualmente necessário...*", sob pena de não servir àquele seu propósito de adaptação social[65].

61 MELLO, **Teoria do Fato Jurídico: plano da existência**, p. 185. MELLO cita como exemplo o artigo 1.252 do Código Civil de 2002, que regula o "álveo abandonado". Afirma o autor: "... *a norma jurídica que regula o abandono do álveo pelo rio, não o proíbe, não o determina, nem estabelece regras de como se deve processar, apenas prescreve como se devem comportar as pessoas afetadas por ele*" – *ibidem*, p. 187.

62 PONTES DE MIRANDA, **Tratado...**, *op. cit.*, p. 24; Lourival VILANOVA, **Causalidade e Relação no Direito**, p. 102.

63 **Teoria...**, *op. cit.*, p. 84.

64 VILANOVA, **As Estruturas...**, *op. cit.*, p. 60-61.

65 *Ibidem*, p. 38. Trata-se, conforme observa Eurico de SANTI, de um limite ontológico semântico para a criação de normas jurídicas, ao lado do limite ontológico sintático: "*Dois,*

Conquanto o fato jurídico esteja ligado a alguém, admite-se a eficácia do fato jurídico em esfera alheia, "*... donde falar-se de eficácia reflexa, ou de efeito reflexo*"[66]. Quando o suporte fáctico abstrato descreve um ato humano, a pessoa a ele ligada não deve estar, necessariamente, presente na relação jurídica prescrita no consequente. Ou seja, sob o ponto de vista estritamente lógico, a **presença de um sujeito na relação** prescrita no consequente **não torna indispensável a participação** desse mesmo sujeito no evento descrito na hipótese; mesmo porque, como já dito, a hipótese pode descrever um evento correspondente a um mero fato da natureza, independente de uma conduta humana.

Hipótese e consequente estão unidos entre si por um modal deôntico interproposicional neutro, cuja função é a de estabelecer o nexo de imputação. Como se pode notar, encontramos, na estrutura da norma jurídica, o operador deôntico em dois momentos: no nexo que liga a hipótese à tese ou consequência, constituindo o vínculo de implicação entre as proposições; e na estrutura interna da tese, relacionando os sujeitos de direito segundo um dos modais deônticos: "facultado", "obrigatório" ou "proibido"[67].

O nexo de imputação que une a hipótese à tese não estabelece uma necessidade lógica ou factualmente fundada de um implicar o outro, pois "*É a própria norma que põe o **vinculum**...*", conforme Vilanova[68]. O preenchimento de conteúdo das estruturas formais é algo para além da lógica, é extralógico.

Muito embora a transgressão da norma de conduta não afete a sua validade, o sistema jurídico quer dar efetividade ao comando prescrito, de maneira que, em face do descumprimento da norma, comina uma sanção – dado essencial à estrutura da norma jurídica, segundo os partidários da corrente sancionista, em contraposição aos da não-sancionista[69].

*portanto, são os limites ontológicos para criação de normas jurídicas: um, sintático ("formal"), cinge o legislador (**lato sensu**) à estrutura lógica; outro, semântico ('material'), restringe-o aos conteúdos normativos do factualmente possível e do factualmente não-necessário"* – **Lançamento**..., *op. cit.*, p. 35.

66 Pontes De Miranda, **Tratado**..., *op. cit.*, p. 24.

67 Vilanova, **As Estruturas**..., *op. cit.*, p. 65.

68 *Ibidem*, p. 59.

69 Sobre as correntes sancionistas e não-sancionistas, v. Mello, **Teoria**..., *op. cit.*, p. 70-80.

Em existindo a cominação de uma sanção, as normas de comportamento formam uma estrutura complexa, bimembre, composta por uma norma primária e uma norma secundária. Dá-se o nome de "primária" à norma constituída por hipótese e consequente, regulando o comportamento dos indivíduos. A essa norma primária liga-se a "norma secundária", cuja estrutura é idêntica à primeira – uma hipótese de incidência e um consequente – apenas com a particularidade de que o fato descrito na hipótese da norma secundária é o descumprimento do comportamento previsto no consequente da norma primária, prescrevendo uma sanção para tal descumprimento[70].

De forma sintetizada, pode-se afirmar que a norma primária assume a seguinte configuração: "*Dado o fato A, então deve ser a conduta B*". A norma secundária, por sua vez, tem a seguinte feição: "*Dado o descumprimento de B, então deve ser a sanção C*". Eis a apreensão da norma jurídica, em seu sentido estático[71].

É possível tornar ainda mais **sofisticada** essa composição complexa da norma jurídica de conduta. A partir da visão de Hans KELSEN de que a norma secundária estabelecia "*... a sanção mediante o exercício da coação estatal*", e de que tal sanção era a "*... possibilidade do uso da coação organizada, mediante órgão jurisdicional, para fazer valer a efetivação do dever constituído pela eficácia jurídica de outras normas*", SANTI, com base nas lições de VILANOVA, chama a atenção para o fato de que, em KELSEN, a norma primária

[70] Aqui, qualificamos como primária a norma de conduta e como secundária a de sanção. Todavia, aqueles que consideram que a essência da composição da norma jurídica complexa está, em verdade, no seu caráter sancionador, invertem as denominações, atribuindo a qualidade de primária à norma de sanção e de secundária à de conduta. Hans KELSEN, inicialmente, havia adotado esta última terminologia; supostamente, porém, nos escritos publicados após o seu falecimento, teria mudado de opinião. Sobre a questão, assim como as incertezas que pairam sobre a efetiva mudança de entendimento de KELSEN, consulte-se Timm do VALLE, **Princípios Constitucionais**..., *op. cit.*, p. 132-136, particularmente a nota de rodapé n. 291. Há, ainda, alguns autores, que inserem a sanção como mais um elemento essencial da arquitetura lógica da norma jurídica, unindo as normas primária e secundária em uma única. Geraldo ATALIBA, por exemplo, indicava que a estrutura unitária da norma era formada por hipótese, consequência e sanção – **Hipótese de Incidência Tributária**, p. 44-45.

[71] **A Regra Matriz de Incidência do IPI**, p. 58.

é de direito substantivo, ao passo que a secundária é de direito adjetivo ou processual.

Diante disso, o professor paulista notou que, nesse corte abstrato, havia "*... uma categoria elipsada*": a da norma primária sancionadora, isto é, a norma que estabelece uma relação jurídica de direito material decorrente da prática de um ato ou fato ilícito.

De modo a aperfeiçoar a estrutura, promoveu uma subclassificação das **normas primárias**, repartindo-as em **dispositivas e sancionadoras**: as normas primárias dispositivas estabelecem relações jurídicas de direito material decorrentes de ato ou fato lícito, ao passo que as sancionadoras de ato ou fato ilícito[72].

2.3.3 O Sistema jurídico

2.3.3.1 Noção conceptual

Na condição de instrumento por excelência de adaptação social, o Direito não deve ser reduzido à norma jurídica isolada, tampouco a um amontoado de normas. O Direito é, antes de tudo, um **sistema**.

Um sistema, na clássica lição de Tércio Sampaio FERRAZ JÚNIOR, é um conjunto de objetos e seus atributos que estabelecem relações entre si, consoante certas regras. A esse conjunto de objetos, atribui-se o nome de "repertório"; e, às interações que eles mantêm entre si, dá-se o nome de "estrutura". Não basta a soma de elementos – o "repertório" – para haver um sistema; é indispensável a existência de um vínculo das partes com o todo, mantendo "*... o conjunto como um todo homogêneo*"[73].

O ilustre catedrático fornece-nos um exemplo didático: quadro, giz, apagador, carteira, são objetos que não formam, por si só, o sistema da "sala de aula". Tais objetos poderiam muito bem estar amontoados em um depósito qualquer. "*Assim, quando dizemos que a sala de aula é um con-*

[72] **Lançamento...**, *op. cit.*, p. 37-38. O esclarecimento é oportuno porque, com base nessa proposta teórica, Daniel Monteiro PEIXOTO, de modo analítico, esquadrinha a responsabilidade tributária, no excelente livro "*Responsabilidade Tributária e os atos de formação, administração, reorganização e dissolução de sociedades*", como veremos adiante.

[73] Tércio Sampaio de FERRAZ JÚNIOR, **Introdução ao Estudo do Direito: técnica, decisão e dominação**, p. 173.

junto de relações (estrutura) e de elementos (repertório), nela pensamos como um ***sistema***"[74]. Conclusão: o todo – o sistema – não corresponde à mera soma dos objetos que o integram.

O sistema pode ser conceituado como um conjunto de elementos, relacionados entre si, que compõe um **todo unitário e coerente**: unitário porque agrupados sob um fundamento comum que orienta as relações entre os elementos; e coerente porque eles devem manter uma relação harmônica entre si, não dando ensejo a antinomias.

Nessa perspectiva, nota-se com clareza que o direito positivo é um sistema: é composto por uma gama de normas (repertório), relacionadas entre si (estrutura)[75]; agrupadas sob o fundamento comum da Constituição, que lhe dá unidade. Ainda que a característica da plena coerência possa ser alvo de questionamento – porquanto o direito obedece a uma lógica normativa, de sorte que a sua pertinência ao sistema independe da inexistência de contradições entre as normas – o ordenamento jurídico **inclina-se** para o ideal racional da coerência[76].

Ponha-se friso no fato de que "*O Direito é ordenamento jurídico antes de ser norma jurídica*", consoante JUSTEN FILHO. É dizer, o que faz de uma "norma" ser "jurídica" é a qualidade de pertencer a esse sistema, dotado de sanções externas e institucionalizadas[77]. Logo, a norma é jurídica porque integra um sistema jurídico.

Dessas considerações, normas jurídicas, para fins do presente trabalho, devem ser compreendidas como o sentido construído pelo intérprete com base nos enunciados do direito positivo, cujo timbre de juridi-

[74] *Ibidem*, p. 172.

[75] No sistema do direito positivo, há uma particularidade em relação a outros sistemas normativos: a de que, no sistema jurídico, tal estrutura é fornecida e organizada também por normas jurídicas, que integram o seu próprio repertório, como bem destaca JUSTEN FILHO – **O Imposto**..., *op. cit.*, p. 23.

[76] Sobre o tema, veja-se o artigo de José Roberto VIEIRA, de leitura obrigatória: A Noção de Sistema no Direito, **Revista da Faculdade de Direito da UFPR**, v. 33, p. 53-64. No mesmo diapasão, observara Eurico de SANTI: "*... no sistema prescritivo do direito positivo, a lógica deôntica admite contradições e contrariedades, não se lhe aplica aquele conceito de coerência no sentido de 'nexo lógico' informado pela lógica convencional [clássica]...*" – **Lançamento**..., *op. cit.*, p. 47.

[77] **O Imposto**..., *op. cit.*, p. 12. Sobre o Direito antes como "ordenamento" do que como "norma", vide BOBBIO, **Teoria do Ordenamento**..., *op. cit.*, p. 22-35.

cidade é dado pelo pertencimento a um "... *sistema organizado para regular o exercício da força*"[78].

Dentro do sistema, as normas jurídicas encontram o seu suporte de validade, do ponto de vista epistemológico, na norma hipotética fundamental, de Kelsen; e, no plano do direito positivo, na Constituição. Desse modo, nas **normas constitucionais**, encontraremos o **suporte** de **validade e legitimidade** do sistema.

2.3.3.2 Sistema Constitucional Tributário e as normas infraconstitucionais

Nossa atenção estará voltada, de forma inicial, para as normas constitucionais do sistema jurídico, por **três razões** especiais: (i) a primeira é a **primazia** de que gozam as normas constitucionais dentro do sistema, em razão do escalonamento normativo e da estrutura hierárquica das normas jurídicas; (ii) a segunda é a de que a Constituição é o **lugar por excelência** da positivação dos **princípios fundamentais** do Estado, da repartição e distribuição das competências estatais, de maneira que as normas que habitam esse plano são dotadas de uma carga axiológica que se espraia por toda a pirâmide normativa, moldando a produção das demais regras do ordenamento; (iii) e a terceira é a de que a Constituição brasileira **desce às minúcias** no tratamento da matéria tributária, de modo que, além dos princípios, há uma substancial quantidade de outras normas que condicionam o exercício da atividade tributária.

O tratamento analítico da matéria tributária no altiplano constitucional justifica a referência a um sistema constitucional tributário - um subsistema, na realidade, contido dentro de outro sistema, o constitucional - característica, aliás, definidora do sistema tributário brasileiro, distinguindo-o de outros ordenamentos estrangeiros[79].

As normas constitucionais mantêm relações horizontais entre si, formando um todo harmônico e sistemático entre os seus elementos e impondo ao legislador uma disciplina rígida e rigorosa quanto à liber-

[78] Follador, **Normas de Competência...**, *op. cit.*, p. 217.

[79] Ataliba, **Sistema Constitucional...**, *op. cit.*, p. 27-28.

dade para instituir tributos[80]. Se, conforme destaca ATALIBA, em outros ordenamentos jurídicos o legislador constituinte outorgou ao legislativo "... *verdadeiro cheque em branco*", destaca o mestre que "*Entre nós foi bem outra a solução*"[81].

O estudo das normas jurídicas não estará limitado, porém, ao âmbito das normas constitucionais. É imprescindível descer ao plano infraconstitucional, para buscar a compreensão do fenômeno jurídico, especialmente porque é no âmbito infraconstitucional que o regime da substituição tributária, como figura de sujeição passiva, desenvolve-se.

2.3.4 A incidência e a aplicação: a norma jurídica em seu estado dinâmico

A incidência é o fenômeno por meio do qual a norma jurídica recolhe os fatos do mundo e os colore com a qualidade de "jurídico", dando ensejo ao nascimento dos fatos jurídicos. A principal contribuição ao estudo da incidência, certamente, foi dada por PONTES DE MIRANDA, consoante registro de SOUTO[82].

A incidência é a "... *subsunção de um fato a uma hipótese legal, como consequente e automática comunicação ao fato das virtudes jurídicas previstas na norma*"[83]. Em rigor, sob o ponto de vista lógico, a subsunção se dá entre o

[80] *Ibidem*, p. 20; JUSTEN FILHO, **O Imposto...**, *op. cit.*, p. 38. Segundo Roque CARRAZZA, "... *a ação de tributar lanha a propriedade privada, que se encontra protegida nos arts. 5º, XXII, e 170, II, ambos da Constituição Federal. Isto explica, pelo menos em parte, a razão pela qual nossa Carta Magna disciplinou, de modo tão rígido, o mecanismo de funcionamento da tributação, ao mesmo tempo em que amparou os contribuintes com grande plexo de direitos e garantias contra eventuais excessos tributários*" – O ICMS e o Regime de Substituição Tributária Adotado, *in* Arthur M. FERREIRA NETO e Rafael NICHELE (coord.), **Curso Avançado...**, *op. cit.*, p. 273, nota de rodapé n. 25. A ação de tributar restringe não somente o direito de propriedade, mas também o de liberdade, como bem lembra Paulo de Barros CARVALHO **Direito Tributário: linguagem...**, *op. cit.*, p. 656. No mais, a afirmação de CARRAZZA, no entanto, deve ser vista com reservas; afinal, todos os Estados Democráticos de Direito asseguram o direito de propriedade; nem por isso, entretanto, regulam minuciosamente a matéria tributária em suas Constituições.

[81] ATALIBA, **Sistema...**, p. 31.

[82] **Teoria Geral da Isenção...**, *op. cit.*, p. 175.

[83] ATALIBA, **Hipótese...**, *op. cit.*, p. 45.

conceito da norma e o conceito do fato[84]. Explica José Roberto VIEIRA que, com a concretização da previsão normativa, o vínculo jurídico, até então potencial, instaura-se; graças à incidência da regra jurídica, o fato faz-se jurídico, "*... desencadeando-se os efeitos do consequente...*", desde que "*... só um fato jurídico pode gerar efeitos jurídicos...*"[85]. É dizer: a incidência recolhe os fatos do mundo e os reveste do **manto da juridicidade**[86].

A incidência, preleciona PONTES DE MIRANDA, é infalível. Ainda que os destinatários desconheçam a norma jurídica, o fenômeno ocorrerá, independentemente do atendimento, ou, o que é equivalente, da auto-aplicação, por parte dos sujeitos. O atendimento dos efeitos da incidência "*... é em maior número, e melhor, na medida do grau de civilização*". Não havendo o atendimento, o Estado pode ser chamado para promover a sua aplicação[87].

BECKER, em verdade, julga ser equivocado afirmar que o órgão judiciário "aplica" a lei: o que faz o intérprete, na realidade, é investigar se a regra jurídica incidiu, esclarecer o seu conteúdo e, caso o destinatário não se submeta voluntariamente a seus efeitos, sujeitá-lo ao exercício da coerção estatal[88].

84 SANTI, **Lançamento...**, *op. cit.*, p. 55.

85 **A Regra-Matriz...**, *op. cit.* p. 58.

86 Não se desconhece a sofisticada teoria da incidência desenvolvida por Paulo de Barros CARVALHO, para quem a incidência é um ato humano, por meio do qual um sujeito verte em linguagem competente – a norma jurídica individual e concreta – o evento ocorrido no mundo social, de modo que fatos jurídicos somente seriam "*... os enunciados proferidos na linguagem competente do direito positivo, articulados em consonância com a teoria das provas*" – **Curso...**, *op. cit.*, p. 372. Nem se desconhecem, igualmente, as críticas lançadas por José Souto Maior BORGES e minuciosamente desenvolvidas e apresentadas por André FOLLONI à "*... doutrina do dualismo entre fato e evento*", reputando-a "*... exacerbadamente formalista e redutora*", implicando, em última análise, uma negação de juridicidade àquilo que não está em norma individual e concreta – José Souto Maior BORGES, **Curso de Direito Comunitário: instituições de direito comunitário comparado: União europeia e MERCOSUL**, p. 33-35; André Parmo FOLLONI, **Ciência do Direito Tributário no Brasil: Crítica e perspectivas a partir de José Souto Maior Borges**, especialmente p 228-260. No presente trabalho, contudo, a exposição será feita tendo em consideração a teoria clássica da incidência, professada por PONTES DE MIRANDA e Lourival VILANOVA.

87 **Tratado...**, *op. cit.*, p. 10-13 e 16.

88 **Teoria...**, *op. cit.*, p. 331.

José Souto Maior Borges apresenta posição singular: embora preserve o entendimento de Pontes De Miranda quanto à autonomia dos momentos de incidência e de aplicação, sustenta que, na aplicação, o intérprete **pode não aplicar norma que incidiu**:

> ... nem toda inaplicação de norma que incidiu deve ser havida *a priori* como hipótese de ilicitude. Ela pode decorrer de exigências intercorrentes na aplicação ao caso concreto de leis infra-ordenadas à CF, p. ex., quando se afasta a aplicação inconstitucional de lei constitucional. Envolveria, dita aplicação, violação de princípios constitucionais, como ocorre na exigência de impostos sobre quem não tem capacidade contributiva para suportá-lo. Pretensão a tributo que envolva confisco. Também aqui a lógica do direito deve ser movida pela razoabilidade[89].

Embora o excerto tenha sido extraído de obra posterior de Souto, as ideias e a fundamentação científica da proposta já haviam sido desenvolvidas na obra "*O Contraditório no Processo Judicial (uma visão dialética)*", livro que Folloni observa ser "*... a ruptura mais drástica...*" em face do pensamento dogmático e sistemático no direito, aproximando-se o mestre recifense de uma "*... **reflexão pautada pela dialética***", avizinhando a análise dos sujeitos concretos e de sua experiência, o quê "*... impõe a consideração pragmática dos efeitos concretos do direito...*" [90].

De todo modo, do fato jurídico, irromperá aquela relação jurídica intersubjetiva prescrita em potência no consequente, passando, então, a ter concretude, estipulando os direitos, deveres, poderes, sujeições, enfim, as posições jurídicas que cada sujeito assumirá no vínculo jurídico.

2.3.5. A relação jurídica

Explica José Roberto Vieira que "***Hipótese e consequência estão na plataforma da virtualidade, fato e relação na da atualidade***"[91]. Ou seja, enquanto a hipótese e o consequente estão no plano normativo, a pri-

[89] **Curso de Direito Comunitário...**, *op. cit.*, p. 48.

[90] José Souto Maior Borges, **O Contraditório no Processo Judicial (uma visão dialética)**, especialmente p. 89-104; André Folloni, **Ciência do Direito...**, *op. cit.*, p. 208-209.

[91] **A Regra-Matriz...**, *op. cit.*, p. 65.

meira descrevendo fatos e o segundo prescrevendo relações abstratas e indeterminadas, o fato jurídico e a relação jurídica são **individualizações** daquelas previsões normativas. Por isso é que, no que tange à relação jurídica, Luís Cesar Souza de QUEIROZ, com o rigor terminológico que lhe é característico, denomina a mensagem prescritiva do consequente de "relação jurídico-formal", reservando a expressão "relação jurídica" para a que decorre da incidência da norma jurídica, "... ***individualizada*** *e* ***determinada****, isto é, que se estabelece entre sujeitos plenamente individualizados, tendo por objeto uma conduta intersubjetiva determinada e modalizada deonticamente*"[92].

A relação jurídica é o efeito do processo da conjunção do conceito da norma com o conceito do fato, criando um vínculo jurídico entre sujeitos. Ela está para o consequente assim como o fato jurídico está para a hipótese; "... *a relação jurídica é tomada como a concreção do que* ***in abstracto*** *a norma esquematiza*"[93].

São características da relação jurídica o de ser **irreflexiva** – uma relação entre dois ou mais sujeitos, porque não se admite que um sujeito esteja obrigado, permitido ou proibido perante si mesmo – e a de ser **assimétrica** – uma situação jurídica de um sujeito implica um correspondente do outro, em relação conversa – de modo que, se um sujeito A tem um direito de receber algo de B, este, B, tem o dever de prestar algo em favor de A[94].

Lourival VILANOVA enfatiza que a concretização da relação jurídica não se dá sem a ocorrência do fato; sem a subsunção do conceito do fato à hipótese, "... *nenhuma relação jurídica propriamente (mesmo em sentido amplo) se deu*". Mas, no momento em que o fato se realiza e ingressa no mundo jurídico, gerando efeitos, a relação jurídica dele decorrente estabelece um vínculo jurídico entre um sujeito ativo e um sujeito passivo, que pode envolver uma série de posições jurídicas, tais como poderes, deveres, direitos, faculdades, de forma recíproca[95].

92 **Sujeição Passiva Tributária**, p. 210.
93 VILANOVA, **Causalidade...**, *op. cit.*, p. 111.
94 CARVALHO, **Curso...**, *op. cit.*, p. 298.
95 VILANOVA, **Causalidade...**, *op. cit.*, p. 89, 95 e 99.

O grau da relevância da relação jurídica, no contexto normativo, pode ser extraído das lições de Paulo de Barros CARVALHO, apontando ser ela o **único meio** de que dispõe o Estado para o **alcance de suas finalidades**, pois é por meio da relação jurídica que o legislador pode operar a regulação das condutas intersubjetivas[96].

2.4 A função

2.4.1 Introdução

Com a afirmação de que iremos examinar a substituição sob o aspecto funcional, o que temos em mente é a consideração de que essa figura é uma técnica positivada pelo legislador como **um meio para o cumprimento de finalidades**, sendo importante compreender para quê ela serve.

BOBBIO, no clássico "*Da Estrutura à Função*", salientava que "... *aqueles que se dedicaram à teoria geral do direito se preocuparam muito mais em saber 'como o direito é feito' do que 'para que o direito serve'*"[97]. Frise-se, porém: BOBBIO não propõe uma subversão da função, que encontra na sanção positiva uma peça central, sobre a estrutura, baseada nas sanções negativas e o caráter repressivo do ordenamento. Como diz o filósofo italiano, "... *tudo o que foi dito até aqui sobre a função promocional do direito não invalida, de modo algum, os resultados da análise estrutural kelseniana*"[98]. Apenas se quer mostrar que o aspecto funcional, nas sociedades modernas, em que o Estado assume um **papel mais ativo** na realidade econômica e social, não pode ser ignorado; as ópticas estrutural e funcional são compatíveis e integram-se entre si[99].

[96] **Curso...**, *op. cit.*, p. 296.

[97] **Da Estrutura à Função...**, *op. cit.*, p. 53.

[98] *Ibidem*, p. 77.

[99] O prefácio de Mario G. LOSANO à edição brasileira é esclarecedor, acerca da complementaridade das visões, no estudo do Direito: "*Aceitar a função como elemento essencial do direito não implica, contudo, a rejeição de uma visão estrutural do direito. Trata-se, não de um repúdio, mas sim de um completamento: a explicação estrutural do direito conserva intacta a sua força heurística, mas deve ser completada com uma explicação funcional do direito, ausente em Kelsen porque este último seguira com rigor a escolha metodológica de concentrar-se no aspecto estrutural do direito, não no aspecto funcional. As duas visões do direito são, para Bobbio, complementares, mas bem distintas:*

A investigação da finalidade pode revelar tensões no sistema jurídico. Nessa óptica, se a substituição progressiva é um tipo plausível de tributação "*... com justificativa na simplificação e eficiência da arrecadação e fiscalização...*"[100]; mas, ao mesmo tempo, "*... representa um abrandamento da justiça e da capacidade contributiva...*"[101]; há uma aparente tensão no sistema jurídico, cuja investigação passa, necessariamente, pela análise da função do fenômeno e os **critérios de controle** para o seu exercício, em razão do **conflito** entre normas de cunho finalístico, que lidam com o conteúdo axiológico do Direito.

2.4.2 O Direito, os valores e a interpretação jurídica

O legislador, como registra VIEIRA, "*... imprime valores nas normas que edita...*", o que é natural ao Direito, já que este é um objeto do mundo da cultura[102].

Dentre as características apontadas por Miguel REALE a respeito dos valores no âmbito do Direito, destaca o filósofo as notas da "referibilidade" e da "preferibilidade". É dizer, os valores envolvem uma tomada de posição do homem, que os integra ao seu mundo, direcionando a conduta de modo a atingir um fim. "*Daí dizermos que fim não é senão um valor enquanto racionalmente reconhecido como motivo de conduta*"[103].

Tal fim ou tais fins, há de se sublinhar, **não são os do intérprete**, mas sim os do sistema jurídico positivo. A distinção, embora teoricamente compreensível, é algo complexo na prática, porquanto "*... o deparar com*

'Não creio que exista necessidade de insistir no nexo estreitíssimo entre teoria estrutural do direito e ponto de vista jurídico, por um lado, e teoria funcional do direito e ponto de vista sociológico, por outro: basta pensar na expulsão do ponto de vista sociológico na teoria pura do direito de Kelsen'. A formulação está ainda mais clara no prefácio à edição colombiana da sua ***Teoría general del derecho:*** *'Os elementos desse universo [do direito] iluminados pela análise estrutural são diversos daqueles que podem exsurgir da análise funcional. Os dois pontos de vista não apenas são perfeitamente compatíveis, mas também se integram reciprocamente e de modo sempre útil'"* – Prefácio, *in* Norberto BOBBIO, **Da Estrutura à Função...**, *op. cit.*, p. XLI-XLII.

100 ÁVILA, **Sistema Constitucional Tributário**, p. 634.

101 Misabel DERZI, Notas de atualização, *in* Aliomar BALEEIRO, **Direito Tributário Brasileiro**, p. 1134.

102 VIEIRA, **A Regra-Matriz...**, *op. cit.*, p. 53; CARVALHO, **Curso...**, *op. cit.*, p. 150.

103 REALE, Miguel. **Filosofia do Direito**, p. 190-191.

valores leva o intérprete, necessariamente, a esse mundo de subjetividades"[104]. Nesse quadro, não surpreende a candente crítica de Eros GRAU, afirmando que o sistema brasileiro é vítima dos princípios e valores, causas da "... *destruição da positividade do direito moderno...*", porque, com base neles, as decisões dos juízes estariam sendo tomadas de forma subjetiva, em prejuízo à segurança jurídica[105].

A crítica legítima não afasta a presença dos fins e dos valores incorporados ao sistema jurídico, valores esses que, segundo JUSTEN FILHO, não "... *surgem como fornecidos previamente ao homem, nem se* ***entificam*** *em um mundo ideal. Surgem a partir da experiência humana, no curso da história*", subscrevendo a concepção histórico-cultural de REALE[106].

O conteúdo finalístico manifesta-se com maior intensidade nos princípios, especialmente nos "princípios como valores", na dicção de Paulo de Barros CARVALHO[107]; ou, na visão de Eros GRAU, nas normas-objetivo, cuja definição, segundo ele, é de "... *normas que explicitam resultados e fins em relação a cuja realização estão comprometidas as normas de conduta e de organização*"[108]. Da mesma forma, JUSTEN FILHO dá o nome de "diretrizes" às normas que têm por especial propósito o de inserir finalidades no sistema[109].

A despeito da relevância do tema do fim, ou dos fins, no Direito, ele não era o objeto central das preocupações da teoria kelseniana, cujo foco principal residia na estrutura normativa[110]. A opção era plenamente justificável: "... *a busca do objetivo ou dos objetivos do direito era a brecha pela qual as mais contrastantes ideologias entravam na teoria do direito*", pondera BOBBIO,

[104] CARVALHO, **Curso...**, *op. cit.*, p. 153.

[105] **Por que Tenho Medo...**, *op. cit.*, p. 23-24.

[106] **Sujeição...**, *op. cit.*, p. 20-21.

[107] **Curso...**, *op. cit.*, p. 150-155.

[108] **Por que Tenho Medo...**, *op. cit.*, p. 87.

[109] **Curso de Direito Administrativo**, p. 47-48.

[110] O que não significa que essas questões não tenham sensibilizado o jurista austríaco ou que não tenham sido tratadas por ele. Miguel REALE observa que "... *através de sua perene e exemplar autocrítica – e segundo Mário Losano haveria três fases no pensamento de Kelsen, iniciadas respectivamente em 1910, 1930 e 1960 – mesmo quando Kelsen toma posição perante a Lógica Jurídica contemporânea, verificamos também que, não obstante suas ressalvas, cresce no horizonte da Teoria Pura do Direito a preocupação pelos valores e fins*" – **Filosofia do Direito**, p. 480.

de maneira que a análise estrutural servia para salvaguardar a teoria do direito de contaminações ideológicas e "*... desmascarar tomadas de posição política que se alojam nos conceitos tradicionais aparentemente neutros da ciência do direito*"[111].

Apesar do justo receio, se o valor está intrincado no fenômeno normativo, "*... descrever e estudar as normas implica, necessariamente, trabalhar com valores...*" no âmbito da doutrina, assevera JUSTEN FILHO. Ignorá-lo seria uma solução "*... **ao estilo de avestruz***" (sem grifos no original). Cabe ao jurista, nas intervenções e decisões que realize, na atividade de interpretação, **justificá-las racionalmente**[112].

2.4.3 A perspectiva funcional e o Direito Tributário

A doutrina vem chamando a atenção para o estudo do aspecto funcional[113]: às vezes para, de forma correta, repudiá-la, como fez Eurico de SANTI, revelando o temor pelo uso indevido da visão "funcionalista" dirigida a subverter a legalidade[114]; mas, substancialmente, para destacar a sua relevância, mostrando ser o Direito Tributário um **espaço propício**

[111] **Da Estrutura à Função...**, *op. cit.*, p. 55-56. O estudo do fim, no Direito, interessara a Rudolph IHERING, que escreveu obra específica sobre o tema, uma das bases para a jurisprudência dos interesses – ***El Fin en el Derecho***. A obra de IHERING, aliás, foi o contraponto tomado por Norberto BOBBIO à teoria estrutural kelseniana. O mestre de Turim solicitou, inclusive, a tradução da obra para o italiano, consoante o relato de Mario G. LOSANO, já no período em que suas investigações se voltavam primordialmente à função do direito. Vide: Prefácio, *op. cit.*, p. XL-XLI. Sobre a importância da axiologia para o estudo da ciência jurídica, veja-se a anotação de REALE: "*Quem percebeu este problema* [importância da axiologia para a ciência jurídica] *foi Rudolf von Jhering (1818-1892), que, embora sem formação axiológica, viu, como nenhum outro jurista de seu tempo, a importância do problema dos fins no mundo jurídico...*" (esclarecemos nos colchetes) – **Filosofia...**, *op. cit.*, p. 194.

[112] **Sujeição...**, *op. cit.*, p. 26-27.

[113] Eros GRAU sinaliza crescente preocupação com o aspecto funcional do Direito: "*... ignora que, no direito, caminhamos da estrutura à função e que os tributos não são apenas instrumentos de produção de receita pública*" – A Interpretação do Direito e a Interpretação do Direito Tributário, *in* Maria Augusta Machado de CARVALHO (coord.), **Estudos de Direito Tributário em Homenagem à Memória de Gilberto Ulhôa Canto**, p. 128-129.

[114] "*Na visão de Norberto Bobbio, a troca de concepção de 'Estado Liberal' para 'Estado Social' informa uma nova orientação para formulação de políticas públicas que incentivem a produção e aplicação de novas normas jurídicas finalísticas; contudo, não autoriza nem pode informar a radical alteração da interpretação de regras estruturadas e produzidas em contextos históricos completamente*

para estudos sob tal perspectiva, especialmente para temas relacionados à extrafiscalidade, não havendo extrapolação dos lindes da tarefa científica.

Diego Bomfim, a propósito, em obra recente sobre extrafiscalidade, destaca que a investigação funcional é "*... recorrentemente afastada sob a alegação de que tal juízo não estaria inserido no objeto reservado à ciência do direito em sentido estrito*"[115]. O mesmo autor, aliás, em obra anterior, criticara o fato de que a ciência do direito tributário vinha exercendo **parcialmente a sua vocação**, "*... fixando a ideia de que uma possível análise funcional extrapolaria seus limites, alcançando, em verdade, os rincões do direito financeiro e do direito econômico*"[116].

A sua conclusão é a de que "*... o direito tributário deve ser estudado, também, pelo viés funcional, potencializando a análise dos limites que as normas tributárias, caracterizadas pela funcionalidade, encontram no sistema normativo*"[117]. E vai na boa companhia de José Souto Maior Borges, o qual adverte que "*... a doutrina não deve descurar da perspectiva funcional...*", atacando, assim como Bomfim, a indevida separação teórica do estudo do direito: "*... distinguir o Direito Tributário e o Direito Financeiro, com fulcro na demarcação conceitual, é erigir, no fundo e no profundo, uma questão de nomenclatura num indevido obstáculo teórico*", **atitude redutora ingênua** que gera consequências nefastas, aos olhos do mestre recifense[118].

Essas considerações vão ao encontro da instigante provocação de Humberto Ávila, acerca da necessidade de **complementação** do modelo analítico de análise da ciência do direito tributário, que deve passar a compreender elementos para além da estrutura hipotético-condicional da regra jurídica e da concepção clássica do modelo de Direito Tributário, tais como "*... as normas imediatamente finalísticas, efeitos concretos provenientes da aplicação das normas jurídicas e bens e interesses protegidos por essas normas*"[119]. Dentre os exemplos dessa necessidade de novas aproxi-

diversos" – **Kafka, Alienação e Deformidade da Legalidade. Exercício do Controle Social rumo à Cidadania Fiscal**, p. 218.

115 **Extrafiscalidade: Identificação, Fundamentação, Limitação e Controle**, p. 5.

116 **Tributação e Livre Concorrência**, p. 65.

117 *Ibidem*, p. 68.

118 Um Ensaio Interdisciplinar em Direito Tributário: Superação da Dogmática, **Revista Dialética de Direito Tributário**, n. 211, p. 110 e 115.

119 **Sistema Constitucional...**, *op. cit.*, p. 641.

mações científicas, inclui o jurista gaúcho o estudo da "... *eficiência e da praticabilidade administrativas (e a análise da escolha dos substitutos tributários e dos preços médios e pautados das mercadorias)...*", aspectos que, justamente, fazem parte da presente investigação[120].

A bem da verdade, a **relevância do elemento finalístico** na substituição tributária não é nenhuma novidade. Em um rápido apanhado acerca das incursões doutrinárias sobre a sujeição passiva ou, mais especificamente, sobre a substituição tributária, é frequente a menção, ainda que tangencial, às razões que justificam a instituição e a aplicação da figura.

Exemplificando: ao tratar da competência do legislador para a instituição de hipóteses de substituição tributária progressiva, Paulo Victor Vieira da ROCHA destaca "... *a necessidade de se buscar o fim a ser atingido*", para ser possível realizar uma interpretação adequada do disposto no artigo 150, § 7º, da Constituição[121]; Andréa DARZÉ, ainda que receosa de extravasar os limites do labor científico, propõe a classificação das normas de responsabilidade segundo um critério de finalidade. Embora faça questão de frisar que cogitações de natureza finalística se operem em momento pré-legislativo, reconhece que o resultado dessas cogitações está estampado no texto da lei, o quê torna necessário proceder a seu exame[122].

No plano jurisprudencial, o Supremo Tribunal Federal, em julgamento com repercussão geral, acerca da aplicação da substituição tributária, no âmbito das contribuições previdenciárias, consignou que a atribuição do dever de colaboração ao substituto "... *deve guardar respeito aos princípios da razoabilidade e da proporcionalidade, não se lhe podendo impor deveres inviá-*

[120] *Ibidem*, p. 640; ÁVILA, Prefácio, *in* André FOLLONI, **Ciência do Direito...**, *op. cit.*, p. 19.

[121] **Substituição...**, *op. cit.*, p. 161.

[122] Tal classificação das normas de responsabilidade se subdivide em: (i) normas de responsabilidade com o objetivo de punir o responsável (responsabilidade tributária sancionadora), de que é exemplo a norma extraída do artigo 136 do Código Tributário Nacional, cujo enunciado dispõe que "... *a responsabilidade por infrações da legislação tributária independe da intenção do agente ou do responsável e da efetividade, natureza e extensão dos efeitos do ato*"; (ii) normas para viabilizar a arrecadação (necessidade), como as de sucessão de empresa (artigo 132 do Código) ou morte de pessoa natural (artigo 131, II); e (iii) normas de responsabilidade com o propósito de simplificar a arrecadação (interesse), categoria em que insere a substituição tributária – **Responsabilidade...**, *op. cit.*, p. 91-106.

veis, excessivamente onerosos, desnecessários ou ineficazes"[123]. Outrossim, ainda no exame da Ação Direta de Inconstitucionalidade n. 1851, pertinente à substituição tributária progressiva, a tônica da manifestação dos julgadores foi a de ressaltar a finalidade que justificava a instituição da técnica[124].

[123] "*DIREITO TRIBUTÁRIO. SUBSTITUIÇÃO TRIBUTÁRIA. RETENÇÃO DE 11% ART. 31 DA LEI 8.212/91, COM A REDAÇÃO DA LEI 9.711/98. CONSTITUCIONALIDADE. 1. Na substituição tributária, sempre teremos duas normas: a) a norma tributária impositiva, que estabelece a relação contributiva entre o contribuinte e o fisco; b) a norma de substituição tributária, que estabelece a relação de colaboração entre outra pessoa e o fisco, atribuindo-lhe o dever de recolher o tributo em lugar do contribuinte. 2. A validade do regime de substituição tributária depende da atenção a certos limites no que diz respeito a cada uma dessas relações jurídicas. Não se pode admitir que a substituição tributária resulte em transgressão às normas de competência tributária e ao princípio da capacidade contributiva, ofendendo os direitos do contribuinte, porquanto o contribuinte não é substituído no seu dever fundamental de pagar tributos. A par disso, há os limites à própria instituição do dever de colaboração que asseguram o terceiro substituto contra o arbítrio do legislador. A colaboração dele exigida deve guardar respeito aos princípios da razoabilidade e da proporcionalidade, não se lhe podendo impor deveres inviáveis, excessivamente onerosos, desnecessários ou ineficazes. 3. Não há qualquer impedimento a que o legislador se valha de presunções para viabilizar a substituição tributária, desde que não lhes atribua caráter absoluto. 4. A retenção e recolhimento de 11% sobre o valor da nota fiscal é feita por conta do montante devido, não descaracterizando a contribuição sobre a folha de salários na medida em que a antecipação é em seguida compensada pelo contribuinte com os valores por ele apurados como efetivamente devidos forte na base de cálculo real. Ademais, resta assegurada a restituição de eventuais recolhimentos feitos a maior. 5. Inexistência de extrapolação da base econômica do art. 195, I, a, da Constituição, e de violação ao princípio da capacidade contributiva e à vedação do confisco, estampados nos arts. 145, § 1º, e 150, IV, da Constituição. Prejudicados os argumentos relativos à necessidade de lei complementar, esgrimidos com base no art. 195, § 4º, com a remissão que faz ao art. 154, I, da Constituição, porquanto não se trata de nova contribuição. 6. Recurso extraordinário a que se nega provimento. 7. Aos recursos sobrestados, que aguardavam a análise da matéria por este STF, aplica-se o art. 543-B, § 3º, do CPC*" – Supremo Tribunal Federal, Recurso Extraordinário n. 603.191/MT, Tribunal Pleno, Relatora Ministra Ellen Gracie, Diário da Justiça Eletrônico (DJe) 05.09.2011. Fonte: Supremo Tribunal Federal (www.stf.jus.br). Acesso em: 30.04.2020.

[124] Supremo Tribunal Federal, Ação Direta de Inconstitucionalidade n. 1851/AL, Relator Ministro Ilmar Galvão, Tribunal Pleno, publicado no Diário da Justiça (DJ) em 22.11.2002. Fonte: Supremo Tribunal Federal (www.stf.jus.br). Acesso em: 30.04.2020. O relator do feito, Ilmar Galvão, destacou o propósito de "*... simplificação para melhoria da arrecadação*" (p. 20); o Ministro Sydney Sanches chamou-a de solução "*... pela praticidade que a substituição viabiliza, no que concerne à arrecadação*" (p. 183); o Ministro Moreira Alves, a seu turno, que a sua criação se deu "*... para permitir que não houvesse sonegação, afastando-se a dificuldade, praticamente intransponível, de fiscalização nesses casos*" (p. 184).

E, para exames de razoabilidade e de proporcionalidade da técnica em face de princípios fundamentais do Direito Tributário, tal como o da capacidade contributiva, exige-se a identificação do fim que a legitima, para o objetivo de controle.

Capítulo 3

A Sujeição Passiva Tributária no Direito Positivo Brasileiro

3.1 Considerações introdutórias

Segundo a Constituição de 1988, a República Federativa do Brasil funda-se sobre os postulados de um Estado Democrático de Direito[125], voltado para a realização dos objetivos firmados no artigo terceiro do texto constitucional: construir uma sociedade livre, justa e solidária; garantir o desenvolvimento nacional; erradicar a pobreza e a marginalização; reduzir as desigualdades sociais e regionais; e, por fim, promover o bem de todos, sem preconceito e discriminação. Para alcançar os fins políticos, econômicos e sociais a que se comprometeu, o Estado necessita de recursos, porque, afinal de contas, os direitos têm custos[126].

Dentre as várias formas de angariar esses recursos, certamente figura, em posição de destaque, o tributo.

Apesar da plurivocidade do vocábulo, o conceito de tributo, extraído das **dobras da Constituição**[127] – e que, por isso mesmo, "*... está fora e*

[125] Adotamos, aqui, a concepção de Estado Democrático de Direito como aquele que conjuga, a um só tempo, as demandas do Estado de Direito e as do Estado Social – "*... é o Estado que procura conciliar os postulados oferecidos pelo constitucionalismo com a preocupação social*", consoante Clèmerson Merlin Clève – **Atividade Legislativa do Poder Executivo**, p. 42, nota de rodapé n. 66.

[126] Cass R. Sunstein e Stephen Holmes, ***The Cost of Rights: Why Liberty Depend on Taxes***; Flávio Galdino, **Introdução à Teoria dos Custos dos Direitos: Direitos Não Nascem em Árvores.**

[127] Paulo de Barros Carvalho demonstrou a plurivocidade do termo "tributo", adjudicando-lhe seis acepções: ora é referido como o dinheiro entregue ao Estado (objeto da prestação); ora como o direito de titularidade do ente público, exercido contra o sujeito passivo; ora como o dever, a conduta devida pelo sujeito passivo; ainda, como a relação

acima (porque constitucional) do alcance da lei infraconstitucional" – possui as seguintes "... *notas típicas*...", bem identificadas por Geraldo ATALIBA: o de ser uma prestação pecuniária, consistente na entrega de dinheiro ao Estado, compulsória, que não se constitui em sanção de ato ilícito. instituída em lei, cuja finalidade é obter recursos para o cumprimento dos fins do Estado[128]. O preceito meramente didático, insculpido no artigo 3º

jurídica, em sua unidade; tributo como norma jurídica; e, por fim, tributo como norma, fato e relação jurídica, na acepção que lhe dá o Código Tributário Nacional – **Curso**..., *op. cit.*, p. 19-24. Na obra "*Fundamentos Jurídicos da Incidência Tributária*", o ilustre professor acrescenta mais uma acepção, que é aquela sobre a qual estamos tratando, por ora: "... *outra dimensão de sentido muito bem lembrada pelo Prof. José Souto Maior Borges. Trata-se de 'tributo' como processo de positivação, cadeia de normas que tem início no altiplano constitucional com as regras de competência (entre elas as de imunidades) e vão progredindo para baixo, em termos hierárquicos, passando pela regra-matriz de incidência, até atingir, frontalmente, os comportamentos concretos que se substanciam numa efetiva prestação pecuniária. A palavra 'tributo' é usada para denotar o procedimento completo de instauração de normas, desde a primeira autorização competencial, até as últimas providências normativas para a satisfação do direito subjetivo da entidade tributante*" – **Fundamentos**..., *op. cit.*, p. 130.

128 ATALIBA, **Hipótese**..., *op. cit.*, p. 37, 39 e 40. Quanto à nota da compulsoriedade, significa que as hipóteses de incidência dos tributos descrevem fatos em relação aos quais a vontade do agente é irrelevante para a sua configuração – são, portanto, "*ex lege*". "*O fato gerador...*", resume Amílcar FALCÃO, é "... *um fato jurídico e nunca um ato negocial ou um negócio jurídico para o Direito Tributário*" – **Fato Gerador da Obrigação Tributária**, p. 31. Para Renato Lopes BECHO, esse é, efetivamente, o traço marcante da norma tributária, a objetividade, ou seja, a irrelevância da vontade do agente para a constituição da relação jurídica tributária: "... *querendo o sujeito passivo ou não querendo – não importa –, a obrigação tributária nascerá da simples realização do fato imponível descrito hipoteticamente na norma tributária*" –**Sujeição Passiva e Responsabilidade Tributária,** p. 127. Esse traço é marcante da seara tributária, servindo para separar o que é eminentemente tributário do conceito mais amplo de Direito Tributário, "... *que abrange desde o nascimento da norma até a extinção da relação jurídica específica*" – *ibidem*, p. 128. Distinguem-se, dessa maneira, os tributos de outras receitas públicas decorrentes de uma relação marcada pela vontade negocial – obrigações "*ex voluntate*". No que concerne ao fato de o tributo não constituir sanção de ato ilícito, veja-se interessante observação de SCHOUERI, **Direito Tributário**..., *op. cit.*, p. 154. Para o autor, o artigo 182, § 4º, da Constituição, estipularia o imposto sobre a propriedade predial e territorial urbana (IPTU) progressivo no tempo como uma "pena". Andrei Pitten VELLOSO discorda da instituição em lei como elemento do conceito de tributo; considera-o, na realidade, um requisito de validade do tributo, sugerindo substituir a expressão "instituição por lei" por "instituição por ato normativo" – **Constituição Tributária**..., *op. cit.*, p. 8. A utilização dos recursos para o cumprimento dos fins do Estado é característica lembrada por Andrei

da Lei n. 5.172, de 25 de outubro de 1966, o Código Tributário Nacional, **apenas confirma** o conceito constitucional.

O legislador atribui a diferentes categorias de sujeitos passivos o dever de cumprir essa prestação pecuniária. Uma delas, ainda que cercada de dúvidas, é a do substituto tributário. Além dela, a seu lado, a doutrina costuma identificar o contribuinte – o sujeito passivo por excelência, pois é de seu comportamento, revelador de um conteúdo econômico, que surgirá o dever de levar dinheiro aos cofres públicos – e o responsável tributário.

Sendo, a substituição tributária, uma espécie pertencente ao gênero da sujeição passiva tributária, parece oportuno analisar o tratamento que o direito positivo confere ao gênero, a sujeição passiva, para, em seguida, investigar o que é particular das espécies, especialmente da substituição tributária. Isso, por si só, justificaria o tema do capítulo.

Essa não é, entretanto, a única razão.

Isso se deve àquelas dúvidas, mencionadas linhas atrás, que a figura da substituição tributária suscita no intérprete: há quem encare o substituto como um verdadeiro contribuinte, inclusive lhe atribuindo o nome de "contribuinte-substituto"[129]; há quem, em contrapartida, considere-o mero responsável tributário, na modalidade de "responsabilidade por substituição"; também não falta quem nele reconheça simples agente de retenção, cumprindo um dever acessório; e há, por fim, autores que veem, na substituição tributária, uma categoria autônoma, dotada de regime jurídico peculiar. Nesse contexto, é compreensível a reflexão de Ângelo Braga Netto Rodrigues de Melo, que aponta, de certo modo, um paradoxo na doutrina: ao mesmo tempo em que considera o substituto

Velloso. Eis o conceito constitucional de tributo, para o magistrado do Rio Grande do Sul: "*Tributo é toda prestação pecuniária instituída por ato normativo emanado do Estado no exercício do seu poder de império, visando, imediata ou mediatamente, à obtenção de recursos para os entes estatais ou paraestatais, contanto que não constitua sanção de ato ilícito*" – *ibidem*, p. 8.

[129] Registre-se que, segundo Johnson Barbosa Nogueira, um engano derivado da importação do conceito de substituição tributária de outras paragens "*... é considerar o contribuinte substituto dentro da categoria dos responsáveis, como uma modalidade de sujeito passivo indireto. Este é um erro muito arraigado na doutrina pátria, que transbordou para o Código Tributário Nacional, pelo menos segundo a intenção e o depoimento de seus inspiradores*" – Contribuinte Substituto no ICM, **Revista de Direito Tributário**, n. 21-22, p. 97-98.

uma espécie de responsável tributário, "... *termina por reconhecer-lhe, implicitamente, características peculiares ao contribuinte...*"[130].

Natural, portanto, que, para discorrer sobre a substituição tributária, principie-se a análise da nascente que lhe dá vida e que desemboca nas demais espécies de sujeitos passivos tributários, buscando precisar os seus conceitos e identificar as suas características. É a advertência de BECKER, que, reclamando do tratamento científico dado à substituição tributária, julga indispensável ao estudioso estar paramentado com uma "... ***nítida e clara terminologia científico-jurídica***..." para a sua análise[131].

Em verdade, um olhar atento aos demais sujeitos passivos é parada obrigatória para **a delimitação do fenômeno** da substituição tributária, porquanto, em rigor, a sua identificação **depende de quem é o contribuinte** ou o "destinatário legal tributário", na terminologia cunhada por Hector VILLEGAS[132].

Tal verificação infere-se tanto da leitura dos textos do direito positivo – veja-se que o artigo 121 do Código Tributário Nacional conceitua os responsáveis parcialmente pela negativa[133] – quanto de um rápido exame dos conceitos doutrinários de "substituição tributária" ou "substituto tributário", onde se lê, frequentemente, que o substituto é a pessoa que "substitui" o contribuinte, é a pessoa que está "em lugar" do sujeito que

[130] **Substituição Tributária Progressiva no ICMS: teoria e prática**, p. 187.

[131] **Teoria Geral...**, *op. cit.*, p. 600.

[132] Andrei Pitten VELLOSO observa que, enquanto, no direito espanhol, o contribuinte é conceituado como o sujeito passivo que realiza o "fato imponível", no Código Tributário Nacional, ele é o sujeito que possui relação pessoal e direta com o fato, o que lhe dá a vantagem de englobar todas as espécies, já que nem todos os fatos jurídicos tributários consistirão em ações por ele praticadas, como sucede nos impostos sobre a propriedade, nas taxas e nas contribuições de melhoria – As modalidades de sujeição passiva no Código Tributário Nacional, *in* Arthur M. FERREIRA NETO e Rafael NICHELE (coord.), **Curso Avançado de Substituição Tributária**, p. 179-180.

[133] A respeito do artigo 121, parágrafo único, II, do Código, observa Luciano AMARO: "*Esse conceito* [o de responsável], *tecnicamente pobre, é dado por exclusão: se alguém é devedor, da obrigação principal e não é definível como contribuinte, ele será responsável*" (esclarecemos nos colchetes) – **Direito Tributário Brasileiro**, p. 303.

realiza o fato jurídico tributário[134], é o sujeito passivo "distinto do destinatário legal tributário"[135].

Não à toa, aliás, VILLEGAS chama a atenção para o fato de que, em suas investigações científicas, o conceito de "destinatário legal tributário" é "*... extremamente útil para resolver difíceis problemas, que antes me embargavam o caminho, sobre* ***substituição tributária****, sobre repetição, sobre ressarcimento, sobre solidariedade e sobre subsidiariedade, ou supletividade*" (grifos nossos)[136].

Daí porque a opção de apresentar a substituição em conjunto com as demais figuras passivas tributárias parece ser o caminho mais indicado. Talvez não uma opção, **senão uma imposição**: explicar o que o substituto é, começando por dizer **o que ele não é**[137].

3.2 A sujeição passiva tributária: um ângulo da relação jurídica tributária

A sujeição passiva tributária, segundo Luís Cesar Souza de QUEIROZ, "*... nada mais é que examinar o aspecto passivo da relação jurídica tributária...*"[138]. Comecemos, pois, pela análise da relação jurídica tributária, frisando,

[134] Prefere-se a expressão "fato jurídico tributário" a "fato gerador", esta última constante do artigo 113 do Código Tributário, em vista das conhecidas críticas tecidas pela doutrina à locução "fato gerador", que peca, sobretudo, pela ambiguidade, podendo indicar tanto o fato concreto quanto a descrição normativa desse fato na hipótese de incidência tributária.

[135] BECKER: "*... se em lugar daquele determinado indivíduo (de cuja renda ou capital a hipótese de incidência é signo presuntivo) o legislador escolheu para sujeito passivo da relação jurídica tributária um outro qualquer indivíduo, este outro qualquer indivíduo é o substituto legal tributário*" – **Teoria Geral...**, *op. cit.*, p. 589-590; Marçal JUSTEN FILHO: "*o dever tributário de pagar é que recairá sobre pessoa distinta do destinatário legal tributário*" – **Sujeição...**, *op. cit.*, p. 268.

[136] "*Os filhos científicos são úteis só quando cientificamente válidos, e isso, é lógico, é o tempo que se encarregará de dizer, quando os autores opinarem; mas desde já eu admito e sustento que, no tocante às minhas investigações, este personagem me tem sido extremamente útil para resolver difíceis problemas, que antes me embargavam o caminho, sobre substituição tributária, sobre repetição, sobre ressarcimento, sobre solidariedade e sobre subsidiariedade ou supletividade*" – Destinatário Legal Tributário: contribuinte e sujeitos passivos na obrigação tributária, **Revista de Direito Público**, n. 30, p. 274.

[137] Nesse sentido, a observação de Walter Piva RODRIGUES: "*É preocupação das doutrinas mais atentas, quando discorrem sobre o instituto da substituição tributária, apresentar uma comparação entre o substituto e as outras figuras passivas tributárias*" – **Substituição Tributária**, p. 79.

[138] **Sujeição...**, *op. cit.*, p. 219.

desde logo, que, ao assim fazê-lo, reputamos **superada** a concepção que pretendia enxergar nesse vínculo uma relação de **poder**, "*... em que o estado faz exigências aos seus súbditos e estes se sujeitam em consequência dessa relação*"[139]. Na atividade de determinação, arrecadação e fiscalização dos tributos, o Estado e os particulares estão ligados entre si por meio de um vínculo de natureza jurídica, estabelecido e conformado pelo Direito, desde as normas que se situam no altiplano constitucional até as que se encontram no último degrau da pirâmide normativa, sob a regência da Constituição. Consoante lição de SOUTO, a relação tributária não é uma "*... relação de vida...*", como se fosse um conteúdo "vestido" pela norma jurídica: "*... sem um ordenamento jurídico não existe o tributo, nem a relação jurídica tributária, como realidades* ***per se***"[140].

Para a atividade de imposição, arrecadação e fiscalização de tributos, as normas jurídicas, sob o regime de direito tributário, colocam pessoas em situações desfavoráveis perante o direito, obrigando-as a realizar determinadas condutas, com o propósito de assegurar a transferência de recursos dos particulares para o Estado[141]. Isso se faz graças à prescrição,

[139] José Casalta NABAIS, **O Dever Fundamental de Pagar Impostos**, p. 185. No mesmo sentido, Alcides Jorge COSTA, **Contribuição ao Estudo da Obrigação Tributária**, p. 7-11; SCHOUERI, **Direito Tributário**..., *op. cit.*, p. 527-528; e JUSTEN FILHO, **Sujeição**..., *op. cit.*, p. 69-72.

[140] **Lançamento Tributário**, p. 54.

[141] JUSTEN FILHO, **Sujeição**..., *op. cit.*, p. 83 e 219. Sob o ponto de vista lógico-jurídico, Marçal JUSTEN FILHO entende que os dados básicos do regime jurídico tributário são (i) a submissão ao regime de direito público; (ii) a destinação dos recursos; (iii) a patrimonialidade das situações eleitas como fatos jurídicos tributários; (iv) o princípio da legalidade-tipicidade. Renato Lopes BECHO não se mostra convencido com relação aos itens (ii) e (iii). Tanto a destinação não é um dado específico do conteúdo tributário que matérias como a imunidade ou a isenção, "*... que significam, grosso modo, a não destinação de recursos aos cofres públicos*", não deixam de ser institutos de direito tributário – **Sujeição Passiva e Responsabilidade Tributária**, p. 125. E tanto a relevância econômica não pode ser erigida a um dado fundamental que bastaria ao legislador constituinte originário eleger "*... um certo dado econômico passível de tributação por impostos*" para infirmá-lo – *ibidem*, p. 126. A crítica vai ao encontro da lição de Geraldo ATALIBA, segundo a qual o direito tributário gira em torno do conceito nuclear de tributo, que "*... é nitidamente um conceito jurídico-positivo*" e "*... como todo conceito jurídico-positivo, é mutável, por reforma constitucional*" – **Hipótese**..., *op. cit.*, p. 40. Logo, tratar, como pressuposto lógico-jurídico, a manifestação de riqueza, na hipótese, seria inadequado.

por meio de normas, de relações jurídicas tributárias. Dentre elas, distinguem-se a obrigação tributária e as relações formais ou administrativas[142].

A relação jurídica tributária material, de substância patrimonial, é o vínculo por meio do qual o ente tributante, sujeito ativo, tem o direito de exigir de um sujeito passivo – ou, de modo converso, o sujeito passivo tem o dever de adimplir em favor do sujeito ativo – uma prestação consistente na entrega de dinheiro ao Estado. A essa relação, o enunciado do artigo 113 do Código Tributário Nacional dá o nome de "obrigação tributária principal".

[142] É mister ressaltar que não há, pondera JUSTEN FILHO, um significado "certo" de relação tributária, porque inexiste uma relação ideal, passível de experimentação e confirmação como "verdadeira". O conceito de relação jurídica tributária é convencional ou estipulativo e dependerá, por isso, da escolha arbitrária de sentido que lhe dê o autor – JUSTEN FILHO, **Sujeição...**, *op. cit.*, p. 228. Na doutrina tributária, há duas formas de visualizar-se esse vínculo. Uma, como um conceito complexo, porém unitário, constituído por um plexo de deveres, que exprimem distintas situações jurídicas, congregando tanto o dever de pagar tributos quanto o de realizar outras condutas. Nessa acepção, não seria possível, senão ideal e abstratamente, proceder à separação entre normas que estatuem uma "obrigação principal" e outras que estabelecem "obrigações acessórias", como se possuíssem naturezas jurídicas distintas, porque formam uma unidade, na qual estão inseridas "*... tanto as situações de prestar uma quantia em dinheiro como também outras situações passivas*". Nas palavras do jurista paranaense: "*... não vemos possibilidade de distinguir relações jurídicas nesse campo. Há um plexo normativo, a que corresponde um relacionamento jurídico complexo, com direitos e deveres recíprocos. Por decorrência desse entendimento, entendemos que não varia a natureza jurídica dos direitos e deveres conectados ao fenômeno tributário*" – **Sujeição...**, *op. cit.*, p. 91. José Juan FERREIRO LAPATZA discorda dessa orientação, de forma veemente, chamando-a de "*... perniciosa influência...*", quando da elaboração da lei geral tributária espanhola. Para o eminente jurista, a consideração de "*... 'uma' relação jurídico-tributária complexa...*" é a orientação teórica presente na *Ley General Tributaria* da Espanha que, a seu ver, "*... provoca as imprecisões, contradições e tautologias que contém o capítulo II do Título II a que acabamos de nos referir* [discriminação dos sujeitos passivos da obrigação tributária]" (esclarecemos nos parênteses) – **Direito Tributário: teoria geral do tributo**, p. 249 e 251. Registrando a crítica de Juan López MARTÍNEZ à teoria complexa da relação jurídica tributária, vide Laís Vieira CARDOSO, **Substituição Tributária no ICMS**, p. 28-29. Outra, a tese da dualidade de relações no âmbito da relação jurídica tributária, que identifica, na relação, os seus aspectos substantivos (ou materiais) e os administrativos (ou formais). Essa concepção, segundo Ricardo Lobo TORRES, é a que prevalece na doutrina brasileira – **Curso de Direito Financeiro e Tributário**, p. 206 – e é a que empregaremos no presente trabalho.

Por ter o timbre da patrimonialidade, a doutrina, majoritariamente, qualifica-a como uma legítima "obrigação", apesar das veementes objeções feitas por José Souto Maior BORGES, Arnaldo BORGES, Marçal JUSTEN FILHO e Aurélio Pitanga SEIXAS FILHO, refratários à transposição dessa categoria, oriunda dos quadrantes do direito privado, para o Direito Tributário[143].

A obrigação tributária, nos termos do artigo 113 do Código, decorre de um fato jurídico tributário: o fato juridicizado pela norma de incidência tributária, necessariamente lícito, de conteúdo econômico, previsto em lei.

A relação administrativa ou formal – ou, ainda, "... *relação jurídica administrativo-fiscal...*", consoante Luis QUEIROZ – por sua vez, é a relação decorrente de normas que fazem irromper outros deveres, de cunho administrativo, impondo aos sujeitos condutas de fazer, não fazer, suportar[144]. Tais relações, circumpostas à relação principal, servem "... *para tornar possível a operatividade da instituição tributária...*"[145].

O Código Tributário Nacional a elas se refere como "obrigações acessórias" – artigo 113, § 2º – expressão que é severamente criticada por

[143] José Souto Maior BORGES, **Obrigação Tributária...**, *op. cit.*, especialmente p. 87-92; Sobre a demarcação dos campos de vigência das obrigações no sistema tributário nacional, *in* Aires F. BARRETO (coord.), **Direito Tributário Contemporâneo: Estudos em homenagem a Geraldo Ataliba**, p. 382-407; Arnaldo BORGES, **O Sujeito Passivo da Obrigação Tributária**, p. 43-47; JUSTEN FILHO, **Sujeição...**, *op. cit.*, p. 69-91; Aurélio Pitanga SEIXAS FILHO, Natureza Jurídica da Relação Tributária, **Revista da Faculdade de Direito de Campos**, n. 6, p. 45-70.
O Direito Tributário é o ramo didaticamente autônomo que tem por categoria fundamental o tributo. Apesar de o conceito de tributo ser a figura central do sub-ramo do Direito Tributário, estamos de acordo com a observação de Humberto ÁVILA de que "*O Direito Tributário não é apenas a totalidade das normas jurídicas que se ocupa com a matéria tributária. Abrange também normas jurídicas que servem direta ou indiretamente à criação, cobrança e fiscalização de tributos, isto é, normas que protegem direta ou indiretamente bens jurídicos cuja disponibilidade é afetada pelo poder de tributar (...) é preciso atentar também para o fato de que o objeto do Direito Tributário é bem mais amplo do que o conjunto de regras jurídicas com estrutura hipotético-condicional, pois abrange normas imediatamente finalísticas, efeitos concretos provenientes da aplicação das normas jurídicas e bens e interesses protegidos por essas normas*" – **Sistema...**, *op. cit.*, p. 574 e 577.
[144] **Sujeição...**, *op. cit.*, p. 218.
[145] Paulo de Barros CARVALHO, **Curso...**, *op. cit.*, p. 301.

Paulo de Barros CARVALHO, por entender não se tratar de "obrigações", visto que ausente o cunho patrimonial, nem de "acessórias", porque, muitas vezes, sua imposição independe da existência da "obrigação principal", o que é francamente perceptível, por exemplo, nas hipóteses de isenção, em que aqueles deveres de fazer e não fazer subsistem, por mais que inexista o dever de pagar o tributo.

A palavra "acessória", nesse contexto, exprime a ideia de que a relação prescrita pela norma existe para viabilizar o controle e o cumprimento da obrigação tributária[146]. Em razão disso, é mais apropriado, segundo Paulo de Barros CARVALHO, chamá-las de "deveres instrumentais", porque são "*... o instrumento de que dispõe o Estado-Administração para o acompanhamento e consecução dos seus desígnios tributários*"[147].

Essas relações jurídicas, a principal e as instrumentais, a seu turno, mantêm relações entre si[148]. Hugo de Brito MACHADO observa que a relação pode assumir **estrutura complexa**, constituída de "*... relações originárias e derivadas, essencialmente interligadas...*", e não apenas por um vínculo simples, mediante o qual o Estado-credor exige do cidadão um dever de entregar uma soma em dinheiro[149]. Para Andrei Pitten VELLOSO, a imposição tributária "*... leva a um* ***plexo de obrigações jurídicas****, integrado por vínculos obrigacionais distintos, mas interligados*"[150].

É razoável considerar que, nesse complexo de relações, também **o próprio Estado**, em determinados momentos, encontre-se em uma **situação passiva**. CARVALHO registra a "*... existência de um feixe, sobremedida complexo, de direitos, poderes e poderes-deveres...*" referentes ao Estado, de cuja existência a doutrina vem dando conta gradativamente, aprofundando o estudo da posição do sujeito ativo e o seu exercício para a realização dos anseios impositivos do Estado[151]. JUSTEN FILHO sustenta que cada sujeito da relação está envolto em uma gama de situações jurídicas

[146] Hugo de Brito MACHADO, **Curso de Direito Tributário**, p. 152.
[147] CARVALHO, **Curso...**, *op. cit.*, p. 304.
[148] Vide, a respeito, VILANOVA, **Causalidade...**, *op. cit.*, p. 140-148.
[149] O Contribuinte e o Responsável no Imposto de Renda na Fonte, **Revista Dialética de Direito Tributário**. n. 70, p. 109.
[150] As modalidades..., *op. cit.*, p. 195.
[151] **Direito Tributário: linguagem...**, *op. cit.*, p. 615-616.

distintas – poderes, direitos, deveres, ônus *etc.* – em suas palavras, uma "... *pluri-situacionalidade...*" – a ponto de **todas as partes exercerem, simultaneamente, posições ativas e passivas**[152].

O raciocínio do autor paranaense merece atenção particular. Explica JUSTEN FILHO que esse exercício simultâneo de posições ativas e passivas, na relação tributária, deve-se ao **caráter publicístico** do regime tributário[153].

A submissão ao regime de direito público é particularmente significativa no que toca ao sujeito ativo: o conjunto de atribuições que é outorgado ao Estado pelo ordenamento – direitos, poderes *etc.* – é submetido "*... a considerações de cunho finalístico e a uma procedimentalização*"[154]. É dizer, no âmbito da relação jurídica tributária, típica do regime publicístico, a situação ativa "*... corresponde a uma função...*"[155].

[152] JUSTEN FILHO afirma ser uma situação típica do campo do Direito Administrativo, de certo modo semelhante ao que ocorre, por exemplo, no processo civil, em que as partes da relação processual, continuamente, ocupam situações ativas e passivas de variada ordem e natureza – **Sujeição...**, *op. cit.*, p. 88-91. Parece-nos que a marca da complexidade das relações jurídicas não é exclusividade do Direito Tributário ou dos ramos jurídicos que se submetem ao regime de direito público, embora, nestes, ela apareça de modo nítido. A doutrina do Direito Civil, do século XX, aponta Judith MARTINS-COSTA, operou a distinção entre as relações jurídicas simples e as relações obrigacionais complexas. Enquanto a relação simples espelha os elementos estruturantes principais da relação – o crédito, o débito e os polos subjetivos – a relação complexa abrange a totalidade dos direitos, deveres, estados de sujeição, direitos formativos, direitos de exceção *etc.*, referentes a um mesmo fato jurídico obrigacional, todos eles enfeixados no vínculo jurídico, desenvolvendo-se, no tempo, como um processo – **Comentários ao Novo Código Civil. Do Inadimplemento das Obrigações**, v. V, t. II, p. 27-29. A diferença substancial é a de que, no Direito Civil, as teorias que enxergam a obrigação como um processo sustentam que tal relação jurídica "*... compõe-se, em sentido largo, do conjunto de atividades necessárias à satisfação do interesse do credor*", na autorizada voz de Clóvis do COUTO E SILVA – **A Obrigação como Processo**, p. 21 – o que, no direito público, no que tange à satisfação do interesse do sujeito ativo, não tem cabimento.

[153] **Sujeição...**, *op. cit.*, p. 50. Vale recordar, como faz Geraldo ATALIBA, que "*... não há distinção possível entre a matéria tributária e a administrativa, porque ontologicamente os respectivos sistemas de normas obedecem ao mesmo regime, informam-se pelos mesmos princípios gerais e adotam as mesmas categorias e institutos gerais*" – **Hipótese...**, *op. cit.*, p. 41.

[154] JUSTEN FILHO, **Sujeição...**, *op. cit.*, p. 52.

[155] *Ibidem*, p. 87.

Falar-se de uma **"função"** significa que a administração pública, no exercício dos poderes e direitos de que é titular, no âmbito da relação com os particulares, **serve a um fim**, não a uma vontade do ente personalizado. As atribuições jurídicas do ente tributante são sempre, como se costuma dizer, um "poder-dever", ou melhor, um "dever-poder". A frase lapidar de Ruy Cirne LIMA, tratando da "relação de administração", capta a essência da ideia de função: "*... o fim, e não a vontade, domina todas as formas de administração*"[156].

A procedimentalização, de que fala o autor paranaense, é o desdobramento da atividade administrativa em uma sequência de atos, passíveis de controle pelos interessados, a fim de assegurar que o propósito da relação esteja sendo cumprido, com obediência aos requisitos formais de cada etapa, decorrência da garantia do devido processo legal[157].

Note-se que o fim do poder-dever exercido pela administração está associado, tradicionalmente, às noções de "interesse público" e de sua supremacia em relação ao interesse privado, bem como à de sua indisponibilidade[158].

Atualmente, todavia, há autores que se têm proposto a revisitar os fundamentos do regime de direito público, em razão de **novos influxos** que perpassam o campo do direito administrativo, ligados à intensa **preocupação com os direitos fundamentais**[159].

156 **Princípios de Direito Administrativo**, p. 39. Sobre a relação entre a república e a "relação de administração", vide José Roberto VIEIRA, Legalidade Tributária ou Lei da Selva: Sonho ou Pesadelo, **Revista da Faculdade de Direito da UFPR**, n. 37, p. 9-11.

157 JUSTEN FILHO, **Curso de Direito...**, *op. cit.*, p. 186.

158 Para Celso Antônio Bandeira de MELLO, expoente do Direito Administrativo Brasileiro, as pedras angulares do Direito Administrativo são os princípios da supremacia do interesse público sobre o privado e a indisponibilidade, pela Administração, dos interesses públicos: "*O regime jurídico de direito público resulta da caracterização normativa de determinados interesses como pertinentes à sociedade e não aos particulares considerados em sua individuada singularidade. Juridicamente esta caracterização consiste, no Direito Administrativo, segundo nosso modo de ver, na atribuição de uma disciplina normativa peculiar que, fundamentalmente, se delineia em função da consagração de dois princípios: a) supremacia do interesse público sobre o privado; b) indisponibilidade, pela Administração, dos interesses públicos*" – **Curso de Direito Administrativo**, p. 52.

159 Entendemos, na esteira da boa exposição de José Roberto VIEIRA, que os direitos fundamentais são os direitos humanos positivados, válidos para todos os homens, nos quais se reconhece o traço irrecusável da fundamentalidade, protetores dos cidadãos – O

Dentre esses autores, pode-se indicar o próprio Justen Filho, que, no âmbito da doutrina do direito administrativo brasileiro, tem dirigido críticas à tese da supremacia do interesse público, aproximando-se de uma "*Escola dos Direitos Fundamentais*", para a qual o poder outorgado ao Estado, nas relações que ele mantém com os indivíduos, deve ser exercido não com o objetivo de realizar um "interesse público", mas sim o de realizar os direitos fundamentais indisponíveis[160]. Diz o eminente administrativista:

IRPF e o Direito Fundamental à Igualdade: um tributo de dupla personalidade! *in* Paulo Gonet Branco, Liziane Angelotti Meira e Celso de Barros Correia Neto (coord.), **Tributação e Direitos Fundamentais**, p. 170-172. Em verdade, é incorreto afirmar que esse fenômeno está em andamento apenas no âmbito do direito administrativo. Especialmente após a promulgação da Constituição de 1988, é notável o impacto dos direitos fundamentais em todos os ramos do direito, inclusive no campo do direito privado. Não por acaso, institutos clássicos do Direito Civil, como a propriedade e o contrato, passaram a contemplar a necessidade de atendimento de sua função social (artigos 5º, XXIII, e 170, III, da Constituição; e artigo 421 do Código Civil), assim como ganhou força a leitura Civil-Constitucional do Direito Privado – o fenômeno da constitucionalização do direito privado. Explica Justen Filho: "*O conceito de função desenvolveu-se no direito público, mas a evolução sócio-política produziu a generalização de sua aplicação também ao direito privado. Por isso, a configuração de uma função não depende da participação de uma pessoa de direito público. Alude-se, por exemplo, à função social da propriedade, da empresa ou do contrato para indicar que os particulares também exercitam poderes vinculados à consecução de fins transcendentes aos do titular da posição jurídica*" – **Curso de Direito Administrativo**, item 2.1.3, conteúdo eletrônico exclusivo – disponível em: <https://proview.thomsonreuters.com/title.html?redirect=true&titleKey=rt%2Fmonografias%2F91049397%2Fv12.3&titleStage=F&titleAcct=i0ad70b2900000158253b7238e5f0191f#sl=0&eid=ebd0c5683dc423845c337ab54c46ed9e&eat=%5Bbid%3D%226%22%5D&pg=&psl=e&nvgS=false>, último acesso em: 30.04.2020.

160 A expressão "*Escola dos Direitos Fundamentais*" foi extraída da obra "*Formação da Teoria do Direito Administrativo no Brasil*", de Fernando Dias Menezes de Almeida, que, após incursionar pela teoria do direito administrativo de uma forma geral, realiza uma profunda investigação a respeito dos modelos da teoria do direito administrativo, no Brasil, com base na função das obras doutrinárias, as principais fontes de informação e os temas de maior ênfase, e chega à conclusão de que, no âmbito nacional, "*... pode-se dizer existirem uma Escola dos Direitos Fundamentais e uma Escola do Interesse Público, marcos de uma teoria brasileira do direito administrativo*"; sendo que "*A Escola dos Direitos Fundamentais possui conexão mais forte com um modelo germânico de ver o direito administrativo pelas lentes do direito constitucional, especialmente marcado pela importância dada aos direitos fundamentais*"; ao passo que "*A Escola do Interesse Público, a seu turno, conecta-se mais intensamente com um modo francês de enxergar*

> O núcleo do direito administrativo reside não no interesse público, mas na promoção dos direitos fundamentais indisponíveis. A invocação ao *interesse público* toma em vista a realização de direitos fundamentais. O Estado é investido do dever de promover esses direitos fundamentais nos casos em que for inviável a sua concretização pelos particulares, segundo o regime de direito privado ... Essa orientação se coaduna com o entendimento prevalente no direito constitucional, que reconhece que todas as posições jurídicas são delimitadas e ordenadas de acordo com os direitos fundamentais. Nenhuma faculdade, proibição ou comando jurídico pode ser interpretado de modo dissociado dos direitos fundamentais[161].

Nesse sentido, a sujeição ativa, na relação jurídica tributária, revela-se condicionada à realização dos direitos fundamentais indisponíveis, que, projetados para o campo tributário, resultam nos direitos e garantias que compõem o estatuto do contribuinte[162].

o direito administrativo pelo viés de um regime jurídico de prerrogativas e sujeições, construído em função das peculiaridades da administração como sujeito de direito" – **Formação da Teoria do Direito Administrativo no Brasil**, p. 438.

[161] **Curso de Direito Administrativo**, p. 58.

[162] Carrazza, **Curso de Direito Constitucional**, p. 465; Misabel Derzi, Notas de Atualização, *in* Aliomar Baleeiro, **Limitações Constitucionais ao Poder de Tributar**, p. 28; Vieira, O IRPF..., *op. cit.*, p. 172-173. Se Aliomar Baleeiro ensinava que o tributo acompanha o poder político como uma sombra – "*... onde se ergue um governante, ela se projeta sobre o solo de sua dominação*" – **Limitações Constitucionais ao Poder de Tributar**, p. 1 – hoje, não parece adequado o uso dos termos "governante" e "dominação", pois a instituição e a cobrança de tributos não é concebida, nos Estados Democráticos de Direito, como uma manifestação do poder soberano da autoridade, ao qual se deveriam curvar os seus "*súditos*", principalmente porque o Estado, em última análise, exerce-o por delegação do povo – Sacha Calmon Navarro Coelho, **Curso de Direito Tributário**, p. 34. Ao contrário, consoante explicação de Heleno Taveira Torres, o "poder de tributar", à luz do constitucionalismo dos direitos, "*... acomoda-se ao poder-dever de concretizar o catálogo de garantias constitucionais de proteção aos direitos e liberdades fundamentais dos contribuintes a cada aplicação do direito tributário, nas suas máximas possibilidades*" – **Sistema Constitucional Tributário e o Princípio da Segurança Jurídica: Metódica da Segurança Jurídica do Sistema Constitucional Tributário**, p. 305. Em sentido semelhante, veja-se Ricardo Lobo Torres: "*A relação jurídica tributária, por outro lado, aparece totalmente vinculada pelos direitos fundamentais declarados na Constituição. Nasce, por força da lei, no espaço previamente aberto pela liberdade individual ao poder impositivo estatal. É rigidamente controlada pelas garan-*

Feita essa breve digressão, e de posse das noções relativas às relações jurídicas tributárias, podemos estabelecer o conceito de sujeição passiva tributária.

À luz das ponderações anteriores, parece razoável afirmar que o conceito de sujeição passiva tributária é **plurívoco**. Em sentido amplíssimo, poderia abranger o próprio Estado, porque a lei também lhe impõe deveres e ônus, dados os vários vínculos que trava com os cidadãos, desempenhando, o ente tributante, em certas circunstâncias, o papel de sujeito passivo[163]. Não é este, certamente, o uso mais frequente da expressão.

Poderia, em outro extremo, no sentido mais restrito da locução, designar apenas o sujeito passivo ligado de forma direta ao fato jurídico tributário, o contribuinte, que dá ensejo à obrigação tributária. É nesse sentido, por exemplo, que Luís Cesar QUEIROZ dela faz uso[164].

Dentre as acepções possíveis, adotamos um **sentido intermediário**, querendo expressar, com sujeição passiva tributária, o conjunto das pessoas, dotadas, salvo hipóteses excepcionais, de personalidade jurídica, a quem as normas jurídicas prescrevem o **dever de pagar tributos** ou

tias dos direitos e pelo sistema de princípios da segurança jurídica. Todas essas características fazem com que se neutralize a superioridade do Estado, decorrente dos interesses gerais que representa, sem que, todavia, se prejudique a publicidade do vínculo jurídico" – **Curso de Direito Financeiro e Tributário**, p. 237. Frise-se, por derradeiro, que, consoante interessante observação de Luis Eduardo SCHOUERI, a missão de realização dos direitos fundamentais não recai exclusivamente sobre o Estado, mas é tarefa compartilhada com a sociedade, de sorte que é falaciosa a alegação de que "mais tributo" implica "*... garantia de maior realização dos direitos fundamentais*", porque a tributação, a depender da medida, pode muito bem aniquilar as forças econômicas de onde extraem os recursos. O tributo justifica-se, em suas palavras, "*... somente na medida em que seja indispensável e na extensão em que se espera uma atuação estatal na construção de uma liberdade coletiva, de inclusão social. Revelando-se o Estado incapaz de (ou inábil para) suprir certas demandas sociais, não se legitima o aumento desmedido de tributos, em ciclo crescente e interminável, onde se vê que, por mais que se aumentem os tributos, em maior grau se ampliam as demandas sociais, exigindo novos aumentos*" – **Direito Tributário**, p. 33.

163 **Sujeição...**, *op. cit.*, p. 227. Cite-se como exemplo o dever – ou ônus – que incumbe à autoridade administrativa, em certos casos, de conferir exigibilidade ao crédito tributário, mediante o lançamento de ofício, nos termos do artigo 142, do Código Tributário Nacional; ou, ainda, o dever de a Administração Pública dar inequívoca ciência ao administrado da cobrança do tributo. Nesses casos, a lei atribui situações passivas ao ente tributante em face do cidadão.

164 **Sujeição...**, *op. cit.*, p. 219.

de realizar outras condutas que **guardem referência** ao pagamento tributário[165].

Tomamos sujeição passiva tributária, portanto, como "... *a situação de sujeito que, por imposição legal, deve levar dinheiro aos cofres públicos e/ou realizar outras condutas (ações ou omissões) direta ou indiretamente referidas ao pagamento*"[166].

Nessa óptica, serão sujeitos passivos tributários as pessoas que integram a obrigação tributária e de quem se exige a prestação pecuniária (obrigação tributária principal), mas também eventuais sujeitos passivos de relações de deveres instrumentais ou administrativo-fiscais, desde que os deveres a que estão obrigados tenham por objetivo assegurar o adimplemento do crédito tributário (obrigação "acessória")[167].

3.3 A sujeição passiva tributária como um produto de normas

3.3.1 Introdução

As relações jurídicas tributárias decorrem de fatos jurídicos, que decorrem, por sua vez, de normas jurídicas. Tomemos por empréstimo a con-

[165] O tema da capacidade para ser sujeito passivo de relações tributárias não é o foco de nosso estudo. Por isso, apenas registramos, nesse ponto, que, em que pese o entendimento de Carvalho, no sentido de que "... *só alguém que tenha personalidade jurídica pode ser sujeito passivo de obrigações tributárias*" – **Curso...**, *op. cit.*, p. 324 – vemos com ressalvas a afirmação, porquanto, no âmbito das relações jurídicas intranormativas, relações essas que derivam de normas individuais e concretas, postas pelas fontes do direito, como a sentença judicial – Santi, **Lançamento...**, *op. cit.*, p. 68 – verifica-se a existência de vínculos em que entes despersonalizados figuram no polo passivo da relação. Assentimos com a obtemperação de Darzé de que há situações excepcionais em que não se exige a personalidade jurídica, mas que, de todo modo, "... *é no mínimo necessário que se trate de ente dotado de autonomia patrimonial e capaz de adquirir e transferir direitos e obrigações*" – **Responsabilidade...**, *op. cit.*, p. 86, nota de rodapé n. 147. No mesmo sentido, v. Ângelo de MELO, **Substituição Tributária...**, *op. cit.*, p. 198; Perez de Ayala, ***Curso de Derecho Tributario***, p. 287-298.

[166] Justen Filho, **Sujeição...**, *op. cit.*, p. 227. Vide, igualmente, Carvalho, **Curso...**, *op. cit.*, p. 314; Ferragut, **Responsabilidade Tributária e o Código Civil de 2002**, p. 33; Rubens Gomes de Sousa, **Compêndio de Legislação Tributária**, p. 93.

[167] Note-se que, para Queiroz, a categoria de sujeição passiva tributária é mais restrita, já que, para o autor, a "relação jurídica tributária em sentido estrito" decorre somente da norma de incidência tributária, reservando as expressões "relação jurídica administrativo-fiscal" e "sujeição passiva administrativo-fiscal" para as relativas aos deveres instrumentais – **Sujeição...**, *op. cit.*, p. 218 e 232-233.

cisa, e precisa, lição de Eurico de SANTI: a relação jurídica decorre do fato, que é jurídico em decorrência da norma, a qual, por sua vez, é jurídica em decorrência do sistema positivo[168]. Logo, se as relações jurídicas tributárias são um produto de normas, a sujeição passiva tributária, sendo um ângulo da relação, também pode ser examinada do ponto de vista de sua **estrutura normativa**.

Ainda que o sujeito passivo seja elemento constante do prescritor da norma jurídica, tal exame estrutural impõe, necessariamente, **a análise da compostura integral** – hipótese de incidência e consequente tributário – das normas jurídicas tributárias que estabelecem o dever de pagar ou de praticar conduta referida ao pagamento.

De fato, no Direito Tributário, Paulo de Barros CARVALHO observa que, em tempos passados, a obrigação tributária já foi considerada como o centro das investigações científicas concernentes ao fenômeno da incidência do tributo.

Dessa concepção, passou-se, em um **movimento pendular**, para uma valorização excessiva do "fato imponível", que produziu a "escola de glorificação do fato gerador". Sintomático dessa circunstância é o fato de a formulação da norma jurídica concebida por ATALIBA identificar todos os aspectos da norma jurídica na hipótese de incidência, localizando no consequente apenas a alíquota, ou seja, apenas um elemento do critério quantitativo[169].

Hoje, porém, esclarece CARVALHO, "*... recuperou-se a harmonia da composição interna da norma jurídica tributária...*", dando-se atenção à sua integridade constitutiva, de modo que "*Tanto o relato de antecedente normativo quanto a prescrição contida no seu consequente interessam, igualmente, à compreensão do impacto tributário*"[170].

A estrutura normativa da sujeição passiva tributária **pressupõe a norma-padrão de incidência tributária**, mas a ela não se restringe: ela está **acompanhada de outras normas**, que prescrevem deveres a terceiros e que se relacionam, em alguma medida, com a norma-padrão tributária.

[168] **Lançamento...**, *op. cit.*, p. 66.

[169] **Hipótese...**, *op. cit.*, p. 113-117.

[170] **Direito Tributário: linguagem...**, *op. cit.*, p. 616.

3.3.2 A norma-padrão de incidência tributária

O estudo normativo da sujeição passiva tributária passa, necessariamente, pela norma-padrão de incidência tributária ou regra-matriz de incidência tributária[171].

As obrigações tributárias decorrem das "normas-padrão de incidência", normas que, consoante Paulo de Barros CARVALHO, "*... definem a incidência do tributo*" e "*... descrevem fatos e estipulam os sujeitos da relação, como também os termos determinativos da dívida*", e, por isso mesmo, marcam o núcleo do tributo.

Por serem poucas e especialíssimas, havendo uma para cada figura tributária, CARVALHO designa-as de "normas tributárias em sentido estrito", em contraposição às "normas tributárias em sentido amplo". Essas últimas incluiriam as normas que demarcam princípios, as quais estabelecem os limites da virtualidade legislativa, no campo tributário, e as normas que fixam outras providências administrativas para a operatividade do tributo, que instituem deveres para os sujeitos, de modo a viabilizar a apuração, fiscalização e o recolhimento do tributo[172].

[171] A "regra-matriz de incidência tributária" é o desenho estático dos aspectos ou critérios da norma jurídica tributária por excelência, qual seja, a norma que descreve em sua hipótese de incidência um fato lícito, de conteúdo econômico, previsto em lei, que se liga, por um nexo de implicação, a um consequente tributário, que prescreve, abstratamente, uma relação jurídica entre um sujeito ativo, o Estado ou alguma pessoa que realiza uma atividade de interesse público, e um sujeito passivo, cujo objeto será a conduta deste entregar uma determinada soma em dinheiro àquele. Carlos Renato CUNHA observa, com esteio em Aurora TOMAZINI, que a expressão "regra matriz" pode ser utilizada em duas acepções: uma, como a estrutura lógica do tributo, identificado com a norma de incidência tributária, pertencente à linguagem do direito positivo; outra, como instrumento da ciência do direito, "*... como metalinguagem sobre o tributo, auxiliando na análise lógica de seus elementos componentes*" – **O Simples Nacional, a Norma Tributária e o Princípio Federativo**, p. 100. Neste trabalho, empregamos a expressão "regra-matriz de incidência tributária" para indicar a ferramenta à disposição da ciência tributária para a análise do tributo; e reservamos a expressão "norma-padrão de incidência" para nos referirmos à norma jurídica básica de incidência de um tributo, sem a consideração, todavia, da interferência de outras normas jurídicas sobre a norma-padrão, como as normas de responsabilidade e as de isenção.

[172] **Curso...**, *op. cit.*, p. 250-251.

Sob o ponto de vista de sua estrutura, a norma-padrão de incidência é uma típica norma de conduta, assumindo a forma de um juízo hipotético--condicional, formada por uma hipótese e um consequente.

A hipótese de incidência tributária descreve um fato lícito, de conteúdo econômico, previsto em lei, que se liga, por um nexo de imputação, a uma consequência tributária ou mandamento. Neste último segmento, há uma prescrição abstrata da relação jurídica entre um sujeito ativo, o Estado ou alguma pessoa que realiza uma atividade de interesse público, e um sujeito passivo, cujo objeto é a prestação, devida por ele, de dar uma determinada soma em dinheiro ao sujeito ativo.

Na hipótese de incidência da norma-padrão, a doutrina aponta a existência de critérios, elementos, aspectos atinentes ao evento selecionado e descrito pelo legislador: uma conduta humana (critério material)[173]; rea-

[173] O critério material é o cerne da hipótese: é a descrição de uma conduta humana, composta por um verbo transitivo direto, seguido de um complemento, que exprime uma ação humana; daí a rejeição à possibilidade de que verbos impessoais ou sem sujeito possam compô-lo, sob pena de prejuízo à operatividade dos desígnios normativos. A necessidade de que a materialidade da hipótese tributária seja um verbo transitivo, seguido de complemento, note-se, é uma particularidade da norma de incidência tributária, não de todas as normas do sistema jurídico. Não é difícil formular uma norma perfeitamente adequada ao ordenamento jurídico com a indicação de um verbo sem sujeito. Imagine-se, por exemplo, uma norma de conduta dirigida a um funcionário público que determine o dever dele levar um guarda-chuva à secretaria da repartição, caso comece a chover: "Se chover, então o funcionário deve levar o guarda-chuva à secretaria da repartição". Não há nenhum óbice que assim o seja. A necessidade de uma conduta humana explica-se porque os fatos signo-presuntivos estão ligados a algum indivíduo; não se cogita de uma riqueza sem titularidade. Ou melhor, a tributação tem por objetivo identificar uma manifestação de riqueza de alguém, não só para levar recursos para os cofres públicos, mas para cumprir os demais desígnios tributários, ligados a objetivos de ordem econômica e social, como a redistribuição de riquezas ou o cumprimento de finalidades extrafiscais. Além de o critério material ser formado por uma ação humana, ligada a alguém, tal conduta deve, consoante vimos anteriormente, exteriorizar algum substrato econômico, por determinação das normas constitucionais que conformam o regime jurídico tributário – **Curso...**, *op. cit.*, p. 269. Carvalho chama a atenção para o fato de que muitos acabam por tomar a parte pelo todo, isto é, tratam o núcleo da hipótese de incidência, o critério material, como se fosse a integralidade da própria hipótese normativa. É o que se observa, por exemplo, na seguinte passagem de Ataliba: "*O aspecto mais complexo da hipótese de incidência é o material.*

lizada por um sujeito (critério pessoal)[174]; situada em um determinado local (critério espacial)[175]; e em um determinado instante do tempo (critério temporal)[176].

Ele contém a designação de todos os dados de ordem objetiva, configuradores do arquétipo em que ela (h.i.) consiste..." – **Hipótese**..., *op. cit.*, p. 106.

174 No que tange à construção de Paulo de Barros CARVALHO, tomamos apenas a liberdade de incluir um critério pessoal na hipótese de incidência. Note-se que aqui não está em discussão a estrutura da norma segundo ATALIBA, que apontava a presença do aspecto pessoal, relativo à prescrição abstrata da relação jurídica tributária, na hipótese de incidência. Tal entendimento do mestre paulista é apenas uma posição equivocada, suplantada, com o devido respeito, pelas lições teóricas do próprio Paulo de Barros CARVALHO. Para este mestre paulista, a regra-matriz deve se ater a identificar os aspectos essenciais da norma jurídica de incidência tributária, capazes de condicionar o fato jurídico tributário; e apontar quem é o sujeito que realiza a hipótese não seria fundamental, senão em raras hipóteses. Nesse ponto, CARVALHO tem a aprovação de José Roberto VIEIRA, que, em bom uso do recurso da gradação, destaca: "*A questão é se este dado tem relevância para ser elevado à categoria de critério da hipótese de incidência tributária. Esses autores afirmam que sim, porque ele também condicionaria o fato jurídico tributário; "muitas vezes", alegam SHAW e MISABEL DERZI; "às vezes", diz SACHA CALMON, mais comedido; raramente, diríamos nós*" – **Regra--Matriz**..., *op. cit.*, p. 64. Em contraposição a essa visão, autores de escol, tais como JUSTEN FILHO, Sacha Calmon Navarro COELHO, Paulo Roberto Coimbra SILVA e André Renato Miranda ANDRADE, defendem que a identificação do sujeito que realiza o fato jurídico tributário é relevante para a conformação da norma jurídica tributária – JUSTEN FILHO, **O Imposto**..., *op. cit.*, p. 46-52; COELHO, **Curso de Direito Tributário**, p. 368; Paulo Roberto Coimbra SILVA, **A Substituição Tributária Progressiva nos Impostos Plurifásicos e Não-Cumulativos**, p. 30; André Renato Miranda ANDRADE, **ICMS: Constituição, Direito Comparado e Regra-Matriz de Incidência**, p. 35-37. Marcelo Caron BAPTISTA julga que ambas as construções da regra-matriz são cientificamente corretas, podendo o jurista optar entre qualquer um dos modelos. "*Ao intérprete, portanto, coloca-se a opção de descrever a norma jurídica tributária por um dos dois caminhos possíveis, ambos cientificamente admitidos*". Marcelo Caron BAPTISTA, a propósito, optou pela descrição sem o critério pessoal na hipótese – **ISS: Do Texto à Norma**, p. 137. A nosso ver, parece-nos que, sob o ponto de vista científico, a identificação do sujeito que está habilitado a praticar a conduta humana descrita "*in abstracto*" na hipótese de incidência é a mais recomendável. Isso porque, consoante bem observado por Nicolau KONKEL JÚNIOR, o fato de os atributos do indivíduo serem relevantes somente em ocasiões extraordinárias não justifica a sua não identificação. Isso não é exclusividade do critério pessoal, observa o magistrado paranaense: são poucas as vezes em que o critério espacial "*... é convocado para dar uma característica específica de determinado tributo*". Nem por isso, todavia, ele é ignorado – **Contribuições Sociais: Doutrina e Jurisprudência**, p. 113. Ainda que o sujeito que realiza a conduta humana

descrita na hipótese de incidência tributária não seja detentor de algum atributo que tenha o potencial de condicionar o fato jurídico tributário, há outras razões que justificam a sua identificação no molde da regra-matriz. Sacha Calmon N. Coelho, por exemplo, aponta diversas utilidades decorrentes da identificação do elemento pessoal no antecedente da norma de incidência tributária, relacionadas à verificação da capacidade contributiva, reconhecimento de imunidades e isenções: "*... o aspecto pessoal da hipótese de incidência é importante, apresentando diversas serventias. Assim, para a percepção da capacidade contributiva, para a graduação da progressividade, para a consideração do ilícito fiscal e da responsabilização, para o reconhecimento das isenções e imunidades subjetivas, só para exemplificar*" – **Curso**..., *op. cit.*, p. 364. Além disso, a identificação do critério pessoal na hipótese ajuda a iluminar a compreensão das categorias de sujeição passiva presentes no ordenamento positivo brasileiro. Nesse sentido, no que tange à necessidade de discriminação do critério pessoal na hipótese por esse motivo, argumentou Nicolau Konkel Júnior: "*... outro fundamento pode ser apresentado como justificativa à inclusão do critério pessoal na hipótese: os casos de sujeição passiva indireta por substituição*" – **Contribuições Sociais**..., *op. cit.*, p. 112. Da mesma forma, Justen Filho argumentou que a indicação do critério na hipótese de incidência é necessária na "*... discutida previsão de o sujeito da relação jurídica não estar envolvido na situação fática correspondente à hipótese*", ou "*... em que a condição de sujeito passivo da relação jurídica não recai sobre o agente da conduta indicada na hipótese*" – **O Imposto**..., *op. cit.*, p. 52; complementando esta última ideia da seguinte forma: "*A possibilidade jurídica de tal ocorrer, em nosso Direito, não pode ser repelida. Sem discutir a afirmação de que o sujeito passivo da obrigação tributária é o realizador do fato imponível, há casos em que isso não ocorre. Isso se passa quando o sujeito realizador do fato imponível não possui personalidade jurídica, tornando-se obrigadas outras pessoas. Assim, também quando a obrigação for estendida a outras pessoas, seja como devedores solidários seja como devedores subsidiários ou quando a lei determina um substituto como devedor*" – Norma Tributária e Isenção, **Revista do Instituto dos Advogados do Paraná**, n. 7, p. 105. Com efeito, em tempos em que se avolumam as referências às figuras de responsabilidade e substituição tributária, a indicação expressa do critério pessoal é aconselhável. Essas razões, portanto, conduzem-nos a aceitar as observações da boa doutrina e entender que a regra-matriz de incidência tributária deve contemplar o critério pessoal na hipótese de incidência tributária.

[175] O critério espacial é a referência de local em que a ação deverá ocorrer. Carvalho aponta a existência de três níveis de elaboração desse critério: a hipótese cujo critério espacial menciona um determinado local para a ocorrência do fato típico – exemplificativamente, o imposto de importação, que apenas se produz nas repartições alfandegárias; a hipótese cujo critério espacial faz menção a áreas específicas, de modo que o fato ocorrerá se estiver nelas contido – é o caso, por exemplo, do Imposto Predial e Territorial sobre a Propriedade Urbana – IPTU, cuja ocorrência somente se dá no espaço considerado como de área urbana; e a hipótese cujo critério espacial é genérico, coincidindo com o âmbito de validade territorial da lei – o que se pode verificar no ICMS ou no imposto sobre a renda – **Curso**..., *op. cit.*, p. 272. Sobre o critério espacial, v. Ayrton Ruy Giublin

Já na consequência tributária, os critérios, aspectos ou determinações, são não de um evento descrito, mas da relação jurídica prescrita pelo legislador[177]: o vínculo entre, ao menos, um sujeito ativo e um sujeito passivo (critério pessoal)[178], cabendo ao sujeito passivo o dever de dar ao sujeito ativo uma soma em dinheiro, apurada segundo a conjugação de uma base de cálculo e de uma alíquota (critério quantitativo)[179].

NETO, **O Espaço na Norma Jurídica Tributária: Territorialidade, critério espacial e elementos de conexão.**

176 O critério temporal – que o legislador, muito frequentemente, nos textos normativos, assevera ser, na realidade, a hipótese de incidência do tributo – é a indicação do instante do tempo em que o fato será reputado ocorrido – Paulo de Barros CARVALHO, **Curso...**, *op. cit.*, p. 277.

177 JUSTEN FILHO prefere chamá-los de "determinações", em vez de "critérios", sob a justificativa de que o consequente nada descreve, senão prescreve, abstratamente, uma relação jurídica. Logo, as pessoas e o objeto da relação em potencial do consequente são derivados de determinações do legislador, não de critérios que se possa colher de um evento descrito – **O Imposto...**, *op. cit.*, p. 45-46. Maurício Timm do VALLE adere à concepção de JUSTEN FILHO, empregando, para o consequente tributário, o termo "determinações" – **Princípios...**, *op. cit.*, p. 218.

178 O sujeito ativo somente poderá ser um ente público ou alguém que exerça uma atividade de interesse público que legitime a possibilidade de exercer a capacidade tributária ativa, o conhecido fenômeno da parafiscalidade. Para CARVALHO, o sujeito ativo pode ser uma pessoa jurídica, com personalidade de direito público ou privado, ou mesmo uma pessoa física, desde que realize atividade de interesse público. Vale registrar, porém, que o professor Maurício Dalri Timm do VALLE defende que "*... salvo os casos expressamente previstos na Constituição Federal, parece-nos que não há, no direito tributário brasileiro como posto atualmente, lugar para a parafiscalidade*" – **Princípios...**, *op. cit.*, p. 246. Ademais, diz-se que o sujeito ativo pode ser identificado na própria norma – é "*... sempre particularizado, sendo possível conhecê-lo tão só a partir da previsão normativa e, mesmo, independentemente da realização efetiva do fato imponível*" – JUSTEN FILHO, Norma Tributária..., *op. cit.*, p. 106.

179 O critério quantitativo é o plexo de indicações por meio das quais é possível delinear o objeto da prestação e apurar o "*quantum*" da dívida tributária. Isso se dá graças à conjugação de duas entidades: a base de cálculo e a alíquota. A base de cálculo é a grandeza instituída na consequência que se destina, sobretudo, a "*... dimensionar a intensidade do comportamento inserto no núcleo do fato jurídico*", de maneira a, em conjugação com a alíquota, apurar o valor da prestação pecuniária. CARVALHO identificou três funções para a base de cálculo, encampadas quase à unanimidade pela doutrina: (i) a função de medir as proporções do fato – função conhecida por "função mensuradora"; (ii) a de compor a determinação da prestação – "função objetiva"; e (iii) a de confirmar, infirmar ou afirmar o verdadeiro critério material da hipótese de incidência – "função comparativa" – **Curso...**,

Particularmente, no que concerne ao critério pessoal da hipótese e do consequente normativo, verifica-se, na hipótese de incidência, a presença de um sujeito que realiza a conduta humana descrita abstratamente no antecedente; e, no consequente tributário, as pessoas que integram a relação jurídico-formal nele prescrita, nos polos ativo e passivo da obrigação, cabendo ao sujeito passivo o dever de cumprir a prestação de levar dinheiro aos cofres públicos[180].

3.3.3 Outras normas que interferem na sujeição passiva tributária

Na doutrina, é frequente encontrar a afirmação de que o sujeito passivo da relação somente poderá ser conhecido **após** a ocorrência do fato jurídico tributário, pois, conforme Marcelo Caron BAPTISTA, "... *antes disso, não é suficiente para apontá-lo apenas o estudo da norma de incidência*", apesar

p. 341-342. A alíquota é o outro componente do critério quantitativo e exerce a função objetiva de apurar a quantia devida ao ente tributante. Embora o termo expresse a ideia de uma fração ou quota, há muitos casos em que ela é superior à base calculada, e muitos outros em que ela é estabelecida em termos monetários. Daí porque a alíquota é, segundo ATALIBA, invocando Aires BARRETO, "... *o indicador da proporção a ser tomada da base de cálculo*" - **Hipótese**..., *op. cit.*, p. 115. Obviamente, sua função não se esgota aí, porque a alíquota desempenha papel relevantíssimo na realização da igualdade tributária - **Curso**..., *op. cit.*, p. 354 - seja no âmbito da fiscalidade - de que é exemplo a progressividade do imposto sobre a renda - seja no âmbito da extrafiscalidade, orientando a atividade dos sujeitos em direção a uma finalidade constitucional legítima.

[180] Paulo de Barros CARVALHO, **Curso**..., *op. cit.*, p. 314. Nunca é demais lembrar, na realidade, que os aspectos ou critérios da norma tributária são apenas ângulos diferentes para se enxergar o todo incindível que é a norma. A hipótese revela certos aspectos, relacionados ao acontecimento lá descrito; o consequente revela outros, pertinentes à relação jurídica que poderá surgir da realização do fato descrito na hipótese. A mesma observação vale, como destacamos no início do capítulo, para a relação jurídica tributária, cuja decomposição em "relação principal" e "formal" é uma simplificação e redução de um complexo fenômeno jurídico. A propósito, afirma JUSTEN FILHO: "*Não nos devemos iludir, contudo, e indevidamente supor que o fenômeno jurídico corresponde exatamente à formulação intelectiva que formulamos. Tal como inexiste, senão na mente do jurista, uma hipótese de incidência distinta de um mandamento; tal como não há, na realidade, dissociação entre materialidade, aspecto espacial, aspecto temporal, etc., da hipótese de incidência; também assim não vemos como dissociar (senão ideal e abstratamente) a estrutura normativa tributária, para localizar normas que estatuem a 'obrigação principal' a aquelas que prevêem a 'obrigação acessória'*" - **Sujeição**..., *op. cit.*, p. 90-91.

de ser possível extrair, da interpretação dessa norma, "*... o conjunto dos sujeitos passivos possíveis*"[181].

A nosso sentir, a afirmação pode ser tomada em dois sentidos. O primeiro de que, como a relação jurídico-formal é abstrata, é necessária a ocorrência do fato jurídico tributário para que se individualize aquele comando, de modo a especificar o conteúdo da obrigação tributária.

O segundo é o de que o sujeito passivo somente poderá ser conhecido após a ocorrência do fato jurídico tributário porque é possível que, em vez daquela pessoa que realizou o fato jurídico tributário, a obrigação tributária individualizada contemple, em seu polo passivo, um terceiro distinto desse sujeito.

Neste segundo sentido, percebe-se, ainda que apenas parcialmente, uma das situações em que, para a determinação do sujeito passivo, houve uma "interação" entre normas jurídicas distintas: uma, a norma-padrão de incidência; outra, a norma que permitiu que um terceiro assumisse a condição de sujeito passivo tributário.

No que tange à análise da sujeição passiva tributária sob o ponto de vista da estrutura normativa, encontramos, na doutrina, sólidas, conquanto distintas, explicações sobre essa interação – normalmente designadas de "normas de responsabilidade" – que indicamos, abaixo, de forma breve, apenas para ilustrar o ponto.

BECKER afirmava que, na responsabilidade tributária, existiriam "*... duas regras jurídicas...*". Uma, a norma de incidência tributária, cujo sujeito passivo da relação jurídico-formal prescrita no consequente seria ou o indivíduo de cuja renda ou capital a hipótese de incidência fosse um fato signo-presuntivo de riqueza, ou o substituto legal tributário – ambos, espécies do gênero contribuinte "*de jure*"[182]. Outra, a norma de responsabilidade tributária, cuja hipótese descreveria o comportamento correspondente ao inadimplemento da obrigação tributária, e que prescreveria,

[181] **ISS: Do Texto...**, *op. cit.*, p. 143.

[182] Com efeito, para BECKER, a denominação contribuinte "*de jure*" representa o sujeito que figura no polo passivo da relação jurídica de natureza tributária, derivada da norma de incidência tributária. É, a seu ver, um gênero que abrange duas espécies: o indivíduo de cuja renda ou capital a hipótese de incidência é um fato signo-presuntivo de riqueza; e o substituto legal tributário – **Teoria Geral...**, *op. cit.*, p. 569-570 e 587.

em seu consequente, uma "... *segunda relação jurídica...*", na qual o responsável ocuparia o polo passivo. Essa segunda relação teria natureza fiduciária, assegurando, ao Estado, o direito de exigir de um terceiro a satisfação da prestação tributária, não cumprida pelo contribuinte "*de jure*"[183].

Luís Cesar Souza de QUEIROZ acrescenta que, na hipótese de responsabilidade, essa segunda norma poderá ser uma norma principal de natureza não tributária ou uma norma primária punitiva, como se verá adiante, em item específico. No entanto, divergindo de BECKER, o professor carioca assevera que, na realidade, em qualquer situação em que um terceiro, distinto daquele que realizou o fato descrito na hipótese de incidência tributária, é posto na condição de sujeito passivo, haverá uma outra norma, que "... *terá necessariamente natureza diversa da tributária*"[184] – o que se aplica tanto para o responsável quanto para o substituto.

Daniel Monteiro PEIXOTO, em sentido semelhante, conceitua a responsabilidade como o conjunto de relações jurídicas "... *previstas em normas jurídicas tributárias materiais, que tem por objetivo a cobrança do crédito tributário...*", sendo que tais normas podem ser normas primárias dispositivas, como nas hipóteses, a seu ver, de substituição tributária, ou normas primárias sancionadoras, como nas demais hipóteses de responsabilidade tributária admitidas no direito positivo brasileiro[185].

Outrossim, Misabel DERZI identifica a presença de outras normas, distintas da norma-padrão de incidência, para a determinação da sujeição passiva tributária, muito embora a sua fundamentação teórica seja substancialmente distinta da de BECKER, QUEIROZ e PEIXOTO. A jurista mineira, "... *realçando a estrutura normativa das normas que compõem a sujeição passiva...*", sublinha o fato de que, quando se está diante da eleição de um responsável, "... *estamos em face de duas normas jurídicas interligadas...*": uma, a norma básica ou matriz; outra, a norma complementar ou secundária[186].

[183] *Ibidem*, p. 598.

[184] **Sujeição...**, *op. cit.*, p. 185.

[185] **Responsabilidade...**, *op. cit.*, p. 151. A proposta de estrutura normativa sugerida pelo autor será retomada, oportunamente, em item específico, adiante.

[186] Nota de atualização, *in* Aliomar BALEEIRO, **Direito Tributário Brasileiro**, p. 1121. Consulte-se, igualmente, Ângelo de MELO, **Substituição...**, *op. cit.*, p. 193-196.

Explica, a autora, que a norma básica ou matriz é uma típica norma de conduta, cujo propósito é o de regular o comportamento humano, mediante a prescrição da obrigação tributária principal ou acessória; já a norma secundária, não autônoma, é uma típica norma de estrutura, que, nesse caso particular, tem por escopo modificar o mandamento da norma principal, alterando a sua conformação. Elas coexistem, embora não autonomamente.

De forma oportuna, lembra que as noções elementares acerca da conjugação entre normas principais e acessórias já estavam presentes na seminal obra de Amílcar de Araújo FALCÃO, "*Fato Gerador da Obrigação Tributária*". Lá, FALCÃO discorria sobre os "fatos geradores" complementares ou acessórios, os quais seriam "*... elementos ou pressupostos relevantes para a especialização ou especificação do efeito jurídico*"[187].

Destacava, o professor baiano, que, em alguns casos, o efeito produzido pela realização da hipótese de incidência tributária "*... variará ou se modificará, pela presença de um fato auxiliar ou subsidiário (fato aggiuntivo)*"[188]. Tal "fato gerador" complementar, por si só, não teria o condão de dar nascimento à obrigação tributária; mas os especiais efeitos dependeriam desses mesmos fatos jurídicos.

Como bem assinalou DERZI, é inevitável a imediata associação da "norma secundária" ou do "fato gerador complementar" à concepção de "norma de estrutura", apresentada por Paulo de Barros CARVALHO e utilizada para elucidar o fenômeno da isenção tributária.

Sobre a interação entre as normas, esclarece a jurista mineira:

> Toda vez que estamos diante da eleição de um responsável por lei, estamos em face de duas normas jurídicas interligadas. A primeira é a norma básica ou matriz, a que nos referimos anteriormente, que disciplina a obrigação tributária principal ou acessória. A segunda é a norma complementar ou secundária, dependente da primeira, que se presta a alterar apenas o aspecto subjetivo da consequência da norma anterior, uma vez ocorrido o fato descrito em sua hipótese. Nesse sentido, podemos falar em hipótese ou fato gerador básico ou matriz e em fato gerador secundário, complementar e dependente.

187 FALCÃO, **Fato Gerador da Obrigação Tributária**, p. 74.

188 *Ibidem*, p. 75.

Se não ocorrer o fato descrito na hipótese de incidência da norma básica ou matriz, ou mesmo ocorrendo e estando extinta a obrigação do contribuinte, então também inexistirá a obrigação do responsável tributário[189].

Especificamente sobre a norma secundária, no fenômeno da responsabilidade tributária – a respeito da qual a professora destaca que "*Não tem a doutrina, entretanto, trabalhado tais normas secundárias no seio da sujeição passiva*" – as suas principais características seriam: (i) o fato descrito na hipótese da norma secundária estar condicionado à ocorrência da hipótese de incidência da regra-matriz de incidência tributária; (ii) em casos excepcionais, a norma secundária pode conter uma presunção "*ex lege*", presumindo a ocorrência do fato descrito na hipótese da norma básica, como seria o caso na substituição tributária para frente; (iii) o fato descrito na hipótese da norma secundária deve estar em relação de dependência com o fato descrito na hipótese da norma principal; (iv) o mandamento da regra acessória tem por determinação que figure o responsável como sujeito passivo da norma básica; (v) tendo em vista a mera modificação do aspecto subjetivo do consequente tributário, os demais critérios estarão moldados segundo o estatuto do contribuinte – imunidade, isenção, base de cálculo, alíquotas etc. – de modo que o surgimento da relação jurídica tributária e sua quantificação serão definidos segundo aquele estatuto[190].

Andrea Darzé, a seu turno, alude a essa interação mediante a distinção entre uma acepção ampla e uma acepção estrita da expressão "regra-matriz de incidência tributária": em um sentido amplo, a regra-matriz é aquela que corresponde ao desenho "padrão" da norma tributária, antes, porém, de "*... sofrer a interferência*" de outras proposições jurídicas que guardam autonomia normativa em relação à norma-padrão, de que são exemplo as normas de isenção, de responsabilidade *etc.* Por conseguinte, em sentido estrito, a regra-matriz seria o resultado da interação da regra-matriz em sentido amplo – a norma-padrão de incidência – com todas as demais regras que a conformam.

Isso é particularmente relevante para o critério pessoal do consequente da norma jurídica tributária, uma vez que, como sublinha Darzé,

[189] Nota..., *op. cit.*, p. 1121.
[190] *Ibidem*, p. 1122 e 1131-1132.

conforme o **cálculo de relações** entre a regra-matriz em sentido amplo e as normas de responsabilidade, "*... o resultado variará a depender da espécie e/ou das características da responsabilidade de que se trate*". Nesse sentido, a autora conceitua a responsabilidade como "*... norma jurídica...*" que pressupõe o fato tributário[191]. Em sentido semelhante ao de DARZÉ, Maria Rita FERRAGUT sustenta que a responsabilidade é "*...* ***norma jurídica*** *deonticamente incompleta (lato sensu), de conduta, que, a partir de um fato não-tributário, implica a inclusão do sujeito que o realizou no critério pessoal passivo de uma relação jurídica tributária*" (grifos nossos)[192]. A norma de responsabilidade comporá a construção da norma jurídica completa, com a aptidão ou não para alterar a norma individual e concreta de constituição do crédito tributário[193].

Eis, portanto, um breve apanhado do estudo doutrinário da sujeição passiva, sob o enfoque de sua estrutura normativa, que será o nosso fio condutor. Para que a sujeição passiva possa ser analisada dessa forma, porém, é preciso recorrer às normas de hierarquia superior, isto é, às normas de estrutura positivadas na Constituição, que presidem e conformam a atividade normativa. Vejamos o que determina a Constituição, no que tange aos sujeitos passivos tributários.

[191] **Responsabilidade Tributária: solidariedade e subsidiariedade**, p. 26-27, especialmente nota de rodapé n. 47, e p. 88. Embora Paulo de Barros CARVALHO não faça a distinção adotada por DARZÉ, compulsando as obras do mestre da USP e da PUC de São Paulo, verificamos que ele inclui, entre as normas que definem a incidência do tributo, as normas que instituem isenções, assim como as sancionadoras – **Curso**..., *op. cit.*, p. 251. Registre-se, porém, que, na obra "*Fundamentos Jurídicos da Incidência Tributária*", CARVALHO não menciona mais as normas de isenção como integrantes desse grupo institucional, fazendo menção, apenas, às "*... normas que impõem penalidades*" – **Fundamentos Jurídicos**..., *op. cit.*, p. 131. De todo modo, perguntamo-nos se o reconhecimento de que outras normas também participam da conformação da incidência tributária acaba por implicar que, ao se utilizar a expressão "norma-padrão de incidência" ou "regra-matriz de incidência tributária", pode-se estar falando, na realidade, de uma única norma jurídica, que constitui a essência do tributo – a norma jurídica tributária em sentido estrito – ou, alternativamente, de um conjunto de normas jurídicas, sejam de comportamento ou de estrutura, que se relacionam com ou interferem na norma-padrão de incidência, podendo gerar resultados distintos.

[192] **Responsabilidade**..., *op. cit.*, p. 38.

[193] *Ibidem*.

3.4 As normas constitucionais e a sujeição passiva

3.4.1 A sujeição passiva na Constituição?

O sujeito passivo tributário está na Constituição?

Em um sistema constitucional tributário abundante em normas sobre a matéria tributária, como o nosso, é pertinente a questão sobre até que ponto a matéria da sujeição passiva tributária possui **densidade constitucional**. Independentemente da resposta que se dê à pergunta, não haveria sentido em recusar o fato de que a investigação da sujeição passiva deve ser analisada a partir das normas de estrutura postas na Constituição, pois elas condicionam a edição das normas de conduta que prescrevem as relações que impõem deveres aos sujeitos. O conteúdo das normas de comportamento deve ser visto e compreendido sob o prisma dos enunciados constitucionais que presidem a atividade de regulação dos comportamentos. Como bem pontuado por DARZÉ,

> ... não há como a norma instituidora do tributo, ela mesma, isoladamente considerada, denunciar vícios da sua própria enunciação. Daí a necessidade de regressarmos mais uma etapa do processo de positivação, alcançando a norma de competência tributária. Esta, sim, é índice seguro para, diante dos limites estabelecidos pelo Sistema Tributário Nacional, delinear o conjunto das alternativas postas ao legislador para a definição do critério pessoal passivo do tributo[194].

Digno de registro é o trabalho de Luís Cesar QUEIROZ, que, reconhecendo na Constituição o vértice do sistema de direito positivo, tem o esmero de esmiuçar as normas constitucionais de produção normativa, que repercutem na produção das normas impositivas tributárias, e, consequentemente, na fenomenologia da sujeição passiva tributária[195]. O regime jurídico tributário desenhado pelo constituinte **condiciona** as alternativas disponíveis para o legislador.

Tanto é assim que, segundo BECKER, as consequências normativas da substituição tributária seriam diferentes, a depender da circunstância de

[194] **Responsabilidade...**, *op. cit.*, p. 37.

[195] **Sujeição...**, *op. cit.*, p. 130-133.

a Constituição ter ou não juridicizado o Princípio da Capacidade Contributiva: se sim, o legislador teria de outorgar ao terceiro, distinto daquele que manifestou o signo-presuntivo de riqueza, o direito de repercutir juridicamente, mediante a retenção na fonte, o imposto por ele pago; do contrário, não[196].

3.4.2 Conformações às normas de competência tributária

3.4.2.1 Normas de competência

No âmbito do sistema constitucional tributário, embora possamos localizar normas dirigidas a regular diretamente o comportamento dos sujeitos, encontraremos, predominantemente, normas que se dirigem a regular outras normas; algo, diga-se de passagem, perfeitamente compreensível, tendo em vista o papel da Constituição de organizar as funções do Estado[197]. Estamos diante daquela categoria chamada de "normas de estrutura", que apresentamos no capítulo anterior[198].

Dentre as normas de estrutura, são de especial importância as **normas de competência**. Por meio delas, o poder constituinte conforma, habilita e distribui entre os entes políticos o "poder de tributar", outorgando-lhes parcelas desse "poder", sob a disciplina do Direito[199]. Aproveitando a didática expressão de Cândido Rangel DINAMARCO acerca da jurisdição, outra das funções estatais, que o eminente processualista emprestou de

[196] **Teoria Geral...**, *op. cit.*, p. 589.

[197] Como bem observou Paulo de Barros CARVALHO, no repertório da Constituição, "*... há predomínio quantitativo das regras de estrutura, que são mais numerosas que as regras de comportamento*" – **Curso...**, *op. cit.*, p. 148.

[198] Subitem 2.3.2.2.

[199] Em verdade, como alerta Roque Antonio CARRAZZA, fazendo eco às lições de ATALIBA, os entes públicos não possuem "poder tributário", mas competência tributária. Quem detinha o "poder tributário" era a assembleia constituinte; a partir do momento da promulgação da Constituição de 1988, "*... o que passou a existir, em seu lugar, foram as competências tributárias, que a mesma Constituição Federal repartiu entre a União, os Estados-membros, os Municípios e o Distrito Federal*" – **Curso de Direito Constitucional Tributário**, p. 574.

Joaquim Canuto Mendes de ALMEIDA, é possível dizer que o "poder tributário" é a caixa d'água e a competência é a torneirinha[200].

A norma de competência tributária confere aos entes legiferantes "... *a possibilidade de criar, in abstracto, tributos, descrevendo, legislativamente, suas hipóteses de incidência, seus sujeitos ativos, seus sujeitos passivos, suas bases de cálculo e suas alíquotas*"[201].

[200] **Instituições de Direito Processual Civil**, v. I, p. 412, nota de rodapé n. 1. No original: "*No dizer jocoso do velho Mestre Joaquim Canuto Mendes de Almeida, jurisdição é a caixa dágua e competência é a torneirinha*".

[201] CARRAZZA, **Curso**..., *op. cit.*, p. 575. Nesse passo, convém recordar a existência de discussão doutrinária atinente à circunstância de a Constituição criar ou não tributos. A maior parte da doutrina, dentre os quais indicamos Roque CARRAZZA, prega que a Constituição não criou tributos, apenas discriminou competências; o ato de criação somente poderia ocorrer após a edição da lei pelo legislador, pois é a partir de então que um sujeito poderá, realizando a hipótese de incidência, ser compelido a pagar uma quantia ao Estado a título daquele tributo – **Curso**..., *op. cit.*, p. 583-585. Contrariamente a essa concepção, levantou-se, isolada, a voz de Souto Maior BORGES, que ganhou, com o passar do tempo, ilustres adeptos, como Aires BARRETO, José Roberto VIEIRA e Maurício Timm do VALLE. Tais autores consideram o entendimento da doutrina majoritária como cientificamente inadequado, porque, à luz do escalonamento normativo kelseniano, todo ato jurídico é, simultaneamente, um ato de aplicação de uma norma superior e um ato de criação de uma norma inferior. Na pirâmide normativa, se olhamos de baixo para cima, vemos uma sequência de processos de produção jurídica, ao passo que, se olharmos da perspectiva contrária, de cima para baixo, vemos uma sequência de processos de execução jurídica. Abstraídos os casos-limites – e, consoante SOUTO, "... *esses casos-limites são a norma fundamental, que não é 'posta' pela ordem jurídica, mas simplesmente 'pressuposta' pelo conhecimento científico do Direito, no vértice da pirâmide normativa*" – **Lançamento**..., *op. cit.*, p. 108 – todo ato é, a um só tempo, criação e aplicação. Logo, na Constituição, inicia-se o processo de criação do tributo. Embora ainda insuficiente, porque, em cada etapa do processo, algo é acrescentado àquilo que constava previamente, o tributo não é inexistente. Parece-nos adequada a observação de VILANOVA quando afirma que "... *a proposição jurídica individual da sentença judicial não deriva dedutivamente da norma fundamental, nem das normas constitucionais ou das leis substantivas e processuais da legislação ordinária. E, todavia, na decisão normativa de um caso está potencialmente presente todo o sistema*" – **As Estruturas**..., *op. cit.*, p. 129. Nas belas palavras de VIEIRA: "*Retomando categorias da filosofia aristotélica e escolástica, **o tributo na constituição não é um 'ser em potência'**, um ser em estado virtual, um devir; **o tributo na constituição é um 'ser em ato'**, já realizado, incompleto mas realizado no seu mínimo existencial. Não é a planta que repousa latente na semente ainda não plantada; é a planta real e tangível, conquanto não suficientemente desabrochada, não revelada na plenitude de sua natureza exuberante, ainda em estado mínimo...*" – E, Afinal, a Constituição Cria Tributos! *In* Heleno Taveira

O **exercício** dessa competência, entretanto, **não é livre**, porque condicionado à obediência das demais normas do sistema constitucional. A competência tributária já nasce limitada[202].

A doutrina tributária reconstrói, dos enunciados constitucionais, as normas que condicionam o exercício da atividade legislativa tributária, repercutindo, de modo decisivo, em matéria de sujeição passiva. Dentre os principais, é possível apontar (i) os princípios constitucionais tributários; (ii) a seleção das materialidades dos tributos, na repartição das competências tributárias; (iii) a autorização para a tributação por "fato gerador" presumido, desde que assegurada a restituição preferencial e imediata de valores, caso o "fato gerador" presumido não se realize; (iv) e a atribuição ao legislador complementar da função de dispor sobre normas gerais em matéria tributária.

Vejamos, uma a uma, as suas implicações.

3.4.2.2 Os princípios constitucionais tributários

3.4.2.2.1 Introdução

Guilherme FOLLADOR, dissecando a estrutura lógica das normas de competência tributária, formalizadas por Tácio Lacerda GAMA, Cristiane MENDONÇA, Eurico Marcos Diniz de SANTI e Daniel Monteiro PEIXOTO, verifica que tanto os princípios como as imunidades "*... aparecem, implicitamente, nas estruturas de todos os autores*"[203].

De fato, os princípios, que também podem ser reputados como normas de estrutura, orientam a formação e a aplicação das normas de comportamento; "*... dispondo sobre o relacionamento das normas de conduta entre si e fixando os postulados fundamentais que orientarão sua edição e seu conteúdo*", são normas fundamentais do sistema jurídico, das quais "*... depende a validade e o sentido de uma série de outras normas*"[204].

TÔRRES (coord.), **Teoria Geral da Obrigação Tributária: estudos em homenagem a José Souto Maior Borges**, p. 639.

[202] CARRAZZA, **Curso...**, *op. cit.*, p. 580.

[203] **Normas de Competência...**, *op. cit.*, p. 191.

[204] JUSTEN FILHO, **O Imposto...**, *op. cit.*, p. 34. Nas palavras de José Roberto VIEIRA, "*... posto que os princípios disciplinam as regras de comportamento, determinando os parâmetros tanto de*

Os princípios transitam pelo ordenamento "... *permeando, penetrando e influenciando...*" um grande número de regras que lhe são subordinadas[205]. Sua função essencial, na sempre apreciada voz de JUSTEN FILHO, é a de "... *impedir a edição de normas de conduta por procedimentos, por órgãos ou com conteúdo diversos daqueles que foram reputados como essenciais pela comunidade a que o Direito se dirige*"[206]. Não só para a **edição de normas** de conduta são relevantes os princípios, mas também para a **atividade interpretativa** do Direito, crucial para o momento da aplicação pelo intérprete.

Os princípios são dotados de maior grau de vagueza, além de assumirem, muitas vezes, uma pluralidade de significados. Sofrem, como soi ocorrer com os princípios, dado seu grau de abstração e generalidade, de "... *anemia semântica...*"[207]. Somado a isso, a precisão dos significados, muitas vezes, é substancialmente prejudicada, em decorrência da **banalização** do seu (mau) uso no discurso jurídico[208]. Tal problema, o do uso retórico e descomprometido dos princípios na prática quotidiana, foi traduzido com mestria por Carlos Ari SUNDFELD, que, em sugestivo título, lança a irônica pergunta: "*Princípio é Preguiça?*"[209].

sua produção quanto do seu conteúdo, acreditamos pacífica sua inclusão entre as regras de estrutura" – **A Regra-Matriz...**, *op. cit.*, p. 39.

[205] CARVALHO, **Curso...**, *op. cit.*, p. 149.

[206] **O Imposto...**, *op. cit.*, p. 36-37.

[207] José Roberto VIEIRA, Fundamentos Republicano-Democráticos da legalidade tributária: óbvios ululantes e não ululantes, *in* Melissa FOLMANN (coord.), **Tributação e Direitos Fundamentais**, p. 207.

[208] Exemplo claríssimo desse problema nota-se no Princípio da Dignidade da Pessoa Humana, como bem aponta Daniel SARMENTO. Em excelente obra sobre o tema, o autor destaca que uma de suas preocupações era justamente a da "carnavalização" do emprego da "dignidade humana", o quê, de certo modo, desgasta a força da figura. A obra toca em pontos fundamentais relacionados à matéria tributária, de que é exemplo flagrante o do mínimo existencial. A matéria da dignidade humana e a tributária vêm encontrando conexões de fundamentação na dogmática, especialmente nas obras de Ricardo Lobo TORRES e José Souto Maior BORGES, para mencionarmos dois prestigiados autores. Ressalta ÁVILA: "*Esse panorama mostra por que princípios tão genéricos como a garantia da dignidade humana e a garantia da liberdade podem ganhar grande importância no Direito Tributário*" – **Sistema Constitucional...**, *op. cit.*, p. 575.

[209] Princípio é Preguiça? *in* Carlos Ari SUNDFELD, **Direito Administrativo para Céticos**, p. 205-229.

Por isso, o alerta de Ricardo Mariz de OLIVEIRA, pertinente aos princípios da Igualdade e da Capacidade Contributiva: "*... se tal prática não for contida e os dois elementos não forem colocados no seu devido lugar, poderemos correr o risco até de eles perderem credibilidade e utilidade, passando a apresentar-se como panaceias destituídas de sentido real e prático*"[210].

Apesar da importante observação, os princípios não têm a sua força ou a sua relevância jurídica – força e relevância que, diga-se de passagem, são fundamentais para o sistema constitucional – diminuída.

Julgamos haver três princípios que condicionam, de maneira direta, a matéria da sujeição passiva tributária, razão pela qual serão objeto de análise detida nos tópicos seguintes. São eles: o Princípio da Legalidade, o Princípio da Igualdade e o da Capacidade Contributiva[211].

[210] Breves Considerações sobre a Capacidade Contributiva e a Isonomia, *in* Luis Eduardo SCHOUERI (coord.), **Direito Tributário: homenagem a Alcides Jorge Costa**, p. 459.

[211] A seleção, obviamente, é discricionária, mas não imotivada. Baseamo-nos nas obras que se dispuseram a discorrer, com mais atenção, sobre a sujeição passiva tributária: JUSTEN FILHO, na obra "*Sujeição Passiva Tributária*", pouco antes de buscar a resposta para a pergunta sobre qual é a liberdade do legislador para estabelecer o sujeito passivo, julga ser uma "*... boa opção para atingir solução satisfatória*" a de enfrentar a árida questão do significado do princípio da capacidade contributiva – **Sujeição...**, *op. cit.*, p. 231; Arnaldo BORGES dedica o primeiro capítulo de seu livro, "*O Sujeito Passivo da Obrigação Tributária*", aos princípios da legalidade e da igualdade, e à relação deste último com a capacidade contributiva – **O Sujeito...**, *op. cit.*, p. 13-39; Andréa DARZÉ seleciona, dentre os enunciados constitucionais referentes às normas de competência que "*... limitam a escolha do sujeito passivo tributário*", o princípio da capacidade contributiva e o da legalidade estrita – **Responsabilidade...**, *op. cit.*, p. 39-67; Luís Cesar Souza de QUEIROZ, em obra específica sobre a sujeição passiva tributária, após conceituar os princípios como aspectos do conteúdo do antecedente ou do consequente das normas constitucionais de cunho prescritivo, dá particular atenção aos princípios da legalidade, da irretroatividade, da anterioridade e da igualdade – **Sujeição...**, *op. cit.*, p. 135-162; Jackson Borges ARAÚJO, a seu turno, reserva os primeiros capítulos de seu livro sobre a substituição tributária por fato gerador para discorrer sobre as irradiações do princípio da igualdade no âmbito do direito tributário e sobre a capacidade contributiva, o quê lhe rendeu, aliás, o elogioso comentário de Souto Maior BORGES, que considerou a análise do jurista uma das "*... mais penetrantes análises desse princípio na doutrina brasileira*" – Prefácio, *in* Jackson Borges ARAÚJO, **ICMS – Ficção do Fato Gerador**, p. XIV.

3.4.2.2.2 A legalidade tributária

A legalidade é princípio jurídico fundamental de um Estado de Direito, extraído essencialmente do enunciado de que "*ninguém será obrigado a fazer ou deixar de fazer alguma coisa senão em virtude de lei...*", consoante artigo 5º, II, da Constituição. O princípio revela **duas faces**: uma, para os cidadãos, outra, para o Estado.

Para os cidadãos, a legalidade é encarada sob um ângulo **restritivo ou negativo**: tudo o que não é proibido, é permitido. O indivíduo deve gozar de autonomia – dimensão essencial da dignidade da pessoa humana, conforme Daniel SARMENTO[212] – para agir de acordo com as suas concepções e valores, salvo se a lei o obrigar a fazer ou deixar de fazer algo.

Para o Estado, diversamente, a legalidade assume um sentido **ampliativo ou positivo**. A sua conduta deve manter uma "relação de conformidade" com a lei: o Estado somente poderá atuar desde que na presença dela, em consonância "*... **com a lei em sentido formal**, ato oriundo do órgão que detém a competência constitucional para legislar e revestido da forma estabelecida para as leis, e não só em sentido material, como regra de comportamento genérica e coativa*"[213]. Tudo o que não é permitido, é proibido.

No âmbito da tributação, tendo em vista o fato de que esta atividade interfere nos direitos fundamentais de propriedade e liberdade dos indivíduos, o constituinte, em reforço à legalidade genérica, fez constar no artigo 150, I, do texto constitucional, que é vedado aos entes tributantes "*... exigir ou aumentar tributo sem lei que o estabeleça...*". Eis o conhecido Princípio da Legalidade Tributária.

A legalidade tributária, por sua vez, desdobra-se em dois sentidos distintos, um **formal** e outro **material**: a legalidade tributária formal é a determinação de que os tributos somente podem ser instituídos mediante lei em sentido formal, devidamente aprovada pelo órgão legislativo competente para editá-la[214]. Tal exigência está intimamente ligada à ideia de

[212] **Dignidade da Pessoa Humana...**, *op. cit.*, p. 130-187.

[213] José Roberto VIEIRA, Legalidade Tributária e Medida Provisória: Mel e Veneno, *in* **Tributos e Direitos Fundamentais**, p. 183.

[214] Por isso, reprovável é a autorização de que os tributos possam ser instituídos ou majorados mediante medida provisória, que teve seu campo ampliado em decorrência de alteração constitucional promovida pelo constituinte derivado, via Emenda Constitucional n. 32, de

consentimento dos cidadãos à imposição tributária, representada pela máxima *"no taxation without representation"* (não tributar sem representação): se a lei é o produto das decisões tomadas pelos representantes democraticamente eleitos por uma sociedade republicana, então a imposição de um tributo por lei é, em última análise, uma "autotributação".

Nesse sentido, irretorquíveis as considerações de José Roberto VIEIRA a respeito do indissociável vínculo da legalidade tributária com o princípio republicano – cujos traços são a representatividade, a transitoriedade e a responsabilidade[215] – e com o princípio democrático – cujo núcleo semântico mínimo significa a participação do povo na formação da vontade estatal, em convivência harmônica com os direitos das minorias – anotando que *"... quanto mais atento à Legalidade Tributária for um sistema, tanto mais democrático, inevitavelmente, será"*[216].

A legalidade tributária, em sentido formal, mostra-se princípio **essencial** para o Direito contemporâneo, o quê se nota do levantamento e exame minucioso das Cartas Constitucionais, levado a cabo por Victor UCKMAR, senão **universal**, nas Constituições do mundo contemporâneo, como propugnou José Roberto VIEIRA, após ter compulsado 57 constituições de quatro continentes, a fim de verificar o papel que tal princípio desempenha nos Estados Constitucionais hodiernos[217].

11 de setembro de 2001, objeto de contundentes críticas por parte de José Roberto VIEIRA e de Roque Antonio CARRAZZA. Consulte-se VIEIRA, Bocage e as Medidas Provisórias: a Emenda Pior do que o Soneto, **Revista da Faculdade de Direito da UFPR**, v. 40, p. 87-105; CARRAZZA: "*... academicamente continuamos a obtemperar que tal emenda constitucional, na parte atinente às medidas provisórias, afronta o princípio da legalidade, máxime em matéria tributária, e, por via de consequência, a autonomia e independência do Poder Legislativo. Viola, pois, a cláusula pétrea do art. 60, § 4º, III, da CF, que estabelece que nenhuma emenda constitucional poderá sequer tender a abolir a Separação dos Poderes*" – **Curso...**, *op. cit.*, p. 309.

[215] Sobre as características do princípio republicano e a sua relação com a legalidade, v. José Roberto VIEIRA, Legalidade Tributária ou Lei da Selva..., *op. cit.*, p. 5-22.

[216] Legalidade e Norma de Incidência: Influxos Democráticos no Direito Tributário, *in* Betina Treiger GRUPENMACHER (coord.), **Tributação: Democracia e Liberdade – em homenagem à Ministra Denise Arruda Martins**, p. 944. Sobre as características do princípio republicano e a sua relação com a legalidade, consulte-se José Roberto VIEIRA, Legalidade Tributária..., *op. cit.*, p. 5-22.

[217] *"Todas as Constituições vigentes – exceção feita, pelo que me consta, da União das Repúblicas Socialistas Soviéticas – afirmam explicitamente que os impostos devem ser aprovados pelos órgãos*

De toda maneira, para além da legalidade em sentido formal, a doutrina destaca a legalidade em sentido material ou a tipicidade, isto é, que todos os critérios da norma jurídica tributária que ordena um cidadão a cumprir o dever de pagar um tributo devem estar contidos na lei[218]. A lei "... *deve conter todos os elementos e supostos da norma jurídica tributária (hipótese de incidência do tributo, seus sujeitos ativo e passivo e suas bases de cálculo e alíquotas)*", na lição de CARRAZZA[219]. É indispensável a edição de lei para dispor sobre **qualquer dos aspectos da regra-matriz de incidência tributária**, "... *o que, por óbvio, inclui a sujeição passiva*", no registro específico de DARZÉ[220].

Segundo ATALIBA e Cléber GIARDINO, não há discrepância na doutrina quanto à afirmação de que o princípio da legalidade postula que a "... *designação do sujeito passivo dependa rigorosa e estritamente da lei*"[221].

Mais ainda, segundo CARRAZZA: os deveres instrumentais instituídos para o contribuinte e para terceiros, com o propósito de auxiliar a fiscali-

legislativos competentes" – UCKMAR, **Princípios Comuns de Direito Constitucional Tributário**, p. 24-25. José Roberto VIEIRA, por sua vez, registra que ".... *a Legalidade, inclusive a tributária, não é somente uma norma essencial para as diversas cartas constitucionais do mundo contemporâneo, mas, em rigor, um princípio a cuja essencialidade há que se acrescentar o traço irrecusável da universalidade*" – **Medidas Provisórias em Matéria Tributária: as Catilinárias Brasileiras**, p. 185. Há, por certo, "atenuações" à regra da legalidade em matéria tributária, por razões extrafiscais, como a autorização para a alteração das alíquotas dos impostos de importação, exportação, sobre produtos industrializados e sobre operações de crédito, câmbio e seguro, ou relativas a títulos ou valores imobiliários, nos termos do artigo 153, § 1º, do texto constitucional. Não são, todavia, exceções à legalidade, porque essas situações extraordinárias são autorizadas pela própria Constituição, que as submete ao atendimento das "... *condições e* [d]*os limites estabelecidos em lei*".

[218] Afirma Alberto XAVIER: "*Se o princípio da reserva de lei formal contém em si a exigência da lex scripta, o princípio da reserva absoluta coloca-nos perante a necessidade de uma lex stricta: a lei deve conter em si mesma todos os elementos de decisão no caso concreto, de tal modo que não apenas o fim, mas também o conteúdo daquela decisão sejam por ela diretamente fornecidos. A decisão do caso concreto obtém-se, assim, por mera dedução da própria lei, limitando-se o órgão de aplicação a subsumir o fato na norma, independentemente de qualquer livre valoração pessoal*" – **Os Princípios da Legalidade e Tipicidade da Tributação**, p. 37-38.

[219] **Curso...**, *op. cit.*, p. 280.

[220] **Responsabilidade...**, *op. cit.*, p. 62.

[221] Responsabilidade Tributária – ICM – Substituição Tributária (Lei Complementar 44/83), **Revista de Direito Tributário**, n. 34, p. 211.

zação e dar efetividade ao cumprimento da prestação tributária, também devem ser instituídos por lei – em sentido lato, abrangendo leis e medidas provisórias – porquanto são deveres cuja observância exige tempo dos indivíduos e, normalmente, gera custos para eles, repercutindo em seus patrimônios – os chamados "custos de conformidade". Sem contar, ademais, que o descumprimento de tais deveres pode gerar sanções em desfavor dos que os devem cumprir[222]. Um ato da administração pública – seja decreto, portaria, instrução *etc.* – que institua uma "obrigação acessória", sem fundamento em lei, não está operando em sua competência regulamentar, mas inovando a esfera jurídica, o quê lhe é expressamente vedado. À mesma conclusão chegou Maurício ZOCKUN, em elogiável exposição[223].

Por essa razão, caso um indivíduo seja designado como sujeito passivo de **dever instrumental** – incluindo, obviamente, prestações de fazer, não fazer, mas também de dar e suportar, mormente com relação àqueles relacionados à retenção na fonte e recolhimento de tributos em nome do contribuinte – a imposição **somente será admissível se veiculada mediante lei**[224].

222 CARRAZZA, **Curso...**, *op. cit.*, p. 372-374. Contra, vide Alberto XAVIER, **Legalidade...**, *op. cit.*, p. 28-33.

223 **Regime Jurídico da Obrigação Tributária Acessória**, p. 147-156. Em sentido contrário, Caio TAKANO, **Limitações aos Deveres Instrumentais Tributários (Aplicação do art. 113, § 2º do Código Tributário Nacional)**, p. 93-101.

224 Harrison Ferreira LEITE destaca que a matéria de responsabilidade tributária por retenção na fonte é extensivamente tratada no âmbito das normas infralegais. Diz ele: "*... na área de retenções de tributos na fonte e as responsabilidades daí decorrentes, (i) há uma grande variedade de normas impositivas de obrigações tributárias decorrentes da contratação de pessoas físicas ou jurídicas, seja para prestar serviços ou até para lhes fornecer mercadorias, e que se referem a uma gama de impostos e contribuições que exigem amplos conhecimentos da matéria; (ii) há uma dificuldade de se interpretar e aplicar de modo escorreito os dispositivos que criam e regulam ditas obrigações, principalmente pela má qualidade dos textos normativos, sendo igualmente difícil acompanhar a dinâmica da alteração dos mesmos; (iii) e, por fim, a ausência de observância dessas normas pode gerar elevados passivos fiscais, tendo em vista a enorme responsabilidade tributária dos contratantes e convenentes*" (A Necessária Revisitação da Legalidade Estrita e a sua Contínua Proteção dos Direitos Fundamentais, *in* Humberto ÁVILA (org.), **Fundamentos do Direito Tributário**, p. 212. O autor cita como exemplos a Instrução Normativa RFB n. 971, de 13 de novembro de 2009, pertinente à retenção da contribuição ao Instituto Nacional do Seguro

De tal maneira é fundamental o Princípio da Legalidade Tributária (legalidade-tipicidade), fruto da evolução cultural, que JUSTEN FILHO atribui a ela a condição de indispensável requisito de existência de um regime jurídico tributário, no que recebe a aprovação de Renato Lopes BECHO[225].

Por fim, cabe aludir à pertinente reclamação de Eurico de SANTI no sentido da indispensabilidade de uma **legalidade concreta**, pensada especialmente para o momento da aplicação do direito, apropriada ao paradigma moderno da era da informação: o de que o Poder Público deve ser transparente e assegurar aos cidadãos a possibilidade de identificar a *"... sedimentação dos critérios legais eleitos pelas autoridades competentes, na corrente histórica dos respectivos atos de concreção do direito, oferecendo segurança jurídica e isonomia pelo simples aumento do fluxo de informação"*[226].

A ponderação do eminente jurista, por transmitir o estado atual da prática tributária brasileira, merece integral reprodução:

> O fato é que, no Brasil, ao menos em relação ao sistema tributário, não há o Estado de Direito. Embora existam numerosas normas tributárias (**legalidade abstrata**), não há pleno conhecimento das "regras do jogo" (**legalidade concreta**). É preciso conhecer não apenas as regras estabelecidas na estática legislação, mas também aquelas concreta e dinamicamente aplicadas no dia a dia pela Administração Tributária[227].

Social; e a Instrução Normativa n. 459, de 29 de outubro de 2004, relativa às retenções da contribuição ao PIS e da COFINS; bem como o Decreto 3.000, de 26 de março de 1999, vigente à época, que regulamentava a retenção na fonte do imposto sobre a renda. Sua avaliação, porém, é diferente da de CARRAZZA. Para a realização da igualdade, não se pode esperar que a lei trate, de forma minudente, todas as situações distintas que se podem manifestar sob o seu manto. Assim, em alguns casos, o legislador não teria outra solução senão a de estabelecer certas medidas e controles de forma genérica, estabelecendo um padrão de normalidade, e deixando às normas infralegais a tarefa de ajustar as situações particulares; por isso a sua proposta de revisitação da legalidade cerrada.

[225] JUSTEN FILHO, **Sujeição**..., *op. cit.*, p. 225-226; BECHO, **Sujeição**..., *op. cit.*, p. 126.

[226] **Kafka**..., *op. cit.*, p. 557.

[227] *Ibidem*, p. 221.

A realização da legalidade concreta serve para "quebrar" o poder unilateral exercido por uma instituição centralizadora, que faz uso da sua legalidade a serviço do "*... poder, dominação e privilégios ocultos de grupos que se beneficiam da complexidade na realização da lei*"[228].

Assim, no que tange ao Princípio da Legalidade, extraímos duas conclusões fundamentais pertinentes à sujeição passiva tributária: (i) **exige-se lei, em sentido formal, para o tratamento da matéria da sujeição passiva tributária** – incluindo-se aí qualquer espécie de categoria, seja para o dever de pagar o tributo, seja para o cumprimento de dever instrumental – sendo a lei o único veículo autorizado a dispor sobre tal aspecto; (ii) não basta, porém, a legalidade abstrata, sendo **imperiosa a observação de uma legalidade concreta**, no momento da aplicação das normas jurídicas, conferindo transparência à atividade tributária, de maneira que os cidadãos possam saber, efetivamente, como se comportar diante das leis.

3.4.2.2.3 A igualdade tributária

A igualdade é princípio que se espraia por todo o ordenamento jurídico. A observação de Humberto Ávila dá o tom de sua relevância no ordenamento: "*... enquanto fenômeno normativo, pode-se afirmar, a igualdade é uma **super-norma**...*", porque, ao mesmo tempo em que influi em todas as outras, delas também recebe influência, pois elas preenchem os seus elementos estruturais. "*Nenhuma outra norma desempenha essa função tão imbricada com outras normas como o faz a igualdade*"[229].

É, na voz de José Souto Maior Borges, o "*... protoprincípio...*", o "*... princípio dos princípios...*" na ordem valorativa e epistemológica[230]. Não por acaso, a previsão de que "*Todos são iguais perante a lei, sem distinção de qualquer natureza...*", figura no "*caput*" do artigo 5º da Constituição, lugar privi-

228 *Ibidem*, p. 557.

229 **Teoria da Igualdade...**, *op. cit.*, p. 136-137.

230 A Isonomia Tributária na Constituição Federal de 1988, **Revista de Direito Tributário**, n. 64, p. 11. Em sentido semelhante, Jackson Borges Araújo, após densa exposição acerca da condição de princípio fundamental do sistema jurídico: "*Enfim, a igualdade de todos diante da lei e na lei, acha-se alçada, na Constituição da República de 1988, ao status de princípio fundamental e fundante do sistema-jurídico constitucional brasileiro, sua razão de ser (como 'sistema') e sua 'causa' de validade (do sistema)*" – **ICMS – Ficção...**, *op. cit.*, p. 14.

legiado, influindo em todos os direitos e garantias fundamentais, a ponto de BORGES afirmar que "*... a isonomia **não está no texto constitucional** apenas; a isonomia, em certo sentido, **é a Constituição Federal de 1988***"[231].

A igualdade, cuja noção remonta a Aristóteles, está em tratar os iguais com igualdade, e os desiguais, com desigualdade, à medida que se desigualam, concepção, porém, que peca por sua "*... **indisfarçável insuficiência***", consoante lição de VIEIRA[232]. Insatisfeito com essa circunstância, Celso Antônio Bandeira de MELLO propôs-se a dar um passo além e esclarecer quem são os iguais e quem são os desiguais. Em marcante obra, concluiu que a igualdade jurídica depende da identificação de um fator de discrímen, o qual deve guardar uma relação de pertinência lógica com a disparidade dos regimes outorgados, desde que prestando, sempre, reverência aos valores prestigiados na Constituição[233].

Como se pode notar, a igualdade envolve uma **comparação** entre pessoas, situações ou objetos distintos; de onde se afirma que a igualdade é um **princípio relacional**, que não se confunde com o princípio da identidade, uma vez que, onde há identidade, não há espaço para a comparação[234].

Em matéria tributária, o constituinte fez questão de indicar, expressamente, a impossibilidade de o legislador "*... instituir tratamento desigual*

[231] A Isonomia Tributária..., *op. cit.*, p. 14.

[232] O IRPF ..., *op. cit.*, p. 177.

[233] **Conteúdo Jurídico do Princípio da Igualdade**, 2009, p. 47-48.

[234] Martha Toríbio LEÃO, **Controle da Extrafiscalidade**, p. 80-81. Andrei Pitten VELLOSO cita um exemplo do Tribunal Constitucional Alemão em que essa diferença entre "igualdade" e "identidade" se mostra bem delineada: "*A falta de clareza sobre essa distinção* [igualdade e identidade] *costuma conduzir a decisões patentemente incorretas, pelos seus fundamentos e/ou conclusões. Como recorda Tipke, o Bundesfinanzhof rechaçou alegação de inconstitucionalidade do Imposto sobre o Champanhe (Schaumweinsteuer), baseada na violação do princípio constitucional da igualdade (pois não havia um imposto sobre o vinho, que é um produto similar), arvorando-se em diferenças químicas, das quais derivou a diversidade perante o princípio da isonomia, sem escrever uma única linha sequer sobre a relevância de tais (indiscutíveis e irrelevantes) diferenças químicas. Ou seja, o Tribunal Federal de Finanças confundiu claramente igualdade com identidade, ao afirmar não haver sido violado o princípio da isonomia por se tratar de produtos que não são idênticos. É realmente difícil identificar uma situação em que a incompreensão do significado de igualdade jurídica esteja mais escancarada*" – **O Princípio da Isonomia Tributária: da teoria da igualdade ao controle das desigualdades impositivas**, p. 83-84.

entre contribuintes que se encontrem em situação equivalente...", vedando a utilização de fatores de discrímen pautados na ocupação profissional ou na função exercida pelo contribuinte, conforme o artigo 150, II, do texto constitucional; ou a proibição à União de tratamento não uniforme em todo o território nacional, que privilegie um ente político em detrimento do outro, salvo para a promoção do equilíbrio e desenvolvimento socioeconômico entre as diferentes regiões do país, mediante a concessão de incentivos fiscais (artigo 151, I).

Mas a Constituição não somente vedou a utilização de determinados fatores de discrímen entre os sujeitos submetidos à tributação. Ela também estabeleceu os critérios para a repartição equânime da carga tributária.

Andrei Pitten VELLOSO, em obra fulcral sobre o tema da isonomia tributária, observa que a sua concretização "*... há de apoiar-se em teorias e critérios de repartição das cargas públicas...*", porque eles irão possibilitar a especificação do conteúdo da igualdade em matéria tributária[235]. Ele, o Princípio da Isonomia Tributária, **anda de mãos dadas** com as teorias da justiça tributária, porque a sua realização depende dos critérios por ela fornecidos, para a justa distribuição do ônus tributário.

Em se tratando de normas cuja finalidade seja repartir de forma equânime a carga tributária – normas de caráter fiscal, portanto, em contraposição às normas extrafiscais – pode-se tomar como premissa que o critério de repartição não é o mesmo para as diferentes espécies tributárias. No âmbito das taxas e das contribuições de melhoria, em função de que a atividade estatal afeta, de modo especial, determinados indivíduos, é justo que eles assumam a responsabilidade pelo financiamento daquela despesa, em vez de transferir à sociedade, em geral, o ônus de suportá-lo; já no que tange aos impostos, que encontram seu fundamento jurídico-positivo na solidariedade, as despesas gerais são compartilhadas pelos sujeitos segundo as condições de cada um para concorrer às despesas públicas, à medida de sua capacidade contributiva[236].

235 *Ibidem*, p. 143.

236 *Ibidem*, p. 143 e 167. Sobre o princípio da solidariedade, v. Nayara Tataren SEPULCRI, **O Princípio da Solidariedade no Sistema Constitucional Tributário Brasileiro**.

Nessa ótica, SCHOUERI esclarece que esses critérios de repartição – que o autor extrai da "justificação" dos tributos, isto é, da função buscada pela lei ao instituir cada espécie tributária – servem para compreender a distinção entre os contribuintes e, assim, por seu intermédio, "... *ver concretizado o próprio Princípio da Igualdade*". A "justificação" e a identificação do critério apropriado para cada espécie tributária serviriam para elucidar "... *por que razão determinado contribuinte, dentre todos os membros daquela comunidade, foi o escolhido para pagar aquele tributo*"[237]. Nesse passo, já se antevê a relevância da questão para a sujeição passiva, sob dois ângulos.

O primeiro é o de que, com base nesses critérios específicos para cada espécie tributária, a igualdade irá **determinar ao legislador diretrizes para a elaboração da norma jurídica tributária**, relacionadas com o sujeito que deverá assumir o ônus tributário.

VELLOSO preleciona que, no que tange à hipótese de incidência dos impostos, o Princípio da Igualdade impõe, de um lado, que incidam sobre as manifestações de capacidade contributiva discriminadas segundo a repartição constitucional de competências feita pela Constituição brasileira, e, de outro, afasta da tributação "... *fatos que não denotem a força econômica dos contribuintes*"; no que concerne às taxas, determina, de um lado, que os serviços públicos estatais compulsórios, específicos e divisíveis, sejam por ela remunerados, e, de outro, que não sejam estabelecidas

[237] **Direito Tributário**, p. 173-232. Explica o autor que a justificação da taxa é uma despesa estatal referida a um contribuinte, não havendo razão para exigir que toda a coletividade o suporte, "... *daí a racionalidade da taxa estar na equivalência*"; os impostos, a seu turno, suprem a necessidade financeira do Estado para as despesas gerais, de modo que toda a coletividade deve ser chamada para concorrer com essas despesas, à medida de sua capacidade para contribuir; já a contribuição de melhoria beneficiaria o proprietário do imóvel valorizado, devendo ele, portanto, arcar com o ônus da obra, não toda a coletividade. SCHOUERI associa os fundamentos das teorias de justiça tributária à noção de "causa" da obrigação tributária. Isso, porém, pode ser problemático, haja vista da dificuldade no tratamento dessa figura no Direito em geral. SEPULCRI, com efeito, observa que "... *o estudo da causa impositionis ou do fundamento do tributo é matéria que os estudiosos costumam situar num plano logicamente anterior ao da investigação jusnormativa da exigência fiscal, do Direito Tributário em sentido estrito. De fato, indagar o porquê do tributo – sua existência, instituição, imposição, enfim – é questão afeta às investigações jusfilosóficas, ao campo do conhecimento que, por ser anterior ao texto normativo (campo jurídico em sentido estrito) é muitas vezes referido por pré-jurídico*" – **A Solidariedade...**, *op. cit.*, p. 159-160.

sobre serviços estatais indivisíveis e inespecíficos; e, quanto às contribuições de melhoria, impõe que sejam instituídas para todas as obras públicas "... *que impliquem incrementos patrimoniais significativos*", impedindo, de outro lado, a sua imposição quando não houver valorização imobiliária em razão da obra pública[238].

Mas, particularmente, em um segundo ângulo, o Princípio da Isonomia Tributária, no que diz respeito à determinação dos sujeitos passivos,

[238] É indispensável abrir um parêntese nesse ponto. VELLOSO, na realidade, defende que o mandamento da igualdade para os impostos significa que eles devem incidir "... *sobre todas as manifestações efetivas e relevantes de capacidade contributiva*" – **O Princípio**..., *op. cit.*, p. 196. O autor deixa claro que adere à concepção de Klaus TIPKE, denominada de "teoria material da hipótese de incidência", segundo a qual, em síntese, todas as manifestações relevantes de riqueza devem ser tributadas; a tributação parcial dessas manifestações redundará, inapelavelmente, em uma desigualdade – *ibidem*, p. 194-195. Ao discorrer especificamente sobre o sistema tributário brasileiro, VELLOSO reconhece existirem "... *predeterminações constitucionais contrárias à igualdade*", isto é, limitações constitucionais, em função da repartição constitucional de competências, que tornam inviável ao legislador gravar todas as manifestações de capacidade contributiva. Diz ele que "... *são as próprias constituições que impossibilitam a plena realização da igualdade tributária, legitimando relevantes disparidades de trato*" – *ibidem*, p. 239. É como se a Constituição, contraditoriamente, "sabotasse" a igualdade que ela própria diz querer realizar. Automaticamente, vem à mente a publicação de um dos últimos artigos de Marçal JUSTEN FILHO – provavelmente, o último – pertinente ao Direito Tributário, sob o título "*Sistema Constitucional Tributário: uma Aproximação Ideológica*", no qual, o autor, deixando claro que não está a propor a eliminação do sistema tributário da ordem constitucional, revela certa desconfiança no que tange aos resultados que a rigidez de nosso sistema tributário, característica decorrente de sua constitucionalização, gera para a sociedade: "*Ainda que possa ser paradoxal o tributarista pôr em dúvida a utilidade de um sistema tributário de nível constitucional, não lhe é autorizado ignorar os dados da realidade circundante. O Brasil apresenta uma das distribuições de renda mais injustas em todo o mundo. Mais grave ainda é que esse processo de concentração da riqueza em mãos de parcelas cada vez menores da população não se detém e continua a desenvolver-se em contradição com todos os compromissos formalmente assumidos pela Nação brasileira. Se essa concentração de poder econômico é um fenômeno econômico, é irrecusável investigar as peculiaridades de nosso direito positivo que permitem favorecer sua instalação. Mais ainda e considerando a elevada carga tributária ora vigente, é imperioso examinar a parcela de responsabilidade que o sistema tributário (constitucional, inclusive) possui para a produção desse estado de coisas. Enfim e como dado para meditação, resta perquirir se seria mera coincidência que os demais Estados, destituídos de um sistema tributário de nível constitucional, não enfrentem dificuldades similares a essas, a propósito da distribuição de renda*" – Sistema Constitucional Tributário: uma aproximação ideológica, **Revista da Faculdade de Direito da UFPR**, p.233.

impõe, conforme Andrei Pitten VELLOSO, **duas exigências básicas**, consistentes em **um mandado** e em **uma interdição.**

O mandado é representado pelo conhecido "princípio da generalidade", impondo que (i) sejam exigidos impostos de todas as pessoas dotadas de capacidade contributiva que realizem a hipótese de incidência; (ii) sejam exigidas taxas de todos aqueles que forem afetados diretamente por serviços públicos específicos e divisíveis ou pelo exercício do poder de polícia; (iii) sejam exigidas contribuições de melhoria de todas aquelas pessoas que tenham acréscimo no valor econômico de seus bens em decorrência de realização de obras públicas. Isso tem especial impacto no que concerne à execução da lei pelos órgãos encarregados de aplicar as normas tributárias: esses órgãos devem interpretar as normas de modo igual e buscar meios para que a tributação alcance a todos aqueles que realizem os fatos jurídicos tributários. A **execução isonômica das leis é também um mandamento do Princípio da Igualdade**, lembra TIPKE[239].

A interdição, em contrapartida, impede que os tributos possam ser exigidos das pessoas carentes de capacidade contributiva, à luz da "... *aptidão do contribuinte para suportar os gravames impositivos*". Da mesma forma, a isonomia, na taxa e na contribuição de melhoria, veda a imposição da exação àqueles que não tenham sido afetados pelas atividades estatais ou não tenham obtido significativa valorização imobiliária em decorrência da obra pública[240].

O mandado e a interdição, apresentados por VELLOSO, correspondem ao **caráter bifronte** do Princípio da Igualdade Tributária, a que alude Leonardo Sperb de PAOLA, ao discorrer sobre o Princípio da Capacidade Contributiva. Diz ele:

> O princípio da capacidade contributiva é bifronte. De um lado, é uma barreira à atividade estatal, protegendo o indivíduo de uma tributação indiscriminada. É esse aspecto que, em regra, é destacado. Para além disso, e eis a outra face da moeda, como critério da Igualdade em Direito Tributário, o

[239] A Necessidade de Igualdade na Execução das Leis Tributárias, *in* Luis Eduardo SCHOUERI (coord.), **Direito Tributário: homenagem a Alcides Jorge Costa**, p. 362-363.

[240] **O Princípio...**, *op. cit.*, p. 200- 201.

princípio realiza-se pela tributação generalizada da riqueza. Segundo esse ideal, não é aceitável que o Estado fique inoperante diante das cavilações de alguns contribuintes. O princípio é, pois, a uma só vez, uma norma geral de tributação e um limite à tributação; uma autorização para que o Estado capte os recursos necessários à realização de seus fins e uma imposição para que ele o faça de forma justa e generalizada[241].

A interdição, portanto, seria um instrumento de proteção do indivíduo em face da pretensão estatal, evitando a cobrança de tributos em desacordo com a capacidade contributiva dos sujeitos; o mandado, de outra parte, seria um instrumento de efetivação dos interesses do Estado, mediante a tributação generalizada da riqueza[242].

Ainda, em matéria de sujeição passiva tributária, é oportuno observar que a seleção de terceiros para pagar, em certos casos, o tributo oriundo de fatos tributários praticados outros, pode ferir a igualdade.

Ataliba e Giardino, por exemplo, reclamam da complacência com que, às vezes, aceita-se que o legislador atribua deveres a quem não é, de fato, o sujeito que deve assumir o impacto tributário. "*Estamos correndo o risco de amanhã...*", advertem os mestres, termos que pagar o imposto sobre a renda "*... de nossos parentes, de nossos conhecidos, ou amigos...*"; de

241 **Presunções e Ficções**..., *op. cit.*, p. 144.

242 Registro curioso, em levantamento empírico conduzido por Leonel Pessoa, junto à jurisprudência do Supremo Tribunal Federal, até 2009, o de que "*... no Brasil, o princípio da capacidade contributiva foi utilizado pelos ministros do STF, em alguns poucos acórdãos, para proteger o interesse do contribuinte e quase sempre para proteger o interesse do fisco*". Ou seja, a acepção de igualdade tributária como solidariedade e generalidade, exigindo que a tributação alcance, tanto quanto possível, as manifestações de riqueza, sobrepõe-se, ao menos para o Supremo Tribunal Federal, à consideração do princípio como um direito fundamental individual do contribuinte – O Princípio da Capacidade Contributiva na Jurisprudência do Supremo Tribunal Federal, **Revista de Direito GV**, n. 6, p. 103. Vale mencionar outro interessante artigo escrito por Pessoa, no qual o autor promove um estudo comparativo da capacidade contributiva no Brasil e na Itália, mostrando a passagem da compreensão da capacidade contributiva como, exclusivamente, uma proteção do interesse do contribuinte, para a da capacidade contributiva como uma proteção do interesse fiscal da comunidade – O Princípio da Capacidade Contributiva na sua Evolução Histórica: um Estudo de Direito Comparado Brasil e Itália, *in* Raquel Elita Alves Preto (coord.), **Tributação Brasileira em Evolução: estudos em homenagem ao Professor Alcides Jorge Costa**, p. 341-373.

pagar o imposto predial dos demais ocupantes de nosso condomínio, em nome da comodidade fiscal[243].

Sobre a conjectura quanto à possibilidade de uma lei atribuir ao sujeito que reside no primeiro andar o dever de recolher o imposto predial relativo às demais unidades, sua inconstitucionalidade seria manifesta, em razão da violação ao Princípio da Isonomia, na explicação de JUSTEN FILHO. Ora, se todos são iguais perante a lei, nada justificaria atribuir ao morador do primeiro andar – por que não o do segundo, o do terceiro ou o da cobertura? – tal incumbência. O critério eleito para a atribuição de responsabilidade a um indivíduo não sustentaria a disparidade do tratamento dado a ele, em comparação aos demais[244].

Em síntese, do Princípio da Igualdade Tributária, podemos extrair as seguintes conclusões, pertinentes à sujeição passiva: (i) a igualdade tributária individual busca os **critérios** de repartição das cargas públicas nas **teorias da justiça tributária**; (ii) ao legislador é **vedado** alcançar fatos que **não denotem** a existência daqueles critérios; (iii) o legislador, quando da elaboração da norma jurídica tributária, deve buscar, ao máximo, **atingir os sujeitos que realizem os fatos jurídicos** que motivaram a tributação, o quê corresponde ao chamado princípio da generalidade da tributação[245].

[243] Responsabilidade Tributária..., *op. cit.*, p. 218.

[244] **Sujeição...**, *op. cit.*, p. 277.

[245] Essas considerações anteriores foram feitas tomando por base as normas com finalidade fiscal. Mas as normas tributárias também podem assumir, deliberadamente, uma finalidade extrafiscal, sendo que os critérios a serem atingidos pela norma tributária serão outros, para além da repartição equânime da carga fiscal. No campo da extrafiscalidade, ainda que o critério da capacidade contributiva seja, de certo modo, "deixado de lado", "***... a Igualdade em si, continua reinando soberana, porque mais ampla do que a Capacidade Contributiva***" – José Roberto VIEIRA, A extrafiscalidade da Lei 12.715/2012 e a capacidade contributiva: a convivência do lobo e do cordeiro? **Revista de Direito Tributário**, n. 118, p. 29. A observação é de extrema relevância para o tema da sujeição passiva tributária, quando a técnica de tributação empregada pelo legislador envolver o recurso a presunções e ficções, que encontra, a um só tempo, **fundamento e limite na igualdade**, consoante se desenvolverá, com mais vagar, no quinto capítulo do presente trabalho.

3.4.2.2.4 A capacidade contributiva

3.4.2.2.4.1 Acepções da capacidade contributiva

O princípio da capacidade contributiva foi alvo de contundentes críticas, por parte da doutrina, que reclamava, sobretudo, da indeterminação do conceito[246]. É sempre lembrada a passagem de Alfredo BECKER, em que o jurista gaúcho afirmava que a inclusão da capacidade contributiva no seio da Constituição era a "... *constitucionalização do equívoco*"[247].

Atualmente, porém, não parece haver dúvida acerca da **posição nuclear** que tal princípio assume nos sistemas jurídicos tributários dos estados democráticos de direito, na qualidade de dimensão inequívoca da igualdade tributária, o quê não impede a existência de várias controvérsias em torno do conceito e de sua aplicação[248].

A capacidade contributiva é conceito plurívoco. Diante da inegável equivocidade da expressão, é útil, senão fundamental, distinguir entre (i) a capacidade contributiva objetiva ou absoluta; (ii) a capacidade contributiva relativa; (iii) e a capacidade contributiva subjetiva.

[246] No entanto, como bem lembra Klaus TIPKE, "*Como todo princípio geral é também o princípio da capacidade contributiva indeterminado; mas não é indeterminável*" – **Moral Tributária do Estado e dos Contribuintes**, p. 21.

[247] **Teoria Geral...**, *op. cit.*, p. 518. André Renato Miranda ANDRADE faz ressalva importante sobre a expressão de BECKER: "*... é bom que se diga que ALFREDO BECKER não criticou a simples constitucionalização, e sim a falta de logicidade de consagrar-se tal regra no texto constitucional, tal a obviedade de sua aplicação na atividade impositiva de tributação pelo ente político e na configuração da norma jurídica de incidência do tributo, ou seja, como atributo natural das espécies tributárias*" – **ICMS: Constituição...**, *op. cit.*, p. 58-59.

[248] Sobre a universalidade do princípio, veja-se UCKMAR, **Princípios Comuns...**, *op. cit.*, p. 53-54 e 64-72. Para Ricardo Lobo TORRES, "*... a capacidade contributiva é o mais importante dos princípios de justiça tributária em sua vertente distributiva*", e encontra arrimo nas ideias da solidariedade e da fraternidade; já a vertente de justiça comutativa se aplica às taxas e às contribuições, "*... com os seus princípios próprios, como o do custo/benefício*" – Ética e Justiça Tributária, *in* Luis Eduardo SCHOUERI (coord.), **Direito Tributário – Estudos em Homenagem a Brandão Machado**, p. 185-186.

3.4.2.2.4.2 A capacidade contributiva objetiva ou absoluta – hipótese de incidência

A capacidade contributiva objetiva ou absoluta é a determinação dirigida ao legislador no sentido de que a hipótese de incidência da norma tributária **somente pode descrever fatos de conteúdo econômico**. Amílcar Falcão destaca que, "*... sendo para o Direito Tributário um fato jurídico, consiste o fato gerador num fato econômico de relevância jurídica*"[249]. Afinal, conforme expõe Carlos Renato Cunha, se a igualdade se deve dar em relação ao dever de pagar tributos, "*... o único critério a permitir a comparação é a sua situação econômica, e não, a cor de sua pele ou de seu cabelo*"[250].

A norma referente à capacidade contributiva objetiva não é extraída do artigo 145, § 1º, da Constituição, mas é construída a partir de outros dispositivos do texto constitucional, mormente os relativos à distribuição de competências tributárias dos impostos (artigos 153, 155 e 156 da Constituição), que revelam o necessário conteúdo econômico dos tributos[251].

A capacidade contributiva, em seu sentido objetivo, é de tal maneira imprescindível à matéria que é tida como "*... pressuposto ou fundamento jurídico do tributo*", nas palavras de Regina Helena Costa, ou como "*... pressuposto da tributação*", no magistério de José Marcos Domingues de Oliveira[252]. Trata-se, consoante Paulo Victor Vieira da Rocha, de uma regra de direito fundamental, **sem possibilidade de cumprimento gradual**, dirigida ao legislador ordinário, que o obriga a escolher, como hipótese de incidência tributária, eventos reveladores de capacidade contributiva[253].

[249] **Fato Gerador...**, *op. cit.*, p. 31.

[250] **O Simples...**, *op. cit.*, p. 144.

[251] Regina Helena Costa, **Princípio da Capacidade Contributiva**, p. 95; José Roberto Vieira, O IRPF e o Direito..., *op. cit.*, p. 179-180.

[252] Costa, **O Princípio...**, *op. cit.*, p. 28; Oliveira, **Direito Tributário: capacidade contributiva: eficácia e conteúdo do princípio**, p. 57.

[253] "*Trata-se de norma de direito fundamental dotada de antecedente e consequente, sendo que naquele há clara prescrição de **conduta**, como obrigatória, **só instituir imposto sobre fato que seja índice de capacidade contributiva**, ou, em outras palavras, **está constitucionalmente proibido o legislador de instituir, como fato gerador de imposto, evento que não seja índice de capacidade contributiva***" – **Substituição Tributária...**, *op. cit.*, p. 54.

Geraldo ATALIBA sublinha que esse fato-índice de riqueza há de ser "... *fato real, efetivo e não aparente, possível, presumido, suposto*"[254].

Segundo Pedro HERRERA MOLINA, a doutrina, ao asseverar que a capacidade econômica deve gravar os rendimentos reais, e não os meramente fictícios ou nominais, reúne questões de três ordens: o imposto não pode atingir a capacidade produtiva, senão a riqueza obtida efetivamente; não é possível alcançar rendimentos puramente nominais; e não cabe estabelecer presunções absolutas, que imputem uma riqueza meramente "provável" ao contribuinte[255].

A capacidade contributiva relativa à hipótese de incidência, correspondente à "... *avaliabilidade econômica da situação-base...*", é de tal modo fundamental à tributação que, para JUSTEN FILHO, é ela "... *aspecto inerente ao regime tributário, no tocante à hipótese de incidência normativa*"[256]. Quer dizer, até se admite a existência de uma norma válida – tal avaliação dependerá de sua compatibilidade com as demais normas do sistema jurídico – **jamais**, porém, de uma norma **tributária**[257].

Alguns autores costumam destacar que a capacidade contributiva objetiva ou absoluta seria aplicável somente aos impostos; outros, em contrapartida, como Paulo de Barros CARVALHO, DARZÉ e Aires BARRETO, entendem que o sistema tributário brasileiro exibe a capacidade absoluta "... *em todas as figuras tributárias conhecidas*"[258].

[254] ATALIBA, Geraldo. Fato Futuro e Tributação, *in* **Direito**, Paulo de Barros CARVALHO *et al.*, p. 43.

[255] ***Capacidad Económica y Sistema Fiscal: Análisis del Ordenamiento Español a la Luz del Derecho Alemán***, p. 118-119.

[256] **Sujeição...**, *op. cit.*, p. 241-241. Em sentido semelhante, lê-se, em Jackson de ARAÚJO, que "*A ideia de patrimonialidade, vale dizer, de riqueza econômica, integra o conteúdo essencial do conceito constitucional do tributo*" – **ICMS – Ficção...**, *op. cit.*, p. 28.

[257] JUSTEN FILHO, **Sujeição...**, *op. cit.*, p. 242.

[258] CARVALHO, **Direito Tributário: linguagem...**, *op. cit.*, p. 335. DARZÉ afirma expressamente que a capacidade contributiva absoluta "*... se aplica a toda e qualquer espécie tributária e não somente aos impostos*" – **Responsabilidade...**, *op. cit.*, p. 51; Aires BARRETO, mudando seu entendimento anterior, afirma que a eleição de fatos, estados de fato ou atos-fatos de conteúdo econômico, susceptíveis de dar origem à criação do tributo, "*... não está restrita aos impostos – embora neles mais se evidencie*" – **Base de Cálculo, Alíquota e Princípios Constitucionais**, p. 21.

Parece-nos, salvo melhor juízo, que há aqui certa confusão, que merece esclarecimento, porque não parece existir, exatamente, uma divergência de entendimento entre os autores, mas sim uma utilização equívoca da capacidade contributiva absoluta ou objetiva.

Se a capacidade contributiva absoluta é compreendida como um fato jurídico de conteúdo econômico, então há que se afirmar que os tributos, em qualquer de suas espécies, exibem capacidade contributiva. Na linha do que assevera JUSTEN FILHO, não se caracteriza um tributo "... *se a exigência de pagamento não estiver referida à verificação de uma situação fática (hipoteticamente descrita no pressuposto normativo) que tenha uma relevância econômica (ou seja, economicamente avaliável)*"[259].

As razões dadas pelo professor paranaense explicam o porquê dessa posição: a eleição de um fato dotado de "patrimonialidade" é aspecto essencial para o regime tributário, porque, se o propósito da tributação é extrair parcela da riqueza da sociedade para suprir o Estado de recursos, então a origem desses recursos deve repousar justamente na **identificação dessas riquezas**[260]. Como afirma Paulo de Barros CARVALHO, "... *de*

[259] **Sujeição...**, *op. cit.*, p. 225.

[260] Riquezas, aqui, em sentido amplo, abarcando todos os tributos, inclusive as taxas e as contribuições. Vejamos o que diz JUSTEN FILHO, acerca da "patrimonialidade" das hipóteses das diversas espécies tributárias: "*Haveria algumas especialidades a serem consideradas, tendo em vista a existência de diversas espécies tributárias. A exigência da 'patrimonialidade' da situação prevista na materialidade da hipótese de incidência é acentuada, certamente, no tocante aos impostos. É que, sendo os impostos tributos não vinculados, a presunção de riqueza envolve situações das quais não há qualquer participação de pessoa estatal. Portanto, mais se acentua derivar o dever tributário da exclusiva existência de riqueza. Já quando o tributo é vinculado, a presunção de existência da riqueza se concretiza de modo mais simples. A conduta praticada pela pessoa estatal, referida direta ou indiretamente ao sujeito, surge como indício bastante da existência de uma riqueza e funciona como critério orientador da partilha dos encargos públicos. Tal não significa, porém, que haja possibilidade de dispensar o requisito da patrimonialidade para a materialidade da hipótese de incidência dos tributos vinculados. O máximo que poderíamos admitir seria que, enquanto tal exigência se consubstancia em uma patrimonialidade direta (quando se trata de tributo não vinculado), já será cabível uma patrimonialidade indireta quando houver tributo vinculado*" – **Sujeição...**, *op. cit.*, p. 241. Regina Helena COSTA, por sua vez, assevera que: "*Indiscutível que também as situações ensejadoras da obrigação de pagar tributos vinculados sejam presuntivas de riqueza, até porque inconcebível atuação estatal que não acarrete despesa. Ocorre que, conquanto sejam fatos de natureza econômica, a capacidade contributiva do sujeito destinatário dessa mesma atuação não é levada em consideração na instituição do tributo*" – **Princípio da Capacidade...**, *op. cit.*, p. 61.

uma ocorrência insusceptível de avaliação patrimonial, jamais conseguirá extrair cifras monetárias que traduzam, de alguma forma, um valor em dinheiro"[261]. E isso vale para qualquer das espécies tributárias.

Além disso, acrescenta JUSTEN FILHO, se a materialidade não assumisse relevância econômica, o mandamento de pagar uma quantia ao Estado, nesse caso, **assemelhar-se-ia a uma sanção**: exigir que alguém pague dinheiro ao Estado por eventos que não assumem feição econômica não é tributar, mas sancionar alguém em razão de um determinado fato que corresponde, em última análise, a um fato ilícito. Logo, se uma pessoa é obrigada a pagar ao Estado uma determinada soma pecuniária pelo tão só fato de possuir uma barba, a quantia não será um tributo, mas uma penalidade decorrente da violação de uma norma jurídica, que veda às pessoas possuírem barba[262].

Para aqueles, porém, que põem friso na circunstância de o fato revelar não apenas conteúdo econômico, mas uma aptidão para concorrer com as despesas do Estado por parte daquele que o realiza, então, nessa hipótese, é natural a afirmação de que a capacidade contributiva absoluta é aplicável somente aos impostos, visto que a materialidade da hipótese de incidência desta espécie é constituída por um comportamento do cida-

[261] **Direito Tributário: linguagem...**, *op. cit.*, p. 331.

[262] Pedro ADAMY cita o exemplo de situação que, vira e mexe, é lembrada nos livros de Direito Tributário, qual seja, a de que o cidadão que fosse detentor de portentosa barba era submetido ao pagamento de imposto, enquanto aquele que a raspasse era liberado do encargo, tudo com o objetivo de aproximar as feições do cidadão russo das do homem ocidental, considerando-o um uso extrafiscal do tributo: "*... a história da tributação mostra que, desde há muito, os tributos vêm sendo utilizados como instrumentos para a obtenção de finalidades estatais diversas da arrecadação. Pode-se citar, um entre muitos, o exemplo do imposto sobre a barba criado pelo Czar Pedro, o Grande, na Rússia do século XVIII. O Czar desejava que a feição dos russos, conhecidos por usarem barbas, fosse mais ocidental, conhecidos por não terem barbas. Instituído o imposto, o cidadão russo que desejasse permanecer com a barba deveria pagar o referido tributo, mantendo o comprovante de pagamento consigo, sob pena de ser barbeado à força pelos controladores do império. Claramente o objetivo não era arrecadar fundos para o Estado, mas induzir um comportamento individual que fosse condizente com a figura do homem ocidental imaginada pelo Czar. O tributo foi, pois, utilizado como instrumento para atingir uma finalidade diferente da arrecadação para o Estado*" –Instrumentalização do Direito, *in* Humberto ÁVILA (org.), **Fundamentos do Direito Tributário**, p. 306.

dão, desvinculado de uma atividade estatal, que indica a existência de uma riqueza.

Em síntese, no que tange à necessidade de que a norma tributária possua um conteúdo econômico, ela condicionará, de modo fundamental, a norma de incidência tributária, conformando-a externa e internamente.

3.4.2.2.4.3 A capacidade contributiva subjetiva e a relativa – o consequente tributário

As **dimensões subjetiva e relativa** da capacidade contributiva são tão relevantes quanto a objetiva, pois é aí que se revela o princípio **enquanto corolário da igualdade** na seara dos tributos. Anota Pedro Herrera Molina que a consideração da capacidade econômica como medida da igualdade é um dos aspectos de reabilitação desse princípio, pela dogmática e pelos tribunais[263].

A doutrina, em regra, tem por hábito tratar da capacidade contributiva relativa e da subjetiva como se fossem uma só e mesma acepção. Na realidade, porém, são **dois aspectos distintos** do princípio: a capacidade contributiva **subjetiva** é a determinação de que a carga tributária deve ser repartida de acordo com a **aptidão de cada indivíduo** para concorrer com as despesas públicas. Aqueles que manifestam a mesma aptidão econômica devem estar submetidos ao mesmo ônus; se esses sujeitos possuem mais recursos que outros, serão chamados a contribuir mais, ao passo que os que possuem menos, a contribuir menos.

Nesses casos, a capacidade contributiva será o critério a ser empregado pelo legislador e pelo aplicador do direito positivo para distribuir de forma equânime o ônus tributário. A pessoa deve ter a aptidão econômica para suportar o gravame, seja ela pessoa física ou jurídica, consoante Regina Helena Costa[264].

Não basta, porém, que a pessoa disponha de meios econômicos, como se fora suficiente a exteriorização de capacidade econômica. Na valiosa lição de Andrei Velloso, o Princípio da Capacidade Contributiva "... *pressupõe e exige um **plus**...*": aquele que possui meios apenas para prover a sua subsistência e a de sua família é, sob o ponto de vista contributivo,

263 ***Capacidad Economica...***, *op. cit.*, p. 74.

264 **Princípio da Capacidade...**, *op. cit.*, p. 65-66.

um incapaz. O mínimo vital, ainda que revele capacidade econômica, é "*... absolutamente intributável*". Por esse motivo, capacidade econômica e capacidade contributiva são, em termos rigorosos, inconfundíveis: aquela é mais extensa do que esta[265].

Já a capacidade contributiva **relativa** estabelece a **conformação** da relação jurídica à **grandeza econômica da materialidade**; na sua acepção relativa, "*... a capacidade contributiva diz respeito à correspondência da base de cálculo com o fato tributado*"[266].

No que tange à capacidade contributiva em sentidos subjetivo e relativo, a sua aplicação está **relacionada**, primordialmente, ao **consequente** da norma de incidência tributária, de acordo com a lição de JUSTEN FILHO[267].

A explicação dada pelo professor paranaense acerca da projeção da capacidade contributiva sobre o consequente ou mandamento tributário é muito esclarecedora. Fraciona-a o autor em três ângulos distintos: o da alíquota, o da base imponível e o do sujeito passivo.

Quanto à relação com a alíquota, tratar-se-ia de conteúdo extrajurídico, voltado essencialmente para a realização da justiça na tributação, isto é, a extensão sobre a qual recairá o poder do Estado de se apropriar das riquezas dos particulares, sendo tópico de extrema pertinência, obviamente, o confisco, ou melhor, a vedação ao confisco.

Com relação à riqueza tributada e ao sujeito, por sua vez, "*... a incidência do princípio da capacidade contributiva sobre ambas apresenta algo em*

265 **Constituição Tributária...**, *op. cit.*, p. 36.

266 Timm do VALLE, **Princípios...**, *op. cit.*, p. 463. Cumpre observar que a divisão entre capacidade contributiva relativa e subjetiva, adotada pelo autor, é baseada nas lições de José Roberto VIEIRA, que já promovia essa relevante distinção em seus escritos, ainda que, conforme reconhece o mestre paranaense, "*... de um modo um tanto implícito, sem muita clareza e especificidade*" – Prefácio, *in* Maurício Timm do VALLE, **Princípios Constitucionais e Regras-Matrizes de Incidência do Imposto sobre Produtos Industrializados – IPI**, p. XXXVI, nota de rodapé n. 32 – muito embora, de modo explícito, em suas aulas, na disciplina de Direito Tributário, na Universidade Federal do Paraná.

267 "*Já a capacidade contributiva 'relativa' – propriamente a capacidade 'econômica' – aplica-se, fundamentalmente, sobre o mandamento normativo*" – Capacidade Contributiva, Ives Gandra da Silva MARTINS (coord.), **Caderno de Pesquisas Tributárias – Tema: Capacidade Contributiva**, n. 14, p. 363.

comum. Trata-se de evitar uma desnaturação objetiva ou subjetiva do tributo"[268]. É a capacidade contributiva, diz ele, que assegura a **compatibilidade interna** que deve existir entre a hipótese tributária e o consequente tributário[269]. Explica-se.

Segundo o autor, a norma de incidência tributária deve manter uma **compatibilidade externa** com os princípios do sistema tributário, amoldando-se, de forma harmônica, aos princípios constitucionais. Em especial, deve cumprir a exigência de a hipótese de incidência revelar fato dotado de "patrimonialidade" – a capacidade contributiva absoluta, pertinente à hipótese.

Assim, se a capacidade contributiva é o princípio que informa os tributos não vinculados; a remuneração ou equivalência é o que informa as taxas; e o especial benefício o que informa as contribuições de melhoria, deve a hipótese de incidência "*... ser uma situação que revele riqueza (imposto), ou que materialize uma despesa do Estado diretamente referida a alguém (taxa), ou que revele um benefício especialmente auferido por alguém decorrente de uma específica atuação estatal (contribuição)*". Aí estaria atendida aquela conformação externa.

Já a conformidade interna, por sua vez, "*... significa que a consequência da norma não pode ser incompatível com a situação colocada em sua hipótese*", identificando duas desconformidades graves que podem desnaturar por completo a norma tributária.

A primeira é "*... a desconformidade entre a avaliação da prestação tributária e a hipótese de incidência*", que, no caso dos impostos, gerará um "*... conflito entre a materialidade da hipótese de incidência e a base imponível*". E a segunda, que nos interessa mais de perto, é "*... o da incompatibilidade entre critério pessoal da hipótese e determinação subjetiva da consequência*".

[268] **Sujeição...**, *op. cit.*, p. 248.

[269] Na visão do autor paranaense, essa indispensável "conformidade interna" permanece obnubilada na separação entre a capacidade contributiva objetiva e a subjetiva, e atribui o relativo desprezo a essa questão em decorrência de uma deformação intelectiva "*... produzida, a nosso ver, pela filiação à chamada 'escola glorificadora do fato gerador'*" – *ibidem*, p. 135. O excesso de atenção dada à hipótese de incidência anulava a compreensão da projeção do princípio sobre o mandamento.

De fato, com relação a esta última desconformidade, se se admitisse que uma hipótese relacionada a um sujeito pudesse gerar a obrigação de um terceiro recolher uma quantia ao Estado, sofrendo uma restrição em seu direito de propriedade, haveria então uma transformação da "... *norma de conduta, de natureza hipotética, em uma norma categórica, pela qual as pessoas tornar-se-ão compelidas a entregar quantias ao Estado independentemente de qualquer atuação sua ou a elas referidas*"[270].

Em outros termos: no que toca à sujeição passiva, a capacidade contributiva "... *significa a necessidade de uma estrita e indispensável vinculação entre o sujeito indicado no aspecto pessoal da hipótese com aquele previsto na determinação subjetiva do mandamento*"[271]. Se o consequente, em seu aspecto ou critério pessoal, não for compatível com a hipótese de incidência, haverá verdadeira **frustração** da capacidade contributiva eleita na hipótese. Quer dizer, ela não servirá para nada, porque o consequente **nada dirá a respeito dela.**

A capacidade contributiva, como medida da igualdade em matéria tributária, representa, também, em meio ao processo de reabilitação do princípio após um período de crise, o reconhecimento de um direito fundamental de o indivíduo ser gravado de acordo com a sua capacidade contributiva. As restrições a esse direito fundamental têm de ser especialmente justificadas, controle rigoroso que é feito **por meio da proporcionalidade**: a análise se a restrição ao direito fundamental é idôneo para atingir o fim perseguido; a mínima lesão desse direito; e a ponderação de bens jurídicos[272].

3.4.2.2.4.4 Conformidade externa e interna da norma jurídica tributária

Da análise da capacidade contributiva como conformadora da hipótese e do consequente tributário, percebe-se, com nitidez, a conformação externa e interna da norma de incidência tributária.

Apesar de o raciocínio ter sido apresentado, fundamentalmente, a partir das lições de JUSTEN FILHO, as noções de "compatibilidade externa" e

[270] **O Imposto**..., *op. cit.*, p. 55-58.
[271] JUSTEN FILHO, **Sujeição**..., *op. cit.*, p. 253.
[272] HERRERA MOLINA, ***Capacidad***..., *op. cit.*, p. 76-77.

"compatibilidade interna" são compartilhadas por outros autores, ainda que não nesses exatos termos.

Luis César QUEIROZ, por exemplo, afirma que os princípios da capacidade contributiva (nos impostos), da retributividade (nas taxas) e do benefício (na contribuição) são **derivações do Princípio da Igualdade**, sendo este último princípio, portanto, que "*... informa a distinção existente entre as espécies normativas tributárias*".

Esclarece ele que, no que tange às normas constitucionais de produção normativa – normas de competência – a igualdade funciona como "*... um complemento necessário condicionante do elemento declaração prescritiva descrito pelo antecedente de toda e qualquer norma constitucional de produção normativa*"[273]. Está aí a noção de compatibilidade externa, decorrente da limitação imposta pelo princípio ao exercício da competência tributária.

E, dessa circunstância, o autor deduz a conclusão de que o único sujeito capaz de ocupar o polo passivo da relação jurídica tributária é o contribuinte (destinatário legal tributário), em função da relação intrínseca e necessária entre o sujeito da hipótese e o do consequente:

> ... o sujeito de direito (sujeito passivo tributário) informado pelo critério pessoal passivo da norma impositiva de imposto, por força do Princípio Constitucional da Capacidade Contributiva, só pode ser aquele (mesmo) titular da riqueza pessoal descrita pelo critério material do antecedente, pois é parte da riqueza dele que será entregue ao Estado[274].

Para Adão Sérgio do Nascimento CASSIANO, a compatibilidade expressa-se em termos de uma "*... relação de inerência e pertinência lógica, de ordem constitucional...*", que é "*... decorrência constitucional do princípio da*

[273] **Sujeição...**, *op. cit.*, p. 155-156. DARZÉ, igualmente, compartilha da opinião de que a capacidade contributiva é um dos elementos que compõem a norma de competência tributária. Em suas palavras: "*... afastamo-nos daqueles que defendem ser a capacidade contributiva um limite pré-jurídico. Com efeito, não há dúvidas que esse princípio afeta mediatamente a enunciação dos tributos. Todavia, ele interfere diretamente na norma de competência tributária, sendo um de seus elementos compositivos. Assim, tratando-se de enunciado normativo, que se propõe justamente a regular o processo de positivação de outras normas, não vemos razão para excluí-lo do campo jurídico*" – **Responsabilidade...**, *op. cit.*, p. 43.

[274] **Sujeição...**, *op. cit.*, p. 179.

capacidade contributiva, do princípio da realidade e do conteúdo econômico que sempre devem ostentar os fatos tributáveis"[275]. Isso vale tanto para a base de cálculo quanto para o aspecto subjetivo do consequente tributário[276].

Para arrematar, recordemos a lição daqueles mestres que inspiraram todos esses autores. Geraldo ATALIBA e Cléber GIARDINO asseveram que, se o imposto não for cobrado de quem possua capacidade contributiva, ou, nos tributos vinculados, daquela pessoa a quem a atuação estatal se refira,

> ... o fato tributável referido constitucionalmente como 'necessário' e 'suficiente', para a exigência do tributo, se converterá em mero 'pressuposto' de tributação. Pois é no que se resumirá se, acontecido, estiver facultado ao Poder Público cobrar tributo de quem (a lei) quiser de modo como (a lei) quiser. A perspectiva do 'esvaziamento' – da verdadeira 'inutilidade' da discriminação constitucional de competências tributárias – diante da compreensão desse conteúdo, postulam obrigatória coordenação de raciocínios coerentes sobre essa matéria[277].

Disso tudo, conclui-se que o Princípio da Capacidade Contributiva condiciona a edição das normas tributárias, impondo ao legislador a determinação de que o sujeito que figure no critério pessoal do mandamento da norma padrão de incidência tributária seja aquele mesmo que

[275] As espécies de substituição tributária: regressiva, progressiva e concomitante, *in* Arthur M. FERREIRA NETO e Rafael NICHELE (coord.), **Curso Avançado de Substituição Tributária**, p. 217.

[276] "*Nessa linha de raciocínio, pode-se afirmar que o aspecto material da hipótese normativa decorre ou é condicionado pelo texto constitucional que estabelece a competência, estando implícito, nesse delineamento constitucional do aspecto material, não só a base de cálculo, como expressão ou dimensão econômica daquela materialidade, como também estão implícitas as pessoas envolvidas (aspecto pessoal) no fato representado por aquela materialidade, as quais, portanto, realizam ou promovem o fato, a cuja materialidade o texto constitucional faz referência*" – *ibidem*, p. 214. Atenta apenas à base de cálculo, afirma DARZÉ: "*... o descompasso entre hipótese de incidência e base de cálculo denuncia distorção do sucesso do mundo fenomênico verdadeiramente apreendido pelo legislador, comprometendo a capacidade contributiva objetiva, núcleo rígido e inafastável deste princípio – independentemente do sentido que se atribua ao gênero capacidade contributiva*" – **Responsabilidade**..., *op. cit.*, p. 49.

[277] Responsabilidade Tributária..., *op. cit.*, p. 218.

mantenha relação pessoal e direta com a conduta descrita na hipótese de incidência.

Da afirmação acima deduz-se, por conseguinte, que a capacidade contributiva de um terceiro, que eventualmente seja chamado, pela lei, a responder pelo crédito tributário, não importa, mas **apenas a do contribuinte** (Regina COSTA[278]). Se, no entanto, algum terceiro for colocado na posição de sujeito passivo, assumindo o dever de pagar um tributo relativo à manifestação de capacidade contributiva de outro, nesse caso o princípio somente será atendido se o sistema jurídico **garantir a possibilidade de repercussão ou reembolso** da diminuição patrimonial sofrida por esse terceiro, assegurando que, ao fim e ao cabo, o ônus do gravame recaia sobre o contribuinte[279].

Nesse sentido, ATALIBA e Aires BARRETO são cirúrgicos: a substituição jamais pode "*... acabar funcionando como um mecanismo de troca de destinatários que a Constituição estabeleceu, pressupôs ou fixou*", como um meio para subverter os padrões constitucionais[280].

3.4.2.3 A delimitação das materialidades dos tributos na Constituição

3.4.2.3.1 A opção da Constituição

Ainda que a Constituição nada dispusesse sobre os eventos dotados de conteúdo econômico passíveis de serem eleitos pelo legislador para que sobre eles recaísse a tributação, deixando ao legislador uma ampla discricionariedade para estabelecer os signos-presuntivos de riqueza que

[278] **Princípio...**, *op. cit.*, p. 70. Afirma a autora, peremptoriamente, que "*A capacidade contributiva do substituto é irrelevante*" – *ibidem.* Renato Lopes BECHO, divergindo dessa posição, pondera que o legislador também deve verificar se o substituto "*... tem a capacidade contributiva de arcar com o peso do tributo*" – **Responsabilidade Tributária...**, *op. cit.*, p. 39. Igualmente, Ângela Maria da Motta PACHECO sustenta que a atribuição de responsabilidade a terceiro, exceto nas hipóteses de descumprimento de obrigação imposta pelo Estado, somente é cabível se ele possuir relação com o fato jurídico tributário "*... e tiver capacidade contributiva*" – Sujeição Passiva e Responsáveis Tributários, **Revista Dialética de Direito Tributário**, n. 3, p. 18.

[279] CASSIANO, As espécies..., *op. cit.*, p. 229.

[280] Substituição e Responsabilidade Tributária, **Revista de Direito Tributário**, n. 49, p. 77.

dariam azo à imposição da relação jurídica tributária, as normas constitucionais já teriam limitado a atividade tributária.

Essa **não foi**, entretanto, **a opção** da Carta Magna brasileira, que foi além, prevendo em seu texto uma profusão de normas pertinentes às competências, repartindo-as entre os entes da federação e, concomitantemente, limitando-as, particularmente, ao selecionar as materialidades dos impostos.

"*É que a Constituição brasileira...*", consoante observa JUSTEN FILHO, nos passos de Amílcar de Araújo FALCÃO e Geraldo ATALIBA, não se restringiu a outorgar, definir e repartir as competências tributárias, mas estabeleceu "*... como deverá ser o núcleo da hipótese de incidência a ser editada pela via legislativa*"[281]. Nas palavras de Geraldo ATALIBA, "*Vê-se, por aí, que não se limitou o legislador constituinte a proceder à discriminação de rendas em termos rígidos, mas colocou uma série enorme de obstáculos às competências tributárias que instituiu*"[282].

Apesar da instigante discussão sobre a natureza das disposições constitucionais – se são tipos ou conceitos – tomaremos por base a concepção doutrinária majoritária, que entende que as normas de competência são formadas **por conceitos**, naturalmente fechados, sob pena de **desvirtuamento** do sistema constitucional de repartição de rendas[283].

O texto constitucional estabelece, por exemplo, que cabe à União os impostos sobre a importação, a exportação, a renda, os produtos industrializados; que os Municípios podem instituir tributos sobre serviços de qualquer natureza; que os Estados e o Distrito Federal têm a competência para tributar a realização de alguns serviços e a circulação de mercadorias. Enfim, o constituinte desenha as materialidades possíveis das normas de incidência tributária, e, ao assim fazê-lo, **condiciona**, igualmente, **os sujeitos passivos tributários possíveis**.

Dessa forma, a distribuição das competências tributárias, no plano constitucional, implica, simultaneamente, a criação de uma prerrogativa

[281] JUSTEN FILHO, **Sujeição...**, *op. cit.*, p. 262-263.
[282] **Sistema Constitucional...**, *op. cit.*, p. 33.
[283] Paulo Ayres BARRETO, Conceitos Constitucionais e Competência Tributária, *in* Nélida Cristina dos SANTOS (org.), **Temas de Direito Tributário: Estudos em Homenagem a Eduardo Bottallo**, p. 331-343.

e de um limite à pessoa de direito público: se, de um lado, o ente pode instituir o tributo e gravar aquela manifestação de conteúdo econômico, de outro, está limitada a exercê-lo somente dentro da norma de competência, sem poder "*... ultrapassar qualquer aspecto da materialidade que baliza o âmbito da autorização recebida*"[284].

3.4.2.3.2 O destinatário constitucional tributário

Em função da discriminação das competências e da indicação das materialidades no texto constitucional, há, no sistema tributário brasileiro, uma **particularidade**, no que se refere ao sujeito passivo natural da norma-padrão de incidência tributária.

Ora, se a Constituição discriminou as materialidades de alguns tributos; se a eleição de materialidades acarreta a automática seleção de sujeitos; então é possível aludir a um "*... destinatário constitucional tributário*", isto é, a uma categoria de pessoas que "*... se encontram em relação com a situação prevista para inserir-se no núcleo da hipótese de incidência tributária e que são as pessoas sujeitáveis à condição de sujeito passivo tributário (ao menos, em princípio)*". Tendo em vista a rigidez do sistema constitucional tributário brasileiro, "*... pode-se falar não apenas em um destinatário* ***legal*** *tributário, mas também no* ***destinatário constitucional tributário***"[285].

O "destinatário constitucional tributário" é terminologia criada pioneiramente, ao que tudo indica, por JUSTEN FILHO, e acatada, posteriormente, por parte da doutrina, em especial por ATALIBA, que indicava que a Constituição designava os "destinatários constitucionais tributários", de maneira que "*... só as pessoas já implicitamente compreendidas no desígnio constitucional podem, pela lei, ser postas como sujeito passivo...*"[286]. Regina Helena COSTA, com base nessas lições, afirma que o perfil constitucional do tributo já aponta a pessoa que terá o seu patrimônio diminuído como consequência da tributação[287].

[284] Rafael PANDOLFO, ICMS e a Substituição Tributária..., *op. cit.*, p. 289.
[285] **Sujeição...**, *op. cit.*, p. 262-263.
[286] **Hipótese...**, *op. cit.*, p. 83. Note-se, porém, que linhas depois, ATALIBA modera sua posição, aceitando mutações no polo passivo da relação jurídica tributária, desde que submetidos a rigorosos limites – *ibidem*, p. 89-94.
[287] **Princípio...**, *op. cit.*, p. 69.

É pertinente fazer algumas considerações sobre essa figura do "destinatário constitucional tributário".

Em primeiro lugar, é certo que **nem todos os tributos encontram o seu "destinatário constitucional tributário"**. Basta considerar as contribuições especiais, previstas no artigo 149 da Constituição, que, apesar das discussões doutrinárias, não possuem as materialidades exaustivamente contempladas na Constituição[288]. Ou, alternativamente, os impostos passíveis de serem criados pela União, no exercício de sua competência residual, cujo critério material ou base de cálculo não poderão ser idênticos àqueles discriminados na Constituição[289]. A identificação da categoria do destinatário constitucional estará presente à medida que a materialidade do tributo também se faça presente; à medida que se possa colher dos enunciados normativos da Constituição o critério material da norma de incidência tributária.

Se a figura do destinatário não diz muito, no que concerne às hipóteses acima, ela, por outro lado, manifesta-se com vigor em outros tributos, especialmente nos impostos.

No Imposto sobre Serviços, por exemplo, Marcelo CARON BAPTISTA é claro ao reconhecer que "... *quando a Constituição Federal de 1988 estabelece a competência tributária para tributar a prestação de serviços, pois esse é o conteúdo jurídico do enunciado do artigo 156, III, ela indica o prestador como o destinatário constitucional tributário*"[290]. Igualmente, JUSTEN FILHO, considerando que, na prestação de serviços, a manifestação de riqueza existe somente da parte do prestador, e não do beneficiário, defende que é o prestador

[288] Especificamente, sobre as contribuições sociais, v. Paulo Ayres BARRETO, **Contribuições: Regime Jurídico, Destinação e Controle**, p. 102. Leciona o autor: "*Além das contribuições sociais destinadas à seguridade social, outras contribuições sociais poderiam ser instituídas, desde que sirvam de instrumento de atuação da União na área social e observem o disposto no artigo 146, III e 150, I e III da Carta Magna. Não há circunscrição a determinadas materialidades. Não está jungido, de outra parte, o legislador infraconstitucional àquelas específicas situações em que a própria Constituição Federal faz menção a fontes adicionais de financiamento, como é o caso da contribuição social do salário educação (art. 212, § 5º)*".

[289] BAPTISTA, **ISS: Do Texto...**, *op. cit.*, p. 145.

[290] *Ibidem*, p. 562.

do serviço "*... o destinatário constitucional da obrigação tributária*", contando com o ilustre respaldo de Aires F. BARRETO[291].

Outrossim, José Roberto VIEIRA, ao perquirir sobre a materialidade do Imposto sobre Produtos Industrializados, reconhece a sua inteira compostura constitucional – "*... realizar operações com produtos industrializados...*" – de maneira que as indicações constitucionais pertinentes à materialidade da hipótese "*... já oferecem alguns parâmetros*", no sentido de apontar o sujeito passivo tributário[292].

No que tange ao Imposto sobre a Circulação de Mercadorias e Serviços – ICMS, Jackson Borges ARAÚJO, também fazendo remissão à figura do "destinatário constitucional tributário", identifica-o como o sujeito que participa da operação mercantil ou da prestação de serviços de transporte ou de comunicação, "*... sendo proprietário da mercadoria, prestador dos serviços (dono da empresa), beneficiário da renda, etc.*"[293]. André Renato Miranda ANDRADE também recorre ao conceito de destinatário constitucional tributário para analisar o aspecto pessoal da norma de incidência tributária do ICMS[294].

Em segundo lugar, a materialidade delineada na Constituição pode, ainda assim, fixar **não um destinatário constitucional tributário, mas sim "destinatários constitucionais tributários"**. A depender dos enunciados constitucionais, o intérprete poderá ter apenas a referência de um evento dotado de conteúdo econômico, mas deixando ao legislador ordinário a **faculdade** de, discricionariamente, **eleger** um dos sujeitos que mantêm relação pessoal e direta com o fato.

Isso pode ser ilustrado em situações tais como a da transmissão onerosa de bens imóveis, em que comprador e vendedor participam da transmissão. O artigo 42 do Código Tributário Nacional, aliás, dispõe que o "*... contribuinte do imposto é qualquer das partes na operação tributada*". Nesse

291 JUSTEN FILHO, **O Imposto...**, *op. cit.*, p. 155. Aires BARRETO, de sua parte, afirma: "*Não acolhemos a posição, esposada por determinados estudiosos, de que o legislador é livre para eleger tanto o prestador como o tomador dos serviços. Para nós, o ISS não é um imposto sobre a utilização, mas apenas sobre a prestação dos serviços*" – **ISS na Constituição e na Lei**, p. 358.

292 **A Regra-Matriz...**, *op. cit.*, p. 111.

293 **ICMS – Ficção...**, *op. cit.*, p. 76.

294 **ICMS: Constituição...**, *op. cit.*, p. 212-221.

caso, teremos dois ou mais sujeitos que, embora ocupem posições distintas, no negócio jurídico que compõe a operação, poderiam, em tese, ser considerados os "destinatários constitucionais tributários".

Nesse caso, embora a Constituição identifique uma situação que denota riqueza – a transmissão de bens imóveis – o legislador terá a discricionariedade para estabelecer quem será o contribuinte, porque ambos, comprador e vendedor, manifestam capacidade contributiva. Haveria um destinatário legal tributário, eleito pelo legislador competente[295].

Tratando desse exemplo, Luciano AMARO observa que, em situações em que a materialidade se revele não como um ato – auferir renda, prestar serviços *etc.* – mas como uma situação – transmissão de bens imóveis – não seria possível inferir, "*... da mera descrição do fato gerador*", quem será o contribuinte: "*Existem situações de direito privado (que a lei tributária elege como fato gerador de tributo) que envolvem mais de uma pessoa, podendo qualquer*

[295] A questão, porém, não é tão simples. BECHO parece não encontrar dificuldades na identificação do destinatário constitucional do ITBI. Para ele, a dúvida de AMARO, embora pertinente, resolve-se de maneira singela: "*... se o tributo é sobre a transmissão de imóveis, ainda que para efetivá-la seja necessário um vendedor e um comprador, não nos parece que o comprador transmite o bem. Ele o recebe. Assim, a inferência lógica talvez seja possível nesse caso*" – As Modalidades de Sujeição Passiva Tributária no Ordenamento Jurídico Brasileiro, **Revista Dialética de Direito Tributário**, n. 192, p. 125. A nosso sentir, particularmente, também acreditamos que há um efetivo destinatário constitucional tributário relativo ao ITBI. Ele, no entanto, não é o alienante, senão o adquirente do imóvel, em conformidade com as lúcidas ponderações de José Alberto Oliveira MACEDO. À luz de uma leitura sistemática e contextual da Constituição, explica o jurista que a "transmissão" de que fala o artigo 156, II, do texto constitucional, é gênero que abrange tanto os verbos "transmitir" quanto o "adquirir"; ambiguidade do critério material que se reflete "*... na ambiguidade do critério pessoal*". Apesar de reconhecer a ambiguidade, nota o autor que a Constituição, ao discorrer sobre a hipótese de imunidade, nas transmissões feitas a pessoa jurídica em realização de capital, a análise da preponderância da atividade imobiliária é feita em relação ao adquirente, não ao alienante. Nesse ponto, demonstra a incoerência de considerar-se tal situação, a de o sujeito passivo ser o adquirente, como uma exceção à regra geral, visto que acarretaria violação ao princípio da continuidade do registro dos títulos translativos. Tudo isso para concluir, e a nosso modo de ver, de forma acertada, e com os olhos exclusivamente para o texto e o contexto da Constituição, que o constituinte não permitiu que se institua o imposto sobre o transmitente, mas elegeu como o único verbo possível de estar presente na regra-matriz do ITBI o "adquirir" – **ITBI – Aspectos Constitucionais e Infraconstitucionais**, p. 181-182.

delas ser eleita como contribuinte"[296]. Sérgio Benício concorda com as considerações de Amaro, razão pela qual prefere a expressão "destinatário legal tributário" a "destinatário constitucional tributário", uma vez que o constituinte estabelece marcos, balizas, dentro do qual o legislador goza de um campo mais ou menos restrito de discricionariedade[297].

Becho chama o destinatário constitucional tributário de "*... sujeito passivo constitucional*", cuja identificação "*... é um mero desdobramento das normas constitucionais que veiculam competências tributárias*". O sujeito passivo constitucional é mais evidente em materialidades que envolvam conceitos como "propriedade", "veículos automotores", "imóveis", "doações" *etc.*, podendo ser, desde logo, surpreendido[298].

Na classificação proposta pelo jurista, entre tributos discriminados – aqueles em relação aos quais a Constituição desde logo aponta a materialidade da exação – e os não-discriminados – os que não têm a materialidade expressamente plasmada no texto constitucional – a liberdade para o legislador estabelecer quem será o sujeito passivo, na primeira, é quase nenhuma, ao passo que, na segunda, existe liberdade, muito embora não seja ampla, porque limitada aos princípios gerais e às limitações da competência tributária[299].

Frise-se, todavia, que, para Becho, o legislador gozará de discricionariedade para a seleção dos sujeitos passivos da norma tributária. Ele possui a faculdade de não colocar no polo passivo da relação tributária certos sujeitos passivos constitucionais possíveis[300].

Por fim, destacamos apenas que o destinatário constitucional tributário **deverá necessariamente compor o critério pessoal passivo do mandamento da norma-padrão de incidência**; relação jurídico-formal, portanto. Isso não significa, entretanto, que ele será o único sujeito pas-

[296] **Direito Tributário Brasileiro**, p. 300.

[297] **ICMS: Apontamentos Teóricos e Práticos sobre a Substituição Tributária**, p. 71-72.

[298] **Sujeição...**, *op. cit.*, p. 87 e 89.

[299] Becho, **Responsabilidade Tributária...**, *op. cit.*, p. 22-24. José Artur Lima Gonçalves assevera que a Constituição indica, "*... de maneira mais ou menos flexível...*", os sujeitos passivos, ou as possibilidades que o legislador ordinário têm para elegê-los, "*... sempre sob o princípio da isonomia*" – Princípios Informadores do "Critério Pessoal da Regra Matriz de Incidência Tributária", **Revista de Direito Tributário**, n. 23-24, p. 261.

[300] **Sujeição...**, *op. cit.*, p. 90.

sivo capaz de figurar no polo passivo da relação jurídica tributária individualizada. Ele é o sujeito naturalmente destinado a ocupar tal posição, mas **não há vedação a que terceiro, efetivamente, seja posto naquela condição.**

3.4.2.4 O enunciado do artigo 150, § 7º, da Constituição – a autorização para a tributação por fato gerador presumido

Dentre os preceitos normativos constitucionais pertinentes à matéria da sujeição passiva tributária, foi incluído, via emenda à Constituição n. 3, de 17 de março de 1993, o artigo 150, § 7º, segundo o qual "*A lei poderá atribuir a sujeito passivo de obrigação tributária a condição de responsável pelo pagamento de imposto ou contribuição, cujo fato gerador deva ocorrer posteriormente, assegurada a imediata e preferencial restituição da quantia paga, caso não se realize o fato gerador presumido*".

Talvez não tenha havido dispositivo mais criticado e questionado do que esse, no âmbito do Direito Tributário. Mesmo após a sua inserção no bojo da Constituição e a confirmação, pelo Supremo Tribunal Federal, de sua constitucionalidade **em tese**, permanece uma **latente desconfiança** a respeito da sua presença na lei suprema[301]. Mesmo os que o admitem,

[301] Supremo Tribunal Federal, Ação Direta de Inconstitucionalidade n. 1851/AL, Relator Ministro Ilmar Galvão, Tribunal Pleno, publicado no Diário da Justiça (DJ) em 22.11.2002. Disponível em: www.stf.jus.br, acesso em: 30.04.2020. Na doutrina, sobre a crítica ao enunciado constitucional e à técnica da substituição progressiva, eis apenas algumas das críticas formuladas: Carrazza, **ICMS**, p. 229-254; Carrazza, **Curso**..., *op. cit.*, p. 522-529; José Eduardo Soares de Melo, **ICMS: Teoria e Prática**, p. 112-119; Paulo de Barros Carvalho, **Direito Tributário: linguagem**..., *op. cit.*, p. 658-659; Ataliba, Fato Futuro e Tributação..., *op. cit.*, p. 41-50; Justen Filho, Princípios Constitucionais..., *op. cit.*, p. 149- 161; Ives Gandra da Silva Martins, Substituição Tributária Antecipada – Inteligência Atual do § 7º do Art. 150 da Constituição Federal, **Revista Fórum de Direito Tributário – RFDT**, n. 1, p. 2; Alcides Jorge Costa, Substituição Tributária, *in* Valdir de Oliveira Rocha (coord.), **Grandes Questões Atuais do Direito Tributário**, n. 18, p. 24-26; Júlio Mariz de Oliveira, **O Princípio da Legalidade e sua Aplicabilidade ao IPI e ao ICMS**, p. 220-222; Queiroz, **Sujeição Passiva**..., *op. cit.*, p. 235-264; Ferragut, **Responsabilidade**..., *op. cit.*, p. 76-77; Benício, **ICMS: apontamentos**..., *op. cit.*, p. 135- 143.

fazem-no com a ressalva de ser indispensável a restituição da quantia paga a maior, na hipótese de a base de cálculo ser inferior à presumida[302].

A manifestação da doutrina não surpreende. É que o teor do dispositivo **briga com o restante do sistema constitucional tributário.** Traço elementar do Princípio da Capacidade Contributiva é o de que a hipótese de incidência deve ser dotada de um conteúdo econômico concreto, real. Como admitir, nesse passo, que se estabeleça uma hipótese de incidência presumida, sendo ela e a base de cálculo, fatalmente, supostas?

Pois bem. Mesmo após o julgamento do Supremo Tribunal Federal, encontra-se, de forma **abundante**, na doutrina, manifestações contrárias à admissão da substituição tributária "para frente" em nosso sistema constitucional tributário, técnica mais evidente de aplicação do preceito do artigo 150, § 7º.

Dentre os vários dispositivos que a doutrina considera inconciliáveis com aquele dispositivo, destacam-se o da segurança jurídica e o da capacidade contributiva, ambos princípios cardeais do Direito Tributário, verdadeiros direitos fundamentais dos contribuintes.

A ideia de segurança jurídica se incorpora nas noções de **certeza e de previsibilidade** que o sistema jurídico deve incutir nos indivíduos submetidos a suas prescrições. A certeza diz respeito à **preservação** e garantia dos direitos protegidos pelo ordenamento; a previsibilidade se

302 Marco Aurélio Greco, **Substituição Tributária – ICMS, IPI, PIS, COFINS**, especialmente p. 32-38. Como dito, para o ilustre jurista, embora a técnica seja constitucional, ela não pode ser utilizada para que "*... o Fisco receba um centavo sequer do que resultaria da aplicação direta da alíquota sobre a base de cálculo, apurada à vista da ocorrência concreta do fato tributável ... Utilizar um mecanismo operacional do tributo para obter uma receita maior do que a que resultaria do modelo operacional que se apoia na verificação concreta e real do fato tributável, é utilizar o tributo com efeito de confisco*" – *ibidem*, p. 53-54. Vide, igualmente, Leonardo Sperb de Paola, que aduz a constitucionalidade do instrumento de "*... antecipação do pagamento de tributos...*", desde que haja efetiva restituição da diferença do valor presumido e do efetivo, sob pena de a base de cálculo ter um caráter absoluto, de sorte a se afastar da regra-matriz do tributo e desobedecer, por conseguinte, o Princípio da Capacidade Contributiva – **Presunções e Ficções...**, *op. cit.*, p. 246. Ainda, Aroldo Gomes de Mattos, que registra o seguinte: "*Sustenta, porém, a minoria (Hugo de Brito Machado, Heron Arzua, Sacha Calmon Navarro Coêlho, Aroldo Gomes de Mattos, entre outros), que, ao assegurar aquela EC 03/93 a 'imediata e preferencial restituição' do tributo pago, caso não seja realizado o fato gerador presumido, foram definitivamente superadas as inconstitucionalidades então arguidas*" – **ICMS – Comentários à LC 87/96**, p. 72.

refere à possibilidade de o cidadão, confiando na estabilidade do sistema, **planejar** as suas ações futuras, sabendo dos efeitos jurídicos que a sua conduta pode gerar.

Quando uma norma jurídica determina que uma pessoa deverá pagar uma quantia ao Estado, a título de tributo, em razão de um evento que ainda não ocorreu, nem se sabe se ocorrerá, as duas noções são ameaçadas: quanto à certeza, o sentimento de que o sistema jurídico é incapaz de assegurar direitos básicos, tais como o da propriedade e o da liberdade, em face dessas técnicas de arrecadação; quanto à previsibilidade, a impossibilidade de o contribuinte dimensionar o impacto do ônus tributário, porque a estipulação do quanto e quando pagar é feita com base em estimativas, presunções, médias. Por isso, compreensível a recorrente rejeição ao regime, sob o fundamento da agressão à segurança jurídica.

A capacidade contributiva, por sua vez, é afetada de dois modos: primeiro porque a capacidade contributiva exige uma manifestação de riqueza concreta e atual; isso, porém, está ausente na substituição tributária progressiva, que se apega a uma riqueza presumida e futura, em uma expectativa. Segundo porque, ao valer-se de padrões e médias para a fixação da base de cálculo do tributo, há inequívoca restrição à justiça individual, pois são desconsideradas as particularidades dos fatos realizados por cada sujeito, em prol de um tratamento uniforme, muitas vezes imposto de forma duvidosa, atribuindo a situações desiguais um tratamento igual.

À luz desses princípios fundamentais do sistema tributário, o regime da substituição tributária "para frente" **desafia a lógica e a racionalidade** que preside, ou deveria presidir, o Direito, no âmbito tributário, segundo a qual a obrigação de pagar o tributo decorre da realização do fato jurídico tributário, não podendo aquela – a obrigação – antecipar-se a esta – o fato jurídico.

Não se diga que bastaria à norma jurídica tributária alterar o critério temporal da norma de incidência, como se o Direito pudesse considerar que o fato jurídico tributário teria ocorrido antes mesmo de sua efetiva realização. Servindo-nos da explicação de Geraldo Ataliba, a lei pode fixar uma data em que o fato será considerado realizado, como nos impostos sobre a propriedade territorial e urbana – IPTU; um momento específico da circulação da mercadoria, como a saída do estabelecimento do sujeito passivo, no ICMS; e assim por diante. O legislador tem liberdade para estabelecer o marco temporal em que o fato previsto na norma de incidência tributária ocorrerá, podendo fixá-lo discricionariamente. Quando não o fizer, de modo explícito, o momento a ser considerado é o da ocorrência de sua materialidade.

Entretanto, apesar da discricionariedade, há, segundo ATALIBA, "*... um limite constitucional intransponível à discrição do legislador...*": o critério temporal jamais poderá ser "*... anterior à consumação (completo acontecimento) do fato*", sob pena de agressão ao princípio da irretroatividade da lei – ou melhor, da impossibilidade de a incidência alcançar fatos que ainda não se realizaram, no mundo concreto[303].

A lição é lógica: VILANOVA repisava que, sem a ocorrência do fato, não há possibilidade de existir um fato jurídico e, consequentemente, uma relação jurídica. Por mais que o legislador tenha a pretensão de contornar esse obstáculo, mediante a alteração do critério temporal, tal barreira, nessa perspectiva da teoria geral do direito, é insuperável[304].

Por isso o completo repúdio de ATALIBA à figura da substituição tributária progressiva; "*... daí a inconstitucionalidade das antecipações dos tributos (algumas vezes camufladas sob a capa da substituição tributária)*", afirmava o mestre paulista[305].

Afirma, CARRAZZA, resoluto, que, em que pese às preocupações do legislador com as ideias de simplificar o sistema e dar praticabilidade às normas tributárias, a lei encontra um **limite intransponível** na igualdade, intimamente ligado à capacidade contributiva, e na segurança e certeza da tributação, razão pela qual o dispositivo "*... padece de incontornável inconstitucionalidade*"[306]. Logo, a emenda constitucional n. 03/93, que autorizou a tributação por fato gerador presumido, seria inconstitucional por **afrontar cláusula pétrea** da Constituição, em razão da tendência a abolir direitos e garantias individuais.

O mecanismo da substituição tributária "para frente" baseia-se em presunções e padronizações relativas a uma riqueza que não é concreta,

303 **Hipótese...**, *op. cit.*, p. 94-95.

304 PONTES DE MIRANDA, **Tratado...**, *op. cit.*, p. 4; VILANOVA, **Causalidade...**, *op. cit.*, p. 109.

305 *Ibidem*, p. 95.

306 **Curso...**, *op. cit.*, p. 89.

tampouco atual, gerando restrições à justiça individual. Por essas razões, pessoalmente, entendemos que essa técnica **radical** de antecipação – a qual, ao que parece, não encontrou acolhida em outros ordenamentos, conforme tópico 4.4.2 – não teria espaço no sistema constitucional tributário, especialmente nos tempos de hoje, em que, graças à tecnologia, a apuração e a fiscalização das concretas e atuais manifestações econômicas dos contribuintes estão ao alcance dos entes tributantes.

Apesar das contundentes manifestações da doutrina, em vista da manifestação do Supremo Tribunal Federal, o preceito permanece válido no sistema do direito positivo, sendo necessário examinar os seus aspectos, especialmente à luz dos princípios constitucionais, de modo a estabelecer os seus limites e as maneiras de **harmonizá-lo, se possível, com o sistema**. É que, ainda que tenha sido reconhecida, em tese, a constitucionalidade da técnica, isso não significa que ela não possa ser **instituída ou executada de forma inconstitucional**, como observa Humberto ÁVILA[307].

Segundo o enunciado, o legislador está autorizado a atribuir a um sujeito o dever de pagar imposto ou contribuição decorrente de "fato gerador" presumido, desde que assegure a restituição preferencial e imediata em caso de não realização.

Alguns aspectos merecem destaque, da análise do teor do enunciado: o primeiro é o de que, por ser uma **norma de competência**, que confere ao ente tributante a possiblidade de instituir o regime de tributação por "fato gerador" presumido, ela é uma **faculdade do legislador ordinário**. "*O poder nela previsto para instituir a substituição tributária pode ou não ser exercido pelo autônomo legislador estadual*", observa Humberto ÁVILA.

O mesmo autor extrai, igualmente, mais dois elementos importantes: o da **excepcionalidade**, porquanto há, na norma de competência do imposto, considerando-se, aqui, o ICMS, regra ordinária, cuja hipótese de incidência determina que a operação de circulação de mercadoria terá por consequência o dever de pagar uma quantia sobre o valor da operação

[307] "*O fato de o Tribunal ter decidido que o mecanismo da substituição tributária é em tese constitucional não afasta a possibilidade de ele ser aplicado de modo inconstitucional pelos Estados...*" – Substituição Tributária e Base de Cálculo: os limites da padronização fiscal, **Revista da Ajuris**, n. 100, p. 171.

já praticada; e o da **"vinculatividade"**, isto é, de que a quantia cobrada mantém uma vinculação com o fato que deve ocorrer no futuro, que continua a ser tomado como ponto de referência, o quê o leva a afirmar que a capacidade contributiva é uma razão "*pro tanto*", não "*prima facie*", já que conserva o seu peso mesmo diante de razões contrárias, não podendo ser descartada[308].

O segundo aspecto é o de que a determinação do "fato gerador" presumido **depende de lei**. Somente lei em sentido estrito, editada pelo legislativo, pode autorizar a atribuição dessa responsabilidade ao cidadão, prescrevendo, de forma minuciosa, as condições em que se pode empregar o regime.

O terceiro aspecto, que merece atenção, é a circunstância de a instituição de tal dever somente pode ser feita em relação a impostos ou contribuições, vedado o seu emprego no que tange a outras espécies tributárias, tal como, por exemplo, as taxas; conquanto, admita-se, é difícil cogitar de alguma situação que legitime o seu implemento em relação a essa espécie tributária.

Mas, acima de tudo, a limitação constitucional fundamental, concernente à atribuição desse dever a um sujeito passivo, é a **garantia de que o valor será restituído** de forma preferencial e imediata, caso o "fato gerador" presumido não se realize. Essa previsão é a que assegura a constitucionalidade da tributação por fato gerador presumido, de acordo com Rafael PANDOLFO, porque ela funciona como um **elemento "calibrador"**, garantindo que o exercício de direitos pelo sujeito ativo não exceda os limites da competência constitucional outorgada, ao fazer com que "*... o remédio não se transforme em veneno, anulando a dosagem a maior ministrada*"[309]. A cláusula de restituição, por isso, é a **pedra-de-toque** da figura (Marco Aurélio GRECO[310]).

308 ICMS. Substituição tributária no Estado de São Paulo. Base de cálculo. Pauta fiscal. Competência legislativa estadual para devolver a diferença constante entre o preço usualmente praticado e o preço constante da pauta. Exame de constitucionalidade, **Revista Dialética de Direito Tributário**, n. 124, p. 94-96. Para uma crítica à expressão "*prima facie*", v. PEIXOTO, **Responsabilidade...**, *op. cit.*, p. 281-283.

309 ICMS e a substituição..., *op. cit.*, p. 294.

310 **Substituição...**, *op. cit.*, p. 21. Nesse aspecto, merece reprodução excerto do voto do Ministro Luiz Edson FACHIN, a propósito do julgamento do Recurso Extraordinário

3.4.2.5 O papel da lei complementar em matéria de sujeição passiva tributária

Aos enunciados constitucionais que conformam a sujeição passiva, devem-se acrescentar as disposições constitucionais que atribuem à lei complementar um papel relevante, no tratamento das hipóteses de instituição de deveres, no âmbito da atividade tributária. Ingressamos, ainda que brevemente, nas discussões atinentes ao artigo 146 da Constituição e à função da lei complementar de dispor sobre normas gerais em matéria tributária[311]. Interessa-nos, entretanto, apresentar a visão da doutrina especificamente em relação à matéria da sujeição passiva.

Em matéria de sujeição passiva, de um lado, Marcelo Baptista manifesta uma **postura cética** quanto ao papel desempenhado pela lei complementar. Para o jurista paranaense, com esteio nas lições de Justen Filho, o legislador complementar **não tem autorização constitucional** para dispor sobre sujeição passiva. Cabe a cada ente da federação, dentro da competência tributária outorgada pela Constituição, em prestígio aos Princípios da Federação, da Autonomia Municipal e da Isonomia das Pessoas Constitucionais, instituir tributos, o que engloba, necessariamente, o tratamento da sujeição passiva. Ainda que o autor admita a possibilidade de a lei complementar estabelecer normas gerais em matéria tributária que tenham por função "regular as limitações constitucionais ao

n. 593.849/MG, no qual a Corte apreciou, e confirmou, o direito do contribuinte à restituição das diferenças relativas ao fato tributário presumido e o real, quando a base de cálculo da operação efetiva é inferior à presumida. Argumentou o Ministro relator, a partir de uma leitura do artigo 150, § 7º, da Constituição, sob a óptica do estatuto do contribuinte: "*... deve-se interpretar o dispositivo constitucional em comento cioso do significado jurídico-político do Estatuto Constitucional dos Contribuintes, como erigido na Seção "Das Limitações do Poder de Tributar". Noutras palavras, na qualidade de invenção humana voltada a discriminar o público do privado e redistribuir renda e patrimônio, a tributação não pode transformar uma ficção jurídica em uma presunção juris et de jure, tal como ocorreria se o fato gerador presumido tivesse caráter definitivo, logo alheio à narrativa extraída da realidade do processo econômico*" – voto do Ministro Luiz Edson Fachin, RE n. 593.849/MG, p. 14-15. Disponível em < https://d2f17dr7ourrh3.cloudfront.net/wp-content/uploads/2016/10/RE-593849.pdf>. Acesso em 30.04.2020.

[311] Sobre o tema, consulte-se José Roberto Vieira, Normas Gerais de Direito Tributário: Um Velho Tema sob Novíssima Perspectiva, *in* Paulo de Barros Carvalho (coord.), **50 Anos do Código Tributário Nacional**, p. 687-730.

poder de tributar" e "dispor sobre conflitos de competência", não parece assentir com o entendimento de que tais dispositivos permitiriam à lei complementar estabelecer hipóteses relacionadas à sujeição passiva.

Particularmente, no que tange à substituição tributária, defende peremptoriamente que "*... falece competência ao legislador complementar para tratar, de forma geral, sobre substituição tributária*", alcançando idêntica conclusão em face das disposições relativas à responsabilidade tributária. Em ambas, **os fundamentos e os limites das técnicas encontram-se na Constituição**, podendo o legislador ordinário, a partir daí, completar o desenho da norma tributária[312].

Baseando-se em argumentos semelhantes, a conclusão de Dalton Luiz DALLAZEM é a de que a responsabilidade é "matéria estranha" às limitações constitucionais ao "poder" de tributar e à solução de conflitos de competência, de modo que cabe a cada entidade tributante versar sobre o tema, dentro dos limites impostos pela Constituição[313].

Em contraposição ao respeitável posicionamento, outra parte da doutrina atribui à lei complementar papel fundamental na tarefa de identificação dos sujeitos passivos tributários. Daniel Monteiro PEIXOTO, refletindo sobre o teor do artigo 146 da Constituição, observa que a função primária atribuída pela Constituição à lei complementar é, em relação a todas as hipóteses ali arroladas, a de "*... harmonizar o exercício da competência tributária, legislativa e administrativa, por parte das pessoas políticas em geral*". Segundo o autor, essa **tarefa de harmonização** dá-se em duas grandes vertentes: a de **pré-delimitar** os conteúdos normativos a serem produzidas pelas pessoas políticas da federação; e a de estabelecer os parâmetros para o exercício da competência administrativa tributária, relativos à constituição e cobrança do crédito tributário, pelos entes federativos.

Transportando o raciocínio para a matéria da responsabilidade tributária – a qual PEIXOTO entende estar compreendida no espectro semân-

312 **ISS: Do Texto...**, *op. cit.*, p. 146; 151-152. JUSTEN FILHO manifesta-se enfaticamente: "*Por isso, são inválidas todas as leis federais que regularem a figura do sujeito passivo tributário relativamente a tributos estaduais e municipais*" – **Sujeição...**, *op. cit.*, p. 304. Sublinhe-se, todavia, que a obra é anterior à Constituição de 1988.

313 A Responsabilidade Tributária e o ISS, *in* Heleno Taveira TORRES (org.), **ISS na Lei Complementar 116/2003 e na Constituição**, p. 146.

tico do artigo 146 da Constituição, inclusive de forma literal no inciso III, 'b', que especifica caber à lei complementar dispor sobre "obrigação" tributária – a lei complementar desempenha um **duplo papel**, no que tange à função de harmonização: um, de **oferecer** regras de atribuição de responsabilidade tributária **aplicáveis de imediato** por quaisquer dos entes federativos; dois, **impedir a criação** de hipóteses de responsabilidade desencontradas entre os entes federativos[314].

DARZÉ extrai do artigo 146 da Constituição conclusão semelhante, no sentido de que à lei complementar atribui-se a tarefa de "... *estabelecer limites, balizas, regras gerais*" sobre a matéria da responsabilidade tributária. No entanto, não exatamente do inciso III, 'b', mas, antes, de uma leitura conjugada do inciso II daquele dispositivo, segundo o qual compete à lei complementar "... *regular as limitações constitucionais ao poder de tributar...*", que podem, como ressalta DARZÉ, "... *envolver disposições sobre responsabilidade tributária*"; bem como do inciso III, 'a', que confere à lei complementar a função de, no âmbito das normas gerais em matéria tributária, definir os contribuintes dos impostos[315]. Hugo FUNARO é taxativo: todo o regramento à definição de contribuintes e responsáveis está no Código Tributário Nacional, "... *devendo ser necessariamente observado pelo legislador ordinário no exercício da competência tributária que lhe foi constitucionalmente outorgada*"[316].

Particularmente, o artigo 128 do Código Tributário Nacional poderia ser encarado como dispositivo que atende ao preceito do artigo 146, II. Sacha Calmon COÊLHO assevera que "... *o art. 128 é uma restrição ao poder de tributar*"[317]. DARZÉ alega que a norma decorrente desse dispositivo impôs "... *preceitos complementares à eleição do sujeito passivo tributário*"[318]. Heleno

[314] **Responsabilidade**..., *op. cit.*, p. 239-246.

[315] **Responsabilidade**..., *op. cit.*, p. 62-66. A autora faz ressalvas importantes acerca de seu entendimento: a função da lei complementar seria, como já esclarecido, não a de "definir", propriamente, os contribuintes, mas a de estabelecer "... *limites, balizas, regras gerais...*", sem esgotar o tema; não só estabelecer essas balizas com relação aos contribuintes em sentido estrito, mas em sentido amplo, englobando todas as espécies de sujeição passiva; e não apenas para os impostos, mas abrangendo todas as espécies tributárias.

[316] **Sujeição Passiva**..., *op. cit.*, p. 37.

[317] **Curso**..., *op. cit.*, p. 614.

[318] **Responsabilidade**..., *op. cit.*, p. 64.

TORRES reafirma que o dispositivo é uma regra limitadora da competência dos entes tributantes, impondo-lhes uma dupla consequência: a de impedir a criação de formas de responsabilidade para sujeitos que não estejam vinculados ao fato jurídico tributário, dentro da esfera de competência do ente; e a de excluir qualquer possibilidade de o ente criar novas formas de responsabilidade de terceiros ou de sucessores, diversas das prescritas no Código Tributário[319].

A preocupação do constituinte com a função harmonizadora da lei complementar poderia ser colhida, igualmente, das disposições pertinentes ao Imposto sobre a Circulação de Mercadorias e Serviços – ICMS. Nelas, visando a conferir uma homogeneidade de tratamento a temas sensíveis, como é o da sujeição passiva, no âmbito do ICMS, determinou competir à lei complementar a relevante tarefa de estabelecer os contribuintes e dispor sobre a substituição tributária.

No que tange a esse imposto, Sérgio BENÍCIO assevera que cabe à lei complementar, e somente a ela, a função de disciplinar a substituição tributária, não havendo espaço para a sua regulamentação via lei ordinária ou atos infralegais[320]. A partir dessa leitura, várias críticas são feitas à Lei Complementar n. 87, de 13 de setembro de 1996, que teria tratado de

[319] Substituição Tributária – regime constitucional, classificação e relações jurídicas (materiais e processuais), **Revista Dialética de Direito Tributário**, n. 70, p. 93.

[320] **ICMS: apontamentos...**, *op. cit.*, p. 165. Vale registrar que, segundo a leitura de BENÍCIO, sobre o artigo 146 da Constituição, a partir da obra de Heleno TORRES, a lei complementar tem um papel central na edição de normas gerais em matéria tributária, situação na qual assume caráter nacional, que prevalece sobre as disposições federais, estaduais ou municipais. A lei complementar deve ser genérica e ter por objetivo conferir um tratamento unitário à matéria tributária. Segundo o autor, ela desempenha seis funções, cabendo-lhe editar normas gerais sobre (i) regulamentação das limitações constitucionais ao "poder de tributar", nos casos em que seja expressamente exigido; (ii) apontamento de critérios objetivos para solucionar conflitos de competência entre os entes, mediante a regulamentação dos "fatos geradores", das bases de cálculo e dos contribuintes dos impostos consagrados na Constituição; (iii) definição dos tributos e de suas espécies, em relação às espécies genericamente referidas no texto constitucional; (iv) harmonização dos procedimentos de cobrança e de fiscalização dos tributos, por meio de normas sobre lançamento, obrigação e crédito; (v) uniformização dos prazos de decadência e prescrição; (vi) estímulo, de maneira harmoniosa, ao tratamento do ato cooperativo das sociedades cooperativas, às microempresas e empresas de pequeno porte – *ibidem*, p. 32-33.

maneira insuficiente a matéria da substituição, delegando à lei ordinária e aos atos infralegais, de modo inapropriado, a sua regulamentação[321].

Independentemente da interpretação atribuída ao artigo 146 da Constituição e à função das normas gerais em matéria tributária, a lei complementar desempenha papel relevante em matéria de sujeição passiva tributária, e os seus enunciados serão objeto de análise, no presente trabalho, porque (i) ainda que, sob uma óptica, os dispositivos do Código Tributário, em matéria de sujeição, possam não ser vinculantes para todos os entes da federação, eles são obrigatórios para a União, e, por isso, merecem consideração; (ii) particularmente, no âmbito do ICMS, imposto em que a técnica da substituição tributária é empregada de forma corriqueira, existe previsão específica sobre a competência, do legislador, mediante lei complementar, regular tal espécie de sujeição passiva, a fim, parece-nos, de assegurar a harmonização do seu tratamento legal pelos Estados e pelo Distrito Federal; (iii) a base dos estudos doutrinários, em matéria de sujeição passiva, no plano infraconstitucional, é feita a partir do Código Tributário, que acaba por desenhar o quadro geral dos sujeitos passivos.

3.4.3 A sujeição passiva na Constituição

Antes de retomarmos o exame das normas jurídicas pertinentes à sujeição passiva tributária, voltamos à questão inicial: apesar de a Constituição ser minuciosa e exaustiva sob muitos aspectos, seria **cientificamente correto** afirmar que o sujeito passivo está na Constituição?

Da doutrina do direito tributário, é conhecida a posição de Renato Lopes BECHO, o qual – embebido dos ensinamentos constitucionais de Geraldo ATALIBA e Roque CARRAZZA – defende vigorosamente "*... que os sujeitos passivos são, basicamente, colhidos na Constituição Federal*". De modo ainda mais enfático, esclarece que "*... o sujeito passivo tributário está, pelo menos implicitamente, previsto no Texto Constitucional*", o quê "*... exige que par-*

[321] Sobre as críticas dirigidas à Lei Complementar no âmbito do ICMS, v. Laís Vieira CARDOSO, **Substituição Tributária**..., *op. cit.*, p. 177-194.

tamos da Constituição Federal, analisando a força de várias normas que possam influenciar na fixação do sujeito passivo tributário"[322].

A contundente afirmação de BECHO é vista com **desconfiança** por outros autores. DARZÉ, por exemplo, muito embora eleja a norma de competência tributária como o "ponto de partida" de seu estudo acerca da solidariedade, detectando que é lá que encontrará "*... índice seguro para, diante dos limites estabelecidos pelo Sistema Tributário Nacional, delinear o conjunto das alternativas postas ao legislador para a definição do critério pessoal passivo do tributo*", é contrária àquela tese, asseverando não ser possível extrair do texto constitucional nenhuma prescrição que fixe o sujeito obrigado ao pagamento do tributo, quanto menos alguma imposição de que "*... este deva, necessariamente, coincidir com a pessoa que realiza o evento descrito hipoteticamente na regra-matriz de incidência*". Admite uma única exceção: as hipóteses das contribuições previdenciárias patronais[323].

A seu ver, o que a Constituição prevê, e somente nos casos em que discrimina materialidades, "*... são os fatos passíveis de tributação*", e que a "*... alusão à materialidade é elemento que restringe exclusivamente a enunciação do antecedente do tributo*", de modo que o consequente não estaria aí abarcado.

Obviamente, a rejeição à tese não implica afirmar que o legislador seja completamente livre para estabelecer quem é o sujeito. Tal escolha está adstrita às restrições impostas pelos princípios da Capacidade Contributiva, da Vedação ao Confisco e pelas normas gerais em matéria tributária. Apenas significa que o tema da sujeição passiva não é constitucional, de forma que, na realidade, os princípios constitucionais **voltam-se mais para a repercussão do tributo** do que propriamente sobre **a eleição da pessoa em si**[324].

Manifestações semelhantes são encontradas nas obras de Paulo de Barros CARVALHO e Maria Rita FERRAGUT. Para CARVALHO, a Constituição "*... não aponta quem deva ser o sujeito passivo das exações cuja competência*

322 BECHO, **Responsabilidade Tributária**..., *op. cit.*, p. 16; BECHO, **Sujeição**..., *op. cit.*, p. 85. A inspiração de BECHO, consoante dito, é ATALIBA – **Hipótese**..., *op. cit.*, p. 87; Responsabilidade Tributária..., *op. cit.*, p. 217 – e Roque CARRAZZA – **Curso de Direito Constitucional Tributário**, *passim*.

323 **Responsabilidade**..., *op. cit.*, p. 37 e 77.

324 *Ibidem*, p. 79-80.

legislativa faculta às pessoas políticas"; apenas se reporta a um evento, ficando a cargo do legislador a competência para desenhar a hipótese normativa em torno da referência constitucional e, igualmente, "*... escolher o sujeito passivo que arcará com o peso da incidência fiscal*"[325]. FERRAGUT é ainda mais assertiva: "*Desconhecemos a existência de qualquer norma constitucional que indique quem deva ser o sujeito passivo de uma relação jurídica tributária. Por isso, entendemos que a escolha é infraconstitucional*"[326].

À luz das considerações que expusemos nos tópicos anteriores, parece-nos que **a sujeição passiva goza, sim, de assento constitucional**. Explicamos as razões.

Note-se, primeiramente, que, na exposição dos argumentos, DARZÉ reconhece existir uma expressa exceção, em vista da disposição normativa do artigo 195 da Constituição: as contribuições para a seguridade social serão devidas pelo empregador, pela empresa e pela entidade a ela equiparada; havendo, aí, indicação expressa de sujeitos passivos. Diga-se o mesmo em relação às contribuições devidas pelos segurados (artigo 195, II) e aquelas devidas pelo importador (artigo 195, IV). Em todas elas, há referência clara ao sujeito que deve figurar no consequente da norma jurídica tributária, natural destinatário da norma de incidência tributária. A exceção, apontada pela própria autora, aparentemente, infirma o seu argumento.

Em segundo lugar, tendo em vista a relação de conformidade interna que expusemos em tópico anterior, a alusão às materialidades dos tributos, especialmente dos impostos e das contribuições, implica, inexoravelmente, a **restrição do universo de possíveis sujeitos passivos** e de critérios para aferição da base de cálculo. Diante daquela relação de pertinência entre antecedente e consequente da norma tributária, irrepreensível é a asserção de JUSTEN FILHO no sentido de que "*... a eleição de uma certa situação para compor a materialidade da hipótese de incidência importa automática seleção de sujeitos*"[327].

325 **Curso...**, *op. cit.*, p. 332. Em outro escrito, assevera CARVALHO: "*Temos para nós, entretanto, que a Constituição não diz, senão vagamente, sobre o sujeito passivo da relação obrigacional*" – **A Regra Matriz do ICM**, p. 328.

326 **Responsabilidade Tributária...**, *op. cit.*, p. 34.

327 **Sujeição...**, *op. cit.*, p. 262.

Daí porque **reformularíamos** a afirmação da ilustre professora de que a "*... alusão à materialidade...*" seria elemento que restringiria exclusivamente a enunciação do antecedente; ao contrário, a alusão à materialidade **é elemento que, necessariamente, restringe o antecedente e o consequente normativos** – incluindo, neste último, obviamente, a base de cálculo – dada a relação de inerência entre esses elementos.

Se a Constituição criou um arquétipo dos tributos, apontando "*... a hipótese de incidência possível, o sujeito ativo possível, o sujeito passivo possível, a base de cálculo possível e a alíquota possível*", como ensina CARRAZZA[328]; se a Constituição concebe uma "*... norma matriz do tributo...*", na expressão de JUSTEN FILHO[329]; então, deduz-se, é correto afirmar que a matéria da sujeição passiva é constitucional, ainda que **não apenas e exaustivamente constitucional**[330].

Terceiro porque, como bem observa Marcelo BAPTISTA, ao contrário do sujeito ativo, somente é dado conhecer o sujeito passivo da relação jurídica tributária "*... após a ocorrência do fato jurídico tributário*"; antes, a interpretação da norma de incidência permite "*... indicar, de pronto, e genericamente, o conjunto dos sujeitos passivos possíveis*"[331]. Por conseguinte, caso a pretensão seja a de identificar na Constituição, de modo específico, quem é o sujeito passivo da relação jurídica tributária individualizada, **não haverá sucesso**, pois nem mesmo a norma jurídica de incidência tributária teria condições de cravar quem é o sujeito passivo, a não ser mediante **parâmetros genéricos**.

Isso não significa afirmar que a Constituição estabeleceu, de modo definitivo, quem será o sujeito passivo da relação jurídica tributária, ou que não existe discricionariedade do legislador para a definição dos aspectos dos tributos. Mas, se se admite que a Constituição cria tributos,

328 CARRAZZA, **Curso...**, *op. cit.*, p. 586.

329 **O Imposto...**, *op. cit.*, p. 39.

330 BECHO afirma que "*... assim como o sujeito passivo legal, o substituto – de uma forma geral, como apontado na doutrina nacional – não só não está na Constituição, nem mesmo implicitamente, como não é figura tributária*" – **Sujeição...**, *op. cit.*, p. 130.

331 **ISS: Do Texto...**, *op. cit.*, p. 143.

seria ilógico negar que os sujeitos passivos também repousam no seio da lei suprema, embora ainda de modo insuficiente[332].

3.5 A sujeição passiva no código tributário nacional

3.5.1 O "eu" e o "outro" no Código Tributário

Em percuciente artigo, posteriormente reproduzido, com poucas alterações, em uma de suas obras, Renato Lopes BECHO faz uma recapitulação do tratamento da sujeição passiva tributária no Brasil. O autor apresenta o pensamento de Alfredo BECKER, Amílcar FALCÃO e Rubens Gomes de SOUSA, juristas de escol, sobre a matéria, com o propósito de demonstrar que, "... *antes da elaboração do Código Tributário Nacional, a sujeição passiva não era um assunto amadurecido no Brasil*"[333].

Sem prejuízo da contribuição de cada um para a formação da ciência tributária, as reflexões doutrinárias da lavra de Rubens Gomes de SOUSA, em matéria de sujeição passiva, particularmente, são um **ponto de referência** inevitável para o enfrentamento do tema, diante de sua notória influência sobre o tratamento legal dado pelo Código. Prova disso é o fato de que a sua classificação dos sujeitos passivos ainda é a mais disseminada na doutrina tributária.

Segundo o mestre paulista, no que tange à obrigação tributária principal, há duas espécies de sujeição passiva: a direta e a indireta. Na classe da sujeição passiva direta, enquadrar-se-ia a pessoa "... *que retira uma vantagem econômica do ato, fato ou negócio tributado*"; em contrapartida, a sujeição passiva indireta é conceituada negativamente, ou seja, "... *quando o Poder Público tenha interesse ou necessidade de cobrar o tributo de pessoa diferente daquela*"[334].

332 Para BECHO, a propósito, a discussão sobre o "*status*" constitucional da sujeição passiva está superada em razão do argumento pragmático de que "... *o Supremo Tribunal Federal já julgou feitos referentes à sujeição passiva tributária*", de modo que o Poder Judiciário já reconheceu que "*o referido instituto tem estatura constitucional*" – **Responsabilidade Tributária**..., *op. cit.*, p. 179.

333 BECHO, As Modalidades de Sujeição..., *op. cit.*, p. 113-131; BECHO, **Responsabilidade Tributária**..., *op. cit.*, p. 27-40.

334 Sujeito Passivo das Taxas, **Revista de Direito Público**, v. 16, p. 347.

Nessa última classe, a da sujeição passiva indireta, SOUSA fazia nova subdivisão, dessa vez com base no critério da existência ou não de um fato posterior ao nascimento da obrigação tributária, que justificasse a atribuição da sujeição passiva a um terceiro. Distinguia a sujeição passiva indireta por substituição – quando não houvesse tal fato posterior à relação jurídica, de sorte que o substituto figurava, originariamente, na obrigação tributária – e por transferência – quando houvesse esse fato posterior – sendo que a por transferência poderia ser novamente subdivida em "por solidariedade" – hipótese em que duas ou mais pessoas estiverem simultaneamente obrigadas ao pagamento – "por sucessão" – hipótese em que a obrigação se transfere em decorrência do desaparecimento do devedor original – e "por responsabilidade" – quando a lei responsabiliza um terceiro em razão de o tributo não ter sido pago pelo sujeito passivo direto[335].

A classificação de SOUSA nunca foi imune a críticas. Sacha Calmon Navarro COÊLHO, de sua parte, apontou a necessidade de correção da classificação, porque o substituto seria devedor de débito próprio, não alheio, de maneira que deveria integrar o grupo da sujeição passiva direta[336].

[335] **Compêndio...**, *op. cit.*, p. 91-94.

[336] Além de COÊLHO, outros eminentes juristas, tais como Zelmo DENARI, Johnson Barbosa NOGUEIRA e Paulo Roberto Coimbra SILVA, também entendem que a sujeição passiva direta seria composta pelo contribuinte e pelo substituto tributário. A inclusão deste último na sujeição direta justificar-se-ia sob a alegação de que o substituto, em verdade, está vinculado de forma direta ao fato jurídico tributário – ele é, dizem esses autores, sujeito passivo de dívida própria, não alheia. Apesar das críticas de BECHO a essa proposta de inclusão do substituto na sujeição passiva direta – Modalidades de Sujeição..., *op. cit.*, p. 129 – o que parece haver, na realidade, é uma mudança do critério de classificação entre a sujeição passiva direta e a indireta, de modo que é infrutífero compará-la com a proposta de SOUSA. Da leitura da obra de Zelmo DENARI e de Sacha CALMON, o que se pode perceber é que o critério eleito para distinguir a sujeição passiva direta da indireta é o fato de o sujeito experimentar a eficácia direta do "fato gerador" ou não. Na classe da sujeição passiva direta, estariam os que experimentam a eficácia direta do fato gerador, ao passo que, na da sujeição indireta, os que experimentam a eficácia reflexa, no sentido de necessidade de realização de algum outro fato jurídico que gerasse o dever de pagar – consulte-se Zelmo DENARI, **Curso de Direito Tributário**, p. 199. Em outras palavras, o sujeito passivo direto seria todo aquele que figura, desde logo, na relação tributária que

O critério de classificação adotado por SOUSA – o de retirar uma vantagem econômica – foi criticado por Paulo de Barros CARVALHO, porquanto "*... tecido com critérios econômicos ou com dados ocorridos em momento pré-legislativo*", de maneira que não seria sustentável, à luz de uma rigorosa análise jurídica[337].

Apesar disso, muitos autores, conquanto endossem a crítica de CARVALHO, de certo modo **reformulam** aquele critério econômico e o **aperfeiçoam**, para torná-lo jurídico, mantendo a distinção entre as classes de sujeição passiva direta e sujeição passiva indireta. Nessa reformulação, em vez de se tomar como nota distintiva a pessoa que retira "vantagem econômica", o critério repousa na circunstância de a lei eleger, como sujeito passivo, a pessoa que realiza o fato jurídico tributário: se o sujeito passivo for o destinatário legal tributário, estamos diante da sujeição passiva direta; se não, de sujeição indireta[338].

irrompe da realização do fato descrito na hipótese de incidência, o que levaria à natural conclusão de que o substituto seria um "sujeito passivo direto" e, por conseguinte, "*... a sujeição passiva indireta dá-se apenas nos casos de transferência com alteração de obrigados*" – COÊLHO, **Curso...** *op. cit.*, p. 606. Deve-se abrir exceção, aqui, ao entendimento de Johnson Barbosa NOGUEIRA, porque o autor, efetivamente, entende que o substituto é, por força de ficção jurídica, quem passa a ter relação direta com o fato signo-presuntivo da riqueza descrita na hipótese de incidência – Contribuinte Substituto no ICM, p. 93.

[337] **Direito Tributário: linguagem...**, *op. cit.*, p. 654.

[338] É o que faz, em essência, Renato Lopes BECHO, promovendo alguns ajustes dentro da categoria da sujeição passiva indireta, tomando o cuidado de não designá-la de "responsabilidade", uma vez que a responsabilidade propriamente dita, para ele, seria uma espécie do gênero "sujeição passiva indireta", com regime jurídico próprio, diferente, em particular, da substituição tributária, outra espécie do gênero – As Modalidades de Sujeição..., *op. cit...*, p. 113. BECHO prefere não denominar a categoria de "sujeição passiva indireta" de "responsabilidade", mas sim utilizar esse termo, "responsabilidade", para designar uma categoria específica dentro da sujeição passiva indireta, distinguindo a "substituição" da "responsabilidade", em vez de "responsabilidade por substituição" e "responsabilidade por transferência". Para o professor de São Paulo, o contribuinte é quem realiza a hipótese de incidência, manifesta capacidade contributiva e não possui direito de regresso contra ninguém; o substituto é pessoa que possui vínculo indireto com o "fato gerador" "*lato sensu*" – obrigatoriedade de obediência ao artigo 128 do CTN – e também deve manifestar capacidade contributiva, mas recolhe os valores devidos pelo contribuinte e, por isso, possui direito de regresso em face dele; o responsável é o terceiro que pode ter relação com o fato jurídico tributário ou não – se a norma for extraída do

Assim, desde que o critério de distinção da sujeição passiva direta e indireta seja fundado no **critério jurídico** de quem realizou a materialidade constante da hipótese de incidência – e não no econômico – não há problema em adotar a classificação, no discurso jurídico.

Pois bem. De posse dos conceitos e da terminologia empregada por SOUSA, com os devidos temperamentos, podemos melhor compreender o Código Tributário Nacional, porquanto o diploma legal inspirou-se, inequivocamente, em suas robustas formulações teóricas.

O Código Tributário Nacional apresenta dois capítulos pertinentes à matéria: um, sob a rubrica "*Sujeito Passivo*", em cujas seções são fixados os conceitos básicos da sujeição passiva: os conceitos de sujeito passivo da obrigação tributária e da obrigação "acessória"; a classificação dos sujeitos passivos; os elementos fundamentais sobre a solidariedade, a capacidade tributária e o domicílio tributário; outro, dedicado à responsabilidade tributária, logo adiante, contendo enunciados pertinentes a diversas formas pelas quais terceiros, por força de lei, podem ser obrigados a pagar o crédito tributário, ou quantia a ele referida.

Neste último capítulo, na seção que o inaugura, o Código indica uma disposição geral sobre a matéria da responsabilidade e, nas seções seguintes, prescreve hipóteses de responsabilidade "dos sucessores", "de terceiros" e "por infrações". Vejamos alguns aspectos importantes das prescrições do legislador.

CTN, a exigência do vínculo é desnecessária; salvo os casos expressamente arrolados no Código, é indispensável o vínculo, por força do artigo 128 – não se lhe exige a manifestação de capacidade contributiva e, por isso, não possui direito de regresso, conquanto possa ter tal direito, em algumas ocasiões – a exemplo do artigo 134, VI, do CTN, atinente aos tabeliães e escrivães. Levando em conta a subclassificação de BECHO, a sujeição passiva tributária poderia ser assim composta: (i) sujeição passiva direta: (i.a) contribuinte; (ii) sujeição passiva indireta: (ii.a) substituição; (ii.b) responsabilidade; (ii.b.i) na legislação não codificada; (ii.b.ii) no CTN; (ii.b.ii.i) por sucessão; (ii.b.ii.ii) de terceiro; (ii.b.ii.iii) por infrações – **Responsabilidade**..., *op. cit.*, p. 39 e seguintes. Na obra de ATALIBA, igualmente, nota-se a adoção de um critério jurídico para a classificação em sujeição passiva direta e indireta. Para o autor, a sujeição passiva indireta se refere à hipótese na qual a obrigação tributária "*...já nasce tendo como sujeito passivo alguém que não corresponde à configuração indicada pela Constituição – quando prevê o destinatário tributário – ou a sujeição passiva desloca-se, por força de lei, para outra pessoa*" – **Hipótese**..., *op. cit.*, p. 89.

De acordo com o Código, o sujeito passivo da obrigação tributária, nos termos do artigo 121, seria "*... a pessoa obrigada ao pagamento de tributo ou penalidade pecuniária*". José Roberto VIEIRA, desde logo, observa que a conceituação do sujeito passivo como alguém obrigado ao pagamento de penalidade pecuniária "*... é de uma infelicidade a toda prova*". O tributo não se confunde com a pena, lição comezinha do Direito Tributário, por isso a repreensão do jurista paranaense quanto à "*... indisciplina científica...*" do legislador, nesse ponto[339].

De todo modo, o sujeito passivo, obrigado ao pagamento do tributo, na dicção do Código, é uma pessoa, dotada de personalidade jurídica, salvo em hipóteses excepcionais, como já esclarecemos.

Ignorando a terminologia "sujeição passiva direta" e "indireta", e abstendo-se de aludir expressamente à figura do substituto tributário, o sujeito passivo da obrigação tributária principal, segundo o documento normativo, poderá ser o contribuinte ou o responsável: será contribuinte se mantiver "relação pessoal e direta" com o fato jurídico tributário; será responsável se, "*... sem revestir a condição de contribuinte...*", sua obrigação decorra de disposição expressa de lei. Esta última exigência – a de necessidade expressa de lei – não é particularidade do responsável, mas imposição inafastável para a conformação da sujeição passiva, aplicável tanto para ele quanto para o contribuinte, como bem lembra Paulo de Barros CARVALHO[340].

No que concerne aos deveres instrumentais, o artigo 122 apenas estabelece que o sujeito passivo será a pessoa obrigada às prestações que constituam o seu objeto. Maurício ZOCKUN, após sublinhar a carência de investigações científicas acerca de quais pessoas podem ser postas no polo passivo das obrigações acessórias, esclarece que os sujeitos passivos de deveres instrumentais são as pessoas que têm o dever de cumprir a obrigação de verter informações que digam respeito à fiscalização e à

[339] **A Regra-Matriz...**, *op. cit.*, p. 109.

[340] **Curso...**, *op. cit.*, p. 314. A razão de ser dessa imposição, na realidade, consoante explicação de Amílcar FALCÃO, é que a alusão ao contribuinte pode "*... estar implícita sob a simples menção do fato gerador...*", ao passo que, para os responsáveis, isso é impossível. Logo, "*... só podem resultar de disposição legal expressa...*" – **Fato Gerador...**, *op. cit.*, p. 76.

arrecadação dos tributos, ou, ainda, as que devem suportar a atividade de fiscalização realizada pelo agente público[341].

Esses sujeitos devem participar de uma relação jurídica "... *umbilicalmente atrelada à ocorrência da materialidade da norma jurídica tributária...*", mantendo um vínculo direto ou indireto com o surgimento do fato jurídico tributário. Consequentemente, afirma o autor, a administração não poderá produzir qualquer espécie de ato normativo que atribua a uma pessoa que não está relacionada com a realização do fato jurídico tributário, a condição de sujeito passivo de dever instrumental, salvo se houver fundada razão para exigir de um terceiro o dever de prestar informações à autoridade administrativa, com base no rol exemplificativo, disposto no artigo 197 do Código Tributário[342]. Caio TAKANO admite, ainda, a possibilidade de a administração requisitar informações de terceiros vinculados ao contribuinte, desde que a eleição desse terceiro passe pelo crivo da razoabilidade e da proporcionalidade, no caso concreto[343].

De todo modo, o primeiro aspecto relevante, no que tange à sujeição passiva da obrigação tributária, é o de que o Código "... *trabalha com uma dicotomia básica...*" (Andrei VELLOSO[344]), separando o contribuinte do responsável. "Contribuinte", o que possuir ligação pessoal e direta com o fato jurídico tributário, sujeito por dívida própria; "responsável", os demais, respondendo por dívida alheia. Na leitura de Arthur FERREIRA NETO, a imputação de encargo ao "... *eu*..." ou a imputação de encargo ao "... *outro*...", não havendo uma terceira opção subjetiva[345].

341 **Regime Jurídico**..., *op. cit.*, p. 136. Vale observar que Estevão HORVATH acrescenta, à proposta de ZOCKUN, "*... a figura daquelas pessoas que a lei coloca como **substitutos tributários**...*" – Deveres Instrumentais e seus Limites, *in* Aires Fernandino BARRETO *et al.*, **Interpretação e Estado de Direito**, p. 210. Oportunamente, iremos nos manifestar sobre a inclusão do substituto como um sujeito passivo de dever instrumental.

342 *Ibidem*, p. 140 e 188.

343 **Limitações aos Deveres**..., *op. cit.*, p. 142-143.

344 As modalidades..., *op. cit.*, p. 177.

345 Fundamentos Filosóficos da Responsabilidade Tributária, *in* Arthur M. FERREIRA NETO e Rafael NICHELE (coord.), **Curso Avançado de Substituição Tributária**, p. 37.

3.5.2 A teoria dualista da obrigação

Com base na separação primeira entre contribuinte e responsável, promovida pelo Código Tributário Nacional, cabe destacar que grassa, na doutrina, a alusão a uma concepção particular de relação jurídica tributária, cuja menção, para a análise da sujeição passiva, é obrigatória.

Trata-se da **teoria dualista da obrigação**, formulação teórica segundo a qual a relação jurídica é formada por duas relações, entrelaçadas entre si: **a relação de débito e a de responsabilidade**.

Explica-se o aparte: aparentemente, a teoria dualista da obrigação teria sido a inspiração de Rubens Gomes de SOUSA para a estruturação do Código Tributário Nacional. É o testemunho de Luiz Gastão LEÃES, que recorda a afirmação do autor do anteprojeto do Código Tributário de que a teoria dualista estava presente quando da elaboração do Código Tributário Nacional[346]. Alcides COSTA afirma convictamente que "... *a elaboração do projeto do Código Tributário Nacional levou em conta a teoria dualista da obrigação*", e Américo Masset LACOMBE pontifica que "... *o Código Tributário Nacional consagra um dualismo estrutural!*"[347].

E segundo porque, do que se colhe da doutrina, a visão dualista teria potencial para explicar, de modo mais adequado, o fenômeno da sujeição passiva. É a opinião de Luis Eduardo SCHOUERI:

[346] "*Confessou-me o Professor RUBENS GOMES DE SOUSA que teve presente a referida doutrina na redação do Código Tributário Nacional, e que a ela fêz referência expressa em arguição para cátedra na Faculdade de Direito da Universidade de São Paulo*" – Luis Gastão Paes de Barros LEÃES, **Obrigação Tributária**, p. 2. Alcides Jorge COSTA, por sua vez, dá dois testemunhos da influência dessa teoria para a elaboração do Código. Primeiro, anota que "... *Rubens Gomes de Sousa afirmou, ao fazer sua arguição, na qualidade de membro da banca examinadora de concurso realizado na Faculdade de Direito da USP, ter sido influenciado por esta concepção quando, no projeto de Código Tributário Nacional, distinguiu obrigação e crédito*" – **Contribuição**..., *op. cit.*, p. 45. Segundo, se lembrarmos que LACOMBE consigna que, quem desenvolveu a teoria dualista de forma mais precisa e a aplicou ao Direito Tributário foi Aster ROTONDI – **Obrigação**..., *op. cit.*, p. 69 – compreende-se a afirmação de que "... *a colocação que o CTN dá à obrigação tributária coaduna-se com a teoria dualista; houve, de fato, uma adesão a esta concepção embora, em momento algum, o alentado e substancioso relatório da comissão que elaborou o Código a ela fizesse menção específica. Note-se, porém, que ao justificar a posição adotada pelo projeto, o relatório em questão fez remissão a Rotondi (op. cit.), e especialmente ao § 68 dessa obra...*" – **Contribuição**.., *op. cit.*, p. 50.

[347] COSTA, **Contribuição**..., *op. cit.*, p. 50; LACOMBE, **Obrigação Tributária**, p. 73.

> Se o dualismo em nada contribui para esclarecer o papel do lançamento, o mesmo não se pode dizer quanto a sua utilidade no estudo da sujeição passiva ... a distinção entre dívida e responsabilidade é, com efeito, bastante útil para explicar a razão de a sujeição passiva tributária (que implica necessariamente a possibilidade de o sujeito vir a ser compelido pelo Estado a satisfazer a obrigação – obligatio, Haftung) não se vincular, necessariamente, à pessoa do contribuinte[348].

Por isso, se a teoria dualista é "... *contribuição sobremaneira valiosa para o desenvolvimento do estudo das relações jurídicas*", consoante Paulo de Barros Carvalho, e se a teoria, nos dizeres de Justen Filho, é "... *tema de extrema relevância, para a análise das figuras subjetivas*", mister que seja alvo de nossas meditações[349].

A teoria dualista da obrigação é criação da doutrina germânica, aplicada às obrigações do direito privado. A doutrina civilista identificou na obrigação a existência de dois elementos, que coexistiam: um, a dívida, "... *que consiste no dever de prestar por parte do devedor*", designado por "*Schuld*"; outro, a responsabilidade, "... *que exprime o estado de sujeição dos bens do obrigado à ação do credor*", o "*Haftung*"[350].

[348] Contribuição ao Estudo da Obrigação Tributária: um posfácio, *in* Raquel Elita Alves Preto *et al.* **Tributação Brasileira em Evolução: estudos em homenagem ao professor Alcides Jorge Costa**, p. 536.

[349] Carvalho, **Teoria da Norma Tributária**, p. 159; Justen Filho, **Sujeição...**, *op. cit.*, p. 54. Da mesma forma, Hugo Funaro destaca que a separação entre dever e responsabilidade "... *embora teórico, o debate interessa ao estudo da sujeição passiva tributária, pois fornece importantes subsídios para compreender a presença de sujeitos diferentes no polo passivo da obrigação, bem como as relações entre estes e o sujeito ativo*" – **Sujeição Passiva Indireta no Direito Tributário Brasileiro: as hipóteses de responsabilidade pelo crédito tributário previstas no Código Tributário Nacional**, p. 42.

[350] Leães, **Obrigação...**, *op. cit.*, p. 6. Excluímos da análise, desde logo, a concepção doutrinária que reputa a responsabilidade como um elemento do direito processual, na linha do propugnado por Francesco Carnelutti e adotado por vários dos processualistas brasileiros. Uma excelente exposição sobre as diferentes perspectivas teóricas, pertinentes ao enquadramento da responsabilidade como material ou processual, pode ser encontrada na obra de Thiago Ferreira Siqueira, **A Responsabilidade Patrimonial no Novo Sistema Processual Civil**, p. 83-122. O autor, a propósito, compartilha da opinião de Carnelutti, isto é, de que a responsabilidade é elemento de direito processual. Em suas palavras: "...

Embora reconhecendo a **coexistência** de ambos os elementos na obrigação, a corrente identificada como **unitária, monista ou "neopessoalista"**, entende que a responsabilidade é, em verdade, um aspecto indissociável do vínculo jurídico estabelecido entre credor e devedor, estruturado em forma de um complexo processo que se desenrola com vistas à realização da prestação[351]. Como explica Thiago Ferreira SIQUEIRA: "*A obrigação, destarte, seria um corpo simples, e não composto; isto é: sua estrutura seria formada tão somente pela relação crédito/débito, na qual estaria incluída, como elemento acessório ou instrumental, a responsabilidade*"[352].

A corrente **dualista ou binária**, em contrapartida, defende que é possível decompor a obrigação em duas relações, segundo os elementos da dívida e da responsabilidade. A relação da dívida seria um vínculo de natureza pessoal entre credor e devedor, cujo objeto seria a conduta a ser realizada por este em favor daquele. O objeto imediato da relação é a prestação, que pode tanto ser um comportamento de dar, fazer ou não fazer.

Por isso mesmo é que preferimos adotar a concepção de Carnelutti, no sentido de que não há, dentro do direito subjetivo, que se falar na existência de um direito material à sanção. Para além do direito à prestação estabelecido pela ordem substancial (crédito), há, tão somente, o direito – processual – de requerer ao Estado que tutele tal posição de vantagem (ação). Por outro lado, do ponto de vista do devedor há, além da obrigação de prestar (débito), a sujeição – processual, também – à sanção executiva, levada a efeito pela jurisdição (responsabilidade)" – ibidem, p. 111. Da doutrina tributária, Renato Lopes BECHO parece aderir a essa corrente, ao menos para buscar compreender a responsabilidade por sucessão. Para ele, a Constituição "*... traz o Schuld dos tributos que especifica*", à medida que regula a instituição da relação crédito/débito entre Estado e contribuinte. A Constituição não traz o "*Haftung*", a responsabilidade – quer dizer, a sujeição dos bens do devedor à sanção – mas a protege em outras normas, voltadas ao direito processual, tais como a do devido processo legal – consulte-se Renato Lopes BECHO, **Responsabilidade**..., *op. cit.*, p. 44-49. Apesar das interessantes considerações dos autores acima, acolhemos as críticas de Fabio Konder COMPARATO à proposta de CARNELUTTI, o qual, segundo Marçal JUSTEN FILHO, "*Com extrema genialidade ... demonstra que essa concepção adotada pelo mais brilhante processualista deste século é incompatível com a teoria acerca do direito de ação que o próprio CARNELUTTI professava*" – **Sujeição Passiva**..., *op. cit.*, p. 59.

351 Sobre a obrigação como processo, é referência obrigatória a obra de Clóvis do COUTO E SILVA: **A Obrigação Como Processo**.

352 **A Responsabilidade**..., *op. cit.*, p. 94.

A relação de responsabilidade, a seu turno, seria o vínculo de **natureza patrimonial** que estabelece o estado de sujeição dos bens do devedor, em caso de inadimplemento[353]. A função da responsabilidade seria, de um lado, a de **confirmar** a relação crédito-débito, dando ao credor um direito de controle sobre o patrimônio do devedor, e, de outro, a de autorizá-lo a, em certos casos, **infligir** ao devedor uma pena privada[354].

Note-se que as relações **surgem concomitantemente**, no momento da instauração da obrigação. A diferença é a de que a de responsabilidade "*... é um estado potencial*", que, apesar de estar presente desde logo na obrigação, seu "*... mecanismo do poder-sujeição só se desencadeie com o inadimplemento, isto é, com o não cumprimento da prestação devida no tempo, lugar e modo convencionados ou fixados em lei*"[355].

No Direito Civil, a teoria dualista é utilizada para explicar as chamadas "obrigações naturais", tais como as "dívidas de jogo", nas quais o devedor tem o dever de realizar uma prestação em favor do credor, mas que, em havendo o inadimplemento, a dívida não poderá ser objeto de uma execução forçada por parte do titular do crédito. Tratar-se-ia, portanto, de uma hipótese de dívida sem responsabilidade.

Da mesma forma, a dissociação entre débito e responsabilidade expressaria, com maior grau de precisão, as situações em que o patrimônio oferecido para assegurar o cumprimento de uma prestação é mais

353 Muito embora, normalmente, o vínculo assuma natureza patrimonial, no sentido de que a execução forçada contra o devedor atinge seus bens, Fabio Konder COMPARATO, cujas lições são invocadas por Marçal JUSTEN FILHO, registra que, no direito moderno, há cada vez mais casos de execuções forçadas não patrimoniais. Diz JUSTEN FILHO: "*Anota, então, a possibilidade de execução forçada não patrimonial, como a expulsão, o suprimento de vontade através de decisões judiciais, o poder disciplinar do empregador, além de outras mais específicas*" – **Sujeição**..., *op. cit.*, p. 57. Igualmente, Alcides COSTA, **Contribuição**..., *op. cit.*, p. 35-36; vide, ademais, Paulo de Barros CARVALHO, **Teoria**..., *op. cit.*, p. 159.

354 JUSTEN FILHO, **Sujeição**..., *op. cit.*, p. 57. Veja-se a competente síntese de Hugo FUNARO: "*A teoria dualista, por seu turno, sustenta que a obrigação pode ser cindida em duas relações jurídicas, com existência autônoma: (a) a primeira, de caráter pessoal, entre as situações de crédito e débito, formando a relação de dever de prestar ou dívida, tendo por objeto o comportamento do devedor (debitum, Schuld); (b) a segunda, de caráter patrimonial, entre as situações de constrangimento e responsabilidade, designada compromisso, abrangendo o poder de agressão do credor sobre o patrimônio do devedor (obligatio, Haftung)*" – **Sujeição**..., *op. cit.*, p. 44.

355 LEÃES, **Obrigação**..., *op. cit.*, p. 15.

amplo do que o da dívida, abarcando os bens de outros sujeitos que não ocupam a posição de devedores na relação crédito/débito. A fiança ou o aval seriam figuras típicas da hipótese de responsabilidade sem a dívida: o fiador ou o avalista sujeitar-se-ão ao poder de agressão do credor a seu patrimônio, caso o devedor não venha a adimplir a prestação no tempo e modo pactuados.

No Direito Tributário, houve quem sustentasse que a teoria dualista do "*Schuld*" e do "*Haftung*" estava estampada no Código Tributário Nacional, na divisão feita pelo legislador entre a obrigação, que nasceria com a realização da hipótese de incidência, e o crédito, constituído pelo lançamento, nos termos do artigo 142 do Código[356].

A tese, entretanto, foi vigorosamente rechaçada por Paulo de Barros CARVALHO, alegando que "*... o crédito é elemento integrante da estrutura lógica da obrigação, de tal sorte que ostenta a relação de parte para com o todo. A natureza de ambas as entidades é, portanto, rigorosamente a mesma*"[357]. Como bem apontou Marçal JUSTEN FILHO, baseando-se nas "*... irrebatíveis...*" lições de CARVALHO e de Alberto XAVIER, "*... a dissociação entre 'obrigação' e 'crédito' não corresponde a uma análise a nível de validade (estrutural), mas a nível de eficácia (funcional, diríamos nós)*"[358]. O lançamento, portanto, apenas confere exigibilidade ao crédito, sendo ele inseparável da obrigação[359].

[356] Américo Masset LACOMBE assim se manifestou: "*Por conseguinte, o Código Tributário Nacional consagra um dualismo estrutural, apesar de, lamentavelmente, não utilizar a necessária precisão terminológica. Utiliza o termo obrigação, no sentido do debitum romano (o Shuld germânico), e o termo crédito, no sentido da obligatio romana (o Haftung germânico)*" – **Obrigação...**, *op. cit.*, p. 73.

[357] **Curso...**, *op. cit.*, p. 378.

[358] **Sujeição...**, *op. cit.*, p. 95.

[359] Sobre o lançamento, é fundamental a consulta à obra de Eurico de SANTI, **Lançamento Tributário**. Sobre o lançamento, Alcides COSTA considera-o "*... um ônus que a lei impõe ao Estado para que este possa exercitar o direito que lhe advém da relação de responsabilidade, que deriva, também ela, da ocorrência do fato gerador*" – **Contribuição...**, *op. cit.*, p. 51. A consideração do lançamento como um ônus nos traz à mente a classificação das espécies normativas, apresentada por FOLLADOR, na qual figura a classe das "normas técnicas", "*... proposições que indicam um meio idôneo para se alcançar determinado fim*" – **Normas...**, *op. cit.*, p. 41 – cuja estrutura lógica assume a forma "*... se o sujeito quer 'p', tem de praticar 'q'*". FOLLADOR sublinha que um fator de discrimen das normas técnicas é o de que "*... a conduta do sujeito não é regulada em termos de 'direitos' e 'deveres' (O), mas em termos de 'ônus' (O')*" – *ibidem*, p. 43.

Outros autores, acolhendo as críticas acima expostas, no que concerne à aplicação da teoria dualista para a separação entre "obrigação" e "crédito", mantiveram a posição, porém, de que o dualismo se mantinha para a matéria de sujeição passiva. "*Onde, talvez, a teoria dualista da obrigação se mostra mais fértil é no estudo do sujeito passivo da obrigação tributária*", pondera Alcides Costa[360]. Para Sérgio Gonini BENÍCIO, a influência mais marcante da teoria dualista no Código Tributário Nacional está na distinção entre contribuinte e responsável[361]. Marco Aurélio GRECO afirma:

> Feitas estas considerações, cumpre ter presente que, no exame da legislação positiva, a terminologia adotada (obrigação, crédito etc.) muitas vezes gera equívocos, pois não está se referindo especificamente a um dos elementos das relações examinadas pela teoria dualista. Não obstante as dificuldades que a terminologia pode gerar, o CTN acolheu a concepção dualista, não ao distinguir a 'obrigação' do 'crédito' (art. 113, § 1º), mas sim quando trata das situações passivas e consagra a possibilidade de não haver correspondência entre o titular do débito tributário que realizou o fato gerador, e que a ele está pessoal e diretamente vinculado (o contribuinte) e outra pessoa que, por força da lei, terá o seu patrimônio colocado em posição de sujeição a um poder de constrangimento (arts. 121, parágrafo único e 128)[362].

Nota-se que a doutrina, via de regra, questiona a aplicação da teoria dualista com relação à repudiada distinção entre "obrigação" e "crédito", mas não faz o mesmo sob a perspectiva da sujeição passiva.

Em relação à substituição tributária, analisaremos, mais adiante, a utilidade da teoria dualista para explicar tal fenômeno; no entanto, parece-nos que, desde logo, cabe apenas registrar que endossamos a observação de Marçal JUSTEN FILHO, a respeito da afirmação acima de Marco Aurélio GRECO: "*Com o devido respeito, porém, discordamos também da segunda coloca-*

Assim, salvo melhor juízo, a norma de lançamento, na concepção de COSTA, amolda-se à categoria de norma técnica.

360 **Contribuição...**, *op. cit.*, p. 53.

361 **ICMS: apontamentos...**, *op. cit.*, p. 78.

362 **Substituição Tributária...**, *op. cit.*, p. 120.

ção de GRECO. Não se nos afigura que o chamado 'responsável' tenha algo a ver com a teoria 'dualista'"[363].

3.5.3 Acepções do vocábulo "responsabilidade" no Código Tributário Nacional, com base em Hart, Peixoto e Timm do Valle

Como registrado, e com base na voz autorizada de Rubens Gomes de Sousa, a figura do responsável, no Código Tributário, abarcou todas as hipóteses de sujeição passiva indireta[364]. As diferentes categorias que se reúnem sob a noção de "responsabilidade" se refletem na plurivocidade com que o vocábulo, ou similares, foi utilizado no documento normativo. Nesse sentido, recorremos às valiosas ponderações de Daniel Monteiro Peixoto e de Maurício Timm do Valle, que buscaram na Teoria Geral do Direito, especialmente nas reflexões de Herbert Hart, as diferentes acepções de responsabilidade, para examiná-lo, no âmbito do Direito Tributário.

Hart identifica **quatro acepções** distintas do termo "responsabilidade", na linguagem, e assim as denomina: (i) responsabilidade-papel-institucional ("*role-responsibility*"); (ii) responsabilidade-fator-causal ("*causal responsibility*"); (iii) responsabilidade-sancionabilidade ("*liability-responsibility*") e (iv) responsabilidade-capacidade ("*capacity-responsibility*").

A responsabilidade, na acepção de **responsabilidade-papel-institucional**, designa alguns deveres inerentes ao **papel social** desempenhado por uma determinada pessoa – uma função, uma atribuição legal, um cargo, uma posição *etc.* Alguns exemplos: os pais, pela criação de seus filhos; o sentinela, por avisar a guarda da aproximação do inimigo; o escriturário, pela manutenção dos arquivos da firma[365].

Já a **responsabilidade-sancionabilidade** é aquela que "*... significa que determinada pessoa está sujeita à **imposição de punição ou de compensação** forçada pela infração e/ou dano causado a outrem*" (grifos nossos)[366]. Hart

[363] **Sujeição...**, *op. cit.*, p. 96, nota de rodapé n. 118.

[364] Sujeito Passivo...., *op. cit.*, p. 347-348.

[365] *Postscript: Responsibility and Retribution, in* Herbert L. A. Hart, ***Punishment and Responsibility: Essays in the Philosophy of Law***, p. 212-214. Consulte-se, outrossim, Timm do Valle, **Princípios...**, *op. cit.*, p. 307-309.

[366] Peixoto, **Responsabilidade...**, *op. cit.*, p. 58.

aponta que ela pode assumir uma perspectiva jurídica – as condições jurídicas que autorizam a atribuição a alguém de uma pena ou compensação – e uma perspectiva moral – a que se preocupa com os critérios que autorizam a censura moral – apresentando diversas nuances, conforme os critérios desse vínculo legal ou moral de responsabilidade[367].

A responsabilidade, no sentido de **responsabilidade-fator-causal**, é a que indica uma relação entre **uma situação e um resultado**, este último tendo sido causado por aquela: por exemplo, a crise brasileira foi a responsável pelo baixo volume de vendas nas festas de fim de ano; a escassez de chuvas foi a responsável pela crise hídrica no Estado de São Paulo, e assim por diante[368].

Além dessas acepções, há outra, identificada por HART, que se denomina **responsabilidade-capacidade**, que "*... está conectada à ideia de capacidade de compreensão, de raciocínio e de controle sobre a própria conduta*", como esclarece PEIXOTO. Ela representa, segundo HART, o mais importante critério da responsabilidade-sancionabilidade do ponto de vista moral, sem prejuízo de sua relevância do ponto de vista legal[369]. É a pessoa que está **em condições de arcar com a consequência de seus atos**, situação atrelada a condições psicológicas complexas, na lição de Maurício Timm do VALLE[370].

À luz desses significados, PEIXOTO verifica que, com exceção desta última acepção, a palavra "responsabilidade" é empregada para se referir àqueles vários sentidos, no Direito Tributário positivo brasileiro[371].

No âmbito do Direito Tributário, a responsabilidade-papel-institucional pode corresponder à atribuição de um dever a alguém por decorrência da prática de um ato lícito, tal como realizar um fato jurídico tributário, ou, igualmente, praticar um fato lícito que guarde relação com o fato jurídico tributário, em decorrência da posição ou da função desempe-

[367] *Postscript...*, *op. cit.*, p. 215-227.

[368] *Ibidem*, p. 214-215.

[369] *Ibidem*, p. 227-230; PEIXOTO, **Responsabilidade...**, *op. cit.*, p. 60-61.

[370] **Princípios...**, *op. cit.*, p. 316.

[371] Do levantamento realizado por PEIXOTO, nos enunciados da Constituição e do Código Tributário Nacional, não foi verificado "*... o emprego do vocábulo 'responsabilidade' (ou derivações) na acepção de responsabilidade-capacidade, o que denota que este emprego possui reduzida relevância no contexto tributário*" – **Responsabilidade...**, *op. cit.*, p. 126.

nhada por esse terceiro sujeito. A responsabilidade, nessa circunstância, designa a relação jurídica prevista **no consequente de uma norma primária dispositiva**, como bem observa PEIXOTO[372].

Na realidade, *"Nos limites dessa acepção, o próprio 'contribuinte' pode ser 'responsável'"*, pois terá o dever jurídico de pagar o tributo por exercer determinada atividade de conteúdo econômico[373]. Tem o dever jurídico de pagar porque o *"status"* de "contribuinte", em última análise, é um papel institucional desempenhado pelos cidadãos, em uma sociedade. Talvez seja, aliás, o único papel social em que o homem é um ser insubstituível, na irônica observação de Millôr FERNANDES[374].

É assim, igualmente, que se pode **compreender** o sentido de responsável a que alude **o artigo 128, do Código Tributário**: dada a sua posição privilegiada em relação ao fato jurídico tributário e ao contribuinte, uma terceira pessoa pode ser considerada responsável pelo dever de pagar o tributo, desonerando o contribuinte[375].

A responsabilidade-sancionabilidade merece atenção particular. É que tal noção congrega as orientações de **dois paradigmas, o do Direito Civil e o do Direito Penal**. O do Direito Civil é voltado, essencialmente, para a obrigação de restituição ou de compensação; e o do Direito Penal, para o castigo[376].

A "responsabilidade-sancionabilidade", quando utilizada pelo legislador, abrange tanto o sentido de uma punição quanto o de um ressarcimento, imposto a uma pessoa. Por isso, PEIXOTO subdivide tal acepção em duas modalidades: a de "ressarcimento" e a de "punição".

Na primeira modalidade, vinculada ao paradigma do Direito Civil, o signo "responsabilidade" exprime "*... o dever de uma terceira pessoa em pres-*

372 *Ibidem*, p. 125.

373 *Ibidem*.

374 *"Pouco a pouco a máquina vai substituindo o homem em todas as suas atividades. Como, porém, necessita-se de recursos financeiros cada vez maiores para fabricar máquinas, é seguro afirmar que elas nunca conseguirão substituir o homem no seu mais importante papel social – o de contribuinte"* – **O Livro Vermelhos dos Pensamentos de Millôr**, p. 97.

375 PEIXOTO, **Responsabilidade...**, *op. cit.*, p. 125-126.

376 Sobre os dois grandes paradigmas, à luz das lições de Pablo LARRAÑAGA, veja-se Maurício Timm do VALLE, **Princípios...**, *op. cit.*, p. 320-322; e PEIXOTO, **Responsabilidade...**, *op. cit.*, p. 86-88.

tar ressarcimento do tributo que não foi recolhido pelo próprio contribuinte", seja por força de um ato lícito ou ilícito, de modo que, sob o ponto de vista normativo, designa o dever "... *contemplado no* ***consequente de norma primária sancionadora-ressarcitória***". Na segunda, vinculada ao paradigma do Direito Penal, o termo representa a atribuição de uma "punição" a quem tenha cometido um ilícito, como se dá nas hipóteses previstas na seção dedicada à "*Responsabilidade por Infrações*", do Código Tributário. Nesse caso, tal acepção "... *guarda correspondência com o* ***consequente da norma primária sancionadora-punitiva***"[377].

A "responsabilidade-sancionabilidade", nessas duas formas, é, na visão do autor, **a acepção mais encontrada** do vocábulo "responsabilidade" e afins, no Código Tributário, localizadas, particularmente, no capítulo dedicado à responsabilidade tributária – artigos 131 e seguintes – consoante ilustrativo quadro sinóptico construído por PEIXOTO[378].

No que concerne à "responsabilidade-fator-causal", tal sentido pode exprimir, no Direito Tributário positivo, aqueles que "... *se comportam ou deixam de se comportar de determinada maneira exigida pelo ordenamento*", dando causa a um determinado resultado. É assim, por exemplo, que se compreende o uso da palavra "responsáveis" no fim do "*caput*" do artigo 134 do código, que atribui a determinados agentes o dever de pagar uma quantia, juntamente com o contribuinte, "... *nos atos em que intervierem ou pelas omissões de que forem responsáveis*". Olhando para a estrutura normativa, a "responsabilidade-fator-causal", diversamente das outras acepções, que estão associadas ao **consequente** normativo, figura em **antecedente de norma primária sancionadora-ressarcitória ou sancionadora-punitiva**[379].

Dessas acepções, extrai-se que o signo "responsabilidade" pode ser utilizado para assinalar (i) que alguém tem o dever de cumprir uma prestação tributária por força da peculiar função ou papel que desempenha, no contexto do fato jurídico tributário (responsabilidade-papel-institucional), mediante norma primária dispositiva; (ii) ou por força da submissão a um dever de ressarcimento (responsabilidade-sancionabilidade,

377 **Responsabilidade...**, *op. cit.*, p. 122-124.

378 *Ibidem*, p. 127.

379 *Ibidem*, p. 124 e 128.

na modalidade de "ressarcimento"), por um dano que um determinado sujeito tenha causado ao ente tributante (responsabilidade-fator-causal), mediante uma norma primária sancionadora-ressarcitória; (iii) ou em razão da submissão a uma punição (responsabilidade-sancionabilidade, na modalidade "punição"), em virtude de um ato ilícito que uma pessoa tenha praticado (responsabilidade-fator-causal), por meio de uma norma primária sancionadora-punitiva[380].

3.5.4 A vinculação do responsável ao fato jurídico tributário

Deve o responsável possuir alguma relação com o fato jurídico tributário?

Rubens Gomes de SOUSA assevera que, em todas as hipóteses de responsabilidade, há um **limite implícito** para o legislador: a lei não pode cobrar tributo de pessoa diferente da do contribuinte se ela não possuir qualquer vinculação à hipótese de incidência da qual decorre a relação jurídica tributária. Isso porque "*... a lei ordinária que atribuísse sujeição passiva a quem não tenha qualquer relação com a hipótese de incidência estaria definindo, não um responsável, mas um contribuinte*"[381].

Entretanto, a efetiva existência desse vínculo, à luz dos enunciados do Código, é questão controversa.

Paulo de Barros CARVALHO, quanto à responsabilidade, divisa a existência de **dois caminhos** distintos: um **interno** à situação tributada; outro, **externo**. Aquele, extraído da disposição geral prevista no artigo 128, de acordo com a qual está autorizado o legislador a atribuir a responsabilidade pelo crédito tributário a terceira pessoa, vinculada ao fato jurídico tributário que deu ensejo à obrigação; este, atinente aos artigos 129 a 138 do Código, ao longo das seções da responsabilidade dos sucessores, de terceiros e por infrações.

De acordo com a responsabilidade interna, pertinente à relação tributária, a responsabilidade pode ser atribuída a qualquer sujeito, desde que

[380] O que vai ao encontro da classificação proposta por DARZÉ, no que diz respeito à natureza jurídica da responsabilidade. Segundo a autora, os traços distintivos das normas de sujeição estão no antecedente da norma de responsabilidade, representando, por parte do legislador, (i) um interesse, (ii) uma necessidade; (iii) ou uma punição – **Responsabilidade...**, *op. cit.*, p. 91.

[381] Sujeito Passivo..., *op. cit.*, p. 350.

mantenha laços indiretos com o fato jurídico tributário; necessariamente, portanto, "... *dentro da moldura do sucesso descrito pela norma*". Será autêntico responsável se chamado a responder subsidiariamente pelo crédito tributário; caso haja a exclusão do sujeito que realizou o fato jurídico, então não se pode falar em responsável, mas em substituto, que absorve totalmente o débito, inclusive o de natureza instrumental.

Entretanto, se o terceiro selecionado pelo legislador estiver fora daquela moldura, estará atuando fora dos limites constitucionais de sua competência, não podendo tal sujeito ser considerado responsável pela obrigação tributária. Em verdade, na compreensão de CARVALHO, os terceiros alheios ao fato jurídico tributário são sujeitos de uma relação obrigacional, mas de índole sancionadora, decorrente do descumprimento de um dever de cooperação relativo ao cumprimento das prestações tributárias[382].

3.6 Identificação e classificação da sujeição passiva tributária

3.6.1 Classificação

Apresentado o panorama da sujeição passiva tributária na Constituição e no Código Tributário, podemos voltar à tarefa de identificar as distintas espécies que se encontram dentro do gênero da sujeição passiva tributária, a fim de compará-las com a categoria da substituição tributária.

[382] **Curso...**, *op. cit.*, p. 331-338. Dos dispositivos e da vinculação dos sujeitos passivos ao fato jurídico tributário, há posicionamentos os mais diversos na doutrina. Para contrastar com a posição apresentada de CARVALHO, cite-se Arnaldo BORGES, que identifica quatro espécies distintas de sujeitos da obrigação tributária: o contribuinte, o substituto legal tributário, o sucessor tributário e o responsável tributário. O artigo 121, II, do Código, embora mencione "responsável", está, em verdade, referindo-se ao substituto legal tributário, que se caracteriza por ser um terceiro, alheio ao fato jurídico tributário, que responde por débito próprio. O sucessor tributário é o sujeito que sucede aquele que está, originariamente, na relação jurídica. O responsável, por sua vez, é o sujeito passivo cuja obrigação de pagar decorre da impossibilidade de o sujeito ativo exigir o adimplemento daquele que estava obrigado a cumpri-la. E o artigo 128 do Código, ao exigir a vinculação de um sujeito ao fato jurídico, está regulando os casos em que o legislador ordinário poderá estabelecer o dever de um terceiro adimplir uma obrigação que era de outro, como se passa nas hipóteses de sucessão tributária e responsabilidade tributária – **O Sujeito Passivo...**, *op. cit.*, p. 60-66.

A atividade de classificação, afirma CARRAZZA, é uma atividade lógica de "... *dividir um conjunto de seres (de objetos, coisas) em categorias, segundo critérios preestabelecidos*". É um instrumento de trabalho intelectual, contando mais pelo seu valor operativo, ou seja, por serem mais ou menos úteis, do que por seu valor lógico, ou seja, por serem verdadeiro ou exato, conforme ensinamento buscado em Augustín GORDILLO[383].

Coube a Eurico de SANTI, na linha de Genaro CARRIÓ e de John HOSPERS, todavia, **questionar** a alegação de que as classificações não são certas ou erradas, mas sim mais úteis ou menos úteis.

Mostrou SANTI que tal assertiva é apropriada para as ciências naturais, nas quais o cientista estipula os critérios de classificação dos seres, segundo uma conveniência científica. No direito, entretanto, as classificações "... *têm natureza totalmente distinta daquelas operadas nas ciências naturais*", porque a linguagem do direito promove, ela própria, cortes no mundo real, edificando "... *arbitrariamente classes e definições com finalidades genuinamente prescritivas*", ao passo que a metalinguagem da ciência do direito descreve as classificações positivadas naquela linguagem-objeto.

Diante disso, arremata o ilustre jurista: as classificações elaboradas pelo legislador são válidas ou não; enquanto as classificações da ciência jurídica são corretas se mantiverem coerência e fidelidade aos critérios previstos no ordenamento; do contrário, serão falsas[384].

Isso não significa, porém, que as classificações promovidas pelo legislador estão imunes a equívocos lógicos. Daniel Monteiro PEIXOTO destaca que o legislador, às vezes, promove classificações sem obedecer a pressupostos lógicos, de modo que são "... *passíveis de reconstrução pela Ciência do Direito*". Deve o jurista, portanto, com base nas informações coletadas do direito positivo, **quando confrontado com impropriedades de uma classificação legal, reelaborá-la**[385].

383 CARRAZZA, **Curso**..., *op. cit.*, p. 598-599.

384 Tributo e Classificação das Espécies no Sistema Tributário Brasileiro – artigo disponível em URL http://artigoscheckpoint.thomsonreuters.com.br/a/5qd0/tributo-e--classificacao-das-especies-no-sistema-tributario-brasileiro-eurico-marcos-diniz-de-santi, acesso em 28.11.2016.

385 **Responsabilidade**..., *op. cit.*, p. 128-130. Como observou, por exemplo, Andrea DARZÉ, no que concerne à distinção, pelo legislador, entre "responsabilidade de terceiros" e "responsabilidade por infrações": "*Trata-se, a nosso ver, de discrimen que não se justifica, na medida*

A função classificatória realizada pelo legislador, no âmbito do direito positivo, tem o "... *fim precípuo de outorgar regimes jurídicos e definir situações jurídicas específicas aos produtos dessas classificações*", explica SANTI[386].

Com efeito, a atividade de classificação no direito, mediante a identificação de critérios jurídicos, permite ao cientista apreender os distintos regimes jurídicos existentes em relação a uma mesma classe. Nas palavras de JUSTEN FILHO, "... *a distinção de regime jurídico significa a exigência, pelo ordenamento, de pressupostos diversos para a configuração de uma certa consequência ou a subsunção a consequências diversas diante de pressupostos assemelhados*"[387].

Mantendo coerência com nosso pressuposto jurídico-normativo, procuraremos traçar a distinção das categorias de sujeição passiva, sob o ponto de vista da estrutura normativa, a partir das **distinções existentes nas normas jurídicas tributárias** envolvidas na atividade de atribuição

em que todas elas são atribuídas a ***terceiros*** *em face do cometimento de* ***infrações***" – **Responsabilidade**..., *op. cit.*, p. 183.

[386] SANTI, **Tributo e Classificação**..., *op. cit.*

[387] **Sujeição**..., *op. cit.*, p. 230. Note-se que as categorias de sujeição passiva tributária são meras palavras – "contribuinte", "responsável", "substituto" – que "ligam" determinados fatos a outras determinadas consequências. São, salvo melhor juízo, conceitos "Tû-tû", na alegórica formulação apresentada por Alf Ross – **Tû-Tû**, p. 35 e 54, nota de rodapé n. 8. Nessa formulação, um conceito "tû-tû" é aquele que carece de significação, mas que serve como técnica de apresentação, como uma "... *unidade sistemática de um conjunto de regras jurídicas*", permitindo que essas regras "... *sejam reduzidas a uma ordem sistemática e, por esse meio, oferecer uma versão do direito vigente que seja a mais clara e conveniente possível*", tais como as noções de "direito subjetivo", "propriedade" e muitas outras, no discurso do direito. Consoante esclarece Maurício Timm do VALLE, conquanto a palavra "responsabilidade" seja desprovida de referência semântica, ela serve para indicar "propriedades", "... *que ligam determinados fatos a determinadas consequências*" – **Princípios**..., *op. cit.*, p. 303. Como bem aponta Carlos Renato CUNHA, destacando didática passagem de Karl OLIVERCRONA, acerca do direito de propriedade: "*A noção de direito de propriedade, ou melhor, esta expressão, quando é usada em conformidade com certas regras, desempenha, por assim dizer, o papel de um entroncamento ferroviário. Linhas que vêm em direções diferentes – as regras acerca da aquisição da propriedade – aqui convergem; do entroncamento partem em diferentes direções numerosas linhas – regras penais, regras a respeito dos danos, etc. Sem o entroncamento, seria necessário construir muitíssimas linhas diretas para conectar os pontos terminais de ambos os grupos*" – **Linguagem Jurídica e Realidade**, p. 94-95; CUNHA, **O Simples**..., *op. cit.*, p. 285-286. A tarefa consiste, então, em aperfeiçoar esse "entroncamento", identificando regimes jurídicos próprios.

de deveres às pessoas, voltadas para promover o cumprimento da prestação tributária[388].

A atividade de classificar deve respeitar algumas regras lógicas, conforme ensina Tárek MOUSSALLEM: deve existir apenas um *fundamentum divisionis* em cada operação; as classes coordenadas devem se excluir mutuamente; as classes coordenadas devem esgotar a superclasse; as operações sucessivas da divisão devem ser feitas por etapas graduais; e as diferenças devem resultar da definição do dividido[389].

Considerando que a "sujeição passiva tributária" é a classe universal passível de divisão, podemos estabelecer como primeiro *fundamentum divisionis* a norma padrão de incidência tributária: o sujeito passivo descrito na relação jurídica formal prescrita no consequente da norma padrão de incidência tributária, e só nela, é o contribuinte (destinatário legal tributário); os demais sujeitos, que dependem da interação de outras normas jurídicas para além da norma padrão, são os responsáveis, em sentido amplo. Trata-se da dualidade o "*eu*" e o "*outro*" do Código Tributário Nacional.

Entre os responsáveis, em sentido amplo, parece-nos conveniente adotar, ao menos em parte, o critério proposto por Daniel Monteiro PEIXOTO, que diz respeito à natureza da norma jurídica de responsabilidade: ou a presença do "outro" se dará por força de uma norma primária dispositiva, atuando sobre a norma padrão de incidência, situação em que se estará diante de um sujeito passivo de dever instrumental ou de um substituto tributário; ou se dará por força de uma norma primária sancionadora, que corresponde à figura do responsável tributário em sentido estrito.

Enfim, nesse quadro, a partir das regras jurídicas atinentes à conformação da sujeição passiva, identificamos **quatro espécies de sujeitos passivos tributários**: o contribuinte ou destinatário legal tributário, o sujeito passivo por excelência; o responsável; o agente de retenção, sujeito passivo de dever instrumental; e, por fim, o substituto tributário.

388 Afirma Maria Rita FERRAGUT: "*... para nós, o melhor e único critério para se classificar os sujeitos passivos é a norma jurídica instituidora do tributo, acrescida da norma de responsabilidade se ambas já não constarem do mesmo veículo introdutor*" – **Responsabilidade Tributária**..., *op. cit.*, p. 62.
389 Classificação dos tributos (uma visão analítica), p. 12.

3.6.2 O contribuinte (o destinatário legal tributário) – compatibilidade interna da norma-padrão de incidência tributária

O destinatário tributário é o sujeito que pratica a conduta descrita no critério material da hipótese de incidência da norma-padrão tributária, e que, por isso, deve figurar na relação jurídico-formal prescrita no mandamento dessa norma, sob pena de desnaturação do tributo[390].

Trata-se de um destinatário **legal** ou um destinatário **constitucional** tributário? Com base nas reflexões desenvolvidas no subitem 3.4.2.3.2, podemos estabelecer algumas considerações acerca desse ponto: (i) o sujeito que realiza o fato descrito na hipótese é denominado de destinatário legal tributário; (ii) no ordenamento brasileiro, pode-se aludir a um destinatário constitucional tributário, uma vez que a Constituição traz, em muitas situações, a compostura integral, ou quase, da materialidade de um tributo; (iii) quando a Constituição indicar o destinatário tributário, o legislador tem sua liberdade tolhida em relação à conformação da norma tributária; (iv) pode haver uma margem de discricionariedade do legislador para a fixação do destinatário legal tributário, quando, dada a materialidade positivada na Constituição, admitir-se que a referência constitucional envolve um evento de natureza econômica em que mais de um sujeito mantêm com ele relação pessoal e direta.

Em vista dessas circunstâncias, utilizaremos, ao longo do trabalho, com maior frequência, a expressão "destinatário legal tributário", em vez de "destinatário constitucional tributário", porque ela serve para representar tanto os sujeitos dos tributos cuja materialidade do tributo está estampada na Constituição – para os quais haverá, inelutavelmente, um destinatário constitucional tributário – quanto aqueles cuja materialidade não está na Carta Magna, e, além disso, eventualmente, aqueles tributos em que a doutrina admite a existência de mais de um destinatário constitucional tributário, cabendo ao legislador optar por um dos sujeitos que possui relação pessoal e direta com a materialidade.

390 Velloso mostra-se cético quanto à afirmação de que o contribuinte é o titular da riqueza manifestada. De forma cautelosa, o eminente professor gaúcho prefere dizer que o contribuinte é o obrigado mais estreitamente ligado ao fato imponível, isto é, usualmente "*... o obrigado tributário que realiza o fato imponível e/ou detém a manifestação de riqueza tributada*" – As modalidades..., *op. cit.*, p. 193.

A denominação cai muito bem naquilo que pretende exprimir: a existência de um sujeito que, pela circunstância de sua conduta revelar um fato jurídico de conteúdo econômico, está naturalmente destinado a figurar no polo passivo da relação jurídica tributária individualizada.

O destinatário deve figurar na relação jurídico-formal prescrita no mandamento da norma-padrão tributária. "*Sempre haverá uma norma tributária padrão, instituindo o contribuinte...*", assevera, com convicção, JUSTEN FILHO[391]. Sobre ele deve **recair o ônus da carga tributária**, à luz dos princípios constitucionais tributários[392].

No primeiro capítulo, ao apontarmos, no plano lógico-sintático, a estrutura das normas jurídicas de conduta, segundo os cânones da lógica deôntica, verificamos que: (i) a sua estrutura é composta por um antecedente e um consequente; (ii) o antecedente não precisa, necessariamente, descrever um fato relacionado a um sujeito; (iii) o juízo de implicação que existe entre a hipótese e o consequente não torna obrigatório que a consequência prescrita tenha, necessariamente, alguma relação com eventual sujeito relacionado ao fato descrito abstratamente na hipótese; (iv) a consequência terá que prescrever uma relação jurídica abstrata, necessariamente envolvendo ao menos dois sujeitos, em uma relação conversa.

Sob o ponto de vista lógico, não há uma real limitação para que a realização de uma conduta 'A' faça irromper, no plano do direito, uma relação jurídica em que 'A' não ocupe nenhum dos polos da relação. A lógica jurídica não exige que o sujeito que realiza a conduta prevista no antecedente seja o mesmo sujeito que participa da relação jurídica que se instaura a partir da incidência. Por isso, embora estejamos de acordo com a conclusão de BECHO de que "*... o sujeito passivo está umbilicalmente ligado ao critério material*", se considerarmos o sujeito passivo no sentido de destinatário legal tributário, não endossamos a afirmação de que isso "...

[391] **Sujeição...**, *op. cit.*, p. 303.

[392] Registre-se que, para JUSTEN FILHO, "*... ao contrário do que se difundiu, o destino da carga fiscal interessa ao direito e tem pertinência jurídica. Não se trata de mera questão econômica, mas se relaciona com a constitucionalidade da imposição tributária*" – **Sistema Constitucional**..., *op. cit.*, p. 232.

é uma exigência da Lógica"[393]. **Não se trata de uma imposição lógica**; não, ao menos, de lógica em sentido formal.

Nem por isso, reiteramos, a conclusão de BECHO é falsa. É que a norma jurídica tributária **não é apenas lógica**. A lógica jurídica, ensina VILANOVA, "*... é apenas a teoria formal do direito*"[394]. Daí porque nos parece adequada a reflexão de Marçal JUSTEN FILHO: "*Estrutural e ontologicamente, a hipótese e a consequência são independentes, embora ligadas por uma cópula. Isso não impede a existência de um vínculo racional entre elas, especialmente se consideradas em sua formulação linguística*"[395].

O autor paranaense faz questão de chamar a atenção para o fato de que "*... a estrutura da norma é dotada de peculiaridades muitas vezes olvidadas*"[396]. Conquanto a norma tributária em sentido estrito assuma a estrutura de uma norma jurídica, como visto anteriormente, é preciso estar atento às notas, quanto a seu conteúdo, que fazem dela algo peculiar.

A doutrina do direito tributário tem clareza quanto à indissociável relação entre a materialidade da hipótese de incidência e a base de cálculo. O exemplo claríssimo da íntima vinculação entre a hipótese e o consequente é a clássica lição de que a intimidade estrutural de qualquer tributo se revela na associação entre a hipótese de incidência e a base de cálculo. Ensina Paulo de Barros CARVALHO que "*... no direito brasileiro, o tipo tributário se acha integrado pela associação lógica e harmônica da hipótese de incidência e da base de cálculo...*", cuja identificação revela "*... a natureza própria do tributo que investigamos*"[397].

Tanto é íntima e indissociável a relação entre a materialidade da hipótese e a base de cálculo que esta, além de servir para a mensuração do fato descrito na hipótese e de compor o cálculo da dívida, desempenha a função de "*... confirmar, infirmar ou afirmar o verdadeiro critério material da descrição contida no antecedente da norma*"[398]. Essa função comparativa somente é possível porque há uma inegável sintonia entre a essência, na

[393] **Sujeição Passiva...**, *op. cit.*, p. 63.
[394] **As Estruturas...**, *op. cit.*, p. 55.
[395] Norma Tributária..., *op. cit.*, p. 102.
[396] **O Imposto...**, *op. cit.*, p. 54.
[397] **Curso...**, *op. cit.*, p. 29.
[398] *Ibidem*, p. 342.

norma jurídica tributária, do antecedente e a do consequente. Em vista da capacidade contributiva, CARVALHO destaca que o conteúdo econômico dos fatos passíveis de serem tributados "*... são comedidos...*" pela base de cálculo, daí sua vinculação a esse princípio[399].

Assim como existe essa ligação, também a conduta humana é **figura central** no desenho da norma jurídica, existindo outra íntima ligação entre o sujeito que realiza a materialidade descrita na hipótese e aquele sujeito que aparece no critério pessoal do consequente da norma tributária.

Há um vínculo racional entre o antecedente da norma tributária e o consequente da norma-padrão tributária: se não houver compatibilidade entre a materialidade e os critérios pertinentes à base de cálculo; ou, ainda, se não houver conformidade entre o sujeito que o legislador indica ser o realizador do fato jurídico com o sujeito do consequente, então haverá uma desnaturação da norma de incidência tributária.

Por isso, assim como ocorre em relação à base de cálculo, **o critério pessoal do mandamento também exerce a função de afirmar, confirmar ou infirmar a conduta da hipótese de incidência.** Se "*... o legislador muda o sujeito passivo, muda também o fato imponível e, por conseguinte, muda a própria natureza do imposto*", argumenta VILLEGAS[400].

Daí ATALIBA asseverar que "*Tão íntima é a conexão entre o aspecto material e o pessoal – os dois mais importantes – da h. i., que não se pode cuidar de um, com abstração de outro*"[401].

Discutindo sobre a relação de inerência entre o critério material da hipótese de incidência e a base de cálculo, Ulhôa CANTO, após frisar a íntima relação entre ambos para a definição da natureza jurídica do

399 *Ibidem*, p. 349-351.

400 Retenção de Tributos..., *op. cit.*, p. 70. Vale notar que VILLEGAS, com justiça, faz questão de ressaltar que esse importante aspecto da norma jurídica tributária não foi, aparentemente, objeto de reflexão por parte da doutrina europeia, mas sim por autores latino-americanos, dentre eles "*... dois grandes juristas...*" brasileiros: Amílcar de Araújo FALCÃO e Geraldo ATALIBA.

401 **Hipótese...**, *op. cit.*, p. 107.

imposto, acrescenta que "... *também ao elemento pessoal do fato gerador se deve atribuir igual importância*"[402].

Essa presença natural do sujeito da hipótese no consequente fora sublinhada por Amílcar de Araújo FALCÃO, que destacava que o "fato gerador" "... *afeiçoa, modela ou determina a relação tributária...*", de modo que a figura do sujeito passivo principal poderia estar implícito sob a simples menção do "fato gerador", de maneira que "... *a sujeição passiva direta ou principal se determinará pela natural e necessária atribuição do fato gerador, ou da relação econômica subjacente nele, a certo sujeito ou a certos sujeitos*"[403].

Geraldo ATALIBA endossa por completo esse entendimento. Com efeito, sublinha que

> será sujeito passivo, no sistema tributário brasileiro, a pessoa que provoca, desencadeia ou produz materialidade da hipótese de incidência de um tributo (como inferida da constituição) ou 'quem tenha relação pessoal e direta' – como diz o artigo 121, parágrafo único, I do CTN – com essa materialidade. Efetivamente, por simples comodidade ou por qualquer outra razão, não pode o Estado deixar de colher uma pessoa, como sujeito passivo, para, discricionária e arbitrariamente, colher outra[404].

Adotamos, portanto, a visão desses autores, para quem "... *a construção da materialidade da hipótese de incidência condiciona a escolha de sujeito passivo, impondo uma identidade de conteúdo entre o titular do aspecto pessoal da hipótese e o titular da determinação subjetiva do mandamento*"[405].

Para as taxas, o critério material da hipótese pode ser descrito de modo converso: em vez de se enunciar a materialidade como sendo "... *se o Estado (sujeito) prestar determinado serviço público (objeto direto) em relação a determinada pessoa (objeto indireto)...*", pode-se adotar a forma conversa, isto

[402] Gilberto de Ulhôa CANTO, Carlos Rocha VILELLA e Ricardo Paranhos MURGEL, Base de Cálculo, *in* Ives Gandra da Silva MARTINS (coord.), **Base de Cálculo**, p. 291.
[403] **Fato Gerador...**, *op. cit.*, p. 76.
[404] **Hipótese de Incidência...**, *op. cit.*, p. 87.
[405] JUSTEN FILHO, **Sujeição Passiva...**, *op. cit.*, p. 262.

é, "*Se determinada pessoa (sujeito) usufruir determinado serviço público (objeto direto)*", tornando mais fácil identificar o destinatário legal tributário[406].

Ressalte-se que, em razão da compatibilidade interna da norma, o sujeito está apenas vocacionado a ocupar o polo passivo da relação jurídica, o que implica dizer, igualmente, que **ele não figurará, necessariamente, na relação jurídica individualizada.**

A definição de "destinatário legal tributário" é criticada por Andrei Pitten VELLOSO, reputando-a inapropriada, por "... *aparentar denotar o contribuinte de fato, e não o de direito*", circunstância que não seria amenizada pela utilização do adjetivo "legal" na expressão, desde que, a seu ver, os responsáveis tributários também são "destinatários legais"; ademais, julga o eminente autor que o uso da expressão causa estranhamento quando o destinatário legal tributário fica de fora da relação jurídica, como pode ocorrer na hipótese de substituição tributária[407].

As críticas, porém, parecem **não ser obstáculo** à adoção da terminologia. Basta que se esclareça que o termo "destinatário" expressa a vocação natural para figurar no mandamento tributário em virtude da compatibilidade interna entre hipótese e consequente da norma de incidência tributária, não de uma destinação relativa ao sistema jurídico ou ao mandamento da norma de incidência tributária. O adjetivo "legal" vem reforçar esse aspecto: o sujeito pode ser extraído das dobras da descrição do suporte fáctico abstrato da norma de incidência tributária.

Por conseguinte, não se pode considerar que os responsáveis são "destinatários legais", porque **não se revelam**, imediatamente, da conformação da hipótese de incidência tributária. Mencione-se, por fim, a possibilidade de o destinatário legal ficar de fora da relação jurídica tributária: embora possa ele ficar de fora da relação jurídica tributária individualizada, ele permanece no consequente tributário da norma-padrão de incidência.

[406] PEIXOTO, **Responsabilidade...**, *op. cit.*, p. 142. JUSTEN FILHO destaca que é no campo dos tributos vinculados que se percebe o sujeito na hipótese de incidência, "... *exatamente porque o tributo vinculado tem na materialidade de sua hipótese de incidência uma atividade estatal (referida direta ou indiretamente a alguém)*" – **O Imposto...**, *op. cit.*, p. 51-52.

[407] VELLOSO, As modalidades..., *op. cit.*, p. 179, nota de rodapé n. 4.

Reiteramos, contudo, que isso não impede que terceiros sejam postos, por força de outras normas jurídicas, no polo passivo de uma relação jurídica individualizada, assumindo o dever de cumprir a prestação correspondente ao dever de entregar ao sujeito ativo uma soma em dinheiro.

No entanto, para que isso ocorra, devem atuar **outras normas tributárias**, em **concorrência com a norma-padrão incidência tributária**, produzindo tal resultado. Essas outras normas obedecerão a pressupostos próprios, assegurando, em todo caso, que o "deslocamento" do dever de pagar o tributo seja feito somente em circunstâncias excepcionais, sem interferir, o máximo quanto possível, no desígnio constitucional de atribuir o ônus fiscal àqueles sujeitos que devem suportá-lo.

3.6.3 O responsável tributário

A categoria da "responsabilidade tributária" é constituída pelo conjunto de normas jurídicas que atribuem a um terceiro o dever de efetuar o pagamento do tributo – ou de uma quantia equivalente ao tributo, a depender da posição doutrinária que se assuma – sempre tendo por pressuposta a norma-padrão de incidência tributária. O que **caracteriza** essa espécie é a circunstância de a determinação de pagar uma quantia ao Estado ser decorrente de **uma outra norma**, distinta da própria norma-padrão de incidência tributária, obedecidos determinados pressupostos normativos. Como bem registrou BECKER, a responsabilidade envolve **uma segunda regra jurídica**, que somente irá operar após "*... ocorrer o fato da não-satisfação da prestação tributária pelo contribuinte de jure*"[408].

É a responsabilidade por transferência, na classificação de Rubens Gomes de SOUSA, que se opera "*... em virtude de um fato posterior...*", circunstância que, necessariamente, implica a existência de uma outra norma jurídica, além da norma-padrão de incidência, que determina a "transferência" daquele dever[409]. Tais hipóteses estão contempladas nos artigos 129 a 138 do Código Tributário.

[408] **Teoria Geral...**, *op. cit.*, p. 598-599; vide, igualmente, Ângelo Braga de MELO, **Substituição Tributária...**, *op. cit.*, p. 193-197.
[409] **Compêndio...**, *op. cit.*, p. 92.

Segundo Luís QUEIROZ, esse dever pode ser imposto por uma **norma primária principal não-tributária** ou, ainda, por uma **norma primária punitiva**.

A atribuição do dever de o responsável cumprir uma prestação por força de uma norma primária principal não-tributária dá-se nos casos em que há uma **sub-rogação subjetiva dos direitos e deveres do contribuinte para o responsável**, tal qual ocorre nas hipóteses arroladas nos artigos 131 e 132 do Código Tributário Nacional.

A norma primária de natureza punitiva, a seu turno, engloba, segundo QUEIROZ, as demais hipóteses de responsabilidade previstas no Código. O responsável, nessa modalidade, é **sujeito passivo de duas relações jurídico-formais distintas**: uma, de uma norma primária principal, de cunho administrativo-fiscal, em cujo consequente há uma determinada prescrição que o obriga a adotar certa conduta, no interesse da fiscalização, como, por exemplo, o sucessor responsável, que tem o dever de verificar se os tributos relativos ao bem imóvel que pretende adquirir foram satisfeitos; e, outra, é sujeito passivo de norma primária punitiva administrativo-fiscal, segundo a qual, descumprido aquele dever, o responsável deverá entregar ao Estado "*... uma quantia equivalente àquela que deveria ter sido entregue pelo alienante, então contribuinte, a título de objeto do tributo*". Eis aqui a formulação, em termos normativos, das ponderações de Paulo de Barros CARVALHO acerca do timbre sancionador das hipóteses de responsabilidade do Código Tributário, externas à previsão do artigo 128.

O pagamento da importância, a título de penalidade, acarreta a automática extinção do débito tributário. Em decorrência do princípio que veda o enriquecimento sem causa, no ordenamento, o responsável, via de regra, poderá exigir do contribuinte o ressarcimento pelo que foi obrigado a desembolsar[410].

Quanto a essa concepção, registre-se a discordância de JUSTEN FILHO, que, muito embora **reconheça semelhante esquema normativo**, no que tange à responsabilidade tributária, defende que a sanção, imputada ao responsável, preserva a sua natureza tributária, tornando-o, o terceiro responsável, "*... obrigado juntamente com os devedores de uma relação tributária*

[410] QUEIROZ, **Sujeição...**, *op. cit.*, p. 188-189.

já existente...", por meio de uma **relação anexa à primeira, como se fosse dela um espelho**[411].

Maria Rita FERRAGUT, por sua vez, entende que as normas de responsabilidade são sempre de natureza tributária, **nas modalidades de norma primária dispositiva ou sancionadora**: será primária dispositiva, tal como nas hipóteses de sucessão, quando submeter-se ao regime jurídico tributário, possuir um antecedente lícito, prescreva uma relação jurídica cujo objeto seja a obrigação de pagar um tributo e cujo pagamento acarreta a extinção do débito tributário; e será primária sancionadora quando, apesar da presença de todas as características acima, descreva, em seu antecedente, o descumprimento de uma conduta que lhe competia, tendo por consequência o dever de pagar quantia equivalente à que seria devida, a princípio, pelo contribuinte. São as hipóteses, segundo a autora, dos artigos 134, 135 e 137 do Código Tributário[412].

Por fim, vale destacar a explicação de Daniel Monteiro PEIXOTO, o qual, quanto à natureza das normas de responsabilidade, estabelece interessantes diferenças em relação à estrutura normativa desenhada pelos demais autores.

Com base em classificação que parte do "*status*" normativo de cada modalidade de responsabilização, PEIXOTO identifica a categoria da **responsabilidade tributária sancionadora**, isto é, aquelas normas que determinam um dever de um terceiro **promover o recolhimento do crédito tributário** – hipóteses dos artigos 129 a 135 do Código – ou aquelas que determinam o dever de **sujeição a uma dada penalidade** – artigos 136 a 138.

As primeiras alinham-se ao paradigma da responsabilidade civil – normas primárias sancionadoras-ressarcitórias – cuja hipótese é composta por um elemento valorado negativamente pelo direito – o dano – consistente no inadimplemento do tributo pelo contribuinte, na hipótese de

[411] **Sujeição...**, *op. cit.*, p. 293-296. Para o jurista paranaense, a responsabilidade somente pode ser atribuída a um terceiro se ele possuir uma relação de poder em face do contribuinte, tendo condições de obrigá-lo a efetuar o pagamento de eventual tributo pendente. Mais adiante, quando tratarmos da hipótese de substituição tributária, voltaremos ao tema do conceito de "poder".

[412] **Responsabilidade...**, *op. cit.*, p. 55-58.

"responsabilidade de terceiros", ou na exclusão ou redução da possibilidade de pleno adimplemento pelo contribuinte, caso da "responsabilidade dos sucessores". A norma visa a **garantir o direito ao recebimento da prestação tributária**, atendendo a um dever de reparação em favor do ente tributante, de modo a assegurar que o Fisco "*... não fique desamparado em decorrência do resultado da referida conduta*".

Já as segundas orientam-se de acordo com o paradigma penal – normas primárias sancionadoras-punitivas – e têm, por objetivo, não o de assegurar o cumprimento da relação jurídica isolada, mas o de **garantir a integridade da ordem tributária** em sentido amplo, aplicando uma punição ao infrator, em reprovação social do comportamento contrário ao Fisco[413].

3.6.4 O sujeito passivo de dever instrumental – agente de retenção

O legislador está autorizado a instituir deveres para terceiros, distintos do de efetuar o cumprimento da prestação tributária. São, segundo o Código Tributário Nacional, deveres decorrentes de "obrigações acessórias", no interesse da arrecadação. É o que se extrai do enunciado do artigo 122 do Código Tributário Nacional.

Dentre esses, um que guarda pertinência com a matéria é o dos **agentes de retenção**: sujeitos passivos de deveres instrumentais, que têm **o dever de reter valores** de titularidade dos contribuintes, com o objetivo de assegurar o cumprimento da prestação tributária.

O sujeito passivo de deveres instrumentais apresenta-se na forma de uma norma primária dispositiva: em sua hipótese de incidência, há uma descrição de uma determinada situação, ou relação, por meio da qual um certo sujeito, em razão da função que exerce ou do cargo que ocupa – o que nos permite afirmar ser ele, portanto, um "responsável-papel-institucional" – tem a seu alcance uma quantia que integra o patrimônio jurídico do contribuinte; no consequente tributário, há a prescrição do dever de realizar uma prestação em favor do ente tributante, consistente em retirar uma parcela daquela quantia, pertencente ao contribuinte, e transferi-la ao Estado.

413 **Responsabilidade...**, *op. cit.*, p. 179-182.

Segundo a doutrina, as principais características dos agentes de retenção são as seguintes: (i) a prestação que lhes incumbe é a de **fazer**, não a de dar, de forma que eles devem, exclusivamente, retirar valores pertencentes ao destinatário legal tributário, sem, entretanto, ter que desembolsar valores a título próprio, e, em seguida, entregá-los ao Estado[414]; (ii) os valores recolhidos são feitos **em nome do contribuinte**, não em nome próprio[415]; (iii) o pagamento é realizado **com recursos do destinatário tributário**, não do agente de retenção.

Havendo a incidência da norma que determina a retenção na fonte, instaura-se uma relação jurídica entre o retentor e o Estado, de modo que o agente não participa da relação dita "principal". O contribuinte permanece, absoluto, nela, tendo que tolerar a retenção, podendo, posteriormente, deduzir a quantia que lhe foi extraída, caso tenha sido de forma antecipada, ou de exigir a restituição do ente tributante de eventual excesso, indevidamente retido.

Em realidade, o retentor, no que concerne à relação principal, é considerado, por alguns, como **figura auxiliar do sujeito ativo** – até mesmo como seu representante – em razão de sua colaboração com o Fisco[416].

Consequentemente, como observa Coêlho, os agentes de retenção **respondem pelo delito de apropriação indébita tributária**, previsto, no direito positivo brasileiro, de forma genérica, no artigo 2º, da Lei n. 8.137, de 27 de dezembro de 1990, e, de forma específica, no que tange às contribuições previdenciárias, no artigo 168-A, do Decreto-Lei n. 2.848, de 7 de dezembro de 1940, segundo o qual é crime "*... deixar de repassar à previdência social as contribuições recolhidas dos contribuintes, no prazo e forma legal ou convencional*". Se fossem sujeitos passivos da relação principal, a não entrega dos valores pecuniários representaria mero inadimplemento[417].

Igualmente, se não é sujeito da relação jurídica principal, mas de relação instrumental, conclui-se que o agente de retenção não possui qualquer direito a pleitear a repetição do indébito tributário.

[414] Paulo Roberto Coimbra Silva, **A Substituição Tributária**..., *op. cit.*, p. 32.

[415] Andrei Velloso, As modalidades..., *op. cit.*, p. 198.

[416] Queiroz, **Sujeição**..., *op. cit.*, 20; BECHO, **Sujeição**..., *op. cit.*, p. 129; Arnaldo Borges, **O Sujeito Passivo**..., *op. cit.*, p. 117.

[417] Coêlho, **Curso**..., *op. cit.*, p. 626-627.

3.6.5 O substituto tributário

Propusemo-nos a identificar o substituto tributário, inicialmente, a partir da conceituação pela negativa, isto é, por buscar o que ele não é.

Diante do que expusemos neste capítulo, podemos estabelecer que (i) o substituto **não é o sujeito que realiza a conduta** descrita na hipótese de incidência tributária; (ii) o substituto **não é uma figura decorrente de uma norma primária sancionadora** (ressarcitória ou punitiva), que atribui a um terceiro, distinto do destinatário legal tributário, o dever de pagar uma quantia ao Estado; (iii) o substituto **não é um sujeito passivo de um dever instrumental**, o qual é posto nessa condição por força de uma norma primária dispositiva, que atribui a um terceiro o dever consistente em uma prestação de fazer, correspondente a subtrair, do patrimônio do contribuinte, uma determinada soma, recolhendo-a em nome e por conta deste último.

Capítulo 4
A Estrutura e a Dinâmica da Substituição à Luz do Direito Positivo Brasileiro

4.1 A substituição tributária: noções gerais

4.1.1 Substituição tributária: desencontros doutrinários e terminológicos

É de Regina Helena COSTA a afirmação de que a substituição tributária é, "*... sem dúvida, a mais complexa das modalidades de sujeição passiva indireta...*"[418]. Ainda que a autora não apresente as razões que a levaram a fazer tal afirmação, embora com ela estejamos de pleno acordo, cremos poder apontar algumas das causas que dificultam a sua compreensão.

Em primeiro lugar, a "substituição tributária" é uma categoria que, antes de "aportar" no direito positivo brasileiro, foi **positivada em ordenamentos estrangeiros** e objeto de intensos debates no seio da doutrina alienígena, obviamente, à luz dos enunciados normativos de seus respectivos sistemas jurídicos.

As divergências quanto à natureza jurídica do fenômeno já eram tantas, e de tal modo conflitantes, que encontramos, em um resignado VILLEGAS, a opção por uma postura pragmática em relação à figura, mostrando-se "*... escépticos en cuanto a la utilidad de encontrar la 'naturaleza jurídica' de la*

[418] **Princípio da Capacidade...**, *op. cit.*, p. 68.

sustitución tributaria ... Basta entonces con caracterizarlo debidamente y señalar sus diferencias con contribuyentes y responsables solidarios"[419].

A dificuldade inerente à substituição tributária, sentida em outras plagas, também aqui rendeu discordâncias, desde que o seu conceito, nas palavras de Brandão MACHADO, "... *não vem definido em nosso direito positivo*", mas é uma "... *construção teórica consolidada doutrinariamente...*"[420]. As dificuldades enfrentadas alhures, consequentemente, **ecoam** na doutrina nacional.

É inegável que as formulações dogmáticas, produzidas à luz de outros sistemas jurídicos, influenciaram o pensamento da doutrina brasileira a respeito do tema. Para alguns autores, aliás, a "importação" das análises feitas sobre o fenômeno, sob as lentes da doutrina estrangeira, especialmente da italiana, na matéria, sem a devida atenção às particularidades do nosso sistema jurídico, seria uma das supostas razões para a confusão em nossa ciência tributária[421].

[419] ***Curso de Finanzas, Derecho Financiero y Tributario***, p. 261. Registrando as manifestações da doutrina sobre o exame pragmático do instituto, v. Solon SEHN, ICMS e a base de cálculo na substituição tributária, *in* Arthur M. FERREIRA NETO e Rafael NICHELE (coord.), **Curso Avançado de Substituição Tributária**, p. 317, nota de rodapé n. 2; e Hamilton Dias de SOUZA, ICMS – Substituição Tributária, **Revista Dialética de Direito Tributário**, n. 12, p. 17; Johnson Barbosa NOGUEIRA, Contribuinte Substituto..., *op. cit.*, p. 90.

[420] Adicional do Imposto de Renda dos Estados, **Repertório IOB de Jurisprudência**, n. 18, p. 294.

[421] "*Os manuais de ensino acadêmico sufragam o conceito italiano de substituição, o que se verifica também nos artigos e monografias da maioria dos autores nacionais*" – Brandão MACHADO, Notas de Direito Comparado, *in* Luis Eduardo SCHOUERI (coord.), **Direito Tributário: homenagem a Alcides Jorge Costa**, p. 82. No mesmo sentido, consulte-se Johnson Barbosa NOGUEIRA: "*A introdução acrítica de certas noções dogmatizadas a respeito do substituto tributário, por força principalmente do prestígio da doutrina italiana, permitiu que se aceitassem, sem maior indagação sobre a natureza jurídica da substituição tributária, certos equívocos em sede doutrinária, já agora a grassar no direito positivo*" – O Contribuinte Substituto..., *op. cit.*, p. 97. NOGUEIRA indica três equívocos, a seu ver: o primeiro é o de considerar a substituição espécie de responsabilidade; o segundo é o de reputar que a tributação na fonte é exemplo típico de substituição; e o terceiro é o de que o substituído teria responsabilidade subsidiária em caso de não pagamento do tributo pelo substituto. Ainda, Andrea DARZÉ: "*Aliás, muito do atraso no desenvolvimento do seu estudo* [a substituição tributária] *se deve à importação de conceitos estrangeiros prontos, que em nada se aproximam da fisionomia traçada pelo direito pátrio*" (esclarecemos nos colchetes) – **Responsabilidade...**, *op. cit.*, p. 188. Um exemplo,

Em segundo lugar, parte da complexidade deve-se ao fato de existir **manifesto desacordo** no que tange ao conceito de tal modalidade de sujeição passiva na doutrina brasileira. Observa Marcelo Caron BAPTISTA que, apesar das numerosas definições de substituição, o tema, todavia, ainda "... *não atingiu foros de pacificação, sequer em pequena medida*"[422]. O mesmo problema foi identificado por Luis Cesar Souza de QUEIROZ, reconhecendo que "... *a doutrina tem divergido ao longo do tempo a respeito da definição do conceito de* ***substituição tributária***"[423].

As dissensões acerca do conceito de substituição produzem um **quadro caótico**: enquanto uma parte da doutrina e da jurisprudência, de um lado, reconhece, em determinados fenômenos jurídicos, a existência da substituição tributária, uma outra, em relação àqueles mesmos fenômenos, rejeita a sua presença, veementemente. Vejamos, abaixo, alguns exemplos, sem pretensão de exaustividade:

(i) Os artigos 121, II, e 128, do Código Tributário Nacional, pertinentes à competência dos entes da federação para a atribuição de responsabilidade a terceiro, o que incluiria o regime de substituição tributária[424].

extraído da doutrina, é esclarecedor: Brandão MACHADO afirma que, no direito suíço, são genuínos casos de substituição tributária, dentre outros, o do "... *portador do pátrio poder em relação ao imposto de renda do filho menor...*" – Adicional..., *op. cit.*, p. 294. SCHOUERI, porém, corretamente, a nosso ver, assinala que, no ordenamento brasileiro, tal hipótese seria de responsabilidade "*stricto sensu*", porque "... *se o filho menor possui patrimônio, pode ele perfeitamente ser contribuinte e seu patrimônio – não o de seu pai – é que deverá ser atingido; se o portador do pátrio poder, na administração do patrimônio do menor, não recolhe o tributo, então poderá ele responder pelo tributo não recolhido. Entretanto, não será sujeito passivo por substituição, já que inicialmente a obrigação tributária surgiu em face do menor. Será, sim, responsável, surgindo sua obrigação não pelo fato jurídico tributário, mas por sua omissão, nos termos do referido artigo 134*" – **Direito Tributário**, *op. cit.*, p. 562.

422 A norma tributária do Imposto sobre Serviços – ISS: Ênfase no consequente normativo, *in* Eurico Marcos Diniz de SANTI (coord.), **Curso de Direito Tributário e Finanças Públicas: do Fato à Norma, da Realidade ao Conceito Jurídico**, p. 1040.

423 **Sujeição Passiva...**, *op. cit.*, p. 194. Hugo de Brito MACHADO também destaca que "... *a doutrina é repleta de controvérsias a respeito da substituição tributária*" – Responsabilidade Tributária, *in* Ives Gandra da Silva MARTINS (coord.), **Responsabilidade Tributária**, p. 65.

424 Para Arnaldo BORGES, o enunciado normativo que fundamenta a substituição tribu-

(ii) A retenção na fonte de onze por cento das contribuições destinadas à seguridade social, realizada pelas empresas contratantes de serviços executados mediante a cessão de mão de obra, em relação às prestadoras de serviços, nos termos do artigo 31, da lei n. 8.212, de 24 de julho de 1991[425].

(iii) O artigo 25, combinado com o artigo 30, III e IV, da lei n. 8.212/91, dispõe que o pagamento da contribuição do empregador rural pessoa física - Funrural - será feito pela empresa adquirente, consumidora ou consignatária, não pelo empregador rural[426].

(iv) A retenção na fonte do imposto sobre a renda, seja aquele passível de compensação posterior pela pessoa física em sua declaração anual, seja a retenção realizada a título exclusivo na fonte - artigo 43, parágrafo único, do Código Tributário Nacional[427].

(v) As hipóteses de responsabilidade previstas no artigo 135 do Código Tributário, que atribuem a condição de responsável pessoal aos sujeitos que praticarem atos com excessos de poderes ou infração à lei, contrato social ou estatutos[428].

(vi) O diferimento, nas cadeias plurifásicas e não cumulativas[429].

tária é o artigo 121, II, do CTN, não o artigo 128, conforme entendimento da maioria da doutrina - **O Sujeito...**, *op. cit.*, p. 62-63. Igualmente, v. Fernando A. Albino de Oliveira, Sujeição Passiva no Direito Tributário, **Revista de Direito Público**, n. 30, p. 252.

425 Na doutrina: Marcos Osaki, **Substituição Tributária na Seguridade Social: Retenção de 11%.** Na jurisprudência: Supremo Tribunal Federal, Recurso Extraordinário n. 603.191/MT, Tribunal Pleno, Relatora Ministra Ellen Gracie, DJe 05.09.2011. Fonte: Supremo Tribunal Federal (www.stf.jus.br). Acesso em: 06.12.2016. Para Andrei Pitten Velloso, em contrapartida, a empresa contratante é mero agente de retenção - As modalidades..., *op. cit.*, p. 198-199, nota de rodapé n. 60.

426 Fábio Pallaretti Calcini, Substituição tributária da contribuição do Funrural, *in* Arthur M. Ferreira Neto e Rafael Nichele (coord.), **Curso Avançado de Substituição Tributária**, *op. cit.*, p. 408-426; James Marins, Substituição..., *op. cit.*, p. 442-453. Na jurisprudência: Superior Tribunal de Justiça, Agravo Regimental no Recurso Especial n. 1.419.382/SC, 1ª Turma, Relator Ministro Benedito Gonçalves, DJe 02.12.2014. Fonte: Superior Tribunal de Justiça (www.stj.jus.br). Acesso em: 10.12.2016.

427 A questão será vista adiante, no subitem 4.2.8.5.

428 A questão será vista adiante, no subitem 4.2.9.

429 Sobre o tema, vide Supremo Tribunal Federal, Agravo Regimental no Recurso Extraor-

Em terceiro lugar, para tornar tudo ainda mais tumultuado, o legislador, talvez por supor que, ao usar a palavra "substituição", está autorizado a, para sua exclusiva comodidade, atribuir a qualquer terceiro o dever de pagar o tributo, vem utilizando, cada vez com mais frequência, as expressões "substituto tributário", "contribuinte substituto", "responsável por substituição" e "substituição tributária", **sem qualquer preocupação técnico-jurídica**. Vejamos, à guisa de exemplo, nos textos do direito positivo, alguns enunciados normativos que empregam esses termos, sem esgotar as hipóteses: (i) Artigo 155, XII, 'b', da Constituição, bem como artigo 6º da Lei Complementar n. 87, de 13 de setembro de 1996, que se referem à substituição tributária no âmbito do ICMS, uma modalidade de sujeição passiva na qual, de acordo com aqueles dispositivos, atribui-se a responsabilidade pelo pagamento do imposto a um terceiro, em relação a fatos jurídicos tributários incidentes em operações concomitantes, anteriores ou posteriores; (ii) Leis municipais relativas à instituição do ISS, qualificando como "substitutos tributários" os tomadores ou intermediários do serviço, em relação à prestação de serviço recebida pelo tomador, especialmente aqueles provenientes do exterior, ou cuja prestação tenha se iniciado no exterior, ou, ainda, em situações nas quais o prestador tem domicílio em outro município; (iii) O artigo 26 do Decreto n. 7.212, de 15 de junho de 2010 – Regulamento do IPI, estabelecendo que é responsável "por substituição", ou responsável como contribuinte substituto, o industrial, ou equiparado a industrial, mediante requerimento, em relação às operações anteriores, concomitantes ou posteriores à saída que promover; (iv) O artigo 5º, da Lei n. 9.715, de 25 de novembro de 1998 (cigarros); o artigo 64, § 2º, da lei n. 11.196, de 21 de novembro de 2005 (álcool); o artigo 43, da medida provisória n. 2.158-35, de 24 de agosto de 2001 (veículos); atribuem ao "contribuinte-substituto" (via de regra, fabricantes e importadores) o dever de efetuar o pagamento da Contribuição Social sobre o Financiamento da Seguridade Social – COFINS e da contribuição ao programa de integração social e de formação do patrimônio do servidor público – PIS/PASEP, devidas pelos comercian-

dinário n. 325.623MT, Relatora Ministra Ellen Gracie, 2ª Turma, DJ 07.12.2006. Fonte: Supremo Tribunal Federal (www.stf.jus.br). Acesso em: 06.12.2016.

tes varejistas, nos segmentos de cigarros, de álcool e de alguns tipos de veículos, respectivamente.

O fato de o direito positivo fazer uso da expressão "substituição tributária", ou de termos e locuções similares, não significa, obviamente, que o fenômeno corresponda àquele dogmático, construído pela doutrina. É perfeitamente possível que, no direito positivo, o legislador "batize" um determinado sujeito de "substituto tributário" e ele não seja nada mais do que uma criação jurídica que **extrapola os parâmetros elementares do regime**, sem prejuízo de configurar alguma teratologia jurídica, tal qual a construção de uma hipótese de incidência dissociada do consequente normativo. Por isso a insistência de JUSTEN FILHO em frisar que "... *não se pode confundir o conceito lógico-jurídico de 'substituição' com os conceitos jurídico-positivos indicados legislativamente pela mesma expressão*"[430].

Segundo o jurista paranaense, não é porque o legislador deu o nome de "substituição tributária" a uma determina figura que ela, automaticamente, enquadrar-se-á no molde do conceito doutrinário; assim como é inadequado afirmar que o conceito "lógico-jurídico" de "substituição tributária" é este ou aquele, porque os textos do direito positivo se referem à "substituição tributária" e lhe atribuem certas propriedades. O máximo

[430] **Sujeição...**, *op. cit.*, p. 266. JUSTEN FILHO, ao tratar da substituição, argumenta que suas considerações estariam voltadas a uma análise do conceito "lógico-jurídico" de substituição tributária, não aos conceitos "jurídico-positivos" do direito positivo brasileiro. Apesar de compreendermos a preocupação científica do autor, temos dificuldade em separar o estudo da substituição tributária dessa forma, entre planos "lógico-jurídico" e "jurídico-positivo". É que, segundo as lições de José Souto BORGES, os conceitos lógico-jurídicos são aqueles "... *obtidos a priori, com validade constante e permanente, sem vinculação, portanto, com as variações do Direito Positivo*", constituindo "... *pressupostos fundamentais para a experiência jurídica*", dentre as quais se encontram as noções de direito subjetivo, dever jurídico, relação jurídica *etc.*, ao passo que os conceitos jurídico-positivos são aqueles cuja construção corresponde a uma noção "... *que somente pode ser obtida a posteriori, no sentido de que apenas poderá ser apreendida após o conhecimento de um determinado Direito Positivo*" – **Lançamento Tributário**, p. 94. Neste caso, temos dificuldade em reconhecer, na substituição tributária, um fenômeno "lógico-jurídico", porque não é pressuposto fundamental para a ciência jurídica. Talvez nossa pretensão se ajuste mais propriamente à de Leandro PAULSEN, para quem "*É fundamental, portanto, estudar o conceito de substituição e de responsabilidade tributárias nas duas perspectivas, partindo dos conceitos dogmáticos para chegar aos conceitos teóricos*" – Leandro PAULSEN, **Responsabilidade e Substituição Tributárias**, p. 27.

que poderia ser dito é que, naquele determinado contexto normativo, "substituição tributária" assume o significado e os traços que a lei lhe atribui.

Diante desse quadro, o presente trabalho **não almeja conferir um tratamento homogêneo** em relação a todas essas supostas manifestações da substituição tributária. Nosso propósito não é analisar todas as hipóteses em que o legislador faça referência à expressão "substituição tributária". Pretendemos, diferentemente, com amparo na doutrina tributária, buscar identificar os sentidos fundamentais desse instituto, analisar a sua estrutura normativa e apanhar as notas essenciais do seu regime jurídico, podendo, nesse caminho, deter-nos, vez por outra, sobre hipóteses específicas do direito positivo, para fins ilustrativos ou de apontamento crítico.

4.1.2 Sobre a expressão "substituição tributária"

Além da confusão doutrinária acerca do conceito de substituição tributária, é prudente chamar a atenção para o sentido que é possível atribuir às expressões "substituição tributária" e "substituto tributário".

É que eventual pretensão do intérprete de explicá-la a partir do sentido usual dado às palavras "substituto" ou "substituição" pode antes **obscurecer**, do que aclarar, o seu conteúdo. Há, efetivamente, sérias dúvidas se o fenômeno, sob o ponto de vista jurídico, implica alguma espécie de "substituição", quer dizer, de troca de uma coisa, ou pessoa, por outra. Colhe-se, na doutrina, a propósito, manifestações em sentidos diametralmente opostos quanto à palavra e o fenômeno que representa.

De um lado, há os que reprovam o uso daquelas expressões: Daniel Monteiro Peixoto avalia que é "... *inadequada a designação 'substituição tributária', apesar de consagrada na doutrina brasileira...*"[431]; Paulo de Barros Carvalho entende que a substituição tributária "... *dista de ser fenômeno jurídico em que um sujeito de direitos cede lugar a outro sujeito de direitos, sob o pálio de determinado regime, como sugere o termo*"[432].

De outro, igualmente, há autores para quem o termo representa, de forma apropriada, a ideia da figura jurídica, de modo que "*Na psique do*

[431] **Responsabilidade...**, *op. cit.*, p. 159.

[432] **Fundamentos Jurídicos...**, *op. cit.*, p. 230.

legislador e na lógica da lei, substitui sim (a quem devia ser o sujeito passivo da obrigação)", nas palavras de Sacha Calmon Navarro COÊLHO[433].

O receio quanto à inadvertida adoção do sentido comum atribuído às palavras "substituto" ou "substituição", note-se bem, não equivale a exaltar os argumentos dos que repudiam os termos que a representam, tampouco a recriminar os argumentos daqueles que endossam a sua utilização.

O que se quer sublinhar é que a investigação do fenômeno não pode ter como **ponto de partida** a busca do significado dessas palavras[434]. Nisso estamos de inteiro acordo com Marçal JUSTEN FILHO, quando defende que não só as referências semânticas vulgarmente associadas àquelas palavras não têm, **necessariamente**, relação com a figura da "substituição tributária", mas também que "... *nem mesmo as referências semânticas técnico-jurídicas para 'substituição' e 'substituto' têm qualquer influência obrigatória sobre os conceitos de que se trata*"[435].

Feito esse registro, a expressão "substituição tributária" padece, a nosso ver, da "... *ambiguidade do processo/produto*...", que, segundo Eurico Marcos Diniz de SANTI, consiste na circunstância de um mesmo suporte físico **representar, simultaneamente, tanto uma atividade ou processo** de uma dada realidade, quanto o produto ou resultado dessa ati-

[433] **Curso de Direito**..., *op. cit.*, p. 604. Igualmente, Renato Lopes BECHO, **Sujeição**..., *op. cit.*, p. 111.

[434] Ou, como destaca Andrea PARLATO, "... *o significado literal ou técnico do termo 'substituição' não deve, nem direta nem indiretamente, guiar o processo de reconhecimento dirigido à conceituação do fenômeno*" (tradução livre). No original: "... *il significato letterale o tecnico del termine 'sostituzione' non deve, né direttamente né indiretamente, guidare il processo di ricognizione rivolto alla concettualizzazione del fenomeno*..." – ***Il Sostituto d'Imposta***, p. 133.

[435] **Sujeição**..., *op. cit.*, p. 266. Na nota de rodapé n. 205, da obra "*Sujeição Passiva e Responsabilidade Tributária*", Renato Lopes BECHO, após destacar que Marçal JUSTEN FILHO "... *critica a análise da substituição pela verificação da palavra utilizada*", pergunta, retoricamente, "*Mas será que o que ocorre é diferente mesmo? Será que, para o direito tributário, a substituição nada tem a ver com a substituição comum, vulgar?*" – **Sujeição**..., *op. cit.*, p. 111, nota de rodapé n. 205. Refletindo sobre tais questões, e em um exercício lúdico de vidência, parece-nos que a resposta de JUSTEN FILHO às perguntas seria a de que "... *talvez não sejam diferentes, mas isso é irrelevante para o tratamento do fenômeno, porque as palavras são meros rótulos, não interferindo no objeto que querem representar*".

vidade ou processo[436]. É o que se passa, por exemplo, com o vocábulo "construção": ele pode representar tanto a ação, a atividade de construir, quanto o resultado dessa atividade – o edifício já pronto, acabado. A elucidação do sentido em que a palavra ou expressão está sendo empregada dependerá do contexto em que estiver sendo utilizada.

Nesse sentido, a expressão "substituição tributária", na ciência tributária, pode designar tanto o **processo normativo** por meio do qual o substituto é levado a ocupar a condição de sujeito passivo da relação, **quanto o resultado desse processo**, isto é, a circunstância de, na obrigação tributária individualizada, o substituto ocupar, efetivamente, o polo passivo da relação, em lugar do destinatário legal tributário.

4.1.3 A substituição tributária e suas modalidades: a convencional, a "para trás" e a "para frente"

Concebemos a substituição tributária como a espécie de sujeição passiva tributária na qual o dever jurídico tributário de dar dinheiro ao Estado recai, de forma originária, sobre sujeito passivo distinto do destinatário legal tributário[437]. O substituto é posto, desde a realização do fato jurídico tributário, pelo destinatário legal tributário, no polo passivo da obri-

[436] **Lançamento**..., *op. cit.*, p. 79.

[437] Um dos pontos de discussão doutrinária sobre a substituição tributária é se ela seria uma figura "*sui generis*" do Direito Tributário. Amílcar de Araújo FALCÃO destacava que a substituição era figura típica do Direito Tributário, sem símile em qualquer outro ramo jurídico – Substituto Legal Tributário, **Revista de Direito Público**, n. 8, p. 46. Walter Piva RODRIGUES, em mais de uma ocasião, frisou tratar-se de instituto próprio do Direito Tributário, distinto de outras espécies de sujeição passiva e, ademais, de um conceito mais geral de substituição, presente no direito positivo, como é o caso da substituição processual, com o qual não guarda semelhança; até mesmo porque, bem ressalta, a substituição tributária processa-se no plano das relações jurídicas materiais, ao passo que a substituição processual é aplicável ao campo do direito adjetivo – **Substituição Tributária**, p. 118-121; e A Substituição Tributária é Instituto Típico do Direito Tributário, *in* Luis Eduardo SCHOUERI (coord.), **Direito Tributário: homenagem a Alcides Jorge Costa**, p. 240-242. Em contraposição, Alfredo BECKER, que assevera que o processo técnico de criação da substituição tributária é muito comum, no Direito Tributário e nos demais ramos do Direito – **Teoria Geral**..., *op. cit.*, p. 590 e 600. O ponto parece-nos de menor interesse; de todo modo, entendemos que não há nenhum impedimento a que o fenômeno jurídico da substituição, como será adiante apresentado, manifeste-se em outros ramos jurídicos.

gação tributária. Extraímos esse conceito de robusta doutrina da ciência do direito tributário[438].

Na esteira de José Antonio MINATEL, reconhecemos que, sob esse conceito, "*... são costumeiramente tratados diferentes fenômenos, instaurados por distintas técnicas legislativas...*", explicando o autor quais são esses fenômenos: (i) a genuína substituição tributária, que é instantânea e concomitante ao acontecimento do fato jurídico tributário; (ii) e a "*... antecipação do fato gerador futuro...*", por meio do qual o legislador presume a ocorrência de fato jurídico futuro e atribui o encargo de recolher dinheiro ao Estado a sujeito que se encontra em etapa anterior da cadeia de circulação eco-

[438] BECKER: "*... se em lugar daquele **determinado indivíduo (de cuja renda ou capital a hipótese de incidência é signo presuntivo)** o legislador escolheu para sujeito passivo da relação jurídica tributária um outro qualquer indivíduo, este outro qualquer indivíduo é o substituto legal tributário*" (grifos nossos) – **Teoria**..., *op. cit.*, p. 589-590; JUSTEN FILHO: "*... o dever tributário de pagar é que recairá sobre **pessoa distinta do destinatário legal tributário***" (grifos nossos) – **Sujeição**..., *op. cit.*, p. 268; Luciano AMARO: "*... em certas situações, o legislador opta por **ignorar a pessoa a quem o fato gerador seria naturalmente referenciado** e põe, como sujeito passivo, um substituto*" (grifos nossos) – **Direito Tributário**..., *op. cit.*, p. 308; Arnaldo BORGES: "*... a pessoa obrigada a pagar tributo decorrente de obrigação cujo **fato gerador dele não participa**, designa a doutrina de substituto tributário, e a este fenômeno, de substituição tributária*" (grifos nossos) – **O Sujeito Passivo**..., *op. cit.*, p. 114; Pitten VELLOSO: "*... o substituto como o obrigado tributário **originário** que, não obstante deva efetuar o pagamento do tributo em nome próprio, não se qualifica como contribuinte e tampouco responde pela dívida conjuntamente com este, seja solidária ou subsidiariamente*" (grifos nossos) – As Modalidades..., *op. cit.*, p. 172; Rubens Gomes de SOUSA: "*... a substituição ocorre quando, em virtude de uma disposição expressa de lei, a obrigação tributária **surge desde logo** contra uma **pessoa diferente daquela que esteja em relação econômica com o ato, ou negócio tributado***" (grifos nossos) – **Compêndio**..., *op. cit.*, p. 93; Leandro PAULSEN: "*... substituição tributária é o instituto de Direito Tributário que consiste na determinação, por lei, a **pessoa não contribuinte** de determinado tributo (substituto tributário) que, em face de situação de ascendência que ostenta relativamente ao contribuinte (substituído) - situação essa que é o pressuposto de fato da regra matriz de substituição -, verifique a ocorrência do fato gerador do tributo, calcule e efetue, com valores retidos ou exigidos do contribuinte e em nome do contribuinte, o pagamento do tributo devido em caráter definitivo ou de montante a título de mera antecipação por conta de tributo que ainda tenha de ser calculado e ajustado pelo contribuinte (valores esses que, não fosse a norma de substituição, seriam pagos diretamente pelo contribuinte), sob pena de ficar o substituto obrigado a responder com seu próprio patrimônio pela satisfação do montante que tenha deixado de recolher e que tampouco tenha sido pago pelo contribuinte*" (grifos nossos) – **Responsabilidade e Substituição**..., *op. cit.*, p. 43.

nômica, "... *colocado no lugar do verdadeiro contribuinte da presumida operação subsequente*"[439].

Além dessas duas, podemos acrescentar a substituição tributária regressiva ou "para trás", modalidade de substituição em que a norma atribui a um terceiro, o substituto, o dever de recolher os tributos relativos a operações jurídicas antecedentes, já consumadas.

Assim, a maior parte da doutrina, ao discorrer sobre a substituição tributária, costuma apontar a existência de três modalidades distintas: (i) a substituição tributária "convencional", "clássica", tradicional ou concomitante; (ii) a substituição tributária regressiva ou "para trás"; e (iii) a substituição tributária progressiva ou "para frente". O critério de distinção entre elas seria de natureza temporal: na convencional, a substituição manifestar-se-ia em relação a apenas um evento tributário, que se dá tão logo ocorrido o fato jurídico; na "regressiva", a operação de substituição ocorreria em relação a obrigações tributárias oriundas de operações anteriores à de que participa o substituto; na "progressiva", a substituição dar-se-ia em relação a obrigações tributárias decorrentes de operações posteriores àquela de que participa o substituto[440].

Mais adiante, colocaremos em discussão se as modalidades podem ser reconduzidas a uma mesma estrutura normativa, ou se, em vez disso, são dotadas de características singulares; e, ainda, se, sob o ponto de vista científico, é apropriado atribuir a todos esses fenômenos o rótulo de "substituição tributária".

Cabe ressaltar que as duas últimas modalidades – a regressiva e a progressiva – **são técnicas apropriadas, exclusivamente, para tributos plurifásicos**, nos quais a norma tributária incide sobre as sucessivas operações realizadas dentro de uma cadeia econômica. Para José Eduardo Soares de MELO, a substituição, nas formas regressiva e progressiva, é

[439] MINATEL, Modo de Operacionalização..., *op. cit.*, p. 108.

[440] Encontramos a mesma classificação – em convencional, "para frente" e "para trás" – em Paulo de Barros CARVALHO, **Direito Tributário: linguagem...**, *op. cit.*, p. 654-659; José Eduardo Soares de MELO, **ICMS – Teoria e Prática**, p. 109-111; Maria Rita FERRAGUT, **Responsabilidade Tributária**, *op. cit.*, p. 74-77; DARZÉ, **Responsabilidade...**, *op. cit.*, p. 198-202; FUNARO, **Sujeição...**, *op. cit.*, p. 85; e Adolpho BERGAMINI, **ICMS: análise de legislação, manifestações de administrações tributárias, jurisprudência administrativa e judicial de temas de gestão tributária**, p. 611.

cabível somente no ICMS e no IPI, de natureza plurifásica, "... *em que haja sucessão de operações relativas a um mesmo bem (mercadoria, produto industrializado), a que possa ser alocado (presumido) um respectivo valor*", sendo incompatível, desse modo, com as contribuições destinadas à seguridade social, porque elas não atingem um ciclo econômico. Marco Aurélio GRECO compartilha da mesma opinião, com a qual estamos de acordo[441].

No que tange ao IPI, a aplicação de tais técnicas, aparentemente, é tímida. O artigo 26 do Regulamento do IPI prevê que a sua implantação, no âmbito do imposto, é feita por iniciativa do industrial ou do equiparado a industrial, "... *mediante requerimento...*" e de acordo com "... *as condições estabelecidas pela Secretaria da Receita Federal do Brasil*"[442] – de sorte que, na boa observação de Eduardo Domingos BOTTALLO, "... *o regime de substituição tributária aplicável ao IPI não é impositivo, caracterizando-se, ao revés, pela sua natureza marcadamente 'contratual'*"[443].

Por isso, conquanto essas modalidades sejam aplicáveis aos tributos plurifásicos, é seguro afirmar que **ambas se manifestam, de forma mais**

[441] Contribuições de seguridade social e as hipóteses de substituição, *in* Arthur M. FERREIRA NETO e Rafael NICHELE (coord.), **Curso Avançado de Substituição Tributária**, p. 407. GRECO afirma o seguinte: "*Portanto, não sendo o pressuposto de fato destas duas contribuições* [PIS e COFINS] *um ciclo econômico que tenha por objeto determinada realidade (mercadoria, produto, dinheiro), não cabe haver antecipação com substituição. De fato, quando uma empresa aufere uma determinada receita sujeita a PIS e COFINS, isto não é uma fase preliminar (o auferir receita) de outra receita que vá ser auferida pelo seu cliente. Falta o fio condutor que ligue as receitas como etapas sucessivas de uma mesma realidade (o ciclo)*" (esclarecemos nos colchetes) – **Substituição...**, *op. cit.*, p. 176.

[442] Atualmente, o ato normativo que regulamenta a "concessão, alteração, cancelamento e cassação do regime especial de substituição tributária", no IPI, é a Instrução Normativa da Receita Federal do Brasil n. 1081, de 04 de novembro de 2010.

[443] O IPI e o regime de substituição adotado, *in* Arthur M. FERREIRA NETO e Rafael NICHELE (coord.), **Curso Avançado de Substituição Tributária**, p. 339. Justamente por esse elemento "contratual" intervir no aspecto subjetivo da norma jurídica tributária, aliás, é que Maurício do VALLE não tem dúvida em considerar que a previsão encerra flagrante inconstitucionalidade, por afronta ao Princípio da Legalidade, tanto na substituição regressiva quanto na progressiva, pois "*O ato administrativo de concessão ou o termo de acordo do Regime especial não são, nunca foram e jamais serão lei*" – Timm do VALLE, **Os Princípios...**, *op. cit.*, p. 616.

intensa e habitual, no ICMS[444]. Tais técnicas permitem que a atividade de fiscalização e arrecadação do tributo seja concentrada em uma das etapas, normalmente no início – na substituição tributária progressiva – ou no fim – na substituição regressiva – do ciclo.

Registre-se, por fim, que o fato de concentrar a arrecadação em uma das etapas **não significa que a técnica de substituição**, nesses casos, **seja equivalente à incidência monofásica**. Na monofasia, a incidência ocorre única e exclusivamente sobre uma das etapas de circulação, em relação à operação praticada, sendo irrelevantes as demais operações; na substituição, embora a incidência ocorra também em uma única operação, ela **não ignora** as demais etapas do ciclo. É a lição de André Mendes MOREIRA: na monofasia, há apenas uma incidência; na substituição tributária progressiva, é pressuposta "... *a existência de tributação plurifásica, é dizer, incidência do gravame sobre mais de uma etapa de circulação da mercadoria ... o fato de ser recolhido em um só momento não significa que o tributo seja monofásico*"[445].

[444] A Constituição determinou que a matéria de substituição tributária ficaria reservada à lei complementar, consoante artigo 155, § 2º, inciso XII, alínea 'b', do texto. Foi promulgada, então, a Lei Complementar n. 87, de 13 de setembro de 1996, a qual, dentre outros assuntos, estabeleceu, no artigo 6º, as condições básicas para a edição de lei estadual a respeito de substituição tributária, nos seguintes termos: "*Art. 6º Lei estadual poderá atribuir a contribuinte do imposto ou a depositário a qualquer título a responsabilidade pelo seu pagamento, hipótese que assumirá a condição de substituto tributário*". Logo em seguida, no parágrafo primeiro do artigo, previu que a atribuição de responsabilidade ao substituto poderia se dar "*... em relação ao imposto incidente sobre uma ou mais operações ou prestações, sejam antecedentes, concomitantes ou subsequentes, inclusive ao valor decorrente da diferença entre alíquotas interna e interestadual nas operações e prestações que destinem bens e serviços a consumidor final localizado em outro Estado, que seja contribuinte do imposto*".

[445] **Não-Cumulatividade Tributária na Constituição e nas Leis (IPI, ICMS, PIS/COFINS, Impostos e Contribuições Residuais)**, p. 88. Desse entendimento, discorda Alcides Jorge Costa, assim afirmando a respeito da substituição – que, para ele, não é verdadeira hipótese de substituição – nos impostos plurifásicos: "*Como se verifica, aquilo a que o Convênio ICM 66/88, o Convênio 105/92 e a Lei 6.374/89 chamam de 'substituição' não é substituição. Ao mandar cobrar imposto numa única fase, o que se fez foi transformar o ICMS em imposto monofásico. Não existe nenhuma inconstitucionalidade em um imposto monofásico porque este é necessariamente não cumulativo. Mas o problema real não reside nesta monofasia e sim na base de cálculo*" – ICMS e Substituição..., *op. cit.*, p. 85-86. Entendendo tratar-se de monofasia, veja-se, também, Justen Filho, Princípios Constitucionais..., *op. cit.*, p. 149-150.

Concentraremos nossas atenções, primeiramente, sobre a substituição tributária "convencional", para, posteriormente, passarmos à análise da substituição regressiva e progressiva.

4.1.4 Fundamentos normativos da substituição tributária

Antes, porém, de ingressarmos na análise individual de cada modalidade apontada, cumpre verificar se o sistema constitucional tributário brasileiro admite a técnica de substituição tributária e, em sendo positiva a resposta, quais são os fundamentos e os limites que o ordenamento impõe à figura. Estamos com Marcelo Caron Baptista, quando afirma que a análise genérica da substituição tributária "... *volta-se principalmente ao plano constitucional, de onde se extraem os fundamentos e os limites para a sua adoção*"[446]. É lá que buscaremos as referências básicas para o fenômeno.

As passagens do texto constitucional referentes à categoria da substituição tributária são o **primeiro sinal** de que tal modalidade de sujeição passiva é admitida no direito positivo brasileiro, ainda que nada esclareçam sobre o regime da substituição.

De fato, consultando o texto do diploma constitucional, não é difícil encontrar, em seus enunciados, referências à sujeição de terceiros outros sob um regime de "substituição". Veja-se, por exemplo, o artigo 34, § 9º, do Ato das Disposições Constitucionais Transitórias, segundo o qual, até a edição da lei complementar concernente à instituição do Imposto sobre a Circulação de Mercadorias e Serviços, as empresas distribuidoras de energia elétrica, "... *na condição de contribuintes ou de substitutos tributários...*", seriam responsáveis "... *pelo pagamento do imposto sobre operações relativas à circulação de mercadorias incidente sobre energia elétrica, desde a produção ou importação até a última operação...*". O dispositivo faz alusão a substitutos tributários como uma categoria distinta da de contribuinte, indicando, desde logo, outros sujeitos relacionados ao cumprimento da prestação tributária[447].

[446] **ISS: Do Texto...**, *op. cit.*, p. 148.

[447] Minatel observa a percepção do constituinte "*.... para o reflexo de tributação de ICMS que se transmuda para incidência **monofásica**...*", circunstância que, segundo ele, é resquício do sistema constitucional anterior, "*... em que a energia elétrica era submetida a imposto único, de competência da União*", e que, por permanecer monofásica, afasta qualquer possibilidade de

Além dele, o enunciado do artigo 155, § 2º, XII, 'b', da Constituição, estabeleceu que compete à lei complementar, em matéria de ICMS, "... *dispor sobre substituição tributária*", novamente identificando a presença, no ordenamento, de outros sujeitos, além dos contribuintes, com papel singular a desempenhar na atividade sob tributação[448].

Ainda, consoante atento registro de MINATEL, há, na seção dedicada à repartição das receitas tributárias, tanto o artigo 157, I, quanto o 158, I, enunciados que estabelecem a repartição entre os entes da federação "... *do produto da arrecadação do imposto da União sobre renda e proventos de qualquer natureza, incidente na fonte...*", técnica de tributação que envolve a participação de terceiros. Diante do teor do texto, MINATEL assevera "... *não se pode negar que o legislador constituinte de 1988 operou com pleno conhecimento da sistemática de* ***substituição tributária*** *via retenção na fonte, técnica à época já adotada no âmbito de incidência do imposto sobre a renda*"[449].

Além desses enunciados constitucionais, há que se lembrar do artigo 150, § 7º, da Constituição, objeto de análise, no capítulo anterior, que autoriza o legislador a exigir, de uma pessoa, um tributo decorrente de um "fato gerador" presumido, realizado por outra, desde que assegurada

adoção da sistemática da substituição tributária – Modo de Operacionalização..., *op. cit.*, p. 110. Observa André Renato Miranda ANDRADE que "... *no plano da norma infraconstitucional, a LC n. 87/96 (artigo 9º, § 1º, II) estabeleceu que a incidência do ICMS nas operações mercantis com energia elétrica dar-se-á no momento do consumo, considerando, então, o estabelecimento distribuidor como um* ***'substituto tributário'****, aqui no sentido de se reportar às operações anteriores (de geração e de transmissão), atendendo à norma contida no artigo 34, § 9º do Ato das Disposições Constitucionais Transitórias*" – **ICMS**..., *op. cit.*, p. 44.

[448] Aliás, é com base nesse dispositivo que André Renato Miranda ANDRADE sustenta que, ao menos no que tange ao ICMS, não haveria inconstitucionalidade do regime de substituição tributária progressiva – não desde, pelo menos, a edição da lei complementar exigida pelo artigo 155 da Constituição – porque a Constituição já o autorizara para tal imposto desde a sua promulgação: "*Embora a doutrina invoque a inconstitucionalidade do regime [substituição tributária progressiva] desde o Convênio, incluindo a EC n. 03/93 e, agora, a própria LC n. 87/96, somos tendentes a afirmar que a inconstitucionalidade verificou-se até o momento da edição da LC n. 87/96, uma vez que o regime da substituição tributária, no âmbito do ICMS, foi previsto pelo legislador constituinte originário (artigo 155, § 2º, XII, 'b'), cuja regulamentação foi remetida à Lei Complementar*" – *ibidem*, p. 226.

[449] Modo de Operacionalização..., *op. cit.*, p. 109.

a imediata e preferencial restituição da quantia, na hipótese de não realização do fato.

Mas por que a Constituição autorizaria que um terceiro pudesse ser alçado à condição de sujeito passivo, se o destinatário legal tributário é quem deveria assumir, por sua conta, o ônus decorrente da imposição tributária, que somente a ele interessa?

É que, em diferentes circunstâncias, a exigência de cada um dos destinatários tributários do montante devido pode se revelar uma forma **extremamente complexa e onerosa** para o cumprimento da finalidade fiscal. Marcelo BAPTISTA argumenta que o fundamento constitucional da regra de substituição reside no Princípio da Solidariedade Social, o qual autoriza o legislador infraconstitucional a "... *exigir a colaboração de terceiro para com a Administração Pública, de modo a dar maior operatividade ao mecanismo de arrecadação da receita tributária*"[450].

Ou seja, se um sistema tributário é comprometido com a realização daquele postulado, a implementação de uma técnica, como a da substituição, capaz de assegurar a realização daquele propósito, é adequada, senão, às vezes, imprescindível, desde que ela própria, obviamente, não afronte os direitos fundamentais que se dispôs a promover[451].

A discussão sobre o fundamento constitucional da substituição tributária remete-nos, invariavelmente, ao Princípio da Praticabilidade Tributária, segundo o qual o legislador pode adotar medidas de simplificação do sistema tributário para tornar mais simples e viável a execução de suas normas, com o propósito último de assegurar a realização dos fins e valo-

[450] **ISS: Do Texto...**, *op. cit.*, p. 148.

[451] Andrei Pitten VELLOSO menciona um interessante precedente do Tribunal Constitucional Federal da Alemanha (*Bundesverfassungsgericht*) sobre a tributação dos juros (BVerfGE 84), cujo objetivo era o de estimular o ingresso e a permanência do capital estrangeiro no país. A lei não previa, entretanto, a retenção na fonte desses rendimentos. Embora a finalidade tenha sido considerada legítima, o meio eleito foi considerado ilegítimo, isto é, "... *o estabelecimento de um tributo sem a previsão de retenção na fonte quando haja grande probabilidade de a sonegação se disseminar impunemente*" – **O Princípio...**, *op. cit.*, p. 250. Segundo excerto da decisão, traduzido pelo autor, com o propósito de ressaltar a necessidade de igualdade na imposição fáctica da tributação, a "... *igualdade da imposição exige, por isso, que dentro do possível a lei tributária material traga, em si mesma, a garantia de sua regular aplicação*"' – *ibidem*, p. 228.

res eleitos pela Constituição. Sobre a praticabilidade tributária e a tensão com os demais fins e valores do ordenamento jurídico, iremos manifestar-nos oportunamente, no próximo capítulo.

A substituição tributária também encontra acolhida, como espécie de sujeição passiva tributária, no Código Tributário Nacional. Curioso notar que, muito embora a figura da substituição tributária já fosse de conhecimento da doutrina brasileira, as expressões "substituição tributária" ou "substituto tributário" não constaram no Código Tributário Nacional, limitando-se o diploma a fazer referência a "contribuinte" ou a "responsável", consoante já destacamos em tópicos pretéritos. Tal circunstância, porém, jamais foi motivo para negar a existência da categoria da substituição tributária no direito positivo brasileiro.

No âmbito do Código, apesar de algumas manifestações em contrário, a doutrina, em sua maioria, entende que o fenômeno da substituição tributária, nas variações "convencional" e "regressiva", encontra amparo legal no artigo 128, o dispositivo geral sobre a responsabilidade tributária, segundo o qual, sem prejuízo do disposto no capítulo, a lei pode "*... atribuir de modo expresso a responsabilidade pelo crédito tributário a terceira pessoa, vinculada ao fato gerador da respectiva obrigação*", com a possibilidade de excluir a responsabilidade do contribuinte ou, alternativamente, atribuir-lhe a responsabilidade em caráter supletivo do cumprimento total ou parcial da obrigação[452].

4.2 A substituição tributária convencional ou "concomitante"

4.2.1 Noção conceptual

Frisemos, pois, os dois aspectos determinantes da técnica de substituição tributária "convencional", por ser aquela tradicionalmente tratada pela

452 Para Daniel Monteiro PEIXOTO, o dispositivo está associado à construção da norma do dever instrumental de terceiro efetuar o recolhimento do tributo, na condição de sujeito passivo de "obrigação acessória". Para Arnaldo BORGES e Fernando Albino de OLIVEIRA, igualmente, o dispositivo não é o enunciado legal do qual se extrai a substituição, consoante mencionado alhures. Acerca da expressão inicial do enunciado – "*Sem prejuízo do disposto neste capítulo...*" – ela é objeto de dissensões na doutrina, cuja análise extrapola o tema do presente trabalho. Para algumas considerações sobre o seu significado, v. Maurício Timm do VALLE, A Disposição Geral sobre a Responsabilidade Tributária no Código Tributário Nacional, **Revista de Direito Tributário Contemporâneo – RDTC**, v. 3, p. 33-58.

ciência tributária: (i) o substituto é alguém **distinto do destinatário legal tributário**; (ii) e, na relação jurídica tributária, decorrente da realização do fato jurídico tributário, é a pessoa que ocupa, **de forma originária**, o seu polo passivo.

Firmemos a explicação com dois dos exemplos invocados, de forma recorrente, pela doutrina, um no âmbito do ISS, outro no do imposto sobre a renda: João, prestador de serviços com sede no Município de São José dos Pinhais, prestou um serviço de decoração e jardinagem à sociedade de Carlos, em Curitiba. Sabendo que a norma jurídica de incidência tributária contempla, como critério material da hipótese de incidência a conduta de "prestar serviços" – sendo João a pessoa que realiza a conduta descrita na hipótese e o titular da riqueza que a norma quer ver gravada – será a sociedade de Carlos quem terá o dever jurídico de pagar o Imposto sobre Serviços – ISS, ao Município de Curitiba, em decorrência da prestação dos serviços por João. A sociedade de Carlos, evidentemente, não é o destinatário legal tributário, mas sim João; além disso, a sociedade de Carlos é automaticamente erigida à condição de sujeito passivo da relação tributária de pagar o tributo; e para garantir que não arcará com o ônus do imposto, efetuará a retenção da quantia equivalente, do valor a pagar em favor de João, assegurando o seu reembolso.

O outro exemplo: Maria reside na Alemanha e possui rendimentos, a título de juros, a receber de fonte localizada no Brasil. A fonte, por determinação das normas tributárias brasileiras, tem o dever de efetuar o recolhimento do imposto sobre a renda exclusivo na fonte, em razão do acréscimo patrimonial percebido por Maria, bem como de promover a retenção, sobre a quantia a remeter ao exterior, de valor equivalente ao imposto a recolher. Muito embora a fonte pagadora não seja o titular do acréscimo patrimonial, ela deverá cumprir a prestação relativa ao fato jurídico tributário realizado por outro. Esses são exemplos associados à substituição convencional.

4.2.2 A substituição tributária convencional e a doutrina estrangeira

A explicação do fenômeno jurídico a que corresponde a substituição tributária é fruto de um longo trabalho doutrinário. Leandro PAULSEN, com base no escólio de Andrea PARLATO, anota que o instituto da substituição tributária teve origem na Grã-Bretanha já no século dezoito[453]; Alcides Jorge COSTA, Heleno Taveira TORRES e Edvaldo BRITO apontam que a prática de designar terceiro, distinto do contribuinte, como sujeito passivo de relação jurídica tributária, é antiga, recordando os escritos de Pietro BODDA, o qual registrava que, na Itália, a primeira menção a esse instituto encontra-se na lei nº 4021, de 24 de agosto de 1877, sobre o imposto de riqueza imobiliária[454].

De fato, basta uma superficial consulta às obras que tratam da matéria para perceber que a doutrina estrangeira assumiu **papel relevantíssimo** no que tange à inserção e à consolidação da ideia de "substituição tributária" na ciência jurídica nacional, marcadamente, **as lições teóricas oriundas da Itália**, pela mão dos clássicos produzidos naquele país, como já apontamos[455]. As bases do pensamento italiano a respeito da substituição tributária, e da responsabilidade tributária, em geral, podem ser vistas no direito tributário brasileiro graças, especialmente, ao gênio de Rubens Gomes de SOUSA, consoante destaque de Ricardo Lobo TORRES[456].

[453] A Substituição Tributária no Direito Europeu, *in* Arthur M. FERREIRA NETO e Rafael NICHELE (coord.), **Curso Avançado de Direito Tributário**, p. 57-58.

[454] Alcides Jorge COSTA, ICMS e Substituição Tributária, **Revista Dialética de Direito Tributário**, n. 2, p. 74; Heleno Taveira TORRES, Substituição Tributária – regime constitucional, classificação e relações jurídicas (materiais e processuais), **Revista Dialética de Direito Tributário**, n. 70, p. 87; Edvaldo BRITO, A Substituição Tributária no ICMS, *in* **Revista Dialética de Direito Tributário**, n. 2, p. 24.

[455] Arnaldo BORGES afirma que o conceito de substituição tributária tem "*... origem alemã tendo sido bastante estudado na Itália*" – **O Sujeito...**, *op. cit.*, p. 113. Entretanto, Brandão MACHADO discorda da assertiva, indicando que "*... no Direito Tributário alemão não existe o instituto da substituição tributária*" – Notas de Direito..., *op. cit.*, p. 87. Chegou a indagar Klaus TIPKE a respeito da figura no direito alemão, dele recebendo a resposta de que se trata de instituto próprio dos direitos italiano e suiço, não do direito alemão – Ainda a Substituição Tributária, **Direito Tributário Atual**, n. 19, p. 12-13.

[456] Ricardo Lôbo TORRES afirma que "*... no tema da responsabilidade tributária, tanto na obra de Rubens Gomes de Sousa quanto no CTN, também deixou marcas a influência italiana, principalmente de A. Gianinni e Tesoro, que, por seu turno, se deixaram sensibilizar pela doutrina alemã*" – As Influências Italianas no Direito Tributário Brasileiro, **Revista de Direito Renovar**, n. 4, p. 54; vide, igualmente, Alberto XAVIER, Contribuinte e Responsável no Imposto de Renda sobre Juros Pagos a Residentes no Exterior, **Revista de Direito Tributário**, n. 55, p. 86-87.

O estudo da substituição tributária pela doutrina alienígena deve-se, principalmente, ao fato de que os ordenamentos de vários países europeus contêm enunciados que conceituam o substituto tributário e o incluem entre os sujeitos passivos da relação jurídica tributária. Paulo Coimbra SILVA observa que "*... as leis estrangeiras são fecundas nas definições do substituto tributário...*", esclarecendo que, na Itália, por exemplo, substituto é o "*... obrigado ao pagamento do imposto em lugar de outros, por fatos ou situações a ele imputáveis*", enquanto que, na Espanha, o substituto é "*... o sujeito passivo que, por imposição da lei e em lugar daquele, está obrigado a cumprir as prestações materiais e formais da obrigação tributária*"[457].

A doutrina estrangeira buscava explicar, de um ponto de vista jurídico, a estrutura da relação jurídica – a relação entre o Estado, o substituto e o substituído – e identificar a natureza jurídica da figura. Sobre a natureza jurídica, as explicações apresentadas foram várias: a substituição tributária seria uma execução especial junto a terceiros, determinada por lei, concepção dominante durante muito tempo na doutrina estrangeira, e que encontrou defensores em Ernst BLUMENSTEIN, Mario PUGLIESE e TESORO, segundo a lição de Walter Piva RODRIGUES[458]; ou, conforme outra proposta que ganhou muitos adeptos, atribuída ao jurista MYRBACH-RHEINFELD, o substituto seria um intermediário que promoveria a arrecadação tributária por conta do Estado, não sendo, portanto, um devedor do tributo, mas um órgão de arrecadação da administração[459]; ainda, outra proposta muito lembrada, a de A. UCKMAR, segundo o qual o

457 **A Substituição Tributária**..., *op. cit.*, p. 27. SILVA traduziu o texto legal disposto, respectivamente, no *Decreto del Presidente dela Republica* 600, 29 *settembre* 1973, art. 64.1, e na *Ley General Tributaria*, 230, de 28 *de deciembre*, 1963, art. 32. Este último diploma, vale observar, foi ab-rogado pela *Ley General Tributaria* 56, de 17 de dezembro de 2003, que, em seu artigo 36.3, esclarece que "*... es substituto el sujeto pasivo que, por imposicion de la ley y en lugar del contribuyente, está obligado a cumplir la obligacion tributaria principal, así como las obligaciones formales inherentes a la misma*". Vide, ademais, Leandro PAULSEN, **Responsabilidade**..., *op. cit.*, p. 66-72 e 75-90.

458 **Substituição Tributária**, p. 98-102; VILLEGAS, ***Curso***..., *op. cit.*, p. 260-261; PÉREZ DE AYALA, ***Curso***..., *op.cit.*, p. 276-277.

459 RODRIGUES, **Substituição**..., *op. cit.*, p. 95-98; VILLEGAS, ***Curso***..., *op. cit.*, p. 261.

substituto é um representante "*ex lege*" do contribuinte[460]; havendo várias outras, bem sintetizadas por Piva RODRIGUES, que apresenta as críticas formuladas a cada uma[461]. É diante dessas numerosas, e, por vezes, conflitantes concepções, que confirmam a riqueza e a complexidade do tema, que VILLEGAS manifesta o seu ceticismo quanto à utilidade de encontrar a natureza jurídica da figura, a respeito da qual fizemos alusão, no início do capítulo.

Não nos vamos deter, no presente trabalho, sobre essas distintas formulações teóricas, desenvolvidas pela doutrina estrangeira. Tal tarefa foi realizada de forma muito competente por JUSTEN FILHO, que promoveu uma síntese das concepções dos principais pensadores europeus e latino-americanos acerca da sujeição passiva – sobre as figuras do destinatário legal tributário, do substituto e do responsável – partindo de Albert HENSEL e Ernst BLUMENSTEIN[462]; transitando pela doutrina italiana, de

[460] RODRIGUES, **Substituição**..., *op. cit.*, p. 102-104; VILLEGAS, ***Curso***..., *op. cit.*, p. 261; PÉREZ DE AYALA, ***Curso***..., *op. cit.*, p. 277.

[461] **Substituição**..., *op. cit.*, p. 104-131.

[462] Como se pode verificar da consulta à obra de HENSEL, e da síntese que nos é apresentada por JUSTEN FILHO, aparenta ser correta a afirmação de Leandro PAULSEN de que o jurista alemão "*... não cuidou da substituição tributária de modo específico na sua grande obra Steuerrecht, de 1924*" – PAULSEN, **Responsabilidade**..., *op. cit.*, p. 38 – ainda que, na sua "*... genial intuição jurídica...*", como apontou JUSTEN FILHO – **Sujeição**..., *op. cit.*, p. 100 – tenha indicado que "*... não raramente outra pessoa que não o devedor tributário era considerado por lei como obrigado ao pagamento, tendo exemplificado com as hipóteses de retenção sobre rendimentos do trabalho ou do capital*" – PAULSEN, **Responsabilidade**..., *op. cit.*, p. 38. De fato, lê-se em HENSEL que "*A lei estabelece **a quem** compete a obrigação de **pagamento** do imposto. Obrigado ao pagamento é, não raro, uma pessoa diversa daquela indicada como 'devedora do imposto' pela lei*" (tradução livre). No original: "*La legge stabilisce a **chi** corre l'obbligo di **pagamento** dell'imposta. Obbligato al pagamento è, non di rado, una persona diversa da quella indicata come 'debitore dell'imposta'*" – ***Diritto Tributario***, p. 83. Ernst BLUMENSTEIN, certamente, é uma das referências centrais em matéria de substituição tributária, na doutrina alienígena, por ter levado a matéria ao Código Tributário suíço (o *Abgabenordnung*) e ter lhe dado um espaço próprio em sua obra "*System des Steuerrechts*", segundo PAULSEN – **Responsabilidade**..., *op. cit.*, p. 38. Brandão MACHADO lhe atribui o mérito de ter sido o "*... primeiro a estudar sistematicamente a substituição tributária, primeiramente em artigo publicado em obra coletiva, e depois no seu tratado de Direito Tributário suíço*" – Notas de Direito Comparado..., *op. cit.*, p. 77-78. BLUMENSTEIN fazia uma distinção entre a substituição tributária privativa, quando o sujeito tributário era completamente afastado do dever de pagar, permanecendo

Enrico ALLORIO, Achille Donato GIANNINI, Antonio BERLIRI[463] – pensadores cujas reflexões o autor paranaense considera as orientações fundamentais sobre o tema – e Andrea PARLATO[464] – para ele, o responsável pela construção doutrinária mais perfeita na matéria – para, depois, concentrar-se na América Latina e, por derradeiro, no Brasil[465]; por Leandro PAULSEN, que, em estudo de direito comparado concernente às categorias da responsabilidade e da substituição, nos ordenamentos jurídicos brasileiro, espanhol, italiano e alemão, expõe, de maneira didática, as contribuições de BLUMENSTEIN, GIANINNI, BERLIRI e Dino JARACH, para o aprofundamento do conceito teórico da substituição tributária[466]; além

apenas o substituto, e a substituição cumulativa, quando o primeiro titular e o substituto respondiam, solidariamente, pela obrigação – PAULSEN, **Responsabilidade**..., *op. cit.*, p. 39-40; JUSTEN FILHO, **Sujeição**..., p. 102-104.

463 Para Enrico ALLORIO, segundo destaca JUSTEN FILHO, o legislador é livre para construir a norma jurídica tributária, indicando o sujeito que terá o dever de pagar o tributo. Na substituição, há uma confusão entre o momento pré-jurídico e o momento jurídico – **Sujeição**..., *op. cit.*, p. 110. V. Johnson NOGUEIRA, Contribuinte Substituto..., *op. cit.*, p. 93. Para GIANNINI, a substituição é fenômeno típico do Direito Tributário. O substituto é o único devedor do tributo, e seu dever é próprio, não alheio. A essência da substituição não está em que um deva satisfazer o débito de outro, mas em pôr o substituto, ao longo de toda a relação jurídica, no posto do substituído – ***Istituzioni di Diritto Tributário***, p. 107-118. Ainda, consulte-se JUSTEN FILHO, **Sujeição**..., *op. cit.*, p. 112-117; e PAULSEN, **Responsabilidade**..., *op. cit.*, p. 40. BERLIRI conceitua o substituto tributário como o sujeito que, "*... por força de uma disposição legal é sujeito passivo de uma relação jurídica de imposto em lugar de um outro por um fato ou situação referida a este último*" (tradução livre). No original: "*...* ***sostituto dímposta*** *è colui che in forza di uma dispozione di legge è soggetto passivo di um rapporto giuridico dímposta in luogo di un altro per um fato od situazione riferible a quest'ultimo*" – ***Corso Istituzionale di Diritto Tributario***, v. 1, p. 146. JUSTEN FILHO apresenta, de forma pormenorizada, o entendimento de BERLIRI acerca do tema, bem como das críticas feitas pelo jurista italiano às concepções de ALLORIO e GIANNINI – **Sujeição**..., *op. cit.*, p. 117-123.

464 PARLATO vê, no fenômeno da substituição, uma conjugação normativa entre uma norma principal – da qual deriva a relação jurídica normal ou típica do efeito jurídico tributário – e uma norma secundária – que é ligada à primeira e que compreende alguns elementos específicos, dando causa ao dever jurídico do substituto. O mecanismo de conjugação normativa como que "desvia" o efeito da relação jurídica tributária, destinando-a ao substituto – ***Il Sostituto D'Imposta***, p. 136-140.

465 JUSTEN FILHO, **Sujeição Passiva**..., *op. cit.*, p. 100-213.

466 **Responsabilidade**..., *op. cit.*, especialmente p. 37-43; 66-73; e 77-84. PAULSEN observa que Dino JARACH entendia que, mesmo na hipótese de substituição, o dever do con-

deles, Brandão MACHADO, que, em dispersos e eruditos ensaios, resgata a importância das formulações estrangeiras para o tema, especialmente no que diz respeito à existência da substituição, no âmbito dos ordenamentos jurídicos dos países europeus, chamando a atenção para a inexistência daquela categoria no ordenamento jurídico alemão[467]; e, ainda, em Walter Piva RODRIGUES e Alcides Jorge COSTA, ambos promovendo um notável apanhado das diversas correntes acerca da natureza jurídica da substituição tributária[468].

Embora aqui e acolá possamos retomar, pontualmente, as considerações da doutrina estrangeira, pretendemos dar atenção especial ao que dispõe a doutrina nacional sobre o fenômeno da substituição. Não só porque a doutrina tributária já absorveu, à sua maneira, as lições da doutrina estrangeira, mas porque o fenômeno, à luz do direito positivo brasileiro, obedece a determinadas particularidades com as quais a doutrina alienígena não tinha motivo para ter se preocupado. Na realidade, há de se ter, até, uma certa dose de desconfiança, já que as palavras podem ser as mesmas, mas o fenômeno pode ser distinto.

4.2.3 A substituição tributária convencional e a doutrina brasileira

O conceito de "substituição tributária" foi alvo de investigações por parte da doutrina antes mesmo da edição do Código Tributário Nacional, promulgado em 25 de outubro de 1966. Alfredo BECKER atribui a Amílcar de Araújo FALCÃO o **pioneirismo** no uso da expressão "substituto legal

tribuinte não era suprimido, de maneira que o Estado se poderia voltar contra ele, na hipótese de insolvência do substituto – **Responsabilidade**..., *op. cit.*, p. 41-42. Lê-se, em Dino JARACH, que a obrigação do Fisco em face do contribuinte (substituído) "... *puede surgir en forma condicional, cuando el sustituto no haya satisfecho el impuesto y su insolvência pueda frustrar la pretensión tributaria del Fisco*" – ***Finanzas Públicas y Derecho Tributario***, p. 391.

467 "*Deste sumário da doutrina da Alemanha sobre a matéria se colhe a conclusão de que o sistema jurídico alemão ignora a substituição tributária, como já havia afirmado BLUMENSTEIN em 1929*" – Notas de Direito Comparado..., *op. cit.*, p. 89-90. Mais tarde, após troca de correspondências com o ilustre professor Klaus TIPKE, da Universidade de Colônia, volta a afirmar: "*O emérito Professor de Colônia defende, como se vê, entendimento que não contempla, como instituto legítimo, a substituição tributária no direito alemão*" – Ainda a Substituição Tributária, p. 13; ademais, veja-se Brandão MACHADO, O Adicional..., *op. cit.*, p. 291-296.

468 Walter Piva RODRIGUES, **Substituição**..., *op. cit.*, p. 71-131; Alcides COSTA, ICMS e Substituição..., *op. cit.*, p. 70.

tributário" no seio da doutrina brasileira, utilizada tanto na "*Introdução ao Direito Tributário*", cuja primeira edição é de 1959, quanto no "*Fato gerador da Obrigação Tributária*", de 1964[469].

A título de curiosidade, Brandão MACHADO sustenta que **a primeira referência à figura da substituição, em terras brasileiras**, encontra-se nos comentários à lei executiva fiscal de João Martins de OLIVEIRA, de 1943; ainda, segundo ele, no fim dos anos 40, o tema foi objeto de análise no curso de introdução ao Direito Tributário ministrado por Rubens Gomes de SOUSA, na Escola Livre de Sociologia e Política de São Paulo[470].

De fato, encontra-se, na obra de João Martins de OLIVEIRA, referência à figura do substituto tributário, que, a seu ver, era um "*... indireto agente do Fisco...*", a quem a lei, "*... ao lado do sujeito passivo da obrigação fiscal ... confere todos os encargos da relação fiscal, como se fora ele próprio o mesmo sujeito passivo*", com o propósito de o Estado "*... garantir-se na arrecadação e imprimir rapidez na liquidação dos impostos*"[471].

Embora dignas de registro as considerações feitas por OLIVEIRA, nos idos dos anos quarenta – uma vez que, consoante informação prestada por Marçal JUSTEN FILHO, em minuciosa análise sobre a doutrina referente ao tema da sujeição passiva, eram escassas as obras que sequer tangenciavam o assunto, antes da década de sessenta – assentimos com a afirmação do professor paranaense de que a cristalização do pensamento jurídico tributário e a elaboração de seus princípios fundamentais, que propiciaram "*... o nascimento de um direito tributário brasileiro...*", é devedora dos trabalhos de Rubens Gomes de SOUSA, de Amílcar de Araújo FALCÃO e de Alfredo BECKER.

Não se pode considerar exagerada a afirmação, portanto, de que, na ciência do direito tributário brasileiro, o pioneirismo concernente à investigação da substituição tributária pode ser atribuído a esses três autores,

[469] **Teoria Geral...**, *op. cit.*, p. 586; PEIXOTO, **Responsabilidade...**, *op. cit.*, p. 160. Com efeito, desde a primeira edição do livro "Introdução ao Direito Tributário", de Amílcar de Araújo FALCÃO, há um capítulo inteiro dedicado à análise do "substituto legal tributário". O autor era um manifesto adepto da teoria dualista da obrigação. Vide Amílcar de Araújo FALCÃO, **Introdução ao Direito Tributário**, p. 85-92.

[470] Notas de Direito Comparado..., *op. cit.*, p. 81.

[471] **Direito Fiscal**, p. 120-121.

como soi ocorrer em muitos dos demais temas do Direito Tributário[472]. A partir deles, a substituição foi objeto de enriquecimentos por parte da doutrina, nas obras de Geraldo ATALIBA, Paulo de Barros CARVALHO, Cleber GIARDINO, Arnaldo BORGES, Marçal JUSTEN FILHO, Sacha Calmon Navarro COELHO, Misabel DERZI, Renato Lopes BECHO, Brandão MACHADO, Luis César Souza de QUEIROZ, Andrea DARZÉ, Maria Rita FERRAGUT, Andrei Pitten VELLOSO, Daniel Monteiro PEIXOTO e muitos outros.

Ainda que a obra de cada um desses juristas mereça um exame particular, cremos ser possível agrupar as explicações teóricas fornecidas pela doutrina brasileira, acerca do fenômeno da substituição tributária, em quatro grupos: (i) no primeiro, dando especial atenção à relação tributária, os autores **invocam a teoria dualista da obrigação**, para sustentar que o substituto é um sujeito passivo da relação, mas somente em relação ao aspecto da responsabilidade, não em relação ao do débito, cujo sujeito permanece sendo o destinatário legal tributário; (ii) no segundo, olhando para a norma-padrão de incidência tributária, a doutrina explica que o legislador prescreve uma norma tributária de incidência na qual o sujeito passivo **indicado no consequente tributário** é distinto do destinatário legal tributário, sendo o substituto alçado à condição de sujeito passivo da relação desde a sua origem, por opção do legislador, em decisão tomada **em momento pré-jurídico**; (iii) no terceiro, concentrando-se, em essência, na estrutura normativa do fenômeno, os autores argumentam que a substituição decorre de **uma norma jurídica autônoma**, de **cunho administrativo**, instrumental, que atribui ao substituto um **dever de "fazer"**; a dinâmica dessa norma instrumental é paralela à da norma-padrão de incidência tributária; (iv) por fim, também sob o ponto de vista da estrutura das normas, a quarta corrente propõe que a substituição é uma conjugação normativa extraordinária, envolvendo duas normas jurídicas, uma autônoma e outra não-autônoma, por meio da qual

[472] Não à toa Daniel Monteiro PEIXOTO principia a sua análise da figura da substituição tributária a partir da obra de BECKER. Outrossim, Renato Lopes BECHO exprime a visão tradicional doutrinária sobre a substituição mediante a reprodução de excertos do "*Teoria Geral do Direito Tributário*", assim como Luis QUEIROZ.

esta última **altera o critério pessoal da norma-padrão de incidência tributária**, inserindo o substituto no polo passivo da relação.

Passemos a analisá-las, uma a uma.

4.2.4 As propostas teóricas sobre o fenômeno da substituição tributária

4.2.4.1. A substituição como uma alteração do aspecto da "responsabilidade", na teoria dualista da obrigação

4.2.4.1.1 Proposta

Parte da doutrina vê, na substituição, um fenômeno relacionado à teoria dualista da obrigação, aparentemente encampada pelo direito positivo brasileiro, segundo a qual há uma dissociação entre o débito ("*Schuld*") e a responsabilidade ("*Haftung*").

Lembrando as observações feitas, no capítulo anterior, acerca da teoria dualista, de um lado, "*A relação de débito é representada pelo vínculo pessoal entre o contribuinte e o sujeito ativo e surge com a ocorrência do fato gerador...*", tendo por objeto a prestação, um dever[473]; de outro, a relação de responsabilidade, distinta da de débito, apesar de dela decorrente, é "*... constituída juntamente com a primeira e que corresponderia ao vínculo de responsabilidade ou de garantia (pessoal ou patrimonial), tendo por pressuposto a existência do inadimplemento de um dever*"[474].

A substituição tributária, nesse contexto, seria um perfeito e nítido exemplo "*... de dissociação absoluta entre dever e responsabilidade*": enquanto o contribuinte seria o sujeito passivo da relação de débito ("*Schuld*"), o substituto seria o da responsabilidade ("*Haftung*")[475]. O artigo 128 do

[473] Funaro, **Sujeição...**, *op. cit.*, p. 48.

[474] Marco Aurélio Greco, **Substituição...**, *op. cit.*, p. 119.

[475] Alcides Costa, **Contribuição...**, *op. cit.*, p. 61. No mesmo sentido, Greco, embora referindo-se à substituição progressiva: "*Na figura da antecipação com substituição tributária de ICMS, a distinção entre dívida e responsabilidade não só fica muito nítida, como é ela que permite bem equacionar a posição jurídica em que está investido cada um*" – Substituição..., *op. cit.*, p. 122. De certo modo, essa é a compreensão de Amílcar de Araújo Falcão, que assim se manifestou: "*De tudo o que foi dito, claro está que, por vêzes, pode o legislador dissociar inteiramente a relação tributária, atribuindo o 'debitum' a uma pessoa (contribuinte) e a responsabilidade de sua solução a*

Código Tributário Nacional representaria fielmente o desenho da teoria, ao dispor que a lei pode atribuir "... *a responsabilidade pelo crédito tributário a terceira pessoa*".

Luis Eduardo SCHOUERI, exaltando a contribuição de Alcides Jorge COSTA para o estudo da obrigação tributária, sublinha a importância da teoria dualista para o tema da substituição tributária. À luz de precedente julgado pelo Supremo Tribunal Federal sobre a matéria – Recurso Extraordinário n. 603.191 – vê, ali, a aplicação prática da "... *proposta dualista trazida por Alcides Jorge Costa*"; julgamento no qual a Corte ressaltou que o contribuinte não é substituído em seu "... *dever fundamental de pagar tributos*", que SCHOUERI entende equivaler à "... *manutenção do vínculo da dívida*"[476]. O legislador, ao eleger o substituto, não interfere naquela relação; o substituto "*Não se presta senão a garantir o cumprimento da obrigação*"[477].

Em resumo, o contribuinte seria o devedor, ao passo que o substituto seria o responsável. "*Essa é a posição mais disseminada na doutrina pátria*", escreveu Marçal JUSTEN FILHO, na metade da década de oitenta[478].

outra (substituto). O substituto, pois, é aquêle terceiro a quem a lei comete – com exclusividade – o dever de pagar tributo alheio" – Substituto Legal Tributário, **Revista de Direito Público**, n. 8, p. 46. Diz-se "de certo modo" porque, embora FALCÃO encampe expressamente a teoria dualista da obrigação e a utilize para explicar a substituição, mostra ser partidário da concepção de PUGLIESE, que concebia a substituição como uma modalidade de execução contra terceiros, entendendo haver uma "... *sub-rogação 'ex lege' de um sujeito passivo substituto a um outro que possui a capacidade contributiva que normalmente faz surgir a obrigação tributária (substituído)*" – *ibidem*, p. 45 – além de reconhecer, em outra passagem, que o substituto é "... *um verdadeiro devedor (Steuerschuldner)*" – *ibidem*, p. 46.

[476] Contribuição ao Estudo da Obrigação Tributária: um Posfácio, *in* Raquel Elita Alves PRETO *et al.*, **Tributação Brasileira em Evolução: estudos em homenagem ao professor Alcides Jorge Costa**, p. 510. A ementa do Recurso Extraordinário n. 603.191 já foi reproduzida na nota de rodapé n. 123.

[477] *Ibidem*, p. 540.

[478] **Sujeição...**, *op. cit.*, p. 265. Também adota a teoria dualista, e a utiliza para dissociar o contribuinte do responsável, incluindo, nesta última categoria, o substituto, Ricardo Lobo TORRES, que assim pontifica: "*O responsável, ao contrário do contribuinte, tem a responsabilidade (Haftung) exclusiva, solidária ou subsidiária, sem ter o débito (Schuld)*" – **Curso de Direito Financeiro e Tributário**, p. 263.

4.2.4.1.2 Crítica

Ao submeter o raciocínio que pretende aplicar a teoria dualista da obrigação à relação jurídica tributária a um exame mais rigoroso, vê-se que as distinções traçadas pelos que a professam **não parecem encontrar respaldo**, efetivamente, **na teoria dualista.**

A teoria dualista da obrigação distingue o débito da responsabilidade para explicar as duas faces de uma mesma moeda: enquanto o débito é um dever de conduta, um comportamento a ser realizado pelo sujeito passivo – tecnicamente, uma prestação, "*... cujo conteúdo pode consistir num dar, num fazer, num não-fazer ou num deixar fazer ou suportar (pati)*" – a responsabilidade é um estado de sujeição do devedor, a que se contrapõe o poder do credor de investir contra o patrimônio do responsável, conquanto esse vínculo possa também ser de natureza pessoal[479]. A responsabilidade coexiste com o débito, "*... segue a dívida 'quase como uma sombra...'*" – em estado potencial, frise-se, pois somente se desencadeia com o inadimplemento[480].

Ou seja, o débito ("*Schuld*") é um vínculo pessoal, instaurado a partir da realização do fato descrito na hipótese legal, cujo objeto é o comportamento a ser efetuado pelo devedor; a responsabilidade ("*Haftung*") é um vínculo patrimonial, em regra, que representa um estado de sujeição passiva – irrelevante, portanto, a conduta desse mesmo sujeito – e que se mantém em estado potencial até o inadimplemento da prestação.

Pense-se no fiador de um negócio jurídico, por exemplo: ele pode ser considerado um sujeito que participa da relação de responsabilidade, mas não da de débito. Ele, o fiador, não tem o dever de efetuar o pagamento da prestação devida pelo afiançado; no entanto, caso este último não cumpra a prestação prometida, o patrimônio do fiador estará sujeito ao poder de agressão do credor, mediante a provocação do aparato judicial.

Tendo isso em mente, basta refletirmos sobre a figura do substituto, para concluirmos que ele, certamente, não poderia ser um sujeito passivo da relação de responsabilidade.

Ora, o que faz o substituto? Ele **realiza a conduta** de entregar o dinheiro ao Estado, comportamento dele exigível desde o nascimento

[479] LEÃES, **Obrigação...**, *op. cit.*, p. 5; JUSTEN FILHO, **Sujeição...**, *op. cit.*, p. 56-57.
[480] LEÃES, **Obrigação...**, *op. cit.*, p. 14-15.

da relação jurídica tributária, e que não decorre do inadimplemento do dever por parte do destinatário legal tributário, até mesmo porque o destinatário legal tributário não tem nenhum dever de pagar.

E se o substituto não cumpre a prestação? Ele poderá sofrer uma agressão em seu patrimônio, em razão do poder exercido pelo credor.

O que se vê, então, é que, à luz dos conceitos da teoria dualista, o substituto tem um dever em face do credor. É um **vero devedor**, não mero sujeito que submete seu patrimônio à agressão do credor, em caso de inadimplemento da obrigação, como se cogitaria, no Direito Civil, de um fiador ou de um avalista, estes sim, apenas "responsáveis", em um vínculo obrigacional.

Note-se que Marco Aurélio GRECO, após defender a aplicação da concepção dualista, afirma que, na substituição, embora a dívida seja de um, a lei, por conveniência, "*... atribui a outro a respectiva responsabilidade pelo recolhimento*"[481]. Se cabe ao substituto o comportamento de "recolher", **não se está mais a tratar do estado de sujeição a que corresponde a responsabilidade** – não, ao menos, dentro dos conformes da teoria dualista da obrigação.

Ao fim e ao cabo, parece-nos que Marçal JUSTEN FILHO, embora discorrendo sobre a separação entre a obrigação principal e as acessórias, no Código Tributário Nacional, diagnosticou o problema, de mesma natureza:

> ... parece-nos, por isso, mais adequado – admitindo-se uma estrutura dualista também para a relação tributária – reputar que as situações de fazer e de não fazer constituem-se, elas próprias, em deveres, a que corresponderiam 'vinculações' (patrimoniais, por natureza). Ou, na terminologia tradicional, as 'obrigações acessórias' caracterizam-se na categoria de **Schuld**, não de **Haftung**[482].

[481] **Substituição...**, *op. cit.*, p. 123.
[482] **Sujeição...**, *op. cit.*, p. 94.

Por isso, Sacha Calmon COÊLHO afirma, de modo enfático, que as teorias dualistas, embora possam ter serventia no Direito Privado, são "... *imprestáveis...*", porque tudo se passa "*... por força de lei...*"[483].

Na substituição, não há a atribuição de um dever ao destinatário legal tributário e de uma responsabilidade ao substituto. O substituto é, simultaneamente, um devedor – porque tem o dever de realizar o comportamento de entregar dinheiro ao Estado – e um responsável – porque, caso não cumpra a prestação, está sujeito à sanção. Já o destinatário legal tributário não é devedor, porque ele não tem o dever de cumprir tal prestação. Resumindo: "*... o fenômeno da substituição não tem qualquer pertinência com a teoria dualista da obrigação...*", não servindo para explicá-lo[484].

Se a teoria dualista fosse aplicada, até os seus ulteriores termos, à substituição tributária, a prestação consistente em pagar uma quantia teria que ser realizada pelo contribuinte. Se ele não a cumprisse, o terceiro, substituto, poderia sofrer a agressão patrimonial do Estado-credor, **simplesmente em razão do descumprimento** da obrigação tributária. O mero inadimplemento seria suficiente. **Em um Estado Democrático de Direito, isso não seria admissível, porque arbitrária e confiscatória a cobrança.**

Apesar das observações feitas acima, o que se pode notar, na doutrina, é que os autores que invocam a teoria dualista da obrigação, não o fazem para defender a aplicação da teoria dualista, apresentada no parágrafo anterior. O que fazem é, via de regra, chamar de "*Schuld*" o dever referente à relação jurídica tributária principal, decorrente da realização do fato jurídico tributário; e de "*Haftung*" um outro dever, decorrente de uma outra relação jurídica, derivada de outro fato jurídico, distintos da relação tributária e do fato jurídico tributário. Assemelham-se, aparentemente, àqueles que veem na substituição um dever decorrente de uma norma administrativa, de cunho instrumental.

Nesse passo, cumpre olhar, com vagar, para as normas jurídicas tributárias, que dão vida à relação tributária. Lá, poderemos investigar a estrutura normativa do fenômeno da substituição.

483 Sujeição Passiva Direta e Indireta – Substituição Tributária, *in* Arthur M. FERREIRA NETO e Rafael NICHELE (coord.), **Curso Avançado de Substituição Tributária**, p. 226.
484 JUSTEN FILHO, **Sujeição...**, *op. cit.*, p. 273.

4.2.4.2 A substituição como uma "anomalia congênita" da norma de incidência tributária

4.2.4.2.1 Proposta

Segundo respeitável corrente doutrinária, a substituição tributária é um fenômeno pré-jurídico, por meio do qual o legislador, dentro da liberdade que lhe é outorgada para criar a norma-padrão de incidência tributária, atribui a um terceiro, designado substituto, a posição de sujeito passivo da relação jurídico-formal, prescrita no consequente.

Alberto XAVIER destaca que a substituição configura um regime excepcional, que representa "... *desvio lógico...*" do regime geral, segundo o qual o dever de pagar o tributo é atribuído à pessoa que tem a capacidade contributiva revelada pela hipótese de incidência[485].

Nesse sentido, o substituto é "... *posto na condição de sujeito passivo por especificação da lei, ostentando a integral responsabilidade pelo quantum devido a título de tributo*", **absorvendo integralmente** "... *os deveres de sujeito passivo, quer os pertinentes à prestação patrimonial, quer os que dizem respeito aos expedientes de caráter instrumental...*" (Paulo de Barros CARVALHO)[486].

Não há nenhuma relação jurídica entre o dito substituído e o ente tributante[487]; nem por isso, todavia, ele, o substituído, deixa de ser relevante: isso porque o regime jurídico da substituição "... *é o do substituído, não o do substituto*", de modo que todo ele permanece como referência para "... *o esclarecimento de aspectos que dizem com o nascimento, a vida e a extinção da obrigação tributária*"[488].

Para BECKER, o legislador, mediante o recurso à ficção – "... *processo técnico de arte legislativa...*", segundo o mestre gaúcho – escolhe "... ***qualquer outro*** *indivíduo de cuja renda ou capital a hipótese de incidência é fato signo-presuntivo de riqueza*" [489]. Johnson Barbosa NOGUEIRA desenvolve o argumento apresentado por BECKER, relativo ao uso da ficção legal na substituição, considerando que somente ela, a ficção, pode explicar tal

[485] **Direito Tributário Internacional do Brasil**, p. 452.
[486] **Direito Tributário: Fundamentos Jurídicos...**, *op. cit.*, p. 230.
[487] *Ibidem*, p. 230-231; BECKER, **Teoria...**, p. 594.
[488] Paulo de Barros CARVALHO, **Direito Tributário: linguagem...**, *op. cit.*, p. 655.
[489] **Teoria Geral...**, *op. cit.*, p. 591-592.

fenômeno. Para ele, o substituto é o sujeito passivo a quem "*... a lei, por ficção, atribui a ocorrência do fato gerador, de modo direto...*", de sorte que, "*... para fins de direito é ele a pessoa que tira proveito econômico da ocorrência de tal fato*"[490].

O legislador, simultaneamente, caso o Princípio da Capacidade Contributiva esteja juridicizado no sistema jurídico, irá outorgar, em outra regra jurídica, **o direito de repercussão do substituto em face do substituído**, seja mediante o reembolso ou a retenção na fonte, direito esse que não assume feição tributária[491]. A "*... pronta disponibilidade de mecanismo eficaz para eventuais ressarcimentos do substituto*", aliás, é "*... peça indispensável ao arranjo jurídico da substituição...*", na valiosa lição de Paulo de Barros CARVALHO[492].

Para os que assim veem o fenômeno da substituição, toda a operação de determinação do substituto tributário e da sua inclusão na relação jurídica tributária ocorreria "*... **no momento político** em que o legislador cria a regra jurídica*" (BECKER), "*... num plano pré-jurídico*" (José Eduardo Soares de MELO), "*... em intervalo meramente político...*" (Paulo de Barros CARVALHO)[493].

Por conseguinte, na síntese de Paulo Coimbra SILVA, a substituição tributária **não envolveria nenhuma interligação de normas**, "*... mas a existência tão-somente de uma única norma tributária...*", qual seja, a norma de incidência tributária, "*... na qual se identificam a pessoa discriminada no aspecto pessoal de sua hipótese de incidência e aquela obrigada a cumprir a obrigação, especificada em seu comando normativo*"[494]. Em sentido semelhante, Andrei Pitten VELLOSO, para quem não há duplicidade de normas, mas tão só a instauração da obrigação tributária por imposição da "*... própria regra-matriz de incidência (ou por regra impositiva específica, qualificada como regra especial*

[490] Contribuinte Substituto..., *op. cit.*, p. 93-94.

[491] BECKER, **Teoria Geral...**, *op. cit.*, p. 602-603.

[492] **Direito Tributário: linguagem...**, *op. cit.*, p. 655.

[493] BECKER, **Teoria Geral...**, *op. cit.*, p. 592; MELO, **Curso de Direito Tributário**, p. 249; CARVALHO, **Direito Tributário: linguagem...**, *op. cit.*, p. 654.

[494] **Substituição...**, *op. cit.*, p. 28.

perante a geral), que prevê o substituto como sujeito passivo de tributo devido por fato do substituído"[495].

4.2.5.2.2 Crítica

A visão acima exposta pressupõe que a norma jurídica seria dotada de uma **incômoda "anomalia congênita" ou de um "desvio lógico"** em sua estrutura: apesar de o sujeito da hipótese de incidência ser um, o sujeito passivo do consequente seria outro, e não haveria nenhum problema nessa incongruência. Como destacou PÉREZ DE AYALA, "... *la figura de la sustitución tributaria es, en cierto modo, una anomalía que supone siempre una alteración de los princípios lógicos que disciplinan la aplicación del impuesto*"[496].

Marçal JUSTEN FILHO crítica essa e todas as concepções que, a seu ver, pecam pelo vício nuclear comum de "... *supor que, de fato, a substituição decorre de uma espécie de anomalia congênita da norma tributária*"[497].

Consoante exposto anteriormente, uma norma-padrão de incidência tributária autônoma, em que exista uma incompatibilidade entre a hipótese e o mandamento, está em **dissonância** com os princípios do sistema constitucional tributário, sendo inválida. A elaboração da norma impositiva tributária não pode ignorar o comando constitucional da capacidade contributiva, que estabelece a necessária relação entre a hipótese e o mandamento da norma-padrão.

A pouca relevância dada por BECKER às normas constitucionais quanto às limitações para a escolha do sujeito passivo – para o mestre gaúcho, o legislador gozava de ampla margem de liberdade para determinar o sujeito passivo tributário da relação jurídico-formal – constitui o cerne da crítica feita por Luis César QUEIROZ[498]:

[495] As Modalidades..., *op. cit.*, p. 192, nota de rodapé n. 39.

[496] ***Curso de Derecho Tributario***, p. 273.

[497] **Sujeição...**, *op. cit.*, p. 265.

[498] A nosso ver, semelhante crítica é externada por Renato Lopes BECHO, ao julgar equivocada a posição de BECKER no sentido de negar a existência de relação jurídica entre o Estado e o substituído. Diz ele: "*Por outro giro verbal, o que nos interessa é identificar na Constituição Federal determinados sujeitos passivos tributários e observar que o legislador* ***escolheu*** *outras pessoas, colocando-as no polo passivo. Diante disso, o cientista vai verificar a licitude dessa conduta, utilizando para isso os instrumentais que sua ciência lhe disponibiliza*" – **Sujeição...**,

A postura de BECKER, apesar de rigorosa e bem centrada em fenômenos exclusivamente jurídicos, é pouco fértil em oferecer **critérios** e **limites** para que o legislador infraconstitucional imponha a alguém a situação de **substituto**. Sua atenção está voltada apenas para as disposições da 'lei' (norma legal, infraconstitucional), esquecendo o jurista gaúcho de pesquisar o relevante papel das **normas constitucionais de produção normativa**[499].

Se o sujeito previsto na relação jurídico-formal do mandamento da norma-padrão de incidência tributária pudesse ser outro que não o destinatário legal, então ocorreria a desnaturação do tributo, porque haveria, necessariamente, a alteração de sua materialidade (JUSTEN FILHO[500]).

Ademais, a explicação do fenômeno da substituição tributária somente mediante a alusão à regra-matriz de incidência tributária parece suprimir uma etapa essencial da investigação científica, qual seja, a da análise de quais são os pressupostos normativos que condicionam a liberdade do legislador para eleger um terceiro, distinto do destinatário legal tributário, para o posto de sujeito passivo da obrigação tributária. A seleção do substituto para figurar no consequente tributário é considerada um momento "pré-jurídico", dificultando a compreensão da figura.

Por fim, na crítica de DARZÉ, desconsidera-se a relevante presença do substituído, como se ele fosse um sujeito fora do direito, quando, na realidade, ele não é elemento pré-jurídico, porque permanece no direito positivo, na qualidade de realizador do evento tributado, embora não como sujeito passivo do vínculo tributário[501].

op. cit., p. 114. A crítica de BECHO é consentânea com a sua firme concepção de que "*... o sujeito passivo tributário está, pelo menos implicitamente, previsto no Texto Constitucional*", pois, assumindo tal premissa, "*Ela exige que partamos da Constituição Federal, analisando a força de várias normas que possam influenciar na fixação do sujeito passivo tributário*" – **Responsabilidade Tributária...**, *op. cit.*, p. 16.

[499] **Sujeição...**, *op. cit.*, p. 195.

[500] **Sujeição...**, *op. cit.*, p. 267.

[501] **Responsabilidade...**, *op. cit.*, p. 197.

4.2.4.3. A substituição como uma norma distinta da norma-padrão de incidência tributária

4.2.4.3.1 Introdução

Outra parcela da doutrina rejeita a compreensão de que a substituição é um fenômeno intrínseco à norma-padrão de incidência tributária. O que haveria, em verdade, seria um relacionamento entre duas normas distintas: uma, a norma de incidência tributária; outra, a norma de substituição tributária. Nesse diapasão, é possível identificar duas correntes distintas, abaixo apresentadas.

4.2.4.3.2 A substituição tributária como norma de cunho administrativo/norma de dever instrumental (obrigação acessória)

4.2.4.3.2.1 Proposta

Luis Queiroz sublinha, de modo enfático, que o único sujeito capaz de figurar na condição de sujeito passivo da relação jurídica tributária é o destinatário legal tributário, por força do Princípio Constitucional da Igualdade, que constitui um "... *complemento necessário e condicionante do aspecto declaração prescritiva do antecedente de toda e qualquer norma constitucional de produção normativa*"[502].

Em decorrência do princípio da igualdade, que condiciona a norma de competência, a norma impositiva da taxa somente poderia atribuir a qualidade de sujeito passivo, na relação jurídico-formal prescrita no consequente, àquele que provocar o exercício do poder de polícia, ou que utilizar o serviço público; na contribuição de melhoria, àquele que se beneficiar da valorização do imóvel; e, nos impostos, ao titular da riqueza colhida no antecedente da norma impositiva tributária[503].

Com base nessa premissa, o autor, de modo coerente, rejeita as propostas teóricas segundo as quais o substituto é posto na condição de sujeito passivo do consequente da norma-padrão de incidência, que permanece intocada. Haveria, então, uma segunda norma, pertinente à substituição tributária.

[502] **Sujeição...**, *op. cit.*, p. 155-156. Na linha do exposto no subitem 3.4.2.2.4.4.
[503] *Ibidem*, p. 158-159.

A seu ver, a natureza da norma de substituição "... *é meramente administrativa*". O substituto atua como um simples agente arrecadador, e a norma de substituição determina uma de duas possibilidades: ou obriga o contribuinte a entregar o dinheiro ao substituto; ou permite ao substituto reter o dinheiro que, embora esteja na sua posse, pertence, juridicamente, ao contribuinte.

O fenômeno da substituição, que decorre de sua interação com a norma de incidência tributária, envolve **duas relações jurídico-formais**, de naturezas distintas: uma entre o contribuinte e o Estado – que, nesse caso, "... *é representado pelo seu agente arrecadador, o substituto*" – relação de natureza tributária; e outra, entre o substituto e o Estado, por meio da qual aquele é obrigado a repassar ao Estado o dinheiro recebido ou retido do contribuinte, relação de natureza administrativo-fiscal[504].

De acordo com essa concepção normativa, não há que se falar em rápido e eficaz ressarcimento para o substituto, porquanto **o único patrimônio ao alcance da norma tributária é o do contribuinte**. Se o substituto tiver que entregar dinheiro seu, antes de qualquer retenção, há nítido confisco, vedado pelo ordenamento.

O raciocínio é muito semelhante ao de Daniel Monteiro PEIXOTO, que, ao analisar a "substituição por retenção", identifica a existência de uma regra autônoma, distinta da regra de incidência tributária. A norma de substituição, de **feição instrumental**, seria uma hipótese de responsabilidade tributária não sancionadora, mas **dispositiva**, por meio da qual a fonte retentora é obrigada a reter dinheiro de disponibilidade jurídica do contribuinte e entregá-lo ao Estado. Trata-se de "... *uma obrigação de fazer, insuscetível de valoração pecuniária*"[505].

Assim, a norma de substituição por retenção é "... *autêntica 'obrigação acessória', definida como dever que 'tem por objeto as prestações positivas ou negativas (...) no interesse da arrecadação ou da fiscalização dos tributos' (art. 113, § 2º)*"[506]. Seria, então, o substituto, um destinatário do dever instrumental,

[504] *Ibidem*, p. 199-201.

[505] **Responsabilidade**..., *op. cit.*, p. 153.

[506] *Ibidem*, p. 154. Também exteriorizando o mesmo entendimento, v. Octavio Bulcão NASCIMENTO, Sujeição Passiva Tributária, *in* Eurico Marcos Diniz de SANTI (coord.), **Curso de**

ou **sujeito passivo da obrigação tributária acessória**, mas não da relação jurídica principal[507].

Em resumo, no fenômeno da substituição, a incidência das duas regras autônomas e distintas – uma delas, porém, de natureza instrumental – dar-se-ia da seguinte forma: de um lado, a incidência da regra tributária faria irromper a obrigação de o contribuinte realizar a conduta de dar dinheiro ao Estado, quando realizado o fato jurídico tributário; e, a segunda, uma regra instrumental, faria surgir para o substituto um dever de colaboração com o Estado, atribuindo-lhe uma prestação de fazer, consistente no dever de reter determinada quantia de disponibilidade do contribuinte e entregá-la ao ente público, quando preenchidos os pressupostos para a sua incidência.

4.2.4.3.2.2 Crítica

A proposta teórica apresentada, apesar de adequada e bem fundamentada, não nos parece que representa, efetivamente, a figura da substituição tributária, mas sim a de um sujeito passivo de dever instrumental: o agente de retenção.

Embora as figuras sejam próximas, entendemos existir outras situações nas quais o substituto, efetivamente, ingressa, em caráter original, no polo passivo da relação jurídica tributária, excluindo a participação do destinatário legal tributário. Não é o que ocorre em relação ao dever instrumental: "*... o agente de retenção não é sujeito passivo originário, nem paga tributo por dívida própria*" (Johnson Barbosa NOGUEIRA[508]).

Caso se considere que o dever cumprido pelo substituto é apenas um dever formal, poder-se-ia cogitar de que o ente tributante, salvo se a lei

Especialização em Direito Tributário – Estudos em Homenagem a Paulo de Barros Carvalho, p. 822-825.

[507] Estevão HORVATH, Deveres Instrumentais e seus Limites, *in* Aires Fernandino BARRETO *et al.*, **Interpretação e Estado de Direito**, p. 209-210. Curiosamente, HORVATH, no mesmo texto, ao discorrer sobre a substituição tributária, afirma que se trata de mecanismo por meio do qual "*... a lei, deixando de parte o contribuinte, já designa terceira pessoa para tomar o lugar deste no lado passivo da obrigação tributária*" – *ibidem*, p. 219 – caindo, a nosso ver, em contradição.

[508] A Substituição Tributária na COFINS, *in* Paulo MODESTO e Oscar MENDONÇA (coord.), **Direito do Estado – Novos Rumos**, v. 3, p. 122.

expressamente determinar o contrário, **pudesse mover**, diretamente, **contra o substituído, a cobrança do tributo, caso o substituto não promovesse o seu pagamento, mesmo que tivesse efetuado a retenção.** É que, se existe o vínculo jurídico entre o contribuinte e o Estado, como deve existir na situação de se considerar a existência das duas regras autônomas, não haveria motivo que justificasse o não exercício do direito de crédito, por parte do Estado, em face do destinatário legal tributário.

Em interessante artigo, Eurico de Santi e Celso Feitosa analisam caso concreto em que determinado sujeito, a quem se atribuiu a condição de "substituto tributário", não efetuou a retenção e o recolhimento devidos a título de Contribuição Provisória sobre Movimentações Financeiras (CPMF). A Administração lavrou auto de infração em face, diretamente, do substituído, relevando os deveres descumpridos por parte do substituto, por se tratar de meros deveres formais.

A ponderação dos autores é pertinente: se os substitutos não têm nenhuma sanção em decorrência da não realização da retenção e do recolhimento, "*... melhor para os substitutos, portanto, seria deixar de reter e recolher o tributo (desobrigando-se por omissão desses deveres) e aguardar que fossem lavrados autos de infração contra os substituídos*". Não é possível tratar os deveres de reter e recolher o tributo como "*... meras obrigações acessórias*"[509].

Ou seja, a alegação de que se trata de um dever instrumental não explica as alterações que se processam na relação jurídica principal – especialmente a circunstância de que, no regime de substituição, a **exigência do tributo é feita, em regra, em face do substituto, salvo expressa previsão legal**, em determinadas circunstâncias. Se toda hipótese de retenção fosse apenas um dever instrumental, então a regra seria a de que se pode exigir a prestação do substituído, salvo determinação em contrário de norma jurídica.

Por esse motivo, ainda que, em muitos casos, o que se convencionou denominar de "substituição tributária", no direito positivo, corresponda a um dever instrumental, a figura da substituição tributária distingue-se dessa estrutura.

[509] Sujeição passiva, solidariedade, dever de reter e recolher o tributo – disponível em: < http://www.fiscosoft.com.br/main_artigos_index.php?PID=301262&printpage=_>, acesso em: 30.04.2020.

4.2.4.3.3 A substituição tributária como uma conjugação normativa entre uma norma primária autônoma e uma norma secundária não autônoma

Em vez de visualizar a substituição tributária como uma incidência de duas normas autônomas – isto é, uma de incidência tributária e outra de instituição de um dever instrumental – outra parcela da doutrina, à luz das características do fenômeno, acusa a existência de uma **conjugação de normas**: uma, **autônoma**, chamada de "primária" ou "principal"; e outra, **não autônoma**, chamada de "secundária" ou "acessória"; nos termos apresentados no capítulo anterior, segundo as lições de Misabel DERZI, que, por sua vez, recordava o escólio de Amílcar de Araújo FALCÃO[510]. A conjugação de ambas produziria o fenômeno da substituição tributária.

Andrea DARZÉ é partidária da tese. Explica a autora que, na substituição tributária, o cálculo de relações da norma de substituição com a norma-padrão de incidência resultará sempre na "... *mutilação do critério pessoal passivo da regra-matriz em sentido amplo*", inviabilizando a exigência da exação daquele que praticou a conduta da materialidade. Daí a "... *sensação de permuta do sujeito passivo*"[511]. Semelhante é o raciocínio de Florence HARET[512].

Duas são as consequências da substituição convencional: a ineficácia técnica do critério pessoal da norma-padrão de incidência tributária; e

[510] DERZI, Nota de atualização, *in* Aliomar BALEEIRO, **Direito Tributário Brasileiro**, p. 1121; Amílcar FALCÃO, **Fato Gerador...**, *op. cit.*, p. 74. JUSTEN FILHO explica que o esquema plurinormativo, de conjugação normativa como a proposta, é de conhecimento dogmático, registrando que Hans KELSEN falava de normas autônomas e não-autônomas, em edições posteriores do "Teoria Pura do Direito". Com efeito, KELSEN alude às normas não-autônomas, em tópico específico da obra, reunindo, debaixo dessa categoria, diversas normas: a norma que estabelece, de forma negativa, o pressuposto a que uma segunda norma liga uma sanção – por exemplo, uma norma que prevê "quem matar será punido" é autônoma; e será não-autônoma a do seu pressuposto, "não matarás", porque já contida dentro daquela primeira; a norma que limita o domínio de validade de uma outra – é o caso da norma permissiva da legítima defesa; as normas derrogatórias; as normas que conferem competência. Daí KELSEN afirmar que, também por essa razão, o Direito não possui caráter exclusivamente prescritivo ou imperativista – **Teoria Pura...**, *op. cit.*, p. 61-65.

[511] **Responsabilidade...**, *op. cit.*, p. 193-195.

[512] **Presunções no Direito Tributário: Teoria e Prática**, p. 510.

a instituição de sujeito passivo novo, que, a seu ver, deverá manter vínculo indireto com o fato jurídico tributário, ou, alternativamente, vínculo direto ou indireto com o realizador do fato[513].

Temos, para nós, que o fenômeno da substituição tributária, segundo essa concepção, encontrou a sua **mais consistente e profunda explicação teórica** na obra de Marçal JUSTEN FILHO.

O autor assenta seu entendimento na premissa de que o consequente da norma-padrão de incidência tributária contemplará, em seu mandamento, o destinatário constitucional tributário como o sujeito talhado para figurar na relação jurídica tributária. A norma tributária padrão não poderia prever outra coisa, sob pena da desnaturação do tributo, porquanto a riqueza gravada seria outra, diferente daquela titularizada pelo destinatário e eleita pelo constituinte como a materialidade possível.

A necessária correlação entre a hipótese e o consequente da norma padrão, porém, não inviabilizaria a substituição, e, da mesma forma, a responsabilidade. Exigiria, isso sim, a presença de uma outra norma, hábil para alterar o critério pessoal – ou a determinação subjetiva, na terminologia do autor – no momento da incidência. A substituição tributária, portanto, seria o produto de uma excepcional conjugação de normas.

A norma principal (autônoma) "*... estabelece o relacionamento típico e normal*", ao passo que a secundária ou acessória (não autônoma) "*... vincula-se à principal e modela peculiarmente a hipótese de incidência da primeira para detalhar certas peculiaridades, relativamente a algumas situações de fato*".

A hipótese da norma secundária é formada por dois eventos distintos: o evento da incidência da hipótese da norma principal e a ocorrência de um outro fato, abstratamente considerado. O mandamento da norma secundária não gerará uma relação jurídica singular e inconfundível, mas

[513] **Responsabilidade...**, *op. cit.*, p. 193-198. É possível dizer que FERRAGUT compartilha, de certo modo, desse entendimento. Para ela, entretanto, a norma de substituição é, na realidade, uma proposição prescritiva (uma norma jurídica *"lato sensu"*), que prevê, em seu antecedente, uma relação direta ou indireta entre substituto e substituído e, em seu consequente, prescreve que caberá ao substituto cumprir a obrigação tributária decorrente de fato jurídico praticado pelo substituído – **Responsabilidade...**, *op. cit.*, p. 69-71.

determinará a modificação do critério pessoal situado no consequente da norma principal[514].

Em esquema formalizado, a conjugação normativa é assim sintetizada pelo jurista paranaense:

> Representando esse raciocínio, poderíamos estabelecer que a norma autônoma ou principal tem a seguinte configuração básica:
>
> "Se ocorrer o fato X, deverá o sujeito Z pagar a importância H". (Norma N)
>
> Já a norma acessória seria representável nos seguintes termos:
>
> "Se além do fato **X** previsto na norma **N**, ocorrer o fato **Y**, quem deverá pagar o valor **H** será o sujeito **W'** (Norma N1)"[515].

Tal operação, em termos de conjugação normativa, **assemelhar-se-ia à isenção**, porque haveria um "recorte" do consequente da norma principal[516]. Com isso, não haveria uma anomalia congênita na norma tribu-

[514] **Sujeição Passiva**..., *op. cit.*, p. 268-271.

[515] *Ibidem*, p. 271.

[516] Eis a observação de Andrea Darzé: "*Como se pode perceber, o efeito produzido aqui é muito similar ao que ocorre com a norma de isenção. Nos dois casos, o legislador exerce apenas parcela da competência que lhe foi outorgada. A diferença básica que distancia estas duas realidades, todavia, é que, enquanto a regra de isenção, relativamente ao critério pessoal, se restringe a retirar um ou alguns sujeitos do campo de incidência dos tributos, a regra de substituição vai além, instituindo pessoa nova que deverá figurar no polo passivo da obrigação. Ou seja, enquanto o efeito imputado à isenção é apenas um (inutilizar parte da norma), na regra de substituição são dois (inutilizar parte da norma e agregar novo enunciado), o que dá efetivamente a sensação de permuta do sujeito passivo. Daí a razão do nome **substituição**, alvo de tantas críticas*" – **Responsabilidade**..., *op. cit.*, p. 195. Melhor esclarecendo, a substituição tributária assemelhar-se-ia ao fenômeno da isenção, desde que se adote a perspectiva teórica propugnada por Paulo de Barros Carvalho, de que as isenções tributárias estariam contidas em normas de estrutura, as quais investiriam contra a regra-matriz de incidência tributária, mutilando parcialmente um de seus critérios, seja na hipótese, seja no consequente. Uma mutilação, registre-se, sempre parcial, sob pena de inviabilizar, por completo, a própria incidência da regra-matriz de incidência tributária, o que feriria o desígnio legal – **Curso**..., *op. cit.*, p.

tária e, ao mesmo tempo, restaria claro o porquê de o regime aplicável ser o do substituído, não o do substituto.

502-505. Lembre-se, porém, que a doutrina tradicional brasileira, seguindo as lições de Rubens Gomes de Sousa, apontava que a isenção era uma dispensa legal do pagamento do tributo. Segundo essa corrente, a norma tributária incidia sobre o fato, tornando-o um fato jurídico. Porém, após a incidência, a regra de isenção dispensaria o sujeito do dever de recolher o dinheiro ao Estado. Na clássica lição de Sousa, "*... na isenção o tributo é devido, porque existe a obrigação, mas a lei dispensa o seu pagamento*" – **Compêndio**..., *op. cit.*, p. 97. Alfredo Becker discordava dessa dinâmica. Explicava o professor gaúcho que seria incorreto conceber que a incidência se desse para que, depois, incidisse outra "*... regra desjuridicizante total*" – **Teoria Geral**..., *op. cit.*, p. 326. Na realidade, a regra de isenção incidia sobre o fato e, revestindo-o de uma espécie de "manto protetor", impedia que a norma de incidência pudesse atingi-lo. Em outros termos, "*... a regra jurídica de isenção incide para que a de tributação não possa incidir*" – *ibidem*, p. 327. José Souto Borges aprofundou a teorização de Becker e rejeitou de forma peremptória a hipótese de "dispensa legal", criticando a insuperável contradição existente em se admitir o surgimento da obrigação tributária insuscetível de produzir efeito jurídico. Souto observou que a isenção nada mais era do que uma não incidência legalmente qualificada, isto é, uma regra, obrigatoriamente prevista em lei, que impediria a incidência da norma tributária – **Teoria Geral da Isenção**..., *op. cit.*, p. 199-201. Vale observar que Justen Filho entende existir duas particularidades na norma que cria a isenção que não estão alinhadas com o posicionamento de Carvalho: a primeira é a de que as isenções, inclusive as de cunho subjetivo, somente atingem a hipótese de incidência da norma jurídica tributária, não o consequente tributário. Em última análise, aqueles que defendem que, na isenção subjetiva, o fato jurídico ocorre, mas que a relação jurídica não se instaura em razão da norma de isenção, "*... adotam, em parte, a teoria que atacam*" – Norma de Isenção..., *op. cit.*, p. 121. Para ele, na isenção subjetiva, o que há é a mutilação do critério pessoal da hipótese de incidência, não havendo a doutrina dado atenção a essa circunstância, a seu sentir, ou por ignorar a presença do critério pessoal na hipótese, ou por lhe atribuir a função de determinar o sujeito passivo da relação jurídica – *ibidem*, p. 122, nota de rodapé n. 81. É digna de nota a coerência da posição do autor, que sustentou, vigorosamente, em seus trabalhos no campo tributário, a necessidade de identificação desse critério pessoal na hipótese de incidência. Nessas circunstâncias, arremata o jurista paranaense: "*... ao inverso do que pretendem, a obrigação deixou de irradiar-se não por o sujeito passivo ter sido liberado, mas porque a conduta correspondente ao critério material foi praticada por pessoa que não se adaptava ao critério pessoal*" – *ibidem, op. cit.*, p. 122. A segunda posição divergente da teoria de Carvalho é a de que, para o professor paranaense, a norma de isenção tem natureza categórica, não hipotética, pois não se imputa nenhuma consequência (nenhuma relação jurídica, com prescrição de direitos e deveres) de sua atuação, mas tão somente a modificação da norma de incidência tributária – até por isso, aliás, verifica-se

O relacionamento normativo, nos moldes preconizados por esses autores, é possível, em razão de certas particularidades, que devem estar presentes, sob pena de desconfiguração do arranjo.

A primeira é a de que as normas possam coexistir entre si, de modo que "... *a norma não autônoma não retira a validade da norma autônoma*", ou seja, uma não revoga a outra, mas coexistem simultaneamente.

A segunda é a de que tal coexistência não pode ser autônoma, de uma em relação à outra. Caso ambas pudessem coexistir autonomamente, o que haveria, então, seriam duas normas de incidência tributárias, que dariam azo a tributos diversos. Por isso, "... *nunca será possível desvincular a norma não autônoma da norma autônoma*"; o contrário, porém, é admissível, porque há situações em que a norma autônoma é aplicada, mas não a secundária[517].

Isso nos leva às seguintes conclusões: (i) há casos em que a norma de incidência tributária deverá atuar normalmente, sem a aplicação da regra acessória da substituição tributária – essa deve, aliás, ser a situação usual e comum, já que a conjugação normativa é um "... *esquema excepcional...*", que deve ocorrer somente em face de circunstâncias especiais[518]; (ii) se a norma de incidência tributária principal for revogada, a norma acessória da substituição, por sua vez, não tem condições de se manter, por si só; (iii) se a norma não autônoma de substituição for revogada, "... *o realizador do evento tributário passa a assumir o lugar sintático de sujeito passivo do tributo sem que seja necessária a edição de qualquer outro enunciado prescritivo expresso*"[519].

Essa é a estrutura normativa que reputamos a mais adequada para esclarecer o fenômeno da substituição tributária "convencional".

certa vacilação de Justen Filho no chamar essa proposição de "norma" – em suas palavras, sobre a norma de estrutura, "... *trata-se de proposição jurídica de caráter não normativo ou norma de segundo grau*" – *ibidem*, p. 124.

[517] **Sujeição...**, *op. cit.*, p. 271-272.

[518] *Ibidem*, p. 272.

[519] Darzé, **Responsabilidade...**, *op. cit.*, p. 197.

4.2.5 Condicionamentos da norma secundária/norma de substituição tributária

4.2.5.1 Introdução

A edição da norma de substituição tributária, evidentemente, deve atender a certos pressupostos normativos, sob pena de não ser viável a aplicação do regime dessa espécie de sujeição passiva.

Vejamos, um a um, os requisitos indispensáveis à instituição da figura.

4.2.5.2 Instituição por lei

Não há a menor dúvida de que a imposição do regime de substituição tributária somente pode ser feito mediante lei, decorrência imediata do Princípio Constitucional da Legalidade Tributária. A substituição tributária, na condição de critério vinculado à sujeição passiva tributária, submete-se a esse comando constitucional. Afirmam Geraldo Ataliba, Cleber Giardino e Aires Barreto: "*... não há discrepância entre os autores, na afirmação de que o princípio da legalidade postula que a designação do sujeito passivo dependa rigorosa e estritamente de lei...*"[520]. No mesmo sentido, Hugo Funaro[521].

Como adverte Hector Villegas, o substituto não pode surgir implícito da mera descrição da hipótese de incidência, como se dá, via de regra,

[520] Ataliba e Giardino, Responsabilidade Tributária..., *op. cit.*, p. 211; Ataliba e Barreto, Substituição e Responsabilidade..., *op. cit.*, p. 87.

[521] Limites à Criação de Hipóteses de Substituição Tributária pelo Legislador, *in* Raquel Elita Alves Preto (coord.), **Tributação Brasileira em Evolução: estudos em homenagem ao professor Alcides Jorge Costa**, p. 593. A questão parece trivial. Entretanto, há tributos cobrados em face do substituto que são derrubados justamente em razão do desatendimento dessa regra curial. À guisa de exemplo: "*TRIBUTÁRIO. CONTRIBUIÇÃO AO SENAR. SUBSTITUIÇÃO TRIBUTÁRIA. É ilegal a obrigação instituída pelo Decreto 566/92, que atribui ao adquirente da produção rural do produtor rural pessoa física ou empregador rural a responsabilidade pela retenção da contribuição devida ao SENAR, instituindo-o na função de substituto tributário, por afrontar o disposto no art. 97 do CTN*" – Tribunal Regional Federal da 4ª Região, Apelação n. 5024583-30.2015.404.7100, 1ª Turma, Relator Jorge Antonio Maurique, publicado em 16/06/2016. Fonte: Tribunal Regional Federal da 4ª Rrgião (www.trf4.jus.br). Acesso em 30.04.2020.

com o destinatário legal tributário[522]. Parece claro que, se a imposição do Princípio da Legalidade é fundamental para qualquer aspecto da norma tributária, assume ainda **maior relevância** nas hipóteses de substituição, por tratar de hipótese em que se atribui dever "... *a pessoa diversa daquela que, em um primeiro momento, fora apontada pela Constituição Federal*", na irrepreensível observação de Marcelo Caron BAPTISTA[523].

Em função disso, não surpreende que, em reforço ao princípio constitucional, os dispositivos legais atinentes à substituição venham acompanhados, em regra, da necessidade de lei para a sua edição. Veja-se que, no artigo 128 do CTN, consta que "... *a lei pode atribuir...*" a responsabilidade; na Lei Complementar n. 87, de 13 de setembro de 1996, o texto reza, no artigo 6º, que "*Lei estadual poderá...*". Todavia, mesmo quando não houver comando legal expresso nesse sentido, é incontestável que o Princípio da Legalidade, por si só, impõe lei para essa providência[524].

4.2.5.3 A vinculação "... ao fato gerador da respectiva obrigação": o "poder" sobre a riqueza do destinatário legal tributário

Consoante a conjugação normativa exposta, a norma não autônoma deve conter, em seu antecedente, além da previsão da ocorrência do evento descrito na norma-padrão de incidência tributária, um outro fato – o "*fato Y*", conforme a estrutura apresentada anteriormente[525]. Eis a questão fulcral do fenômeno da substituição: o que contempla a hipótese da norma não autônoma, estabelecendo os limites impostos ao legislador para a instituição da substituição?

Como bem observa JUSTEN FILHO, o fato não pode ser uma "... *situação economicamente apreciável...*", porquanto, nesse caso, estaríamos diante

522 ***Curso...***, *op. cit.*, p. 262.

523 **ISS: Do Texto...**, *op. cit.*, p. 149.

524 Nesse sentido, causa estranheza, por exemplo, a lei estadual paranaense n. 18.573, de 30 de setembro de 2015, a qual, entre outras matérias, instituiu novo tratamento ao Imposto sobre a Transmissão Causa Mortis e Doações de quaisquer Bens ou Direitos – ITCMD, e, nesse diploma, estabeleceu, em seu artigo 15, que "... *resolução do Secretário do Estado da Fazenda poderá determinar a adoção do regime de substituição tributária para o pagamento do imposto, elegendo, como substituto tributário, o solidário*". Se a matéria de sujeição passiva é reservada à lei, não é possível delegar tal incumbência ao Poder Executivo.

525 Subitem 4.2.4.3.3.

de duas hipóteses de incidência distintas e, portanto, diante de tributos autônomos e diversos. O único fato signo-presuntivo de riqueza só pode ser aquele colhido na norma-padrão de incidência tributária. Logo, conclui o autor, a situação descrita na norma não autônoma guarda uma referibilidade com relação à materialidade do fato jurídico tributário, de conteúdo econômico, da norma-padrão[526].

Do enunciado do artigo 128 do Código Tributário Nacional, verifica-se que a lei, para a atribuição de responsabilidade, inclusive para o emprego da técnica da substituição, prevê expressamente que o substituto seja pessoa "*... vinculada ao fato gerador da respectiva obrigação*". Que "vinculação" é essa, de que fala o enunciado legal, no que tange à substituição tributária?

A doutrina é vacilante quanto a esse critério, ante a "*... imprecisão do alcance deste 'vínculo'*" (Laís Vieira CARDOSO[527]) – que, lembremos, é extraído de uma disposição considerada geral da responsabilidade, aplicável para outras espécies de sujeição passiva instituídas em outros diplomas, para além do Código, não apenas à substituição[528].

Para Paulo de Barros CARVALHO, com exceção das hipóteses arroladas nos artigos 129 a 138 do Código, o legislador poderá eleger qualquer pessoa com proximidade apenas indireta ao fato jurídico, porque, se a relação fosse pessoal e direta, essa pessoa não seria responsável, mas contribuinte. Logo, o substituto manteria uma relação indireta com o fato jurídico tributário[529]. DARZÉ comunga da mesma opinião[530].

Segundo FUNARO, não é suficiente um vínculo com o destinatário legal tributário; é indispensável um vínculo com o fato gerador. Mais: **o substituto deve ser partícipe do fato, ato ou negócio sujeito à tributação**. Essa participação deve ter foros de relevância na realização do fato jurídico tributário, permitindo-lhe exigir do contribuinte a quantia

526 **Sujeição...**, *op. cit.*, p. 273-274.

527 **Substituição...**, *op. cit.*, p. 49.

528 Conforme Heleno Taveira TORRES, Substituição Tributária..., *op. cit.*, p. 92.

529 **Curso...**, *op. cit.*, p. 331-333. Para as hipóteses arroladas nos artigos 129 a 138, o mestre paulista verifica que a lei dispensa a existência do vínculo, sendo que, nos casos em que os sujeitos passivos forem alheios ao fato tributado, as relações jurídicas terão natureza de sanções administrativas – *ibidem*, p. 334.

530 **Responsabilidade...**, *op. cit.*, p. 67-86.

correspondente ao valor do tributo. Desse modo, as testemunhas de um contrato, por exemplo, não poderiam ser responsabilizadas por um tributo decorrente da realização do negócio, porque a sua participação, nos termos expostos, é irrelevante[531].

Já para FERRAGUT, a norma de substituição deve contemplar um vínculo direto ou indireto entre o substituto e o substituído ou, alternativamente, um vínculo entre o substituto e o fato jurídico tributário[532].

Observa Sacha Calmon COÊLHO que, no anteprojeto do Código, datado de 1953, a redação inicial do que viria a se transformar no artigo 128 do Código Tributário Nacional rezava que a lei tributária poderia atribuir a responsabilidade "*... pela obrigação tributária principal a terceira pessoa, expressamente definida, com exclusão de responsabilidade do sujeito passivo...*"[533]. Nessa redação, a leitura superficial de seus termos parecia indicar que o ônus tributário poderia ser transferido a qualquer terceiro, sem nenhuma limitação, o que era inaceitável.

Por isso é que, posteriormente, o projeto foi objeto de emendas, para, enfim, autorizar a responsabilidade tributária de terceira pessoa "*... vinculada ao fato gerador da respectiva obrigação...*"[534]. COÊLHO afirma, então, que "*'... a vinculação ao fato gerador', no que tange ao 'responsável', é para garantir-lhe*

[531] **Sujeição Passiva...**, *op. cit.*, p. 84.

[532] **Responsabilidade...**, *op. cit.*, p. 60-70.

[533] O teor integral do dispositivo: "*Art. 163 Sem prejuízo do disposto no Capítulo V do Título VI do Livro V, a lei tributária poderá atribuir de modo expresso a responsabilidade pela obrigação tributária principal a terceira pessoa, expressamente definida, com exclusão da responsabilidade do sujeito passivo, em caráter supletivo do cumprimento total ou parcial da referida obrigação por parte deste*".

[534] Sacha Calmon COÊLHO explica que uma proposta de emenda à redação inicial do anteprojeto fora formulada pelo Instituto Brasileiro de Direito Financeiro, por inspiração de Gilberto de Ulhôa CANTO, sugerindo que, no texto, constasse a possibilidade de atribuição de responsabilidade a terceiro "*... desde que seja parte interveniente na situação ou ato definidos como fato gerador da obrigação tributária*". A emenda foi acolhida, mas com outra redação – a responsabilidade seria de "*terceira pessoa vinculada de fato ou de direito ao respectivo fato gerador*" – até chegar à versão final – Sujeição Passiva Direta..., *op. cit.*, p. 208-209. Igualmente, consulte-se RODRIGUES, **Substituição...**, *op. cit.*, p. 126-127. No que tange a outras modificações que o anteprojeto sofreu, em matéria de sujeição passiva tributária, consulte-se Renato Lopes BECHO, As Modalidades..., *op. cit.*, p. 118-120.

o ressarcimento do ônus tributário", de maneira a evitar desfalque do patrimônio econômico e jurídico do terceiro[535].

Raciocínio semelhante é desenvolvido por Octávio Bulcão NASCIMENTO, que reputa irrelevante o tema do vínculo do responsável ao fato jurídico tributário, porquanto tal exigência somente tem utilidade para relacionar o evento indicador de capacidade contributiva do fato jurídico tributário com o contribuinte que teria o dever de cumprir a prestação tributária. Como a capacidade contributiva do responsável não possui qualquer importância, consequentemente, não há que se exigir um vínculo seu com o fato jurídico tributário.

Em verdade, pontua Bulcão NASCIMENTO, como a pretensão do ente tributante, por meio da técnica da responsabilização, é a de assegurar o recebimento do crédito tributário, sem prejudicar a equação econômico-financeira – pois seu objetivo é atingir a riqueza do destinatário legal tributário – o vínculo exigido tem de ser **entre o contribuinte e o responsável**, "*... que permita a este cumprir sua função de auxiliar do Fisco no recebimento da dívida do contribuinte, sem ter seu patrimônio comprometido*"[536].

Cléber GIARDINO manifesta a mesma linha de pensamento: se assegurado o direito de regresso do substituto em face do substituído, "*... nada juridicamente impede que o substituto legal nenhuma relação tenha, nem mesmo indireta ou mediata, com o fato imponível*"[537].

Em suma, a relação a que alude o dispositivo não é propriamente com o fato jurídico, mas "*... uma relação jurídica direta com a pessoa que o pratica ... uma relação negocial da qual decorra prestação tipificada normativamente como fato jurídico tributário*", na ponderação de Daniel Monteiro PEIXOTO. O autor exemplifica com as hipóteses de retenção do ISS na fonte, pelo tomador dos serviços, ou, ainda, com a retenção na fonte do imposto sobre a renda, por parte de quem efetua o pagamento do rendimento[538].

[535] Sujeição Passiva Direta..., *op. cit.*, p. 209. Em sentido semelhante, Misabel DERZI, Notas de Atualização, *in* **Direito Tributário Brasileiro**, p. 1131; Sérgio BENÍCIO fala de um vínculo indireto e impessoal, por meio do qual o responsável possa, por seus meios jurídicos ou econômicos, "*... evitar a sua diminuição patrimonial*" – **ICMS: apontamentos**..., *op. cit.*, p. 83.
[536] Sujeição Passiva..., *op. cit.*, p. 818.
[537] Relação Jurídica Tributária e o Aspecto Pessoal que a Integra, **Revista de Direito Público**, n. 25, p. 194.
[538] **Responsabilidade**..., *op. cit.*, p. 152.

O Superior Tribunal de Justiça teve a oportunidade de manifestar-se, ao menos em um caso, sobre a natureza desse vínculo. Os municípios pretenderam, durante certo tempo, atribuir às operadoras de cartão de crédito o dever de efetuar o recolhimento de ISS relativo às operações praticadas pelas empresas prestadoras de serviço, filiadas à bandeira, cujo pagamento fosse realizado por meio do cartão de crédito.

A discussão, no caso concreto, girou em torno de ser, a operadora, sujeito vinculado indiretamente à hipótese de incidência tributária. Entendeu a corte, sem, no entanto, aprofundar a discussão, que elas eram "*... figuras absolutamente estranhas ao fato gerador do serviço...*", de maneira que a lei municipal que atribuía àquelas empresas o dever de pagar o tributo não cumpria o requisito previsto no artigo 128 do Código Tributário Nacional[539].

Comentando o julgado acima, Hugo de Brito MACHADO SEGUNDO aprovou a conclusão da Corte, em razão da ausência de vínculo das operadoras com o fato jurídico tributário. Destacou, ademais, que, acolher a pretensão municipal significaria uma deformação da exação, transformando o ISS em um "*... IOF disfarçado...*", porque o fato jurídico tributário passaria a ser o uso daquele sistema de pagamento, não mais a conduta de prestar serviços. Além disso, bem observou que a administradora não teria como saber "*... quais pagamentos diriam respeito ao ISS, ao ICMS, ou a operações isentas ou não tributadas por quaisquer desses impostos*"[540].

[539] "*TRIBUTARIO. ART. 128 DO CTN. ADMINISTRADORA DE CARTÃO DE CRÉDITO. RESPONSABILIDADE INEXISTENTE PELO ISS DECORRENTE DE SERVIÇOS PRESTADOS PELOS FILIADOS A SEUS USUARIOS. AS ADMINISTRADORAS DE CARTÕES DE CRÉDITO NÃO SÃO RESPONSAVEIS PELO PAGAMENTO DO ISS DECORRENTE DO SERVIÇO PRESTADO PELOS ESTABELECIMENTOS A ELAS FILIADOS AOS SEUS USUARIOS JA QUE NÃO ESTÃO VINCULADAS AO FATO GERADOR DA RESPECTIVA OBRIGAÇÃO. RECURSO IMPROVIDO*" – Recurso Especial n. 55.346/RJ, Relator Ministro Milton Luiz PEREIRA, Relator para o Acórdão Ministro Cesar Asfor ROCHA, 1ª Turma, DJ 12.02.1996, p. 2412. Fonte: Superior Tribunal de Justiça (www.stj.jus.br). Acesso em: 30.04.2020.

[540] Substituição tributária, normas de competência da responsabilidade tributária definidas na Constituição Federal, *in* Arthur M. FERREIRA NETO e Rafael NICHELE (coord.), **Curso Avançado de Substituição Tributária**, p. 93-94.

Desse extenso apanhado doutrinário e jurisprudencial, o que se nota, claramente, é a dificuldade em se precisar que vínculo entre o "responsável" e o "fato gerador" é esse, a ponto de alguns autores simplesmente o ignorarem, pondo ênfase na relação que deve existir entre substituto e substituído, de maneira a assegurar plenamente o ressarcimento do primeiro.

Justen Filho faz severa crítica ao artigo 128 do Código Tributário. Não apenas por reputá-lo "... *totalmente inofensivo...*" – porquanto quem confere a competência aos entes legiferantes é a Constituição, não a lei complementar, de modo que é aquela que deve fundamentar a substituição, não esta – mas porque, mesmo analisando-o como preceito meramente didático, julga que o destaque dado pelo dispositivo a uma "vinculação" do responsável com o "fato gerador" mais obscurece do que esclarece a figura da substituição. A referência a um vínculo entre o terceiro e a materialidade, diz ele, "... *é totalmente ineficaz, na medida em que o legislador externou-se de modo tão impreciso e genérico que a regra se tornou imprestável*"[541].

A seu ver, a referibilidade ao fato jurídico tributário, descrito na norma não autônoma, consiste em uma "... *situação de* ***poder*** *que vincula o destinatário legal tributário ao destinatário da substituição*"[542]. Se tomarmos como exemplos as situações apresentadas por Peixoto, o tomador exerce um poder jurídico sobre a riqueza de titularidade do prestador de serviços; o mesmo se diga da fonte pagadora, em relação ao beneficiário do rendimento.

O "poder" a que se refere Justen Filho é um conceito jurídico, que se caracteriza por ser uma "... *atribuição, pelo Ordenamento Jurídico, de efeitos à vontade unilateral de uma pessoa sem que corresponda à tal situação a existência de um dever específico de outra pessoa*"[543].

O autor busca referência teórica no escólio de Santi Romano, segundo o qual o "poder jurídico", em sentido amplo, significa todo poder de ação atribuído a uma pessoa pela ordenação jurídica, inclusive em relação a bens ou interesses por ela protegidos. Para Romano, a doutrina tradicio-

541 **Sujeição...**, *op. cit.*, p. 306.
542 *Ibidem*, p. 274.
543 *Ibidem*, p. 49.

nal acaba por empregar a expressão "direitos subjetivos" para se referir a todos esses poderes, o que seria inexato, uma vez que há diferenças importantes dentro dessa noção, que merecem conceituação distinta. O célebre jurista italiano qualifica de "poderes jurídicos" em sentido estrito "*... aqueles de desenvolvimento da capacidade jurídica, qualificada numa das suas direções ou aspectos genéricos*", ao passo que os direitos são "*... os poderes que se desenvolvem numa particular e concreta relação jurídica*"[544].

Das circunstâncias analisadas, JUSTEN FILHO estabelece quais são os pressupostos normativos para a instituição da substituição tributária: (i) a "*... existência de uma situação de poder, por decorrência da qual o destinatário legal tributário esteja subordinado à vontade de outra pessoa...*"; (ii) "*... referir-se essa situação de poder ao gozo, pelo destinatário legal tributário, da situação presuntiva de riqueza estatuída na materialidade da hipótese de incidência da norma autônoma...*"; e (iii) "*... ser essa situação de poder decorrente de circunstâncias alheias a uma norma tributária*"[545].

Essa invocação da relação de poder não é infensa a críticas. Renato Lopes BECHO reputa-o um **critério subjetivo**, uma relação que "*... aparenta ser sociológica...*", que não o "*... sensibiliza cientificamente*"[546]. DARZÉ, outrossim, não se convence de que a relação de poder deve existir entre o substituto e o substituído, sob os argumentos de que um empregador **não possui uma situação de poder** em face de seu empregado, que o autorize a extrapolar as suas prerrogativas e extrair, da remuneração deste último, uma parcela em seu favor. E ainda que houvesse um tal "poder" sobre a remuneração de um empregado, por exemplo, o empregador estaria cometendo um ilícito se subtraísse, indevidamente, o recurso que pertence ao empregado, pela contraprestação de seu trabalho, salvo se estivesse amparado em uma norma de conteúdo específico, autorizando uma retenção dessa natureza. Ademais, a autora considera a possibilidade de o responsável ser sujeito que mantém relação exclusivamente com o fato jurídico tributário, mas não com o contribuinte[547].

[544] **Princípios de Direito Constitucional Geral**, p. 138-139.
[545] **Sujeição...**, *op. cit.*, p. 275.
[546] **Sujeição Passiva...**, *op. cit.*, p. 116 e 122.
[547] **Responsabilidade...**, *op. cit.*, p. 113-114.

Apesar dos questionamentos sobre o conceito de poder jurídico, entendemos que ele é útil para explicar que o vínculo que deve existir é mais do que um mero direito de reembolso por parte do substituto: para que ele mantenha hígido o seu patrimônio, é fundamental que ele assegure, **por força de sua única e exclusiva vontade**, a possibilidade de se ressarcir em face do contribuinte.

A elucidação desses requisitos pode ser bem compreendida a partir de um exemplo, como o da relação entre o proprietário, locador de um imóvel, e o respectivo inquilino[548].

O inquilino, por força da relação contratual, possui uma situação de poder jurídico em relação ao locador, no que tange aos alugueres que paga em favor do proprietário do imóvel; essa circunstância não decorre de uma norma tributária, mas da própria relação negocial, instituída entre as partes. Nesse cenário, seria possível ao legislador atribuir ao locatário o dever de efetuar o pagamento do imposto sobre a renda devida pelo locador, ficando autorizado a exercer a retenção em face dele, porque está em situação de poder, em relação ao gozo da situação presuntiva da riqueza descrita no critério material da hipótese do imposto sobre a renda.

O legislador municipal, todavia, não poderia atribuir ao locatário a condição de substituto tributário, no que concerne ao imposto sobre a propriedade predial e territorial urbana. Isso porque, ainda que o inquilino pudesse, sob o ponto de vista econômico, ressarcir-se, abatendo a quantia dos alugueres devidos ao locador, o poder que exerce não se refere à materialidade prevista na hipótese de incidência tributária do IPTU, qual seja, o "ser proprietário".

Dessas exigências, por sua vez, o autor paranaense extrai algumas valiosas observações: a de que seria possível aludir a um "*... destinatário da condição de substituto...*", aspecto que **revela o limitado espaço pelo qual pode transitar o legislador**; a de que, embora em tese aplicável a todos os tributos, há alguns mais e outros menos propensos ao recurso da substituição, dada, obviamente, a maior ou menor possibilidade de estabelecer-se uma relação de poder; a do enfraquecimento da relevância do "direito" de reembolso ou de regresso, visto que é despicienda a criação

548 O exemplo foi extraído de Hugo de Brito MACHADO, Responsabilidade Tributária, *in* Ives Gandra da Silva MARTINS (coord.), **Responsabilidade Tributária**, p. 53.

de tal direito, pois o substituto exerce, em verdade, um "poder" de reembolso, o qual, note-se, depende apenas de sua vontade[549].

Sob essa perspectiva - que adotamos como a explicação adequada para o fenômeno da substituição - é que podemos verificar se essa conjugação excepcional é admissível no direito positivo brasileiro, passando a analisar as relações jurídicas que dela decorrem quando os pressupostos daquela conjugação normativa estão presentes, dando ensejo à incidência e à instauração de relações jurídicas tributárias.

4.2.6 Relações jurídicas decorrentes da substituição tributária convencional

4.2.6.1 Introdução

Daquela conjugação normativa excepcional, entre norma principal e acessória, uma vez realizado o fato jurídico tributário, e existindo aquela relação de poder entre substituto e substituído, que fundamenta a norma da substituição, será instaurada a relação jurídica tributária. Vejamos as relações que se estabelecem entre cada um dos sujeitos a que fizemos referência até aqui.

4.2.6.2 Relação entre o ente tributante e o substituto

4.2.6.2.1 Considerações gerais

A relação jurídica tributária decorrente da realização do fato jurídico tributário nascerá **exclusivamente** em face do substituto tributário, de modo que competirá a ele, e somente a ele, o dever de cumprir a prestação tributária. É a firme lição de Alfredo BECKER, Paulo de Barros CARVALHO e JUSTEN FILHO[550].

MINATEL observa, acertadamente, que a figura do substituto pressupõe a do substituído, ou seja, é construída a partir da identificação de quem é o destinatário legal tributário. Nessas circunstâncias, a técnica não admite que substituto e substituído sejam colocados um ao lado do

[549] **Sujeição...**, *op. cit.*, p. 278-282.

[550] Alfredo BECKER, **Teoria Geral...**, *op. cit.*, p. 592-595; Paulo de Barros CARVALHO, **Fundamentos Jurídicos...**, *op. cit.*, p. 230; JUSTEN FILHO, **Sujeição...**, *op. cit.*, p. 286.

outro, como se se pudesse atribuir responsabilidade solidária entre os sujeitos[551]. Andrei Pitten VELLOSO assevera que a obrigação poderá nascer para o contribuinte ou para o substituto: "*Não pode nascer a cargo de ambos*"[552].

Hector VILLEGAS frisa que, na substituição, o substituto figura "... '***en lugar del destinatario legal tributário***'...", e não "'... '***junto a***' *el destinatario legal tributário (como sucede com el responsable solidário)*"[553]; muito embora, pondera, existam pontos em comum entre as figuras da substituição e da solidariedade. Ao ser investido no polo passivo da relação jurídica, o substituto tem "*... não só a responsabilidade pela obrigação principal, como também pelas acessórias, incumbindo-lhe praticar todos os deveres instrumentais no interesse do Fisco*", conforme registra Ricardo Lobo TORRES[554].

Ainda que não tenha exercido aquele poder de reembolso ou retenção em face do substituído, **a opção por fazê-lo é algo que remanesce em sua esfera de decisão.** Se o substituto optar por não exercer a faculdade que possui, enquanto na posse do valor da remuneração, ele terá direito de, posteriormente, exigir o reembolso do substituído, por força do Princípio da Capacidade Contributiva. Isso, todavia, "*... não macula a exigência da prestação tributária como inconstitucional, pois ao tomador fora assegurado o direito de reter o valor respectivo, não o fazendo apenas pelo exercício livre de sua vontade*", consoante registro de CARON[555]. Ora, argumenta JUSTEN FILHO, "*... não se pode* ***obrigar*** *juridicamente o substituto a exercer seu poder jurídico*", de modo que o seu não exercício "*... significa tão só a renúncia à uma parcela do patrimônio próprio*"[556].

[551] Aparentemente, BECKER aceita que as normas jurídicas possam, simultaneamente, atribuir a um substituto legal tributário e a um sujeito que manifesta o signo-presuntivo de riqueza, o dever de pagar o tributo. Existiriam, nesse caso, duas relações jurídicas tributárias independentes. A satisfação da prestação de uma implicaria a extinção da outra – **Teoria...**, *op. cit.*, p. 597.

[552] As modalidades..., *op. cit.*, p. 193.

[553] ***Curso...***, *op. cit.*, p. 260.

[554] Substituição Tributária e a Cobrança Antecipada do ICMS, *in* Valdir de Oliveira ROCHA (coord.), **ICMS: problemas jurídicos**, p. 187.

[555] **ISS: Do Texto...**, *op. cit.*, p. 564.

[556] **Sujeição...**, *op. cit.*, p. 285.

O direito positivo, porém, **pode determinar que é dever do substituto o de exercitar o "poder" jurídico.** E assim o faz, segundo JUSTEN FILHO, em decorrência do Princípio da Capacidade Contributiva. O legislador, na atividade da tributação, não está – ou não deveria estar – preocupado somente com o recebimento de seu crédito. O seu propósito é também o de assegurar que o ônus recaia sobre aquele sujeito que deu azo ao nascimento da relação tributária, de maneira a repartir, de modo equânime, a carga tributária[557].

4.2.6.2.2 Regime jurídico do substituído ou do destinatário legal tributário

Apesar de o substituto estar encarregado de efetuar o cumprimento da prestação tributária, "*... o regime jurídico aplicável à tributação será o regime do substituído e não o regime do substituto*", esclarecem ATALIBA e GIARDINO. E continuam: "*... se o substituído é imune ou isento, se tem direito a redução ou dilação tributária, o substituto exercitará os direitos correspondentes*". Além disso, "*... a lei aplicável é a da data das operações substituídas e não a da data da operação do substituto*"[558]. Em outras palavras, **todas as particularidades do regime do substituído moldam a situação jurídica do substituto**.

Consoante observação de Paulo de Barros CARVALHO, o destinatário constitucional "*... permanece à distância, como importante fonte de referência para o esclarecimento de aspectos que dizem com o nascimento, a vida e a extinção da obrigação tributária*"[559]. Daí porque MINATEL afirmar que o desenho da regra de incidência deve ser feito à luz das condições do substituído, não do substituto[560].

A exigência de que o regime jurídico da substituição seja o do substituído deflui logicamente do fato de o substituto, por força da norma não autônoma, passar a ocupar o polo passivo da relação jurídica, confor-

[557] Nesse sentido, veja-se o excerto de Dino JARACH: "*Tambien puede ocurrir que determinados ordenamientos positivos no sólo autoricen al sustituto la acción del regresso contra el contribuyente sino que le impongan la obligación de ejercer dicha acción de regreso, con el fin de que el verdadero contribuyente tenga conciencia y, podríamos decir, sensibilidad efectiva de la carga tributaria que la legislación le impone*" – ***Finanzas***..., *op. cit.*, p. 391.

[558] Linhas Mestras Constitucionais..., *op. cit.*, p. 138.

[559] **Direito Tributário: linguagem**..., *op. cit.*, p. 655.

[560] Modo de operacionalização..., *op. cit.*, p. 114-115.

mada à luz dos demais dados da hipótese de incidência correspondente ao fato realizado pelo contribuinte. Se os dados da relação instaurada, salvo no que tange à sujeição passiva, não fossem exatamente os mesmos daquela que o destinatário legal naturalmente viria a ocupar, **tratar-se-ia de outro tributo**.

Dessa maneira, "... *a imunidade e a isenção, a incidência, os critérios de quantificação do dever – base de cálculo e alíquota –, as causas extintivas excludentes do crédito e os benefícios fiscais em geral são definidos de acordo com o regime jurídico do contribuinte*" (Misabel DERZI[561]).

Questão interessante, a esse respeito, é se seria possível atribuir a um ente público o dever de figurar no polo passivo de uma relação jurídica tributária, na condição de substituto. Há decisões que rejeitam terminantemente essa hipótese, sob pena de agressão às regras da imunidade recíproca e da federação[562].

[561] Notas de atualização, *in* Aliomar BALEEIRO, **Direito Tributário Brasileiro**, p. 1131.

[562] "*EMBARGOS À EXECUÇÃO FISCAL. SUBSTITUIÇÃO TRIBUTÁRIA. IMUNIDADE RECÍPROCA. ART. 150, VI, 'A', DA CF/88. INTERPRETAÇÃO AMPLA. GARANTIA DA FEDERAÇÃO. RESPONSABILIDADE DA UNIÃO PELO PAGAMENTO DE ISS POR SERVIÇO PRESTADO POR TERCEIRO. INADMISSIBILIDADE. 1. A imunidade constitui-se em caso de não-incidência constitucionalmente qualificada, ou seja, o legislador constituinte coloca fora de órbita de atuação do legislador ordinário a possibilidade de tributação sobre a área em que se encontra o contribuinte desonerado. Razão pela qual o instituto da imunidade, ao contrário das demais formas desonerativas, reclama interpretação ampla, suficiente a lhe dar eficácia condizente com seu atributo de seara infensa ao rigor fiscal. Ensinamentos da doutrina. 2. A imunidade tributária recíproca consagrada pelas sucessivas Constituições republicanas brasileiras representa um fator indispensável à preservação institucional das próprias unidades integrantes da Federação (Celso de Mello, ADIn 939). 3. Inviável o intuito do Município de, por via transversa, transpor a União para a condição de sujeito passivo de tributo que o Legislador Constituinte determinou expressamente não fosse a mesma sujeita. É defeso aos entes políticos (União, Estados e Municípios), dissimuladamente, criar forma de imposição tributária, ainda que por meio de lei, de forma a colocar no pólo passivo da relação obrigacional tributária entes, que, por disposição constitucional imunizante, estão fora do âmbito da competência impositiva. Precedentes desta Corte*" – Tribunal Regional Federal da 4ª Região, Apelação Cível n. 2001.72.00.003049-0, 1ª Turma, Relatora Maria Lúcia Luz LEIRIA, DJ 29.06.2005. Fonte: Tribunal Regional Federal da 4ª Região (www.trf4.jus.br). Acesso em 30.04.2020. Na doutrina, no que concerne à imunidade recíproca, rejeitando a possiblidade de instituição de substituição tributária nessa hipótese, vide Fernando A. Albino de OLIVEIRA, Sujeição Passiva..., *op. cit.*, p. 251.

Apesar da discussão, considerando o entendimento de que o substituto obedece ao regime do substituído, as regras de imunidade aplicáveis ao ente político são irrelevantes, porquanto o regime a que se submete é o do substituído. O Supremo Tribunal Federal, a propósito, pacificou a questão, decidindo exatamente nesse sentido: quando entes da Administração Pública são postos na condição de substitutos tributários, a imunidade não os beneficia[563].

4.2.6.3 Relação entre o ente tributante e o substituído – a exclusão da responsabilidade do contribuinte ou a atribuição de responsabilidade em caráter supletivo

No que tange ao ente tributante e o substituído, a lição de BECKER é claríssima: "*Entre o Estado e o substituído não existe qualquer relação jurídica*"[564]. O substituído, a princípio, não integrará o vínculo tributário, salvo se a própria norma de substituição for revogada, surtindo efeitos então, plenamente, a norma-padrão de incidência tributária[565].

Alberto XAVIER esclarece que a doutrina italiana, ao refinar o conceito de substituição tributária, chegou à conclusão de que o Estado não se poderá voltar contra o substituído – o destinatário legal tributário – em caso de inadimplemento do substituto, pois, na relação jurídica decorrente da substituição, apenas o substituto compõe o polo passivo do vínculo.

[563] "*AGRAVO REGIMENTAL NO RECURSO EXTRAORDINÁRIO. TRIBUTÁRIO. ISS. SUBSTITUIÇÃO TRIBUTÁRIA. IMUNIDADE DAS EMPRESAS PÚBLICAS PRESTADORAS DE SERVIÇOS PÚBLICOS. INFRAERO. POSSIBILIDADE DE SUJEIÇÃO PASSIVA NA QUALIDADE DE SUBSTITUTO TRIBUTÁRIO. SERVIÇOS PRESTADOS POR TERCEIRO NÃO ABRANGIDOS PELA IMUNIDADE. AGRAVO IMPROVIDO. I – A imunidade recíproca aplicada aos serviços públicos imanentes ao Estado, quando prestados por empresas públicas, não impede a qualificação dessas entidades como substitutas tributárias em relação ao ISS devido em decorrência de serviços prestados por terceiros não abrangidos por norma de desoneração. II – Agravo regimental improvido*" – Agravo Regimental no Recurso Extraordinário n. 446.530, Relator Ministro Ricardo LEWANDOWSKI, 2ª Turma, DJe 12.06.2012. Fonte: Supremo Tribunal Federal (www.stf.jus.br). Acesso em: 30.04.2020.

[564] **Teoria Geral...**, *op. cit.*, p. 594.

[565] DARZÉ, **Responsabilidade...**, *op. cit.*, p. 196.

Embora ciente de que, nos direitos espanhol e português, a lei prevê expressamente a responsabilidade subsidiária do substituído, o jurista assevera que o direito brasileiro seguiu a orientação da doutrina italiana, na medida em que, "*... nos casos de retenção exclusiva na fonte, a fonte pagadora é o único sujeito passivo, inexistindo qualquer responsabilidade do titular do direito aos rendimentos (contribuinte substituído)*"[566].

Entretanto, de uma primeira leitura do enunciado do artigo 128 do CTN, o legislador teria a faculdade de atribuir a responsabilidade, ao substituído, **em caráter supletivo**, do cumprimento total ou parcial da obrigação imputada, originalmente, ao substituto. Dado o regime próprio da substituição e da relação jurídica instaurada, há que se elucidar o significado desse dispositivo.

Para Johnson Barbosa Nogueira, a previsão legal de atribuição de responsabilidade supletiva ao substituído é um erro derivado da importação das teorias alienígenas sobre a substituição tributária. Para o autor, se o substituído já sofreu a repercussão do tributo, é inconcebível a atribuição de responsabilidade subsidiária ao substituído no fenômeno. Aparentemente, esse entendimento é reminiscência "*... da redução de certos casos de tributação na fonte, em que a figura do contribuinte não desaparece, a exemplo de substituição tributária*"[567].

Se o substituto exercer o seu direito ("poder") de reembolso ou retenção em face do destinatário, parece evidente inexistir qualquer amparo legal a autorizar a atribuição de responsabilidade supletiva ou subsidiária ao destinatário legal tributário. Não somente porque soa contrária aos ditames da justiça e razoabilidade a dupla oneração do contribuinte – uma, por meio da diminuição patrimonial decorrente do reembolso ou retenção promovida pelo substituto, outra pela exigência do Estado – em razão de falha do mecanismo imposto obrigatoriamente ao particular, sem que ele tenha cometido qualquer infração, muito menos se subtraído ao ônus tributário, mas também porque, exercido o poder de reembolso,

[566] **Direito Tributário...**, *op. cit.*, p. 454.

[567] Contribuinte Substituto..., *op. cit.*, p. 98.

a relação jurídica **está selada definitivamente**, sem que o substituído integre o polo passivo da relação[568].

Casos há, porém, em que o substituto, por qualquer motivo, **não providencia o reembolso ou a retenção**. Nesse caso, questiona-se: pode o ente tributante dirigir-se diretamente contra o substituído?

Marçal JUSTEN FILHO pontifica que o ente tributante poderá, sim, buscar a satisfação do crédito contra o substituído, desde que, obviamente, não tenha havido o exercício do poder pelo substituto e, ainda, que haja expressa previsão legal nesse sentido.

A atribuição do dever supletiva de pagar, ao destinatário legal tributário, consoante o jurista paranaense, não é inerente ao regime da substituição, ainda que com ele não seja incompatível. A lei poderá, portanto, **estender** a sujeição passiva ao destinatário legal.

O poder de reembolso permanece como uma opção do substituto: tanto é que o descumprimento desse dever não acarreta sanções a quem quer que seja, senão a cobrança do tributo, com as penalidades pelo atraso.

Se licitamente não exercido o poder de reembolso do substituto, nada impede que a lei, por conta desse **fato superveniente lícito, amplie o dever tributário**, de modo a exigir o tributo do destinatário legal tributário; o mesmo raciocínio vale para situações de insolvência do substituto ou razões de não satisfação do crédito tributário relativamente ao patrimônio do substituto, desde que, inarredavelmente, não tenha sido exercido o poder de reembolso[569].

Acrescentaríamos apenas que a norma que autorizasse essa extensão do dever de efetuar o pagamento **somente poderia atribuir a responsa-**

[568] A propósito do artigo 128 do Código, ressaltando a injustiça da tentativa de atribuir o dever de pagar àquele que sofreu o ônus da tributação, afirma Hugo de Brito MACHADO: "*É que consideramos flagrantemente contrária ao princípio da razoabilidade uma interpretação que submeta o contribuinte à cobrança de um imposto cujo ônus, comprovadamente, já suportou. Se o legislador preferiu atribuir a responsabilidade pelo pagamento do imposto a alguém que cobra o valor correspondente do contribuinte, está impondo a este uma forma de cumprir sua obrigação tributária. E tendo havido o cumprimento dessa obrigação, pela forma legalmente indicada, não se justifica possa a Fazenda, diante do inadimplemento por parte do legalmente eleito para fazer o pagamento, cobrar o imposto de quem já cumpriu seu dever tributário*" – **Curso de Direito Tributário**, p. 361.

[569] **Sujeição...**, *op. cit.*, p. 286-287.

bilidade subsidiária ao contribuinte pelo adimplemento do crédito tributário. Isso porque não é possível tratar, em pé de igualdade, o substituto, que não cumpriu a prestação na forma pactuada; e o substituído, que não inadimpliu qualquer obrigação sua, até aquele momento.

Em suma, a interpretação mais adequada do enunciado do artigo 128, pertinente ao regime da substituição tributária, é a de que a responsabilidade pelo cumprimento da obrigação tributária pode ser atribuída, **de forma subsidiária**, ao contribuinte, desde que, de um lado, não tenha havido a repercussão do ônus tributária e, de outro, exista norma legal expressa, autorizando tal responsabilidade, nessa hipótese.

4.2.6.4 Relação entre o substituto e o substituído

4.2.6.4.1 Relação preexistente

Entre o substituto e o substituído deverá haver uma **relação preexistente**, que justifique a própria instituição da norma de substituição tributária, por meio da qual o substituto se encontra em uma situação de poder em face do substituído. É essa relação que promove a ligação entre a norma de incidência tributária e a norma secundária; se ela não existir, ou deixar de existir, não se poderá mais falar em substituição.

Isso porque, como bem explica JUSTEN FILHO, no esquema normativo excepcional da substituição, a materialidade da norma não autônoma deve guardar referência à situação descrita na hipótese da norma-padrão de incidência. Do contrário, a materialidade descrita na norma secundária, acessória, transmuda-se em autônoma, principal, "*... criando um novo e inconfundível tributo*"[570].

Tal relação preexistente entre os sujeitos, derivada de outras normas jurídicas, implica, necessariamente, que tal regime **não poderá ser imposto pelas mesmas normas tributárias que o instituírem.** Essa relação não poderá ser criada, artificialmente, pelo ente tributante, porque ela é pressuposta, não imposta, pelas normas tributárias.

Utilizando o exemplo de JUSTEN FILHO, que o tomou emprestado, por sua vez, de Geraldo ATALIBA, o legislador não poderá instituir uma

[570] **Sujeição...**, op. cit., p. 276.

norma estabelecendo uma relação entre os indivíduos que convivem em um mesmo edifício e, com base nessa norma, exigir, do proprietário do primeiro andar, o IPTU relativo aos demais condôminos, ainda que, supostamente, o ordenamento assegure ao morador do primeiro andar o direito de se ressarcir junto aos demais.

4.2.6.4.2 Mecanismo de repasse expedito do ônus econômico do tributo – reembolso ou retenção

A norma tributária, por força do próprio regime jurídico tributário, quer onerar o sujeito que manifestou a riqueza descrita na hipótese de incidência. Trata-se de decorrência do princípio da capacidade contributiva objetiva. Como assevera José Juan FERREIRO LAPATZA, "... *el principio de capacidade quiere que sea el contribuyente el que sufra las consecuencias económicas derivadas para él de la realización del hecho imponible*"[571].

Não por outra razão, aliás, é que Alfredo BECKER, ainda que considere a capacidade contributiva a "constitucionalização do equívoco", estabelece que uma das "... *eficácias jurídicas...*" decorrentes do princípio é a de que, quando o legislador fizer uso da técnica de substituição, deverá, simultaneamente, "... *criar a repercussão jurídica do tributo sobre o substituído...*", a fim de outorgar ao substituto "... *o direito de reembolso ou retenção do valor do tributo perante o substituído*"[572].

FERREIRO LAPATZA aponta, com razão, que no fenômeno da substituição, a ciência tributária deve se preocupar não somente com a relação entre o Estado e o sujeito passivo da relação tributária, mas, igualmente, deve idêntica atenção às relações entre o substituto e o destinatário legal[573]. Afinal, se fosse negado ao substituto o direito de promover adequadamente a repercussão jurídica do valor que teve de desembolsar, haveria, na realidade, uma alteração da norma tributária, que gravaria a conduta praticada pelo substituto, não mais a riqueza do substituído. Trata-se de garantir que o fenômeno que dá ensejo ao deslocamento sintático da sujeição passiva tributária seja **neutro** em relação ao substituto: ela somente pode ser instituída, nas palavras de Carlos Renato CUNHA,

[571] *Sujetos Pasivos y Capacidad Económica*, **Revista de Direito Tributário**, n. 59, p. 163.
[572] **Teoria Geral**..., *op. cit.*, p. 535.
[573] *Sujetos...*, *op. cit.*, p. 163.

"... em casos em que seja possível ou para os quais se criem instrumentos de compensação imediata do ponto de vista econômico, retornando o delegatário ao ***status quo*** *do ponto de vista patrimonial*"[574].

O mecanismo de repercussão **deve ser ágil e eficaz**[575]. FERREIRO LAPATZA, inclusive, entende que o direito de repetição do substituto deve ser dotado de uma "... *protección especial...*", quando não puder ser feito na forma de retenção, que se poderia revestir de várias formas: atribuir à quantia o caráter de crédito privilegiado, uma especial força executiva *etc*[576].

Apesar das sugestões do jurista espanhol, **a relação entre o substituto e o substituído não possui natureza de direito subjetivo público,** mas sim de natureza privada, disciplinado pelas regras de Direito Civil, mesmo quando a lei impõe ao substituto o dever de reembolso ou de retenção. Se o substituto tivesse um direito subjetivo público, argumenta BECKER, seria necessário reconhecer que uma parcela do poder público lhe teria sido atribuída, assumindo, o substituto, nesse caso, a qualidade jurídica de um órgão da administração estatal.

Não é isso o quê ocorre na substituição, segundo o jurista gaúcho, e aceder a esse raciocínio é inviável porque a atribuição do dever de pagar o tributo a terceiro distinto daquele que manifesta a riqueza foi feito justamente com o objetivo de "... *eliminar o fatigante contato com múltiplos e esquivos contribuintes*". Se se reconhecesse no substituto um órgão da adminis-

[574] **Praticabilidade Tributária: eficiência, segurança jurídica e igualdade sob uma perspectiva semiótica**, p. 511.

[575] CARVALHO, **Direito Tributário: linguagem...**, *op. cit.*, p. 655.

[576] *Sujetos..., op. cit.*, p. 163. Vale a pena reproduzir a passagem: "*Pues el substituto que repite lo pagado no está defendendo sólo su interés particular. Está defendendo también el interés público que representa la efectiva aplicación del principio de capacidad. Y, por ello, aún reconociendo que la relación entre sustituto y contribuyente es una relación de derecho privado, debe darse a este derecho una protección especial. Tal especial protección puede revestir formas muy variadas: dotar a la carta de pago expedida por la Administración financiera de una especial fuerza ejecutiva que propicie una resolución rápida y eficaz de la reclamación, dotar al crédito del sustituto carácter de crédito privilegiado, etc. Naturalmente esta especial protección exige también la articulación de medios de defensa adecuados del sustituido frente a reclamaciones del sustituto no conformes al derecho. Tales medios de defensa pueden ser asimismo variados, pero en todo caso deben propiciar la posibilidad de exigir de la Administración Financiera un pronunciamiento expresso sobre la corrección o incorrección de la reclamación del sustituto*" – *ibidem*, p. 163.

tração, "... ***estaria frustrada a solução da norma tributária***...", porquanto, embora o contato com os múltiplos contribuintes tenha sido afastado, na primeira fase, o problema retornaria, na segunda fase, circunstância em que o substituto poderia e deveria acionar, em seu auxílio, todos os meios à disposição, para assegurar a exigibilidade dos créditos públicos[577].

Sacha Calmon Coêlho assevera que é **o próprio mecanismo dos negócios** que deverá assegurar a recomposição imediata da situação, aconselhando que, na apreciação de casos relacionados ao fenômeno da substituição, o essencial é "... *verificar se o substituto tem condições efetivas, através do mecanismo dos negócios, de se ressarcir financeiramente do ônus tributário*"[578].

Assim, na linha do propugnado por Justen Filho, no sentido de que o substituto exerce um poder sobre o gozo da riqueza do substituído, não se deve falar, propriamente, de um "direito" de repercussão, mas sim de um "poder" – ou melhor, uma ascendência jurídica sobre o gozo da riqueza do outro – cabendo ao substituído apenas se sujeitar ao seu exercício, de sorte que tal exercício do reembolso ou da retenção reside exclusivamente na esfera jurídica do substituto, **não sendo suficiente a mera existência de um direito**.

4.2.7 Aplicação às espécies tributárias

A espécie tributária que possui a maior aptidão para absorver, adequadamente, o fenômeno da substituição tributária, é o imposto. A explicação é simples: como a materialidade da hipótese de incidência é composta por um comportamento de um indivíduo, em uma situação de conteúdo econômico, havendo, nesse fato, normalmente, uma relação com outros sujeitos, é mais comum existir aquela relação de poder, que constitui o pressuposto da norma de substituição. Nos tributos vinculados, "... *torna-se menos viável praticamente que ocorra uma dependência entre o destinatário legal tributário e terceiro*"[579]. Isso, no entanto, não exclui, em tese, a viabilidade da substituição com relação às taxas ou às contribuições de melhoria.

[577] **Teoria Geral**..., *op. cit.*, p. 604-605.

[578] **Curso de Direito**..., *op. cit.*, p. 616.

[579] Justen Filho, **Sujeição**..., *op. cit.*, p. 279.

Rubens Gomes de SOUSA, aliás, rebatendo o que considerou uma injusta crítica de Jorge SCHNEIDER – que julgou existir uma falha, no Código Tributário Nacional, ao não prever expressamente a figura do substituto legal para as taxas – esclareceu que a substituição tributária é aplicável a todas as espécies tributárias, em parecer que analisava a legitimidade da norma editada pelo Estado do Rio Grande do Sul (Lei n. 533, de 31 de dezembro de 1948), que atribuía ao substituto – naquele caso, o beneficiador ou exportador de arroz – o dever de pagar taxas ao Instituto Rio-Grandense do Arroz – IRGA, uma autarquia, cujos contribuintes eram os seus produtores[580].

A taxa ainda existe no Estado. O diploma legal foi objeto de sucessivas alterações; hoje, o artigo 20, § 3º, faz expressa alusão ao mecanismo da substituição tributária: "*São sujeitos passivos da Taxa CDO: os importadores, os beneficiadores e os exportadores do arroz em casca e em qualquer estágio de industrialização, na sua qualidade de substitutos legais tributários*".

De fato, o exemplo de SOUSA, ao que parece, é adequado. A denominada "*Taxa de Cooperação e Defesa da Orizicultura*" é resultado da multiplicação de um valor fixo por cada saco de 50 (cinquenta) quilos de arroz em casca produzido no Estado. A apuração do tributo leva em consideração a quantidade de produtos vendidos pelos produtores aos beneficiadores ou exportadores, o que, por sua vez, pressupõe a existência de operações comerciais entre esses agentes econômicos[581].

No parecer, muito embora Rubens Gomes de SOUSA não se aprofunde nas relações entre esses agentes – limitando-se a afirmar que o pagamento do tributo pelo substituto daria ensejo a um direito de regresso

[580] Sujeito Passivo..., *op. cit.*, p. 350 e 353. Aurélio Pitanga SEIXAS FILHO, quando se deparou com o mesmo caso concreto analisado por SOUSA, apesar de detectar a ocorrência do fenômeno da substituição tributária, concluiu que aquela taxa decorrente da fiscalização dos produtores de arroz era "*... questionável no aspecto da especificidade, e inconstitucional quanto à mensuração e à divisibilidade...*" – **Taxa – doutrina, prática e jurisprudência de acordo com a constituição de 1988**, p. 46.

[581] Daí porque, parece-nos, a viabilidade de utilização do mecanismo de substituição tributária nas taxas deverá geralmente ocorrer naquelas situações em que, para o seu cálculo, seja adotado "*... um ou mais elementos da base de cálculo própria de determinado imposto*" (súmula vinculante n. 29 do STF), pois aí haverá referência a relações de dependência entre dois ou mais indivíduos.

em face do substituído – a impressão é a de que os beneficiadores ou exportadores têm, sim, a possibilidade de assegurar a incolumidade de seu patrimônio graças às relações de compra e venda que mantêm com os produtores, podendo descontar os valores desembolsados a título de taxa dos valores pagos aos produtores, transferindo-lhes, assim, o ônus tributário.

Também em relação às taxas, FERREIRO LAPATZA fornece-nos um outro exemplo de substituição envolvendo essa espécie tributária no direito espanhol. Explica, o ilustre jurista, que a Lei de Fazendas Locais, da Espanha, determina que as taxas estabelecidas em razão de serviços ou atividades que beneficiem ou afetem os ocupantes de imóveis residenciais ou comerciais poderão ser cobradas do proprietário do imóvel. "*Assim, se um cidadão é proprietário de um edifício com uma sala comercial e seis apartamentos, todos alugados, ele deve pagar, como substituto, a taxa pelo serviço de coleta de lixo, que é utilizada pelos locatários e que a estes beneficia*", explica o professor espanhol[582]. Nesse caso, para LAPATZA, se a hipótese de incidência da taxa é a utilização do serviço público, o destinatário legal tributário da taxa é o locatário do imóvel, que dele faz uso; o proprietário do imóvel seria o substituto, e que pode sê-lo por conta do vínculo de poder que o une ao inquilino.

Embora, inicialmente, a proposta seja sedutora, parece-nos que o exemplo não satisfaz os pressupostos mínimos apresentados para a aplicação da técnica de substituição tributária.

É que a relação preexistente entre o proprietário e o ocupante do imóvel não garante ao primeiro, efetivamente, a possibilidade de, apenas por sua própria vontade, ressarcir-se do valor que tenha despendido. Por mais que o proprietário tenha a prerrogativa de desfazer o vínculo com o possuidor direto – locatário ou comodatário – ele não se encontra em uma situação jurídica que o permita preservar o seu patrimônio.

Em nosso ordenamento jurídico, parece apropriado considerar que o dono do imóvel é o beneficiário, efetivo ou potencial, da taxa de coleta de lixo, ainda que o ônus seja transferido ao inquilino ou comodatário

582 **Direito Tributário: Teoria Geral do Tributo**, p. 282.

por meio de contrato[583]. Esse, a propósito, é o entendimento do Superior Tribunal de Justiça: o locatário não é o destinatário legal tributário da taxa de coleta de lixo, mas sim o proprietário, não gozando, o inquilino, de legitimidade para postular, em juízo, a inexigibilidade da cobrança do tributo[584].

4.2.8 A substituição tributária convencional e a retenção na fonte

4.2.8.1 Generalidades

Por substituição tributária convencional, costuma-se aludir às situações que envolvem a retenção de quantia efetuada pela fonte pagadora, em uma dada operação[585]. Usualmente, aponta-se como hipótese clássica, dessa modalidade, a retenção efetuada pela fonte pagadora no imposto sobre a renda, conforme o artigo 45, parágrafo único, do Código Tributário Nacional, segundo o qual "*A lei pode atribuir à fonte pagadora da renda ou dos proventos tributáveis a condição de responsável pelo imposto cuja retenção e recolhimento lhe caibam*".

Mas a hipótese de retenção pela fonte pagadora não é exclusiva do imposto sobre a renda. É também muito comum que, no Imposto sobre os Serviços (ISS), o tomador deles tenha o dever de reter, do preço a

[583] Em parecer elaborado por Geraldo Ataliba e Aires Barreto, esses ilustres juristas citam, como exemplo de substituição tributária, "*... o pagamento do imposto predial pelo inquilino (embora o imposto seja originariamente do locador)*" – Substituição..., *op. cit.*, p. 75. Renato Becho, acertadamente, observa que essa afirmação é insustentável, porque o fato de o locatário efetuar o pagamento do carnê do imposto predial é indiferente ao Fisco, em face do qual não são oponíveis as convenções particulares, nos termos do artigo 123 do Código Tributário Nacional. Ademais, o vínculo existente entre o locador e o locatário não permite que o inquilino exerça um poder sobre o gozo da riqueza pelo proprietário, que constitui o cerne da hipótese de incidência tributária, inviabilizando o uso da substituição, consoante exposto no subitem 4.2.5.3.

[584] Nesse sentido: Superior Tribunal de Justiça, Recurso Especial n. 552.468/RJ, Relator Ministro Herman Benjamin, 2ª Turma, DJ 08/02/2008, p. 638. Fonte: Superior Tribunal de Justiça (www.stj.jus.br). Acesso em: 30.04.2020.

[585] "*O critério de discrímen que a afasta das outras modalidades de substituição reside na circunstância de a responsabilidade se referir a apenas um evento tributário, não a uma cadeia deles. Exemplo típico desta subespécie de substituição é a retenção na fonte*" – DARZÉ, **Responsabilidade...**, *op. cit.*, p. 198.

pagar para o prestador, uma determinada quantia, promovendo o recolhimento do tributo em favor do ente municipal.

Além dessas situações, pode-se apontar a das contribuições previdenciárias devidas por empresas prestadoras de serviço: conquanto o destinatário legal tributário seja a prestadora, o dever de recolhimento do tributo é atribuído ao agente que efetua a contratação dos serviços, a quem incumbe a retenção na fonte.

Alfredo BECKER chamou essa modalidade de "... *repercussão jurídica por retenção na fonte...*", por meio do qual a fonte pagadora, investida na posição de sujeito passivo da relação tributária, está autorizada a reduzir de um débito que possua diante do destinatário legal tributário a quantia que teve que desembolsar a título de tributo pago[586].

A técnica de retenção pela fonte pagadora é empregada em muitos países e cada vez com mais frequência[587]. A questão é: na retenção na fonte, a fonte torna-se o sujeito passivo da relação tributária?

Há franca divergência na doutrina. O fenômeno da retenção na fonte não assumiria uma única configuração jurídica. Brandão MACHADO observa que "... *não é uniforme, em diferentes países, o critério utilizado para qualificar juridicamente o fenômeno da tributação da renda na fonte*"[588]. Ao contrário,

> ... no direito da Itália e do Brasil, a fonte é conceituada como sujeito passivo; na Suiça, tem o dever de recolhimento (*Entrichtungspflicht*) do imposto, sem assumir o posto de contribuinte, e no direito alemão a fonte é mais uma executora de tarefa de direito público, própria da administração fazendária, e, portanto, não é o devedor do imposto; devedor é o credor do salário ou do rendimento[589].

[586] **Teoria Geral...**, *op. cit.*, p. 571-572.

[587] Consulte-se Hector VILLEGAS, Retenção..., *op. cit.*, p. 67-68.

[588] Notas de Direito..., *op. cit.*, p. 90. Richard Edward Dotoli FERREIRA faz rápida incursão no regime de retenção na fonte aplicado em outros países e, ao fim, considera que, no ordenamento jurídico brasileiro, a retenção na fonte é modalidade de substituição tributária – **A Sujeição Passiva Tributária e a Retenção de Tributos na Fonte**, p. 109-128.

[589] Notas de Direito..., *op. cit.*, p. 90.

Na observação de PAULSEN, à luz da doutrina brasileira, "... *em geral, os autores brasileiros cuidam do retentor como espécie de substituto tributário*"[590]. Com efeito, encontramos em Rubens Gomes de SOUSA, Alfredo BECKER, Ricardo Lobo TORRES e Misabel DERZI, apenas alguns grandes juristas nacionais, o entendimento de que a retenção na fonte é uma das formas de substituição[591].

4.2.8.2 Dificuldades – confusão entre substituição tributária e retenção na fonte

Muito embora boa parte da doutrina identifique a "retenção na fonte" como uma hipótese tradicional de substituição tributária, não são poucas as vozes da doutrina que discordam, veementemente, dessa posição.

Daniel PEIXOTO entende que o sujeito que efetua a retenção é um agente arrecadador, que auxilia o ente tributante na atividade de fiscalização e arrecadação, e está obrigado a uma prestação de fazer, não de dar, em uma relação de caráter meramente administrativo[592]. Tanto é que, caso não efetue a devida retenção e o recolhimento, estará sujeito ao crime de apropriação indébita, previsto no artigo 2º, II, da Lei n. 8.137, de 27 de dezembro de 1990[593]. Se é apropriação indébita, **é porque se apropriou do tributo devido por outrem**, tomando para si os recursos que pertenciam ao ente tributante.

Assim, o chamado substituto, nesse caso, é o sujeito passivo da obrigação acessória, não da obrigação tributária principal[594]. BECHO subscreve integralmente os argumentos daqueles que negam ser a retenção

590 **Responsabilidade**..., *op. cit.*, p. 96.

591 SOUSA, **Compêndio**..., *op. cit.*, p. 93; BECKER, **Teoria Geral**..., *op. cit.*, p.589-590; Ricardo Lobo TORRES, **Curso**..., *op. cit.*, p. 265; DERZI, Notas de Atualização..., *op. cit.*, p. 1135.

592 **Responsabilidade**..., *op. cit.*, p. 155.

593 "*Mais ainda: se a fonte efetua uma retenção de tributo e não o repassa ao Fisco, comete ela um crime, tipificado no inciso II do artigo 2º, da Lei 8.137, de 27 de dezembro de 1990: 'deixar de recolher, no prazo legal, valor de tributo ou de contribuição, descontado ou cobrado, na qualidade de sujeito passivo de obrigação e que deveria recolher aos cofres públicos'. O crime está em recolher e não repassar. É algo equivalente a um ir a um banco, recolher um tributo e posteriormente o banco não repassar a quantia ao Fisco. É uma figura penal conhecida como apropriação indébita*" – SCHOUERI, **Direito**..., *op. cit.*, p. 568.

594 PEIXOTO, **Responsabilidade**..., *op. cit.*, p. 132-133.

na fonte uma modalidade se substituição tributária, encarando-o, em vez disso, como uma figura mais próxima do sujeito ativo, do que do sujeito passivo[595].

Sacha Calmon Coêlho, Arnaldo Borges, Marco Aurélio Greco e Paulo Roberto Coimbra Silva, apenas para ficar em alguns juristas de escol, estabelecem distinções entre o substituto tributário e o agente de retenção, não encontrando semelhança entre as figuras[596]. Os dois últimos juristas reputam que, em havendo retenção, não pode haver substituição, fenômeno este somente apenas associados aos "... *agentes de percepção...*", isto é, aos agentes que têm a possibilidade de promover a repercussão mediante o reembolso.

Alberto Xavier, discorrendo sobre a tributação internacional, visualiza, quanto à retenção na fonte, a existência de dois regimes jurídicos distintos: "*... na retenção na fonte por antecipação, existe uma **responsabilidade cumulativa** do responsável e do contribuinte, coexistindo **duas** relações jurídicas autônomas; na retenção exclusiva na fonte, existe uma **responsabilidade exclusiva** do responsável substituto, inexistindo qualquer relação jurídica entre o contribuinte e o Fisco*"[597].

4.2.8.3 Distinção entre substituto tributário e agente de retenção

A nosso entender, Andrei Pitten Velloso **traça uma importante distinção entre o substituto tributário e o agente de retenção**, reconhecendo que, em algumas hipóteses de retenção na fonte pagadora, haverá mero dever instrumental; ao passo que, em outras situações, haverá uma substituição tributária.

Para o professor gaúcho, os critérios que distinguiriam uma categoria da outra seriam, além de a prestação devida pelo agente retentor ser uma conduta de "fazer", não de dar, o agente de retenção paga em nome de

595 "*... [O] retentor não é sujeito passivo dos tributos que retém, em que pesem as palavras diversas utilizadas pelo legislador (...) ele é figura auxiliar do sujeito ativo, e o Direito Administrativo estuda as suas relações (particulares em colaboração com a Administração). Quando muito, fazendo concessões, poderíamos estudá-lo no Direito Tributário no pólo ativo, nunca no pólo passivo*" (esclarecemos nos colchetes) – **Sujeição Passiva...**, *op. cit.*, p. 129.

596 Coêlho, **Curso...**, *op. cit.*, p. 626-627; Borges, **Sujeito Passivo...**, *op. cit.*, p. 117; Greco, **Substituição...**, *op. cit.*, p. 123-124; Silva, **Substituição...**, *op. cit.*, p. 30-34.

597 **Direito Tributário...**, *op. cit.*, p. 453.

terceiro: "*... os agentes de retenção efetuam o pagamento tributário em nome do contribuinte e com recursos que lhe pertencem juridicamente*"[598].

Agora, **se a fonte pagadora**, por força de norma jurídica, **tem o dever de efetuar o pagamento em nome próprio, não em nome de terceiro, haverá uma efetiva substituição tributária**.

Isso ocorre, por exemplo, segundo VELLOSO, nos casos narrados por Alfredo BECKER e Rubens Gomes de SOUSA, pertinentes ao pagamento de imposto de renda sobre os dividendos, oriundos de títulos ao portador: tendo em vista que o titular daquela renda é desconhecido, a lei tributária atribui à sociedade o dever de efetuar o pagamento do imposto sobre a renda em seu próprio nome, gozando do poder de efetuar a retenção sobre a parcela destinada ao acionista[599]. Todavia, no que toca às situações normais de imposto sobre a renda, em que o titular é conhecido, a fonte pagadora é apenas o sujeito passivo de uma relação instrumental, de uma "obrigação acessória".

4.2.8.4 O "substituto" na retenção na fonte da contribuição previ denciária

Em razão dos critérios distintivos entre o fenômeno da substituição tributária e o do agente de retenção, a retenção na fonte realizada pelo contratante de serviços, no percentual de onze por cento sobre o valor do serviço prestado, configura, a nosso sentir, **nítido dever instrumental**, inexistindo substituição tributária, ao menos na acepção que atribuímos a essa espécie de sujeição passiva tributária.

Extrai-se do artigo 31 da lei n. 8.212, de 24 de julho de 1991, que o recolhimento será feito "*... em nome da empresa cedente...*" e a quantia poderá ser posteriormente compensada por qualquer estabelecimento da empresa cedente de mão de obra, no momento dela efetuar o recolhimento das contribuições de seus segurados. Marcos OSAKI, que escreveu obra sob o título "*Substituição Tributária na Seguridade Social*", conclui que a norma

[598] As modalidades..., *op. cit.*, p. 199.

[599] Registre-se apenas que, conforme lembra Daniel PEIXOTO, à época em que formulado o exemplo utilizado por BECKER e SOUSA, havia a tributação dos dividendos pelo imposto sobre a renda. Atualmente, entretanto, "*... tais rendimentos são isentos de tributação (Lei 9.249/95, art. 10)*" – **Responsabilidade**..., *op. cit.*, p. 163, nota de rodapé n. 38.

de substituição é, efetivamente, uma norma de **cunho administrativo**, reproduzindo as lições de BECHO sobre o assunto[600].

O Supremo Tribunal Federal, analisando o dispositivo legal, enxergou, na hipótese, a ocorrência de substituição tributária. No acórdão, a ilustre relatora, Ministra Ellen GRACIE, consignou que, na substituição, a relação contributiva – a existência de um tributo pelo contribuinte – **é sempre pressuposta**, na medida em que só haverá substituição se houver tributo devido pelo contribuinte. Desse modo, restaria incólume o dever fundamental de pagar tributos; apenas o contribuinte "*... deixa de tomar a frente quanto à apuração e ao recolhimento*", surgindo tais deveres diretamente para o substituto, que promove o recolhimento "*... em nome do contribuinte*"[601].

[600] **Substituição Tributária...**, *op. cit.*, p. 320.

[601] No julgamento do Recurso Extraordinário n. 603.191/MT, de relatoria da Ministra Ellen GRACIE, que tinha por objeto a análise da retenção na fonte de 11% (onze por cento) sobre o valor bruto da nota fiscal ou fatura de prestação de serviços, que deveria ser cumprida pela empresa contratante dos serviços executados, o Supremo Tribunal Federal entendeu que tal retenção era uma modalidade de substituição tributária, envolvendo duas normas: (i) uma, a norma tributária impositiva, que estabelece a relação entre o ente tributante e o contribuinte; (ii) outra, a norma de substituição tributária, que estabelece a relação de colaboração entre um terceiro e o Estado, "*... atribuindo-lhe o dever de recolher o tributo em lugar do contribuinte*". No acórdão, a substituição tributária é identificada como um fenômeno dotado das seguintes particularidades: (i) a instituição da norma de substituição e do dever de colaboração devem guardar respeito aos princípios da razoabilidade e da proporcionalidade; (ii) o contribuinte não é substituído em seu dever fundamental de pagar tributos, quer dizer, o substituto não é devedor do tributo, mas um obrigado ao recolhimento, de maneira que não há o alijamento do contribuinte; (iii) o substituto tem o dever de promover a apuração e o recolhimento do tributo, em nome do contribuinte; (iv) somente pode ser alçado à posição de substituto o terceiro que está próximo do fato jurídico tributário ou do contribuinte "*... e que, por isso, tem a possibilidade de colaborar mediante o cumprimento de deveres que guardem relação com as suas atividades...*"; (v) ao substituto é essencial seja assegurado o direito de retenção ou ressarcimento quanto aos valores que está obrigado a recolher. O único a divergir foi o Ministro Marco Aurélio Mello, que não reconheceu, naquele caso, a existência de uma substituição tributária, mas "*... uma obrigação acessória, como é a relativa à retenção no tocante ao Imposto de Renda*". Veja-se: Supremo Tribunal Federal, Recurso Extraordinário n. 603.191/MT, Tribunal Pleno, Relatora Ministra Ellen GRACIE, DJe 05.09.2011. Fonte: Supremo Tribunal Federal (www.stf.jus.br). Acesso em: 30.04.2020.

Esses dados todos indicam que a substituição tributária, nesse precedente, é tomada como um dever instrumental. Em razão disso, concordamos com a posição de Andrei Pitten VELLOSO, que **vê um agente de retenção, não um substituto tributário, nessa operação**[602].

4.2.8.5 O substituto no imposto sobre a renda

As discussões, no caso do imposto sobre a renda, sobre se haveria a configuração de uma substituição tributária ou de um mero dever instrumental, são objeto de larga disputa.

Ricardo Mariz de OLIVEIRA argumenta que a retenção na fonte do imposto sobre a renda é uma hipótese de substituição tributária, porque a fonte pagadora não é mero agente de arrecadação, mas sim um legítimo devedor do imposto, que participa da relação jurídica tributária por disposição de lei. A fonte é a única devedora do imposto e sofre a imposição de penalidades, em havendo o descumprimento de sua obrigação[603].

A fonte, diz ele, tem o direito à retenção e o dever de recolhimento do tributo aos cofres públicos. Sua responsabilidade é total e subsiste mesmo que não tenha efetuado a retenção do imposto, ao pagar a renda ao destinatário legal tributário[604]. A jurisprudência judicial e administrativa já firmou posicionamento sobre o tema, que se consolidou de forma definitiva no parecer normativo COSIT n. 1, de 24 de setembro de 2002. Em apoio à posição de OLIVEIRA, consulte-se Julia de Menezes NOGUEIRA, bem como Maria Rita FERRAGUT e Hugo FUNARO, para quem "*... a fonte integra desde logo o polo passivo da obrigação*"[605].

Em contrapartida, Renato Lopes BECHO, Ângela Maria da Motta PACHECO, Alexandre Barros CASTRO, Octávio Bulcão NASCIMENTO, Daniel PEIXOTO e Sérgio BENÍCIO negam a existência desse fenômeno,

602 As modalidades..., *op. cit.*, p. 198, nota de rodapé n. 60.

603 A Substituição Tributária no Imposto de Renda, *in* Arthur M. FERREIRA NETO e Rafael NICHELE (coord.), **Curso Avançado...**, *op. cit.*, p. 351.

604 *Ibidem*, p. 350.

605 FUNARO, **Sujeição Passiva...**, *op. cit.*, p. 80; FERRAGUT, **Responsabilidade...**, *op. cit.*, p. 57-58; NOGUEIRA, Aspectos Relevantes do Imposto sobre a Renda na Fonte, *in* Ives Gandra da Silva MARTINS e Marcelo Magalhães PEIXOTO, **Imposto sobre a Renda e Proventos de Qualquer Natureza: questões pontuais do curso da APET**, p. 255-256.

entendendo haver apenas a atuação de um sujeito passivo de dever instrumental, de cunho administrativo[606].

Encontramos **explicação consistente** em Alberto Xavier, que, de forma didática, argumenta que, no âmbito do imposto sobre a renda, haverá hipóteses de retenção na fonte que serão mero cumprimento de um dever instrumental; em outras, porém, haverá efetiva ocorrência da substituição tributária, porque a fonte pagadora ocupa o polo passivo da relação jurídica tributária, tendo o dever de efetuar o pagamento da prestação pecuniária, com exclusividade.

Explica Xavier: nas hipóteses em que a retenção na fonte é feita a título de antecipação, não se pode falar de substituição, porque a quantia recolhida isoladamente deve ser oferecida pelo destinatário legal tributário à tributação, posteriormente. O valor que a fonte desconta do rendimento do contribuinte não representa a incidência tributária, que somente ocorrerá após o encerramento do ano-calendário. **São recolhimentos feitos em nome e em favor do contribuinte**.

Todavia, casos há em que a retenção na fonte é realizada a título de tributação exclusiva. O saudoso jurista lusitano esclarece que a técnica de tributação exclusiva na fonte representa, efetivamente, uma incidência tributária. Nesses casos, a fonte pagadora assume por completo a posição de sujeito passivo da relação tributária, excluindo a do titular do rendimento. É o caso, por exemplo, da remessa de juros ao exterior: o credor é uma sociedade sediada no exterior, no entanto, cabe à fonte efetuar a retenção, respondendo exclusivamente pela dívida[607].

Da mesma maneira, Adão Sérgio Cassiano estabelece uma distinção quanto à existência de uma **retenção na fonte comum**, cujo sujeito não seria mais do que mero agente arrecadador, na linha do que foi dito acima; e outra **retenção substitutiva**, que configura vera substituição tri-

[606] Becho, **Sujeição...**, *op. cit.*, p. 123-125; Ângela Pacheco, O Destinatário Legal Tributário, in Heleno Taveira Tôrres (coord.), **Teoria Geral da Obrigação Tributária: Estudos em homenagem ao Professor José Souto Maior Borges**, p. 349-350; Alexandre Barros Castro, **Sujeição Passiva no Imposto sobre a Renda**, p. 370; Octávio Nascimento, Sujeição passiva..., *op. cit.*, p. 824-825; Daniel Peixoto, **Responsabilidade...**, *op. cit.*, p. 152-155; Benício, **ICMS: apontamentos...**, *op. cit.*, p. 109-111.

[607] Contribuinte e responsável..., *op. cit.*, p. 95-111.

butária, como é o caso de pagamento de rendimento a pessoa sediada no exterior, pois a riqueza gravada é o acréscimo patrimonial, mas a lei desde logo atribui à fonte pagadora o dever da obrigação tributária principal[608].

Os exemplos acima servem apenas para demonstrar que, em um mesmo imposto, a retenção na fonte, a depender de suas particularidades, pode referir-se tanto a uma hipótese de substituição tributária, quanto a uma de mero dever instrumental.

4.2.8.6 O substituto no imposto sobre serviços

No âmbito do Imposto sobre Serviços, Marcelo Caron BAPTISTA reconhece a existência do fenômeno da substituição tributária, em **três situações restritas**: a do tomador dos serviços, quando ele assume o polo passivo da relação jurídica tributária, de sorte que, não efetuado o pagamento da quantia, somente ele, o tomador, poderá ser acionado; a do empreiteiro, no que tange ao ISS incidente sobre a prestação dos serviços dos subempreiteiros; e a dos intermediários em geral, desde que cumpram os três requisitos impostos pelo ordenamento para a instituição da figura, quais sejam, a aplicação do regime próprio do substituído, a vinculação do substituto ao fato jurídico tributário e, por fim, que essa vinculação implique uma relação de "poder" do substituto em face do substituído, referente à riqueza almejada pela tributação.

Sublinha, o jurista paranaense, que a substituição, no âmbito do ISS, é instrumento que se mostra assaz pertinente para a superação da dificuldade de fiscalização quanto a serviços prestados em seu território por prestadoras situadas em outras municipalidades. A técnica da substituição, nesse caso, é solução que confere efetividade à norma de incidência do ISS e prestigia o sistema constitucional[609].

Conquanto acolhendo o fenômeno da substituição tributária no ISS e admitindo-o em hipóteses excepcionais, Aires BARRETO manifesta preocupação quanto à circunstância de o instrumento ser utilizado pelos municípios simplesmente por comodidade fiscal, instaurando verdadeiro caos na matéria, ao, muitas vezes, impor uma dupla oneração aos sujeitos:

[608] As Espécies de Substituição..., *op. cit.*, p. 358.

[609] **ISS: Do Texto**..., *op. cit.*, p. 562-563. Sobre a substituição no ISS, consulte-se, igualmente, DALLAZEM, A Responsabilidade Tributária..., *op. cit.*, p. 167-171.

uma, no município da prestação, por meio da retenção do imposto na fonte pelos tomadores ou intermediários; outra, no município onde se localiza o estabelecimento prestador[610].

Apesar das ponderadas razões de BARRETO, parece claro que, nessas hipóteses, a doutrina acolhe, ainda que com ressalvas, a existência do fenômeno da substituição tributária no âmbito do ISS.

4.2.9 As hipóteses do artigo 135 do CTN: um caso de substituição tributária?

Para alguns autores, a responsabilidade prevista no artigo 135 do Código Tributário Nacional seria uma autêntica hipótese de substituição tributária convencional.

Isso porque, segundo o preceito do artigo 135 do Código, aquele que pratica uma fraude em razão de excesso de poder ou infração à lei, responderá pessoalmente pelo débito tributário. Se a pessoa irá responder pessoalmente, em lugar daquele que normalmente seria o sujeito passivo da relação, estaria configurada a substituição, pois aquela pessoa assumirá, originalmente, e de forma exclusiva, o polo passivo[611].

É a opinião, por exemplo, de Aliomar BALEEIRO, sob a justificativa de que as pessoas indicadas no artigo 135 "*... passam a ser os responsáveis, em vez do contribuinte*"[612]. Comunga desse entendimento Ives Gandra MARTINS, porquanto, nas hipóteses lá arroladas, o legislador "*... afasta deliberadamente a responsabilidade solidária ou supletiva...*", mantendo aquele que praticou a fraude como o único e exclusivo devedor[613]. VELLOSO concorda com a existência da substituição, mas apenas nos casos em que os representantes agem dolosamente contra os interesses dos representados, porque aquele que praticou a infração será o único e exclusivo sujeito obrigado ao pagamento do tributo[614]; e, ainda, José Eduardo Soares de MELO, para quem a previsão de responsabilidade pessoal do artigo 135

[610] **ISS na Constituição...**, *op. cit.*, p. 361.

[611] Andrei VELLOSO, As Modalidades de Sujeição..., *op. cit.*, p. 184-185.

[612] **Direito Tributário...**, *op. cit.*, p. 1159.

[613] Responsabilidade Tributária, *in* Ives Gandra MARTINS (coord.), **Responsabilidade Tributária**, p. 33.

[614] As Modalidades..., *op. cit.*, p. 186.

do Código "... *constitui modo de substituição tributária direta das pessoas físicas, mediante a exclusão da responsabilidade de seus representados*"[615].

Com base no fato dessa assunção exclusiva de responsabilidade realizar-se em decorrência da prática de uma infração, Hugo Funaro e Sérgio Benício adotam uma subclassificação, no âmbito da substituição tributária, segundo o critério que dá ensejo ao fenômeno: a responsabilidade por substituição decorrente de infração, que se manifesta nas hipóteses arroladas nos artigos 135 e 137 do Código Tributário, nas quais o substituto deverá assumir integral e exclusivamente o pagamento do débito tributário por ações ou omissões praticadas com dolo; e a substituição por conveniência, que se verifica, de acordo com Funaro, "... *quando o legislador, inspirado em razões de praticabilidade fiscal, cria regra atribuindo a responsabilidade pelo pagamento do crédito tributário a terceiro vinculado ao fato gerador da obrigação tributária*", situações pertinentes às disposições do artigo 45, parágrafo único, e artigo 128, do Código Tributário[616].

A referência à substituição tributária, nessas hipóteses legais, previstas nos artigos 135 e 137, entretanto, não nos parece a mais correta, por duas razões, essencialmente.

A primeira é a de que reconhecemos, no fenômeno da substituição, uma operação cuja estrutura e dinâmica normativas não envolve, em momento algum, a prática de um ato ilícito por parte do suposto substituto. A norma de substituição, como destacamos, descreve em sua hipótese uma particular relação entre o destinatário legal tributário e o substituto, **sem a intromissão de um ato ilícito**. A atribuição de responsabilidade a um terceiro do dever de pagar um tributo, em decorrência de uma conduta desconforme ao direito, é tema pertinente à responsabilidade em sentido estrito, não à substituição. Não é pelo efeito jurídico – a responsabilidade exclusiva do agente infrator – que se deve identificar o regime de substituição tributária, mas sim pelos pressupostos normativos que devem estar presentes para a sua configuração.

615 A Sujeição Passiva no Código Tributário Nacional, *in* Betina Treiger Grupenmacher (coord.), **Direito Tributário e o novo Código Civil**, p. 160.

616 Funaro, **Sujeição Passiva...**, *op. cit.*, p. 66; 78-89 e 129-137; Benício, **ICMS: apontamentos...**, *op. cit.*, p. 105-109.

A segunda razão que pode ser invocada para afastar a aplicação do regime de substituição é aquela apresentada em instigante exposição de Justen Filho. O autor, a partir das lições do âmbito do Direito Civil e do Direito Societário, chama a atenção para o fato de que **o artigo 135 do CTN não está relacionado à sujeição passiva tributária, senão ao aspecto pessoal da hipótese de incidência tributária.**

As hipóteses arroladas nesse dispositivo preveem situações, em essência, de representação. Quando algum ato praticado pelo representante for realizado em decorrência de comportamento culposo ou doloso, ilícito ou abusivo, a representação será ineficaz, de modo que, para fins tributários, "*... tudo se passará tal como se inexistisse representação*". No fato jurídico tributário, encontrar-se-á, como sujeito que realiza o fato correspondente à hipótese de incidência, não o representado, mas o representante.

Por esse motivo, se a realização da conduta prevista na norma-padrão de incidência decorre do ato praticado pelo representante, em desrespeito aos limites de seus poderes, ele não estará no papel de representante, mas em atuação exclusiva. Por isso, "*... quando incide o art. 135, o resultado que se atinge é que o destinatário legal tributário passa a ser o 'representante' e, não o 'representado'*".

A consequência é lógica: "*... a imposição da condição de sujeito passivo ao primeiro não o transforma em substituto nem em responsável. Ele é, tão somente, o próprio contribuinte*"[617].

[617] **Sujeição...**, *op. cit.*, p. 315-317. Justen Filho critica a falta de esmero do legislador, na formulação dessa hipótese de responsabilidade tributária, porque foi mais restritivo do que o regime do Direito Civil, de responsabilidade aplicável para situações semelhantes de fraude, nas quais a pessoa jurídica representada é chamada a responder conjuntamente pelo ato. A propósito, vejam-se as considerações de Alfredo de Assis Gonçalves Neto acerca dos atos praticados com excesso de poderes e com abuso de poderes ("*ultra vires*") pelos representantes de sociedades, e a sua pertinente observação de que, no Código Civil de 2002, à luz do teor do artigo 1.015, o legislador, em um "*... surpreendente retrocesso...*", afastou a vinculação da pessoa jurídica aos atos praticados por seus agentes, seja por excesso ou abuso de poder – **Lições de Direito Societário**, p. 22-26. Curiosamente, Velloso esclarece que a redação final do artigo era diferente da do anteprojeto e da do projeto do CTN. Nestes dois últimos, previa-se "*... a responsabilidade das pessoas naturais e jurídicas por créditos tributários advindos de atos de seus representantes (caput) e previa-se que tal responsabilidade estendia-se às pessoas jurídicas de direito privado ainda que os atos fossem praticados 'com excesso de poderes ou infração de lei, contrato social ou estatutos*" – As Modalidades..., *op. cit.*,

Dessa maneira, não admitimos que as hipóteses arroladas no artigo 135 correspondam à noção de substituição tributária: seja porque os pressupostos normativos da norma de substituição não estão presentes; seja porque o representante, quando pratica a infração, pode ser identificado como o próprio contribuinte do tributo.

4.3 Substituição tributária regressiva ou "para trás"

4.3.1 A substituição tributária regressiva e o diferimento

A substituição tributária concernente às operações ou prestações antecedentes, também conhecida como substituição regressiva ou "para trás", é a atribuição a um determinado sujeito, integrante de uma cadeia econômica, normalmente situado na sua etapa final, do dever de efetuar o pagamento das prestações tributárias relativas às operações realizadas nas etapas precedentes.

Roque CARRAZZA explica que, na substituição "para trás", a lei estabelece que o tributo será recolhido, pelo substituto, na próxima operação ou prestação, em nome do substituído, de maneira que a carga econômica do imposto será suportada pelo substituto, não pelo substituído[618]. Embora facilite a fiscalização e a arrecadação dos tributos, a técnica representa, para o ente público, uma "... *desvantagem de ver postergada a entrada de recursos em seus cofres*"[619].

O exemplo mais comum, citado pela doutrina, é o diferimento, técnica de postergação do pagamento do tributo para uma fase seguinte do ciclo econômico, razão pela qual, aliás, ela existe apenas em impostos plurifásicos. Antonio Augusto Silva Pereira de CARVALHO, em estudo dirigido à figura do diferimento na legislação paulista do ICMS, observa que "... *a grande maioria dos estudiosos que se debruçaram sobre o tema relaciona*

p. 185, nota de rodapé n. 17. Discute-se, na doutrina e na jurisprudência, se o representado deve responder, conjuntamente, com o representante, ou se este assume a obrigação em caráter exclusivo. Sobre o tema, v. DARZÉ, **Responsabilidade...**, *op. cit.*, p. 177-182.

618 O ICMS e o regime..., *op. cit.*, p. 275.

619 BENÍCIO, **ICMS...**, *op. cit.*, p. 134.

o diferimento, no âmbito do ICM, ou do ICMS, ao universo da 'substituição tributária'"[620].

Há de se ter cautela. Como bem observa Paulo de Barros CARVALHO, o termo "diferimento" pode ser empregado para **exprimir mais de um fenômeno jurídico**: poderá representar uma isenção, se houver a mutilação do critério temporal da hipótese; poderá, por outro lado, ser apenas uma postergação da data de pagamento do tributo; e poderá ser um fenômeno de substituição tributária, mediante a transferência da obrigação tributária para o sujeito seguinte da etapa da cadeia, "*... como que prolongando o perfil da dívida tributária...*", permanecendo intacta, no entanto, a regra-matriz que deu nascimento à relação jurídica[621]. Conclui CARVALHO: *"A correta identificação deve ser efetuada em cada caso concreto, mediante exame do diploma normativo pertinente"*[622].

Sérgio BENÍCIO, igualmente, faz questão de distinguir o diferimento "puro" daquele atinente à substituição tributária: no primeiro, há mera postergação do pagamento, o qual será realizado, futuramente, pelo próprio contribuinte; no segundo, a essência da operação jurídica reside na imputação do dever de pagar ao terceiro substituto[623].

Renato Lopes BECHO reconhece que, quando há o diferimento – no sentido de "*... uma alteração do critério temporal, para fins de recolhimento do tributo...*" – "*... ocorrerá uma substituição tributária do sujeito passivo por aquele outro que lhe segue na cadeia produtiva*"[624].

Se atendido o pressuposto da vinculação do substituto à situação que constitui a obrigação principal, **a substituição tributária regressiva é tema que não desperta muita controvérsia**, registra Ricardo Lobo TORRES[625].

620 **Contribuição ao Estudo do Diferimento na Legislação Paulista do ICMS**, p. 60.

621 **Direito Tributário: linguagem...**, *op. cit.*, p. 656 e 744.

622 *Ibidem*, p. 744.

623 **ICMS...**, *op. cit.*, p. 134.

624 **Sujeição...**, *op. cit.*, p. 139.

625 Substituição Tributária..., *op. cit.*, p. 188. Igualmente, Johnson NOGUEIRA, O Contribuinte..., *op. cit.*, p. 101.

4.3.2 Funcionamento da substituição tributária "para trás"

Cada operação jurídica de alienação de mercadorias, de um agente econômico para outro, configura um fato jurídico tributário, gerando uma obrigação tributária particular.

O legislador, percebendo, de um lado, que, existem cadeias de circulação nas quais há uma pluralidade de sujeitos situados na(s) primeira(s) etapa(s) do ciclo econômico – uma **pulverização do mercado**, dificultando, sobremaneira, a fiscalização do cumprimento das obrigações tributária – e verificando, de outro, a existência de alguns poucos agentes na(s) etapa(s) final(is) do ciclo, geralmente dotados de estrutura organizacional mais robusta, opta por concentrar o recolhimento dos tributos nestes últimos, atribuindo-lhes, por lei, o dever de efetuarem o pagamento dos tributos relativos às operações antecedentes. Os exemplos invocados para essa modalidade são as operações do mercado de alumínio, do de algodão, de laticínios, de sucatas, cana-de-açúcar, e assim por diante.

Nesses casos, os tributos poderiam ser exigidos em um de dois momentos possíveis: ou o diferimento **se encerra no momento da entrada** da mercadoria no estabelecimento do adquirente da mercadoria; ou, em vez disso, o diferimento **se encerra na saída do produto**, do estabelecimento do adquirente. Em ambas, o resultado, em termos econômicos, será o mesmo: o pagamento do débito tributário será feito pelo adquirente, não pelo fornecedor. A quantia desembolsada pelo adquirente englobará o seu ICMS e o de seu fornecedor[626].

Na primeira hipótese, consoante ensina Adolpho Bergamini, o adquirente lança um débito de ICMS no livro de registro de apuração e, concomitantemente, lança um crédito no livro de registro de entradas, "*... anulando-se o efeito fiscal da aquisição*"[627]. Quando houver a alienação da mercadoria, na operação subsequente, o imposto devido será calculado sobre o total da operação, não havendo qualquer abatimento. Por isso, diz-se que o adquirente arcou com o ICMS próprio e, simultaneamente, com o de seu fornecedor.

[626] Bergamini, **ICMS: análise de legislação, manifestações de administrações tributárias, jurisprudência administrativa e judicial de temas de gestão tributária**, p. 611-615.

[627] **ICMS...**, *op. cit.*, p. 613.

Na segunda hipótese, não há lançamento de crédito escritural, na entrada da mercadoria no estabelecimento do adquirente, após a realização da operação de circulação jurídica. **O imposto apenas será exigido na etapa subsequente**, quer dizer, quando o adquirente promover a alienação da mercadoria para outro agente, situado na fase seguinte, talvez a derradeira, da cadeia econômica.

Nessa última hipótese, não se trata de mera postergação do pagamento, segundo FERRAGUT, pois **o vencimento da obrigação fica condicionado a outro fato futuro**, praticado pelo substituto. É preciso que seja realizada a operação subsequente, pelo substituto, com a saída do insumo adquirido do produtor, mesmo que na forma de um produto industrializado[628].

Assim, na substituição regressiva, o evento tributário, segundo DARZÉ, ocorre em todos os seus contornos[629]. Apesar disso, o legislador, na visão da autora, por meio de outra norma, estabelece que tal ocorrência não é suficiente para a incidência normativa, impedindo a positivação do tributo naquele instante e postergando-o para a operação subsequente. Junto a essa postergação, a norma determina a alteração do sujeito passivo previsto no consequente, que passará a ser a pessoa que realiza a etapa seguinte ou final da cadeia mercantil, e que fica obrigada a recolher o imposto de sua própria operação e das anteriores.

Em essência, portanto, na substituição tributária "para trás", três efeitos se processam: (i) a ineficácia a termo de todos os critérios da norma-padrão de incidência tributária, cujos efeitos somente se realizarão na operação seguinte ou na última operação da cadeia; (ii) a ineficácia técnica pura e simples do critério pessoal da norma-padrão, de forma que o crédito não poderá ser exigido do substituído; (iii) a instituição de novo sujeito passivo, que será o sujeito da etapa posterior (o adquirente) ou aquele situado no final da cadeia[630].

[628] **Responsabilidade...**, *op. cit.*, p. 75.

[629] **Responsabilidade...**, *op. cit.*, p. 198. Afirmação semelhante à de Paulo de Barros CARVALHO sobre a substituição "para trás": "*Na primeira* [substituição tributária regressiva], *segundo alguns, deu-se o evento tributado em todos os seus contornos jurídicos...*" (esclarecemos nos colchetes) – **Fundamentos Jurídicos...**, *op. cit.*, p. 232.

[630] DARZÉ, **Responsabilidade...**, *op. cit.*, p. 198-199.

Paulo de Barros CARVALHO destaca que, na substituição regressiva, não há ofensa aos ditames constitucionais, pois o legislador apenas posterga o pagamento para momento posterior à realização do fato jurídico tributário. Tal escolha cabe ao legislador, que, nessa oportunidade, está perseguindo fins alheios aos meramente arrecadatórios, ao desonerar, em regra, os produtores de artigos primários e impor o dever de recolhimento ao revendedor, na etapa seguinte[631].

4.3.3 O diferimento é um exemplo de substituição?

Mas há quem repute a denominada substituição tributária "para trás", na forma de diferimento, uma operação inadequada ao modelo convencional de substituição – e por diferentes razões.

Adão CASSIANO, por exemplo, rechaça a existência de substituição porque o adquirente da mercadoria ou do produto – a quem, pretensamente, quer-se denominar de "substituto" – é sujeito que possui relação pessoal e direta com o fato jurídico tributário. Por se tratar de uma operação jurídica bilateral, tanto o adquirente quanto o vendedor seriam potenciais contribuintes, cabendo à lei designar aquele de sua vontade. Substituição tributária "para trás" e diferimento seriam, em última análise, "... *manifestações de sujeição passiva direta, na modalidade de contribuinte*"[632].

Apesar das judiciosas reflexões teóricas de CASSIANO, não concordamos com as suas conclusões, porque discordamos das premissas. Embora passível de questionamento, admite-se que, em alguns tributos, que tenham por materialidade alguma conduta relacionada com alguma situação jurídica ou negócio jurídico plurilateral, o legislador possa escolher entre mais de um sujeito passivo tributário como contribuinte, como é o caso corriqueiro, sempre lembrado, da compra e venda de imóveis e o contribuinte do ITBI.

631 **Direito Tributário: linguagem...**, *op. cit.*, p. 656-657. Sobre a constitucionalidade da medida, v., igualmente, MELO, **ICMS...**, *op. cit.*, p. 110.

632 As Espécies..., *op. cit.*, p. 250. A posição do autor assemelha-se, a nosso ver, à de Dino JARACH, que assim se manifesta: "*En determinadas circunstancias el legislador puede elegir entre diferentes alternativas. Por ejemplo: si el hecho imponible consiste en la venta de un determinado bien el legislador puede considerar como sujeto pasivo principal al vendedor o al comprador o a ambos solidariamente*" – ***Finanzas Públicas...***, *op. cit.*, p. 387.

Entretanto, sob o ponto de vista constitucional, nem sempre essa margem de liberdade é outorgada ao legislador, pois a Constituição pode indicar, desde logo, quem é o destinatário constitucional tributário. É assim com o ICMS: as normas constitucionais deixam claro, desde logo, que o destinatário constitucional é o alienante, o comerciante que efetua as operações jurídicas de circulação de mercadorias.

Ademais, não nos parece possível que o legislador, de conformidade com as normas de competência, estabeleça uma materialidade que contemple, simultaneamente, como contribuintes, o vendedor e o comprador. O desígnio constitucional pretende alcançar uma riqueza, e isso é inerente às funções do tributo, que deve repartir a carga de uma forma global, na sociedade. Por último, geraria uma desigualdade se o legislador almejasse, em alguns casos, onerar o comprador de um imóvel; e, em outros, onerar o vendedor. Por que a disparidade de tratamento, se os sujeitos se encontram na mesma situação?

Geraldo ATALIBA e Cléber GIARDINO, outrossim, rejeitaram a ideia de que o diferimento pudesse configurar hipótese de substituição tributária – até porque, na visão dos autores, a lei não pode atribuir a sujeição "*... a quem não esteja nitidamente no desígnio constitucional*", a quem "*... não seja o destinatário da carga tributária*". Para eles, no caso concreto de diferimento submetido à sua apreciação, a configuração da substituição tributária era inviável, pois contrariava os cânones da técnica, na medida que (i) o regime aplicável era o do substituto, não o do substituído – sendo que os substituídos, muitas vezes, eram desconhecidos do pretenso substituto; (ii) e, além disso, a lei aplicável para as operações era a das praticadas pelo substituto, não do substituído. Nessas condições, os autores manifestaram-se favoravelmente à tese de que o fenômeno seria uma não incidência, distinta, porém, da isenção[633].

[633] Linhas Mestras Constitucionais – Diferimento..., *op. cit.*, p. 135. Renato Lopes BECHO assevera, na primeira edição do seu "*Sujeição Passiva Tributária*", que ATALIBA e GIARDINO reputavam o diferimento "*... uma figura meramente financeira...*" – **Sujeição**..., *op. cit.*, p. 137. Em verdade, os professores da PUC de São Paulo, na passagem citada, afirmaram que, se "*... visto como mero débito tributário, o ICM seria figura meramente financeira*". Consideram tal perspectiva do imposto, entretanto, "limitada", porque o tributo, e a criação de um instrumento tal qual o crédito de imposto, atendem desígnios constitucionais, que vão

JUSTEN FILHO alcançou conclusão semelhante à de ATALIBA e GIARDINO, inserindo o diferimento na categoria de não incidência. Segundo o raciocínio do jurista paranaense, seria até possível cogitar da ocorrência de substituição tributária caso uma norma não autônoma alterasse o mandamento da norma de incidência tributária – nunca, porém, se a norma alterasse alguns dos critérios da hipótese de incidência, especialmente o temporal.

É que, se a norma do diferimento atingisse o critério temporal da hipótese de incidência, "atrasando" a incidência para outro momento, haveria uma desnaturação do tributo, com a consequente modificação da materialidade da hipótese e, inelutavelmente, de seu critério pessoal. A materialidade não seria mais "realizar operações mercantis", mas sim "realizar operações mercantis e, posteriormente, outro sujeito realizar nova operação mercantil com a mesma mercadoria".

A modificação do critério temporal da hipótese de incidência, afirma JUSTEN FILHO, interfere na materialidade da hipótese de incidência, o quê, consequentemente, acarreta alterações no critério pessoal passivo do mandamento, dada a vinculação entre ambos.

Por essa razão, o professor paranaense somente admitiria ser possível a substituição tributária, em tese, na hipótese de a norma não autônoma modificar o consequente tributário, como que postergando o momento do cumprimento da prestação tributária, em cuja relação jurídica estaria inserido o substituto.

Nesse quadro, a dificuldade de admitir-se o fenômeno da substituição é o de aceitar que o pagamento do tributo, pelo substituto, ficaria condicionado a um evento futuro e incerto: a realização de uma operação posterior, por parte do adquirente da mercadoria. O condicionamento da exigibilidade do tributo a evento futuro e incerto atentaria contra a natureza do tributo, daí a inviabilidade de adotar-se tal solução teórica[634]. Nessas condições, entende o autor que, quando houver diferimento, a conduta correspondente à transferência das mercadorias para o adquirente "... *é tributariamente neutra...*", subtraindo tal operação da incidência

além do mero interesse arrecadatório ou financeiro. Consideram-nos interesses extrafiscais – Linhas Mestras..., *op. cit.*, p. 143-144.

634 **Sujeição...**, *op. cit.*, p. 332-336.

da norma, o quê o leva a concluir, como dito, que o diferimento implica uma não incidência[635].

Por derradeiro, registre-se a vigorosa manifestação de Alcides Jorge Costa, para quem "*...falar em substituição para trás neste tipo de imposto é um 'non sense'*", porque (i) o substituto deve ter algum vínculo com a obrigação tributária, na qual ele "substitui" o contribuinte. Isso seria impossível, na substituição para trás, simplesmente porque nenhuma obrigação existiu, tanto é que ninguém foi obrigado a pagar nada; (ii) na substituição, o substituto assume a condição de sujeito passivo, em lugar do contribuinte. Ora, não se pode falar de substituição se, quando essas obrigações, supostamente, teriam surgido, simplesmente não se sabia quem seria o substituto[636].

À luz das manifestações doutrinárias acima, e examinando com atenção a hipótese de diferimento do imposto que se encerra na entrada da mercadoria no estabelecimento do adquirente, verifica-se que ela corresponde a um caso típico de substituição: em vez de o alienante da mercadoria (o destinatário legal tributário) ter o dever de cumprir a prestação tributária referente ao fato jurídico que realizou, incumbe ao adquirente da mercadoria efetuar o pagamento do imposto. O exemplo cumpre todos os pressupostos normativos da figura: o substituto mantém uma relação de domínio sobre o gozo da riqueza do alienante, assegurando, ao adquirente, o seu direito de reembolso em face deste último. Não há nenhum impedimento, sob o ponto de vista normativo, para a adoção dessa sistemática. O ICMS, nesse ponto, é um imposto que se adapta bem à técnica da substituição[637].

Até seria razoável cogitar se, nessas circunstâncias, embora caracterizada a substituição tributária, existe, em contrapartida, um diferimento, porque não houve nenhuma postergação do pagamento do tributo. A obrigação tributária manteve-se intacta, com exceção de figurar, no polo passivo, o adquirente da mercadoria, não o vendedor.

Postas de lado essas considerações, a verdadeira questão sobre se o diferimento pode equivaler à substituição tributária para trás reside,

[635] *Ibidem*, p. 336.

[636] Substituição Tributária..., *op. cit.*, p. 84.

[637] Justen Filho, **Sujeição...**, *op. cit.*, p. 330-331.

precipuamente, no encerramento do diferimento na saída dos bens do adquirente, para outro agente, situado na etapa seguinte da cadeia de circulação.

A nosso ver, endossamos as considerações de JUSTEN FILHO no sentido de que a alteração promovida pela norma do diferimento somente pode se dar sobre o mandamento, não a hipótese, sob pena de desfiguração da norma de incidência tributária. Daí porque discordamos da afirmação de DARZÉ de que não há a incidência normativa. A incidência operou-se; o que permaneceu em suspenso, apenas, é o vencimento da obrigação.

No entanto, de forma diversa da do jurista paranaense, entendemos que não há impedimento para que o legislador estabeleça que, após o fenômeno da incidência, um terceiro tenha o dever de recolher o tributo, quando realizar a sua própria operação de circulação, porque, ainda que não exista a plena segurança de que a operação se realizará posteriormente, é extremamente provável que aconteça. Assim, desde que atendidos os pressupostos legais para a configuração da substituição tributária, conforme bem sublinhado por ATALIBA e GIARDINO, é admissível a substituição tributária para trás, na forma de atribuição do dever de pagar o tributo devido nas operações anteriores à pessoa situada na etapa final da cadeia de circulação.

4.3.4 Relações jurídicas decorrentes da técnica da substituição tributária regressiva

4.3.4.1 Relação jurídica entre o substituto e o ente tributante

Na substituição tributária "para trás", o sujeito da etapa subsequente da operação, ou situado na etapa final da cadeia negocial, será aquele eleito pelo legislador para cumprir a prestação de entregar dinheiro ao Estado. Ele será o único e exclusivo responsável pelo pagamento do tributo, porque a relação jurídica é constituída entre ele e o ente tributante.

Entretanto, à semelhança do que foi dito em relação à substituição convencional, a quantia devida pelas etapas anteriores está moldada de acordo com os fatos jurídicos tributários ocorridos anteriormente. Em outras palavras, o regime jurídico tem de ser, necessariamente, o do substituído, devendo ser assegurado ao substituto a possibilidade de invocar quaisquer aspectos, relacionados ao substituído, que possam interferir na relação. Ademais, a relação deve estar moldada segundo as leis vigentes à época da operação realizada pelo substituído. Se esses requisitos não forem cumpridos, o diferimento não poderá ser considerado uma hipótese de substituição tributária regressiva.

4.3.4.2 Relação jurídica entre o substituto e o substituído

Para viabilizar a substituição para trás, é indispensável que o substituto tenha condições de repercutir, em face do substituído, o ônus tributário que sofrerá por força da técnica de substituição. Essa relação deverá ser preexistente à norma tributária, à semelhança do que foi dito em relação à substituição convencional.

4.3.4.3 Relação jurídica entre o substituído e o ente tributante

A substituição tributária "para trás" importa a inexistência de vínculo jurídico entre o substituído e o Estado. Do substituído não poderá ser exigido o tributo referente à sua operação, salvo se, nos termos do artigo 128 do Código Tributário, houver lei lhe atribuindo a responsabilidade supletiva pelo pagamento da quantia, em caso de inadimplemento por parte do substituto, e não tiver sido assegurado o reembolso.

4.4. Substituição tributária progressiva ou "para frente"

4.4.1 Introdução

Atualmente, é um truísmo afirmar que a substituição progressiva ou "para frente" é a mais conhecida modalidade de substituição tributária e a que, sem sombra de dúvida, mais gera desconforto no âmbito da Ciência do Direito Tributário, em razão do estado de tensão permanente com os princípios jurídicos tributários.

A substituição tributária para frente é uma técnica jurídica por meio da qual a lei atribui a um sujeito, situado no início de uma cadeia plurifásica, o dever de efetuar o recolhimento dos tributos devidos em relação a todas as demais operações futuras, até o consumidor final. A norma que institui a substituição presume que as operações futuras irão ocorrer e em que medida irão ocorrer. A norma estabelece uma presunção concernente tanto à hipótese de incidência quanto à base de cálculo futura, afinal, "*... se o fato gerador é suposto, a base de cálculo só pode ser suposta*" (Alcides COSTA[638]). Esta última, a base de cálculo, deve refletir o valor aproximado da última operação, realizada junto ao consumidor final.

4.4.2 Fenômeno típico do direito positivo brasileiro

A substituição tributária "para frente", aparentemente, é um fenômeno típico do sistema jurídico brasileiro, que não encontrou a mesma acolhida em outros ordenamentos.

Não se pretende, com a assertiva, afirmar que é um fenômeno exclusivo do direito brasileiro, porque tal afirmação dependeria de minucioso estudo de direito comparado para comprová-la[639].

Mas o que parece certo é que não há país, salvo o Brasil, em que tal técnica tenha prosperado tão generosamente, no que concerne aos impostos plurifásicos e não cumulativos. Alcides COSTA, discorrendo sobre o ICMS, pondera que "*... em nenhum outro país onde se cobra este tipo de imposto é admissível a substituição para frente...*", o quê o leva a cogitar de que o ICMS é um "*... **imposto muito refinado** para ser ferido pelas Secretarias de Fazenda*

[638] Substituição Tributária..., *op. cit.*, p. 91.

[639] Helcônio ALMEIDA sustenta que a substituição tributária progressiva é forma de tributação "*... semelhante à do 'recargo de equivalencia', um regime especial do IVA ainda hoje existente na Espanha*" – Antecedentes Históricos da Substituição Tributária no Direito Brasileiro, *in* Arivaldo Santos de SOUZA *et. al.*, **Direito Tributário: Estudos Avançados em Homenagem a Edvaldo Brito**, p. 343. A afirmação é feita com base em passagem da obra de Martin QUERALT e outros autores, que esclarecem que "*... la esencia del régimen del recargo de equivalencia consiste em la sustitución del sujeto pasivo en las operaciones de venta al por menor*" – ***Curso de Derecho Financiero y Tributario***, p. 643. A comparação, com o devido respeito, é questionável, e o excerto parece estar fora de contexto. O regime de "*recargo de equivalencia*", do que se pode inferir da leitura dos dispositivos legais da lei espanhola (*Real Decreto-Ley* n. 20/2012, de 13 de julho de 2012), é um regime especial voltado ao benefício de pequenos empresários (pessoas físicas), no qual o fornecedor dos produtos acrescenta uma alíquota adicional àquela regularmente cobrada no "*Impuesto al Valor Agregado*" – IVA. Com isso, o adquirente, pequeno empresário, está dispensado de uma série de obrigações formais perante a Administração Tributária, tal como a de manter livros fiscais de controle do tributo, bem como da obrigação principal de pagar o imposto, em suas operações de venda. Ou seja, é regime especial, que atende aos interesses dos empresários de pequeno porte e que se realiza mediante um adicional de alíquota, cujo recolhimento fica a cargo do fornecedor.

Estadual que não teriam competência para aplicá-lo e que, por isso pretendem recorrer a esta malfadada substituição para frente" (grifos nossos)[640].

Misabel DERZI e André Mendes MOREIRA são ainda mais incisivos: depois de frisar que a substituição tributária progressiva "*... é a mais desesperada forma de antecipação do tempo que conhecemos...*", chamam a atenção para o fato de que "*No IVA ela é praticada com tal intensidade apenas no Brasil, apesar de se adotar tributo similar em mais de 130 países*"[641]. Por isso a afirmação de DERZI de que a substituição progressiva utilizada no país é técnica de praticidade "*... inusitada em outros sistemas que conhecem os impostos plurifásicos não cumulativos*"[642].

Apesar das constantes discussões acerca da figura, ela está presente em nosso direito positivo **há bastante tempo**, ao que tudo indica. Hugo de Brito MACHADO relata que, ainda nos idos dos anos quarenta, no Ceará, empresários da indústria da panificação e do comércio de bebidas, prejudicados por sonegadores fiscais do mercado, propuseram a cobrança antecipada do ICM na venda de farinha de trigo e de bebidas. A sugestão, que partiu dos contribuintes, não rendeu problemas, porque a margem de valor agregado atribuída à cadeia era menor do que a efetivamente usada pelos agentes econômicos, de sorte que a antecipação não prejudicava seus negócios[643].

Da mesma forma, consoante registros confiáveis de Heleno TORRES, Alcides COSTA, Sérgio BENÍCIO e André Renato ANDRADE, o Código Tributário Nacional, em sua versão original, contemplava, em seu artigo 58, § 2º, II, a possibilidade de a lei atribuir a "*... industrial ou comerciante atacadista...*" a condição de responsável pelo imposto sobre a circulação de mercadorias devido pelo comerciante varejista, estipulando uma base de cálculo presumida; primeiramente, mediante o acréscimo de percentual a ser fixado em lei, não excedente a trinta por cento; depois, após a edição do Ato Complementar n. 34, de 30 de janeiro de 1967, mediante o acrés-

640 Substituição Tributária, *in* Valdir Oliveira ROCHA (coord.), **Grandes Questões Atuais do Direito Tributário**, n. 18, p. 25-26.

641 A Tributação Sobre o Valor Acrescido..., *op. cit.*, p. 559.

642 A Praticidade e o Papel..., *op. cit.*, p. 606.

643 A Substituição Tributária no ICMS, **Revista Dialética de Direito Tributário**, n. 26, p. 27.

cimo da margem de lucro atribuída ao revendedor, para aquelas mercadorias com preço máximo de venda no varejo marcado pelo fabricante ou pela autoridade competente[644].

Pouco depois, porém, o capítulo que tratava do antigo ICM, no Código Tributário Nacional, foi revogado e substituído pelo texto do Decreto-Lei n. 406, de 31 de dezembro de 1968, que, de início, não reproduzira o teor do antigo diploma, nesse ponto[645]. Contudo, foi promulgada a Lei Complementar n. 44, de 7 de dezembro de 1983, que, essencialmente, restabeleceu o teor daqueles dispositivos, autorizando a atribuição, por meio de lei, de responsabilidade ao produtor, industrial ou atacadista, em relação ao imposto devido pelo varejista; e ao produtor ou industrial, ao imposto devido pelo comerciante atacadista ou varejista. O conteúdo normativo da Lei Complementar fomentou uma série de discussões acerca da constitucionalidade dessa atribuição de responsabilidade por impostos cuja hipótese de incidência sequer havia sido realizada.

Com a promulgação da Constituição de 1988, o tema da substituição tributária foi provisoriamente regulamentado pelo artigo 25 do Convênio ICM 66/88, publicado em 16 de dezembro de 1988, até a edição da lei complementar sobre o ICMS – Lei Complementar n. 87, de 13 de setembro de 1996, a famosa "Lei Kandir" –, prevista no artigo 155, § 2º, XII, 'b', do texto constitucional.

Desde a edição da Lei Complementar n. 44/1983, "*... o regime de substituição tributária progressiva (ou 'para frente') vem causando largo debate doutrinário acerca de sua configuração, quanto à sua legitimidade (e constitucionalidade) e à sua logicidade nos domínios da Teoria Geral do Direito*", registra, com domínio de causa, André Renato Miranda ANDRADE[646].

644 Heleno TORRES, Substituição Tributária..., **Revista Dialética...**, *op. cit.*, p. 87-91; COSTA, **Estudos sobre IPI, ICMS**, p. 48-50; BENÍCIO, **ICMS: apontamentos...**, *op. cit.*, p. 120-127; André Renato ANDRADE, **ICMS: Constituição...**, *op. cit.*, p. 224-225.

645 Nesse período, em face da revogação do dispositivo, o Supremo Tribunal Federal, em julgamento de Recurso Extraordinário, ratificou a impossibilidade de atribuição de responsabilidade a terceiro, industrial ou comerciante, por substituição, por força da ausência de vínculo entre o terceiro e o fato jurídico tributário – Supremo Tribunal Federal, Recurso Extraordinário n. 77.462/MG, Relator Ministro Bilac PINTO, Tribunal Pleno, DJ 11.04.1975, p. 2306. Fonte: Supremo Tribunal Federal (www.stf.jus.br). Acesso em: 15.12.2016.

646 André Renato ANDRADE, **ICMS: Constituição...**, *op. cit.*, p. 224.

As intensas discussões acerca da constitucionalidade do regime de substituição progressiva deram ensejo à promulgação da Emenda Constitucional n. 03, de 17 de março de 1993, que introduziu dispositivo, dentre as limitações constitucionais ao poder de tributar – circunstância taxada de contraditória, por Ives Gandra MARTINS, por constituir, "*... de rigor, uma extraordinária exacerbação do poder impositivo...*"[647]; em sentido diametralmente oposto, uma verdadeira "*... garantia constitucional de imediata e preferível restituição...*" em favor dos contribuintes, para Heleno TORRES[648].

4.4.3 Substituição tributária "para frente": o melhor de dois mundos

Sob o ponto de vista pragmático, não é difícil explicar o porquê de a substituição progressiva ser mecanismo amplamente empregado nos tributos plurifásicos e não cumulativos pelos entes tributantes. Misabel DERZI, jurista que escreveu trabalhos imprescindíveis para o estudo da matéria, assevera que a substituição "para frente" é uma antecipação da antecipação[649]. Explicamos o porquê.

Quando se pensa na tributação que onera o consumo, há dois aspectos relevantes a serem considerados: o do momento da incidência do imposto e o da fiscalização dos contribuintes.

Em tese, se a incidência se desse de forma monofásica, no final da cadeia de comercialização, à Administração Tributária seria mais conveniente fiscalizar apenas um único contribuinte, aquele que realiza a última operação de circulação da mercadoria. A desvantagem, entretanto, ficaria por conta de os recursos ingressarem nos cofres do ente público somente no fim de todo o ciclo.

Se a incidência monofásica, em contrapartida, fosse transferida para o início da cadeia de circulação, a fiscalização permaneceria conveniente

647 Substituição Tributária e Valor de Pauta, *in* Hella Isis GOTTSCHEFSKY (org.), **Democracia e Constituição: Estudos em Homenagem ao Ministro José Néri da Silveira**, p. 352-353.

648 Substituição..., *op. cit.*, p. 89.

649 Distorções do Princípio da Não-Cumulatividade no ICMS – Comparação com o IVA Europeu, *in* Sacha Calmon Navarro COÊLHO *et al.* (org.), **Temas de Direito Tributário**, p. 109-111 e 148-150. Paulo Roberto Coimbra SILVA, outrossim, tece considerações semelhantes sobre a técnica não cumulativa e a substituição tributária – **A Substituição Tributária...**, *op. cit.*, p. 34-38.

para o ente público, mas ele sofreria uma perda de arrecadação, visto que o "fato gerador" não espelharia o valor final da última operação realizada na cadeia. Assim, para a tributação sobre o consumo, essas incidências monofásicas, aparentemente, não são satisfatórias.

A técnica plurifásica e não cumulativa, então, quando desenvolvida, mostrou-se a melhor solução para o problema: cada operação realizada ao longo da cadeia de circulação seria tributada de forma individualizada, recolhendo-se o tributo em favor do ente público em cada etapa, a qual, graças à técnica não cumulativa, oneraria o agente econômico quanto ao valor que tivesse agregado à mercadoria, naquela fase da circulação.

Uma série de vantagens decorre desse modelo, tanto para o contribuinte, quanto para a Administração: a fiscalização cruzada entre os contribuintes, com diminuição da sonegação; o preço final independeria do número de estádios de circulação da mercadoria, gerando neutralidade fiscal; transparência para a exação; o ente público teria o benefício de "antecipar" o tributo, o qual, em tese, seria devido somente no momento do consumo. O aspecto negativo, prejudicial à Fazenda, passível de ser apontado, seria, por outro lado, o aumento do número de contribuintes a serem fiscalizados.

Pois bem. A substituição tributária progressiva, nesse sentido, propicia à Administração Tributária o melhor de dois mundos: de um lado, simplifica a fiscalização, ao concentrar a exigência do tributo em apenas alguns poucos contribuintes; e, de outro, assegura, já no início da cadeia, a receita tributária oriunda de todas as operações subsequentes. Assim, na feliz expressão de Misabel DERZI, a substituição tributária "para frente" "*... antecipa a antecipação...*" da tributação sobre o consumo[650].

4.4.4 Substituição tributária e a não cumulatividade

Como se sabe, o regime de substituição tributária progressiva, para boa parte da doutrina, é inconstitucional, por ser incompatível com os princípios fundamentais do Direito Tributário, consoante previamente

[650] Distorções do Princípio..., *op. cit.*, p. 149. Consulte-se, também, outro artigo de Misabel DERZI, Aspectos Essenciais do ICMS, como Imposto de Mercado, *in* Luis Eduardo SCHOUERI e Fernando Aurélio ZILVETI (coord.), **Direito Tributário: Estudos em Homenagem a Brandão Machado**, p. 140.

exposto alhures, a cujas razões remetemos o leitor[651]. Nos impostos plurifásicos, outro princípio, além daqueles, merece atenção especial: o da não cumulatividade.

Nos impostos plurifásicos sobre o consumo, o princípio da não cumulatividade é uma imposição constitucional. Geraldo Ataliba e Aires Barreto, em artigo a quatro mãos, escrevem que, nesses impostos, não é suficiente, para a validade de um regime de substituição tributária, a garantia dos princípios fundamentais da tributação: "*É de mister observar, ainda, o princípio da não-cumulatividade*". Se, em geral, a substituição somente é admissível se observar os princípios da igualdade, da capacidade contributiva, da vedação ao confisco e do respeito à designação constitucional do sujeito passivo do tributo, nos impostos plurifásicos, o desrespeito à não cumulatividade acarreta a sua invalidade. "*Regime de substituição que desconsidere esse princípio é manifestamente inconstitucional*"[652].

De fato, um ponto sensível relacionado à substituição tributária progressiva é a efetiva ameaça à garantia da não cumulatividade dos tributos.

A não cumulatividade, segundo Paulo de Barros Carvalho, é a técnica segundo a qual "*... o valor de tributo devido em cada operação será compensado com a quantia incidente sobre as anteriores*", com o propósito de propiciar a concretização "*... de valores como o da justiça da tributação, respeito à capacidade contributiva e uniformidade na distribuição da carga tributária sobre as etapas de circulação e de industrialização de produtos*"[653].

A aplicação bem-sucedida da técnica não cumulativa foi desenvolvida na França, na "*Taxe sur la Valeur Ajoutée*" – TVA, muito embora a doutrina registre a existência de experiências anteriores, em outros países[654]. Curiosamente, o Brasil foi um dos pioneiros na implantação do sistema não cumulativo nos impostos plurifásicos, ainda na década de sessenta, graças à influência da doutrina francesa e, particularmente, do relatório "*Neumark*" e relatório "*Shoup*", que recomendavam enfaticamente a ado-

651 Item 3.4.2.4.

652 Substituição e Responsabilidade..., *op. cit.*, p. 75-78.

653 **Curso...**, *op. cit.*, p. 178.

654 Alcides Jorge Costa, **ICM na Constituição e na Lei Complementar**, p. 13-21.

ção do modelo[655]. A Comunidade Europeia instituiu o sistema apenas posteriormente, no final dos anos sessenta e ao longo dos setenta, por meio de diretivas[656].

Não se ignora que a substituição tributária "para trás" pode prejudicar a efetiva realização da sistemática não cumulativa. Nesse sentido, Hugo FUNARO destaca que o diferimento, no regime de substituição, **não pode servir para o aumento da carga tributária, em comparação com o regime normal de apuração.** Isso ocorrerá, por exemplo, se o imposto for exigido na aquisição da mercadoria, no momento da entrada do bem no estabelecimento do adquirente, e, em seguida, for negado a esse adquirente o direito ao crédito[657]. *"A negação do crédito é a negação do princípio da não-cumulatividade..."*, a própria negação da Constituição, na contundente afirmação de Renato Lopes BECHO, discorrendo sobre o direito ao crédito, nas hipóteses de diferimento[658].

Registre-se, entretanto, que, na hipótese de substituição tributária "para trás", quando o diferimento se encerra no momento da saída da mercadoria do estabelecimento do substituto, este não terá direito ao crédito relativo à operação praticada com o substituído, visto que não houve tributo incidente na operação anterior. O imposto relativo à operação anterior, justamente, é de incumbência do substituto; caso se admitisse o direito ao crédito, em circunstâncias como essa, restaria frustrada, em última análise, a lógica da substituição tributária "para trás".

Certamente, porém, os atritos do regime de substituição com a sistemática não cumulativa **se encontram, primordialmente, na modalidade progressiva.** E, embora a substituição tributária progressiva não implique, necessariamente, a negação do princípio da não cumulatividade, é certo que o "*... regime **pode** vir a tornar a incidência cumulativa...*", conforme registro de Paulo Victor Vieira da ROCHA[659].

[655] Misabel DERZI e André Mendes MOREIRA, A Tributação Sobre o Valor Acrescido..., *op. cit.*, p. 532-560.

[656] Heleno Taveira TORRES, O IVA na Experiência Estrangeira e a Tributação das Exportações no Direito Brasileiro, **Revista Fórum de Direito Tributário**, n. 16, p. 43–62.

[657] **Sujeição Passiva...**, *op. cit.*, p. 149-150.

[658] **Sujeição...**, *op. cit.*, p. 138.

[659] **Substituição...**, *op. cit.*, p. 168, nota de rodapé n. 521.

A violação à não cumulatividade pode-se dar, primeiramente, "... *caso os preços de venda ao consumidor final sejam erroneamente presumidos (para mais) pelo Estado-Administração e não exista garantia de devolução ao substituto do tributo eventualmente pago a maior*"[660]. **Sem a devolução** do valor cobrado acima do fato presumido, afirma Sacha Calmon COÊLHO, **haverá a quebra** da não cumulatividade[661].

A possibilidade de violação à não cumulatividade, porém, não se dá apenas em eventual vedação de restituição da quantia cobrada em excesso. Misabel DERZI e André Mendes MOREIRA registram que a técnica não cumulativa é, de certo modo, abandonada, no regime de substituição tributária "para frente", porque o tributo já é recolhido no início da cadeia de circulação. Imaginando um determinado contribuinte que faça parte de uma cadeia submetida ao regime de substituição progressiva, os créditos que são por ele acumulados, em razão de determinadas operações, não poderão ser compensados com débitos tributários, uma vez que o imposto já foi recolhido por outro agente. Esclarecem os professores mineiros:

> ... se o substituído tiver adquirido bens do ativo permanente, os créditos respectivos ficarão prejudicados, ao arrepio das leis e da Constituição. A vazão de tais créditos, se o contribuinte atua somente em regime especial de substituição progressiva - o que ocorre em hipóteses diversas –, encontrará barreiras de difícil transposição, e o ICMS, nesse regime, ofenderá o princípio da não cumulatividade[662].

Com efeito, instituir um regime de substituição tributária progressiva sem disponibilizar meios para que o substituído possa dar vazão aos créditos que acumula com o passar do tempo parece configurar uma

[660] André Mendes MOREIRA, **Não Cumulatividade...**, *op. cit.*, p. 188.

[661] **Curso...**, *op. cit.*, p. 628.

[662] Tributação sobre o Valor..., *op. cit.*, p. 558-559. Igualmente, Misabel DERZI, Notas de Atualização, *in* Aliomar BALEEIRO, **Limitações...**, *op. cit.*, p. 151-152. Jacqueline Ude BRAZ também chama a atenção para a violação à não cumulatividade nas hipóteses de restrição ao crédito nas aquisições para uso e consumo e para o ativo permanente – **Substituição Tributária no ICMS: construção de sentido e aplicação**, p. 147-148.

daquelas situações de aplicação inconstitucional da técnica, de que falava Humberto ÁVILA[663].

Se o ente tributante tem a pretensão de aplicar o regime de substituição tributária progressiva em um determinado segmento, ele tem o dever de, em contrapartida, fornecer meios para que o contribuinte substituído possa fazer uso dos créditos não passíveis de aproveitamentos em razão do uso da técnica (tais como a possibilidade de cessão dos créditos acumulados; a de transferi-los ao substituto, para que sejam compensados com o imposto recolhido de forma concentrada na etapa inicial, recebendo em pecúnia do substituto ou abatendo dos valores a pagar dos produtos adquiridos dele adquiridos; ou, ainda, a própria restituição em pecúnia dos valores).

A ausência de alternativas implica a cumulatividade do regime e, em última análise, promove o enriquecimento sem causa do ente tributante, pois ele passa a receber mais dinheiro do que deveria, se comparado ao regime normal de tributação do ICMS. Daí a sempre atual lição de Geraldo ATALIBA e Aires BARRETO: "... *a ofensa à Constituição persistirá enquanto não haja mecanismos legais que assegurem o direito à utilização dos créditos referentes às operações anteriores*"[664].

Dessa forma, a não-cumulatividade pode ser atingida, ao menos, de duas formas, no regime de substituição: primeiro, na hipótese de **não restituição do tributo recolhido em descompasso com o valor efetivo da operação presumida**; e, segundo, na **restrição ao contribuinte de dar vazão aos créditos acumulados, por não ter como os compensar com débitos tributários**, ante o regime da substituição. A adoção do regime de substituição, portanto, deve vir acompanhada de meios hábeis para resguardar a não cumulatividade, sob pena de onerar o agente econômico, em prejuízo da ideia de neutralidade, que informa os impostos sobre o consumo.

[663] Substituição Tributária e Base..., *op. cit.*, p. 171.

[664] Substituição e Responsabilidade..., *op. cit.*, p. 77.

4.4.5 A tributação por fato gerador presumido e a substituição tributária

4.4.5.1 A tributação por fato gerador presumido e a estrutura normativa da substituição convencional

Conquanto a tributação por "fato gerador" presumido seja tratada, geralmente, como uma modalidade de substituição tributária, há autores que consideram uma **impropriedade** a sua qualificação nessa categoria. É o caso de Paulo Victor Vieira da ROCHA, que, expressando sua posição pessoal, consignou que o regime de tributação decorrente da inserção do artigo 150, § 7º, no texto constitucional, não se tratava nem, verdadeiramente, de uma substituição, nem de um "fato gerador" presumido, "... *mas sim de um 'fato gerador' como 'condição necessária e suficiente para fazer nascer a obrigação tributária*'"[665]; ou de Laís CARDOSO, que não vê semelhança entre a substituição tributária "para frente" e a figura da responsabilidade – na acepção de uma forma de garantia do pagamento subsidiária ao inadimplemento do tributo pelo contribuinte – ou entre ela e a substituição convencional, pois há mais do que uma simples troca de sujeitos obrigados ao pagamento do tributo[666].

Realmente, **a dúvida é pertinente**. A substituição convencional pressupõe a existência de uma relação do substituto com o destinatário legal tributário. No regime de substituição progressiva, todavia, a presença desse vínculo é altamente questionável. Usando o palmito, a título de ilustração, Alcides Jorge COSTA defende que a lei complementar não poderia "... *dizer que o sujeito passivo por substituição, no ICM, seria o produtor de palmito em relação ao fornecimento de uma refeição em que se utilizasse palmito enlatado...*", pois o produtor de palmito não teria "... *qualquer tipo de ligação com o fato gerador da obrigação tributária*"[667].

[665] **Substituição...**, *op. cit.*, p. 19.

[666] **Substituição Tributária...**, *op. cit.*, p. 130. Nesse sentido, a observação de Edvaldo BRITO de que essa técnica é uma "... *substituição sem substituto*", pois não tem sequer um substituído. "*Um contribuinte somente poderá substituir um outro se já estiver configurado como tal numa operação considerada*" – A Substituição Tributária no ICMS, **Revista Dialética de Direito Tributário**, n. 2, p. 24 e 30.

[667] ICM – Substituição..., *op. cit.*, p. 45.

Mas, ainda que se admitisse um vínculo indireto, como faz Renato Lopes BECHO, é possível dizer que o fenômeno se desenvolve da mesma maneira, do ponto de vista da estrutura e da dinâmica normativas[668] ?

Se a substituição tributária progressiva fosse, do ponto de vista normativo, uma modalidade de substituição, ela se ajustaria, em tese, à estrutura normativa delineada para a substituição convencional. Misabel DERZI promove a aplicação daquele esquema normativo excepcional, de duas normas jurídicas interligadas à substituição "para frente" – a "... *norma básica ou matriz...*", que "... *disciplina a obrigação tributária principal ou secundária...*", e a "... *norma complementar ou secundária...*", dependente da primeira, "... *que se presta a alterar apenas o aspecto subjetivo da consequência da norma anterior, uma vez ocorrido o fato descrito em sua hipótese*"[669].

Nesse caso, explica a jurista mineira, há "... *uma inversão ou deslocamento temporal...*", de modo que o fato jurídico da norma secundária ocorre "... *antes do acontecimento do fato descrito na hipótese da norma básica*", residindo aí a sua singularidade[670].

Andrea DARZÉ, de certa forma, orienta-se pelo mesmo caminho, ao sustentar que a norma de substituição é de natureza tributária e que, ao tomar uma operação ao longo da cadeia – normalmente, no início – presume, desse fato, que as operações futuras irão ocorrer. Ao assim proceder, a norma de substituição, instituída pelo legislador, descreve o fato presumido e tem por efeitos o de mutilar o critério pessoal passivo da

668 As Modalidades de Sujeição..., *op. cit.*, p. 129. BECHO, conquanto não veja um vínculo direto entre o fato correspondente à hipótese de incidência realizado pelo substituto e aqueles referentes às operações ou prestações seguintes da cadeia econômica, aceita a existência de um vínculo indireto, em razão do produto objeto de comercialização. Desenvolvendo seu argumento com base na indústria farmacêutica, afirma que "... *o produto p foi produzido pelo industrial i e vendido ao farmacêutico f, passando pelos intermediários g e ro. Para nós, isso é vinculação indireta, justamente porque não identificável diretamente, claramente, nos elementos do fato gerador (critérios da regra-matriz constitucional tributária)*" – *ibidem*, p. 129. Natural, portanto, que o autor entenda, sem ressalvas, que o diferimento e a tributação por "fato gerador" presumido sejam modalidades de substituição tributária – **Sujeição...**, *op. cit.*, p. 142. Florence HARET, outrossim, afirma que, na substituição progressiva, não há um vínculo entre o substituto e o fato jurídico tributário, mas sim entre o substituto e o substituído; e o "... *fator que os unem é a própria* ***mercadoria****...*" – **Presunções...**, *op. cit.*, p. 511.

669 A Praticidade, a substituição..., *op. cit.*, p. 269.

670 *Ibidem.*

regra-matriz de incidência tributária; o de instituir o sujeito passivo do tributo; e o de antecipar a eficácia dos demais critérios da regra-matriz de incidência tributária[671].

A tentativa de aliar a explicação tradicional da estrutura normativa da substituição ao regime da substituição progressiva, entretanto, **padece de graves inconvenientes**.

Primeiramente, seguindo à risca o esquema da conjugação normativa, a norma secundária ou não autônoma é **dependente** da norma primária ou autônoma. É uma contradição em termos admitir que a norma não autônoma possa "... *anteceder temporalmente*..." à norma autônoma, sendo que **aquela depende desta última para que possa ter serventia no ordenamento**.

Quer dizer, o fato descrito na hipótese da norma não autônoma, que visa a alterar o mandamento da norma-padrão de incidência tributária, deve ocorrer simultaneamente à realização do fato que corresponde à hipótese da norma de incidência, jamais antes. Até mesmo porque a hipótese da norma não autônoma **descreve o mesmo fato contido na hipótese da norma-padrão de incidência e, adicionalmente, mais um outro**, consistente no vínculo de poder que o substituto exerce sobre o gozo da riqueza do substituído[672].

Em segundo lugar, quando foram apresentados os contornos da hipótese de incidência da norma não autônoma, esclareceu-se que o fato por ela descrito **não pode ser um evento que expresse um conteúdo econômico próprio**; ou ter-se-ia que reconhecer a existência de dois tributos autônomos. Na substituição tributária progressiva, o conteúdo da norma que se tem como "secundária" é uma clara manifestação de conteúdo econômico, qual seja, a realização de operação de circulação,

[671] **Responsabilidade**..., *op. cit.*, p. 201. Minatel também sustenta que, na substituição tributária "para frente", o legislador, mediante a técnica da presunção da provável ocorrência do "fato gerador" futuro, antecipa os seus efeitos e atribui o encargo de recolher o tributo ao sujeito que pratica a operação vinculada anterior, na condição de substituto – Modo de operacionalização..., *op. cit.*, p. 108.

[672] Relembrando o conteúdo da hipótese da norma não autônoma: "Se além do fato X previsto na norma N, ocorrer o fato Y, quem deverá pagar o valor H será o sujeito W", sendo o fato X a descrição o fato-signo presuntivo de riqueza previsto na norma de incidência tributária.

em um ciclo econômico, sob o regime de substituição tributária, presumindo-se a ocorrência futura das demais operações.

Em terceiro lugar, a norma secundária não tem o condão de "... *antecipar a eficácia dos demais critérios da regra-matriz de incidência tributária*", como quer DARZÉ. A eficácia jurídica da norma-padrão somente se operará por meio do fenômeno da incidência, que atribuirá juridicidade ao fato, o qual, por sua vez, dará ensejo a efeitos jurídicos. E, consoante a lição de Geraldo ATALIBA, destacada anteriormente, o legislador encontra um limite constitucional, e até mesmo lógico-jurídico, à fixação do critério temporal da norma de incidência tributária: ele, o critério temporal, não poderá ser anterior à consumação do fato descrito na hipótese.

Isso porque a alteração do critério temporal, em verdade, implica a modificação da própria norma de incidência tributária, razão pela qual JUSTEN FILHO rejeita a afirmação de que o legislador tem liberdade para fixar o critério temporal do imposto para momento diverso do da realização da conduta prevista no critério material. Quando o legislador assim o faz, ele passa a descrever, no antecedente, um novo fato, uma nova materialidade. O seu exemplo, pertinente ao ISS, é didático: "*Assim, se se decide eleger como critério temporal a inscrição do profissional liberal nos cadastros municipais, o tributo, materialmente, passa a incidir sobre a inscrição profissional, sobre o cadastramento – não é tributo sobre a prestação de serviço*"[673].

Ante essas razões, a tentativa de explicar o fenômeno da substituição tributária "para frente" a partir da conjugação normativa, nos moldes da substituição convencional, parece encontrar **óbice insuperável.**

4.4.5.2 Substituição tributária "para frente": a antecipação e a estrutura normativa

Embora a alusão a uma "antecipação dos efeitos" da norma de incidência tributária não descreva, com acuidade, a dinâmica da substituição tributária progressiva, entendemos que há de se reconhecer, nesse regime, de fato, **a existência de uma "antecipação"**: o recolhimento de uma quantia ao Estado **antes da ocorrência do fato jurídico tributário efetivo**. GRECO, aliás, explica que o cerne das preocupações relacionadas à

[673] **O Imposto...**, *op. cit.*, p. 138.

figura não está, propriamente, na intervenção sobre o aspecto pessoal do mandamento normativo, mas sim na tal antecipação. Na engenharia da técnica da substituição progressiva, o legislador, tem-se a impressão, "... *antecipa o pagamento de um tributo, mesmo sem a ocorrência concreta da hipótese de incidência legalmente prevista*"[674].

Alguns autores alegam tratar-se de antecipação do **pagamento**: JUSTEN FILHO entende cabível o pagamento antecipado, antes do fato imponível, desde que haja inequívoca proximidade da ocorrência da prestação do serviço[675]; Alcides COSTA não se contrapõe aos "... *casos de pagamento antecipado...*", como o do imposto sobre a transmissão de propriedade imobiliária (ITBI), em que a cobrança é feita antes da lavratura da escritura, ou como a do imposto sobre a renda, nas hipóteses de retenção na fonte, visto que, nessas situações, há manifestação de capacidade econômica atual, baseada em substrato econômico efetivo[676]; SPERB DE PAOLA, explicando que o pagamento antes da ocorrência do fato jurídico tributário trabalha com duas presunções – a de que o fato jurídico tributário se irá manifestar em um futuro próximo e a de que a dimensão econômica será aproximada daquela que foi utilizada para fins de tributação – também o reputa adequado ao direito positivo, desde que as presunções estejam vinculadas, sob os aspectos de sua dimensão e de sua proximidade temporal, ao fato jurídico tributário[677].

Marco Aurélio GRECO, por sua vez, **nega a existência da antecipação de um pagamento**. Isso porque o instituto do pagamento é uma forma de extinção de obrigação tributária – nos termos do artigo 156, I, do Código Tributário Nacional – e, a seu ver, no regime de substituição progressiva, não há uma obrigação, pois o valor é recolhido antes da realização do fato jurídico tributário[678].

[674] Paulo Antonio MARIANO, Raphael Sampaio WERNECK e Sandra Regina ALENCAR, **Substituição Tributária no ICMS**, p. 86.

[675] **O Imposto...**, *op. cit.*, p. 175.

[676] ICMS e Substituição..., *op. cit.*, p. 85.

[677] **Presunções...**, *op. cit.*, p. 238-246.

[678] Por esse motivo é que o autor prefere dizer que, na antecipação, não há o "pagamento", mas o "recolhimento" do valor do tributo – **Substituição...**, *op. cit.*, p. 15, nota de rodapé n. 9.

O professor paulista, que apresenta uma visão muito particular sobre o fenômeno, prefere considerá-lo uma "*... antecipação do fato gerador...*", em que a "*... a exigência é feita antes que ocorra o fato legalmente qualificado para fins de nascimento da denominada obrigação tributária*"[679]. Argumenta ser ele uma técnica de arrecadação por meio da qual o legislador, a seu talante, escolhe uma **fase preliminar de um dado fenômeno econômico ou jurídico** – fenômeno esse que, por sua vez, deve compor, necessariamente, a materialidade da competência constitucional atribuída ao ente público – e a elege como o momento de deflagração do dever de um sujeito promover o recolhimento do tributo. A antecipação não é técnica arbitrária, mas se submete à estrita legalidade e está calcada, segundo o autor, em três indispensáveis cláusulas: **a de vinculação**, segundo a qual deve haver uma robusta conexão entre a fase preliminar e o fato jurídico tributário, o qual deve ocorrer posteriormente, legitimando o recolhimento; **a de atribuição**, que representa a atribuição a um sujeito passivo do dever de efetuar o recolhimento, sujeito que pode ser o próprio titular da riqueza ou, eventualmente, um terceiro; **e a de restituição do excesso**, que assegura o dever de a quantia recolhida em excesso, pelo Estado, ter de ser restituída ao contribuinte, cláusula, para ele, lembremos, que constitui a **"pedra-de-toque"** do regime de substituição tributária progressiva[680].

O regime de antecipação confirmaria, segundo o autor, que o modelo tributário não é exclusivamente obrigacional, pois cria uma situação jurí-

[679] **Substituição...**, *op. cit.*, p. 7.

[680] A defesa teórica, feita por GRECO, da técnica de substituição tributária progressiva, nos impostos plurifásicos, parte da distinção entre "pressuposto de fato" e "fato gerador", oriunda, segundo o ilustre professor, da doutrina italiana. Consoante GRECO, o pressuposto de fato é a "*... parcela da realidade, econômica ou jurídica, que o tributo visa alcançar*", ao passo que o "fato gerador" é o "*... evento concreto, denotador do pressuposto de fato, que a lei escolheu como deflagrador da exigência fiscal*". A competência tributária constitucional descreve a materialidade de um pressuposto de fato, não de um "fato gerador", e pode ser um fenômeno econômico ou jurídico que "*... comporta materialização em etapas*". O legislador, desde que dentro do pressuposto de fato, goza da liberdade para eleger o fato que denotará essa parcela econômica ou jurídica que o tributo pretende alcançar: ele pode eleger um determinado momento do início da cadeia de circulação; ou mesmo, se quiser, a última etapa do ciclo – **Substituição...**, *op. cit.*, p. 15-22. Vale consultar, também, o artigo em que desenvolve, de forma embrionária, as ideias que permeiam o livro – Antecipação do Fato Imponível do Tributo, **Revista de Direito Tributário**, n. 17-18, p. 253-260.

dica subjetiva que viabiliza o recolhimento da quantia devida "*... sem que tenha nascido a obrigação tributária*"[681].

Apesar das instigantes reflexões de GRECO, pensamos que a proposta teórica não esclarece **por que razão o dever de recolhimento**, atribuído a um sujeito passivo, no regime de antecipação, **seria uma situação jurídica subjetiva tão peculiar e distinta do modelo obrigacional**, incapaz de ser a ele reconduzido. Afinal, o autor, ao longo de sua exposição, registra que a disciplina da antecipação se submete à legalidade estrita, de maneira que os aspectos objetivos, subjetivos e quantitativos da cobrança somente podem ser definidos por lei. Reconhece, ainda, que as mesmas garantias que revestem a instituição do tributo "*... sob o modelo clássico do fato gerador da obrigação tributária também se aplicam, plenamente, ao modelo de antecipação, com ou sem substituição*"[682]. **Não será porque, na antecipação de que ora se trata, esteja presente uma obrigação tributária**, ainda que não exatamente aquela decorrente do fato jurídico tributário efetivo, o qual, presume-se, ocorrerá no futuro?

Nessa ordem de ideias, conquanto se concorde com a afirmação de não ser correto aludir à existência de um "pagamento antecipado", **o problema não está na alusão a um "pagamento", mas sim na de que tal pagamento seria "antecipado"**, como se um indivíduo fosse obrigado a efetuá-lo sem prévia obrigação tributária, e, consequentemente, sem fato jurídico tributário anterior, ou mesmo incidência de uma regra tributária.

Insatisfeitos com tal incoerência, Daniel Monteiro PEIXOTO e Eurico de SANTI procuram desfazer o que chamam do **"mito do pagamento antecipado"**. De forma singela, esclarece SANTI: "*... se há pagamento, há obrigação de pagar. Se há obrigação de pagar, há fato que justifica e dimensiona sua exigência e lei que juridiciza esse fato e determina os termos da obrigação tributária*". Sendo assim, o ilustre autor observa que a lei terá de criar um "*... novo fato tributário, nova base de cálculo e novo sujeito passivo*" para fazer surgir a obrigação impropriamente denominada de "antecipada"[683].

681 **Substituição...**, *op. cit.*, p. 16.

682 *Ibidem*, p. 14.

683 Eurico de SANTI, ICMS, Substituição para frente, o Mito do Pagamento Antecipado e o Princípio da Legalidade, **Biblioteca Digital Revista Fórum de Direito Tributário – RFDT**, n. 6, p. 1 – disponível em: http://www.editoraforum.com.br/bid/bidConteu-

Diz-se "impropriamente" porque o que se antecipa não é a obrigação; o que há é "... *uma nova regra que antecipa a incidência...*", de modo que "... *a relação de presunção (ou ficção) não se estabelece no plano fáctico entre o fato tributário antecipado e o fato tributário efetivo, coloca-se, sim, no plano normativo, entre: a hipótese tributária do fato antecipado e a hipótese de incidência efetiva*". Para SANTI, há, no regime da substituição, duas normas tributárias, com hipóteses distintas, porém conexas, "... *colocadas sob o mesmo rótulo competencial*". Há uma flexibilidade na competência tributária.

Deve-se ter, porém, uma preocupação central com o desenho da competência constitucional dessa norma, pois "... *a eleição desses critérios tem de estar intimamente ligada ao arquétipo constitucional do imposto*", sob o risco de se criar "... *imposto novo e, portanto, indevido por carecer de fundamento constitucional*"[684].

Embora SANTI infirme a existência de um imposto novo, deve-se refletir: se o legislador estipula um novo fato tributário, que se realizará em um novo momento e local, com uma nova base de cálculo e um novo sujeito passivo, havendo inequívoca modificação dos critérios essenciais da norma-padrão de incidência efetiva, não haverá, consequentemente, um novo tributo, embora ligado ao arquétipo constitucional? Ao antecipar a incidência normativa, por mais que o legislador tenha o dever constitucional de permanecer fiel aos critérios da hipótese de incidência efetiva, ele acaba por construir uma nova norma tributária em sentido estrito.

Nesse sentido, Ângelo Braga Netto Rodrigues de MELLO, escorando-se nas lições de BECKER, sustenta que o tributo devido no regime de substituição tributária progressiva, é, à semelhança das demais figuras impositivas, fundado em uma presunção absoluta de riqueza, "... *criando uma verdade jurídica independentemente da real*"[685]. Particularmente, temos reservas quanto a essa automática e irrestrita equiparação do tributo devido no regime de substituição progressiva com os demais, definidos no ordenamento jurídico. As situações de um e outro são deveras distin-

doShow.espx?idConteudo=13365, acesso em: 30.04.2020. Daniel Monteiro PEIXOTO, **Responsabilidade...**, *op. cit.*, p. 170-173.

684 *Ibidem*, p. 2.

685 **Substituição Tributária...**, *op. cit.*, p. 92.

tas: enquanto, em um regime normal, a imposição tributária é baseada em um fato, de conteúdo econômico, que denota riqueza, a imposição derivada do regime de substituição progressiva é fundada em uma ficção de riqueza, porque futura, sendo uma técnica excepcional de tributação e que coloca em risco direitos individuais dos contribuintes.

Por isso, seguimos na linha de Daniel Monteiro PEIXOTO, para quem o imposto pago pelo substituto, em uma cadeia plurifásica, é um "... *outro imposto...*", um "... *tributo autônomo*", com regra-matriz de incidência tributária própria. Segundo o autor, no regime de substituição: **(i)** "... ***há incidência*** *de RMIT* [Regra-Matriz de Incidência Tributária] *somente na primeira etapa da cadeia e* ***não há qualquer incidência*** *de RMIT nas etapas posteriores*"; e **(ii)** "... *há incidência de duas diferentes regra-matrizes de incidência tributária do ICMS logo na primeira operação*", sendo uma a regra-matriz normal da operação do sujeito da cadeia, e outra a "... *Regra-Matriz de Incidência do ICMS-Reembolsável...*", referente às operações seguintes da cadeia de circulação[686].

A "... *Regra-Matriz de Incidência do ICMS-Reembolsável...*" assume a seguinte estrutura: (i) quanto à hipótese de incidência: (a) critério material: efetuar operação de circulação de mercadorias e serviços, sujeita ao regime de substituição tributária para frente, na condição de substituto; (b) critério temporal: o momento da saída da mercadoria do estabeleci-

[686] **Responsabilidade**..., *op. cit.*, p. 173-176. No mesmo sentido, Laís Vieira CARDOSO promove a análise dos aspectos da norma de substituição tributária "para frente", no ICMS, observando que (i) o critério material da norma é o de promover as operações futuras com a mercadoria, elemento de natureza fictícia, mas que, graças ao dever de restituição, não prevalece sobre o real; (ii) o critério temporal é a saída da mercadoria do estabelecimento do produtor, do industrial ou do atacadista, mediante a transferência de titularidade do bem; (iii) o critério espacial é o local do estabelecimento do substituto; (iv) o critério pessoal é composto, no polo ativo, pelos Estados e o Distrito Federal, e, no passivo, pelos produtores, industriais ou comerciantes atacadistas, denominados substitutos tributários; (v) por fim, o critério quantitativo é formado pela conjugação da alíquota com a base de cálculo suposta, de acordo com a presunção do valor final da operação final do ciclo de circulação – **Substituição Tributária**..., *op. cit.*, p. 86-129. Jacqueline Ude BRAZ, igualmente, afirma que "... *é necessário entender que existem regras-matrizes distintas para o ICMS e para o ICMS-ST, sendo essa distinção feita pelo fato de que possuem hipótese de incidência e bases de cálculos distintas*", realizando, na sequência, o exame dos critérios da regra-matriz do ICMS-ST – **Substituição Tributária**..., *op. cit.*, p. 55 e 56-92.

mento ou da prestação do serviço; (c) critério espacial: local do estabelecimento que dá a saída da mercadoria ou presta o serviço; (ii) quanto ao consequente tributário: (d) base de cálculo: o valor que a mercadoria, presumidamente, assumirá na operação destinada ao consumidor final; (e) alíquota: de acordo com o parâmetro fixado pela lei; (f) desconto: desconto a ser feito, do valor resultante da incidência da regra-matriz de incidência típica; (g) critério pessoal: sujeito ativo, o Estado-membro ou Distrito Federal, e sujeito passivo, a pessoa que efetuou a operação mercantil prevista no critério material.

À luz das considerações que vínhamos fazendo, acerca da substituição tributária, a conclusão de Peixoto é reveladora: no âmbito da regra-matriz do ICMS antecipado, o sujeito que realiza o fato jurídico é o mesmo que figura no polo passivo da relação jurídica tributária. Logo, no regime da substituição tributária progressiva, o substituto não é responsável tributário, nem sujeito passivo indireto. O substituto "*... é típico contribuinte de tributo autônomo*"[687].

A estrutura normativa do imposto exigido sob o regime de substituição, entretanto, **compreende uma outra regra fundamental**, indispensável para solucionar o problema do "*... desajuste entre base de cálculo e critério material da hipótese de incidência...*", desde que aquela é estabelecida em patamar superior à riqueza manifestada na operação. O legislador deve assegurar **o direito de reembolso do valor do tributo excedente, mediante a regra jurídica de reembolso, verdadeira válvula de escape ao funcionamento do regime**. Dirige-se, a norma de reembolso, sobretudo, aos agentes intermediários da cadeia de circulação, evitando sejam indevidamente onerados.

A regra de reembolso, garantia constitucional, aplica-se nas hipóteses de ruptura na cadeia de circulação, quando o fato gerador presumido não se realiza integralmente, ou nas de realização da operação final em quantia inferior ao valor presumido.

[687] **Responsabilidade...**, *op. cit.*, p. 176.

4.4.5.3 Restituição de imposto por "fato gerador" ocorrido em base de cálculo inferior

Uma das questões mais polêmicas relativas à substituição tributária para frente diz respeito à possibilidade de restituição do tributo, na hipótese em que a base de cálculo efetiva da operação futura é inferior à base de cálculo presumida pela lei.

A questão, de fato, é decisiva para o desenho definitivo da substituição progressiva, no direito positivo brasileiro, sendo ponto crucial, para alguns, para se tolerar a figura no cenário nacional. Leonardo Sperb de PAOLA, por exemplo, ao falar de antecipação do pagamento de tributos, citando como exemplo o mecanismo da substituição tributária para frente, explica que, com a possibilidade de restituição, há um fato presumido, o qual, não ocorrido, gera o dever de imediata restituição; agora, "... *sem a possibilidade de devolução, não se está a antecipar um tributo devido futuramente, mas se cria um tributo novo, o qual deve em si apresentar-se conforme ao princípio da capacidade contributiva*", concluindo que, nesse caso, "... *a base presumida teria um caráter absoluto e haveria afastamento da regra-matriz de incidência do ICMS e inobservância ao princípio da capacidade contributiva*"[688]. Esse foi **o entendimento sufragado pela ampla maioria da doutrina**.

As vozes que julgaram ser admissível, no direito positivo, a possibilidade de considerar-se definitiva a base de cálculo presumida, sem ferir os ditames constitucionais, foram em menor número. Eurico de SANTI, examinando o enunciado do artigo 150, § 7º, da Constituição, concluiu que o dispositivo continha "... *em sua inerente vagueza e ambiguidade ambas as possibilidades conotativas...*", quais sejam, a de caber ou não caber a restituição quando a base de cálculo do substituído era inferior à presumida, para efeito de antecipação[689].

Ângelo de MELO talvez tenha sido o jurista que tenha argumentado, com mais afinco, em prol da tese da "definitividade" da base de cálculo presumida, por entender que a tese da "provisoriedade" da base de cálculo presumida seria um risco à juridicidade e utilidade da figura da substituição tributária[690].

[688] **Presunções e Ficções...**, *op. cit.*, p. 244 e 246.

[689] ICMS – Mercadorias..., *op. cit.*, p. 550.

[690] **Substituição Tributária...**, *op. cit.*, p. 219.

Afirma o jurista de Alagoas que o equívoco da tese da "provisoriedade" está, desde logo, na transposição da premissa de que, na substituição tributária, a base de cálculo deve ser o valor real da operação. Em verdade, porém, a hipótese de incidência da substituição é formada por um elemento material real, a operação praticada pelo substituto, e um elemento material presumido. A base de cálculo correspondente ao primeiro elemento é o valor real da operação, ao passo que, para o segundo elemento, o presumido, a base de cálculo presumida é obtida "*... por intermédio de um inteligente mecanismo que busca alcançar o preço real de mercado...*", confirmando a hipótese. Considerar a base presumida como uma base precária seria, ademais, ilógico, "*... pela impossibilidade de se considerar a existência de fato jurídico fracionado*"[691].

Com base em pressupostos essencialmente distintos, Humberto ÁVILA assevera que "*... qualquer modelo de padronização tributária deve, necessariamente, envolver a devolução das diferenças que sejam significativas e, por isso mesmo, causem gravames que comprometam a eficácia mínima de princípios fundamentais*"[692]. Para ele, isso se daria mediante a presença de cláusulas de abertura ou de equidade. O argumento de que essas cláusulas poderiam anular as vantagens da padronização não teria procedência porque, se a padronização fosse construída de acordo com a normalidade dos casos e efetivamente refletisse a média do que realmente acontecesse, então essas cláusulas serviriam para ajustes ocasionais, pontuais, não prejudicando o funcionamento da técnica, de sorte que, "*... se a padronização é válida, a cláusula de retorno à igualdade não inibe seus efeitos positivos; se inibe, é porque a padronização não é válida*"[693].

"*A contrario sensu*", portanto, se as diferenças não forem significativas, dessume-se que ÁVILA entende não haver um direito à restituição da diferença. "*A padronização, portanto, não perde a validade quando deixa de prever a devolução das diferenças entre o valor presumido e o real em todas as situações. Ela fica privada de legitimidade, não obstante, quando carece de previsão para restituir, se as diferenças entre o valor real e o presumido forem anormais*"[694].

691 *Ibidem*, p. 221 e 222.

692 **Teoria da Igualdade...**, *op. cit.*, p. 105.

693 *Ibidem*, p. 106.

694 *Ibidem*, p. 111.

Obviamente, a dificuldade em situações semelhantes seria a de estabelecer quais seriam diferenças significativas, ou que diferenças seriam consideradas anormais.

O Supremo Tribunal Federal, no julgamento da Ação Direta de Inconstitucionalidade n. 1.851/AL, havia considerado que a realização do fato jurídico presumido com base de cálculo efetiva inferior àquela presumida não dava margem à restituição da diferença, sob a alegação de que tal exigência iria de encontro à própria razão de ser da figura, qual seja, a de conferir praticabilidade à arrecadação do imposto. Assim, a despeito da posição majoritária da doutrina, preocupada em garantir a correspondência do "fato gerador" presumido ao fato jurídico tributário, pugnar pelo inafastável dever de restituição das diferenças, a base de cálculo presumida foi reputada definitiva, graças à, nas palavras de Cristiano Carvalho, "*...canhestra interpretação dada pelo Supremo Tribunal Federal ao parágrafo 7º do artigo 150, da CF...*"[695].

Entretanto, no fim de 2016, o Supremo Tribunal Federal, no Recurso Extraordinário em Repercussão Geral n. 593.849, exarou o entendimento de que "*... é devida a restituição da diferença do Imposto sobre Circulação de Mercadorias e Serviços – ICMS pago a mais no regime de substituição tributária para a frente se a base de cálculo efetiva da operação for inferior à presumida*", acolhendo o entendimento da maioria da doutrina e, por consequência, conferindo **substancial proteção à cláusula de restituição**[696].

[695] **Ficções Jurídicas...**, *op. cit.*, p. 299.

[696] Eis a ementa do julgamento do recurso pelo Supremo Tribunal Federal: "RECURSO EXTRAORDINÁRIO. REPERCUSSÃO GERAL. DIREITO TRIBUTÁRIO. IMPOSTO SOBRE CIRCULAÇÃO DE MERCADORIAS E SERVIÇOS - ICMS. SUBSTITUIÇÃO TRIBUTÁRIA PROGRESSIVA OU PARA FRENTE. CLÁUSULA DE RESTITUIÇÃO DO EXCESSO. BASE DE CÁLCULO PRESUMIDA. BASE DE CÁLCULO REAL. RESTITUIÇÃO DA DIFERENÇA. ART. 150, §7º, DA CONSTITUIÇÃO DA REPÚBLICA. REVOGAÇÃO PARCIAL DE PRECEDENTE. ADI 1.851. 1. Fixação de tese jurídica ao Tema 201 da sistemática da repercussão geral: "É devida a restituição da diferença do Imposto sobre Circulação de Mercadorias e Serviços – ICMS pago a mais no regime de substituição tributária para frente se a base de cálculo efetiva da operação for inferior à presumida". 2. A garantia do direito à restituição do excesso não inviabiliza a substituição tributária progressiva, à luz da manutenção das vantagens pragmáticas hauridas do sistema de cobrança de impostos e contribuições. 3. O princípio da praticidade tributária não prepondera na hipótese de violação de direitos e garantias dos contribuintes, notadamente

A decisão do Supremo, é bom que se diga, não pôs um ponto final sobre a questão. Com efeito, há notícia de que, desde a mudança de posicionamento da Corte, vários Estados, tais como Minas Gerais e o Rio Grande do Sul, estão oferecendo a seus contribuintes a **opção** de aderir a regimes de substituição tributária progressiva sem a possibilidade de

os princípios da igualdade, capacidade contributiva e vedação ao confisco, bem como a arquitetura de neutralidade fiscal do ICMS. 4. O modo de raciocinar "tipificante" na seara tributária não deve ser alheio à narrativa extraída da realidade do processo econômico, de maneira a transformar uma ficção jurídica em uma presunção absoluta. 5. De acordo com o art. 150, §7º, in fine, da Constituição da República, a cláusula de restituição do excesso e respectivo direito à restituição se aplicam a todos os casos em que o fato gerador presumido não se concretize empiricamente da forma como antecipadamente tributado. 6. Altera-se parcialmente o precedente firmado na ADI 1.851, de relatoria do Ministro Ilmar Galvão, de modo que os efeitos jurídicos desse novo entendimento orientam apenas os litígios judiciais futuros e os pendentes submetidos à sistemática da repercussão geral. 7. Declaração incidental de inconstitucionalidade dos artigos 22, §10, da Lei 6.763/1975, e 21 do Decreto 43.080/2002, ambos do Estado de Minas Gerais, e fixação de interpretação conforme à Constituição em relação aos arts. 22, §11, do referido diploma legal, e 22 do decreto indigitado. 8. Recurso extraordinário a que se dá provimento" (RE 593849, Relator(a): Min. EDSON FACHIN, Tribunal Pleno, julgado em 19/10/2016, ACÓRDÃO ELETRÔNICO REPERCUSSÃO GERAL - MÉRITO DJe-065 DIVULG 30-03-2017 PUBLIC 31-03-2017 REPUBLICAÇÃO: DJe-068 DIVULG 04-04-2017 PUBLIC 05-04-2017) – Disponível em: <http://www.stf.jus.br/portal/jurisprudencia/listarJurisprudencia.asp?s1=%28593849%2ENUME%2E+OU+593849%2EACMS%2E%29&base=baseAcordaos&url=http://tinyurl.com/y2snw4hr>, acesso em: 26.04.2020. É digna de reflexão, em vista da decisão do Supremo Tribunal Federal, a pergunta sobre se a prática da substituição tributária continuará a ser amplamente utilizada pelos entes estaduais, no âmbito do ICMS. "*O fim da substituição tributária para frente?*" é o título de interessante artigo escrito por Melina Rocha LUKIC, ressaltando aspecto de maior importância no julgamento do Supremo Tribunal Federal no fim de 2016: "... *aparentemente os ministros concordaram com um efeito prático do julgamento: o fundamento da substituição tributária para frente – simplificar a arrecadação – deixou de existir. Seja porque, tendo o tribunal decidido pela constitucionalidade da restituição, a substituição perde a sua função simplificadora, já que todas as operações poderão ser revistas (conforme levantado pelos votos divergentes); seja porque, conforme os ministros que acompanharam o relator – a tecnologia disponível aos fiscos estaduais já permite que estes estabeleçam o real valor da operação, não sendo necessário mais se recorrer à base de cálculo presumida, fundamento do instituto da substituição tributária*" – disponível em: http://jota.info/colunas/supra/o-fim-da-substituicao-tributaria-para-frente-19102016, acesso em 30.04.2020.

restituição, com a garantia de que, em contrapartida, não haverá necessidade de complementação do imposto na última operação[697].

Parece-nos que, se há a manifestação livre e voluntária do contribuinte em aderir ao regime opcional, não há impedimento de que os particulares e o Estado adotem uma solução consensual no âmbito do regime de substituição tributária progressiva. A "*economia de opção*", consoante lição de Carlos Renato CUNHA, é admissível, desde que alguns limites sejam respeitados: **(i)** existência de autorização legislativa por parte do ente tributante; **(ii)** a extensão do direito de opção a todos os contribuintes que se encontrarem em situação análoga, em respeito à igualdade; **(iii)** a "*paridade de armas*", decorrência da coerência horizontal, isto é, "*a concessão ao optante das mesmas prerrogativas concedidas ao Estado em relação ao 'negócio tributário'*", o quê, no âmbito da técnica de substituição tributária "para frente", manifesta-se pela renúncia ao direito à restituição em contrapartida à renúncia ao direito à complementação do imposto[698].

4.4.6 Substituição tributária progressiva: é presunção relativa, absoluta ou ficção jurídica?

Dúvida comum, no tratamento da matéria da substituição tributária "para frente", é se a figura tributária envolve uma presunção relativa, uma presunção absoluta ou uma ficção. A análise acerca de qual é a natureza da figura criada na legislação brasileira exige breves considerações atinentes às diferenças entre essas técnicas.

Segundo lição de Diego MARÍN-BARNUEVO FABO, a presunção "*... es el instituto probatorio que permite al operador jurídico considerar cierta la realización de um hecho mediante la prueba de outro hecho distinto al presupuesto fáctico de la norma cuyos efectos se pretenden, debido a la existencia de un nexo que vincula*

[697] Em Minas Gerais, tal regime está previsto no Decreto n. 47.621, de 28 de fevereiro de 2019; no Rio Grande do Sul, no Decreto n. 54.938, de 19 de dezembro de 2019; no Paraná, no Decreto n. 5.799, de 28 de setembro de 2020, com amparo no Convênio ICMS n. 67, de 5 de julho de 2019. A questão não é nova, na realidade: conforme se extrai do acórdão da Ação Direta de Inconstitucionalidade n. 2.777/SP, o regime de substituição tributária progressiva instituído no mercado automotivo de Alagoas, que deu ensejo ao ajuizamento da ADI 1.851/AL, era também opcional para o contribuinte.

[698] **Praticabilidade...**, *op. cit.*, p. 492 e 491-502.

ambos hechos o al mandato contenido en una ***norma***"[699]. Quer dizer, deduz-se, de um fato conhecido, a realização de outro, distinto, que passa a ser tomado como certo, embora de existência apenas provável.

As presunções podem ser classificadas em legais ("*legis*") ou simples ("*hominis*"). As legais são expressamente determinadas em lei, impondo uma relação entre um fato provado e um fato probando, ao passo que as "simples" ou "*hominis*" decorrem da "*... experiência do aplicador da norma*"[700].

As presunções admitem prova em contrário, de maneira que, demonstrada a não ocorrência do fato presumido, não se dá a "*... atração do regime jurídico a ele correlato*" (Guilherme FOLLADOR[701]). Em relação a elas, existe um momento de avaliação pelo aplicador da norma sobre o cabimento da aplicação da presunção estipulada. A circunstância de a presunção ser objeto de análise por um aplicador, no âmbito de um processo judicial ou administrativo, deixa claro que a matéria é de âmbito processual.

Diferentemente da presunção relativa, a presunção absoluta e a ficção não são institutos probatórios. A ficção, valendo-nos mais uma vez do escólio de MARÍN-BARNUEVO FABO, é "*... la disposicion normativa que simula la identidad de dos hechos que se sabe diferentes, con la finalidade de atribuir al segundo de ellos el mismo régimen jurídico que ya había sido descrito para el primero*"; a presunção absoluta, de modo semelhante, segundo o jurista espanhol, também é uma disposição normativa que tem por efeito imputar a um fato os efeitos jurídicos decorrentes de um outro fato realizado. Distingue-se da ficção, no entanto, porque, na presunção absoluta, a disposição normativa "*... considera que la realización de un hecho lleva inexorablemente aparejada la realización de otro hecho distinto...*"[702].

699 ***Presunciones y Técnicas Presuntivas en Derecho Tributario***, p. 71.

700 Presunções e Ficções Fiscais e o Princípio da Capacidade Contributiva, *in* Betina Treiger GRUPENMACHER (coord.), **Tributação: Democracia e Liberdade**, p. 1246. Deve-se registrar, entretanto, que a classificação é considerada, de certa maneira, inadequada, pois, conforme destaca Fabiana Del Padre TOMÉ, toda presunção é legal, em última instância, visto que a presunção simples também encontra suporte de validade em norma jurídica do sistema – **A Prova no Direito Tributário**, p. 155.

701 Presunções e Ficções..., *op. cit.*, p. 1244.

702 ***Presunciones...***, *op. cit.*, p. 123 e 137.

Note-se que as ficções e as presunções absolutas são normas substantivas, de direito material, essencialmente de caráter remissivo, fazendo alusão a regimes e efeitos pertinentes a outras normas. Na explicação de Leonardo Sperb de PAOLA, são regras não autônomas remissivas porque "*... em face de uma norma completa, com hipótese e mandamento, cria-se outra, cuja hipótese vincula-se ao mandamento da primeira*"[703]. As normas podem fazer remissão tanto ao antecedente quanto ao consequente de outra norma, sem prejuízo da possibilidade de relacionar-se simultaneamente com ambas, como explica FOLLADOR, dando como exemplo o regime de lucro presumido do imposto de renda, que estabelece uma nova norma de incidência, tanto em relação à hipótese quanto à base de cálculo, o que é natural, dada a íntima correlação entre as categorias[704].

Se a estrutura normativa da ficção e da presunção absoluta é idêntica, nem por isso, no entanto, a diferença entre ambas deve ser desprezada. A distinção reside em um "*... momento prévio à imposição da norma, isto é, nos fundamentos que informam sua criação pelo legislador*": enquanto a presunção é construída a partir de uma relação natural entre dois fenômenos, na ficção, esse vínculo é inexistente[705].

Nas presunções absolutas, PAOLA destaca que a proximidade empírica não pode ser considerada juridicamente irrelevante, em razão de exigências axiológicas, especialmente relacionadas ao Princípio da Igualdade, que conferem validade à norma[706]. Não é outro o entendimento de Jackson Borges ARAÚJO: a igualdade e a capacidade contributiva constituem "*... os dois maiores e mais importantes limites à ação do legislador e do aplicador da norma tributária, na criação de normas remissivas de presunções e ficções jurídicas*"[707].

Já no que toca às ficções, esclarece FOLLADOR, os limites à sua instituição estão ligados à finalidade buscada pelo preceito fictício, "*... não guar-*

[703] **Presunções e Ficções...**, *op. cit.*, p. 62.
[704] Presunções e Ficções..., *op. cit.*, p. 1238 e 1240.
[705] *Ibidem*, p. 1241.
[706] **Presunções...**, *op. cit.*, p. 63.
[707] **ICMS – Ficção...**, *op. cit.*, p. 93.

dando relação alguma com a probabilidade (estatística, empírica ou de qualquer ordem) de efetiva ocorrência do fato ao qual o elemento ficcional é equiparado"[708].

Não à toa é o repúdio da doutrina à ficção na construção da norma de incidência tributária: uma vez que a ficção promove uma equiparação e admite, inclusive, que o fato descrito não se dê, então "... *não se pode usar da ficção para construir a hipótese de incidência tributária, porque isso acarretaria uma hipótese de incidência não tributária*"[709].

De posse desses conceitos, voltemos as atenções para a o regime da substituição tributária "para frente", lembrando que, em tendo havido a apuração de tributo em valor superior ao correspondente ao "fato gerador", deverá o ente público efetuar a devolução da quantia recolhida em excesso.

Paulo Victor Vieira da ROCHA observa que, nas obras que tratam de presunções, não há menção à existência de prova de fatos futuros. Isso, segundo ele, "... *talvez seja indício de que os conceitos e desenvolvimentos teóricos concernentes às presunções não sejam os melhores para explicar...*" a substituição tributária progressiva. O mesmo se diga quanto à alegação de existência de uma ficção: se fosse ficção, a hipóteses distintas, o legislador imputaria uma mesma consequência, o quê não é o caso, porque as bases de cálculo da operação inicial e da operação final são distintas. A sua conclusão é a de que a substituição tributária é um "fato gerador" autônomo, logo, uma norma de incidência tributária, que dá azo ao nascimento da obrigação tributária e se extingue com o seu pagamento, "... *embora tal extinção talvez seja condicionada à ocorrência das operações seguintes*"[710].

Eduardo MANEIRA, a seu turno, afirma tratar-se de presunção relativa, porque basta ao cidadão provar que o fato não se realizou, para reaver

708 Presunções e Ficções..., *op. cit.*, p. 1242.

709 JUSTEN FILHO, **Sujeição...**, p. 255.

710 **Substituição...**, *op. cit.*, p. 167-169. Essa ideia de que determinados efeitos jurídicos, oriundos do "fato gerador" presumido, permanecem condicionados à realização das operações subsequentes, também aparece em Ângelo de MELO, que resgata as lições pontianas acerca das "*condiciones iuris*" para sustentar que, na substituição tributária progressiva, existe uma condição legal resolutiva: caso não se realize o evento futuro e incerto previsto na norma, haverá o implemento da condição, resolvendo-se a eficácia principal do fato jurídico tributário, sem afetar a sua existência, pois tudo se passa no plano da eficácia – **Substituição Tributária...**, *op. cit.*, p. 104-105.

o que recolheu antecipadamente[711]. Da mesma forma, aos olhos de Laís CARDOSO, a substituição pode "*... ser apenas qualificada como uma presunção relativa, uma vez que o fato real irá prevalecer sobre o suposto*"[712].

Cristiano CARVALHO reputa que a substituição progressiva é uma presunção, cuja natureza, relativa ou absoluta, dependeria da posição do Supremo Tribunal Federal acerca da realização do "fato gerador" com base de cálculo menor do que a presumida. A obra, escrita antes da recente manifestação da Corte, a propósito do dever de restituição das diferenças dos fatos jurídicos presumidos, julgava que a substituição era uma presunção absoluta, pois não chega a ser uma ficção em razão de sua possível ocorrência no mundo fático[713].

Já Jackson Borges de ARAÚJO sustenta que, no regime de substituição, "*... o que existe é uma ficção...*", e uma "*... ficção de certa forma grosseira...*", porque, mesmo não existindo ainda o substituído, nem a relação obrigacional, a norma, mesmo assim, "*... impõe-lhe a condição de substituto-responsável*". É ele um "*... pseudo-substituto...*", porque é um substituto sem real substituído[714]. Não é presunção absoluta porque é inequívoco que o fato jurídico tributário somente irá ocorrer no futuro, não havendo a mínima possibilidade de ocorrer naquele momento. Por isso é que, conclui o autor, passou a existir, no sistema tributário brasileiro, um imposto sobre a "*... inexistência de fato gerador, ou seja, sobre o nada*"[715]. No mesmo sentido, citem-se QUEIROZ e, ainda, JUSTEN FILHO[716].

À luz das ponderações dos autores acima, parece ser o caso de rejeitar que a norma que institui o imposto devido no regime de substituição tributária "para frente" constitui uma presunção relativa, uma vez que

[711] O princípio da praticidade no direito tributário (substituição tributária, plantas de valores, retenções de fonte, presunções e ficções etc.): sua necessidade e seus limites, **Revista Internacional de Direito Tributário**, n. 2, p. 66.

[712] **Substituição**..., *op. cit.*, p. 206.

[713] **Ficções Jurídicas**..., *op. cit.*, p. 299-300. Em vista da mudança do posicionamento do Supremo Tribunal Federal sobre o direito à devolução, certamente defenderia, atualmente, a natureza de presunção relativa.

[714] **ICMS – Ficção**..., *op. cit.*, p. 100.

[715] *Ibidem*, p. 103.

[716] QUEIROZ, **Sujeição**..., *op. cit.*, p. 244; JUSTEN FILHO, Princípios Constitucionais..., *op. cit.*, p. 153.

ela não possui natureza processual. Em vez disso, ela prescreve, ao substituto, o dever de efetuar o pagamento de uma quantia ao Estado, matéria que não é objeto de prova, senão um comando obrigatório, oriundo de uma norma prescritiva. Como bem observa Ângelo de MELO, se o fato presumido, que é utilizado para a construção da norma tributária, dependesse de prova futura, "... *a incidência e consequente existência do fato jurídico também seriam condicionais, e pior, potencialmente provisórias*". Não é possível falar, desse modo, em fato jurídico provisório[717].

Embora de acordo com a conclusão de Paulo Victor da ROCHA de que, na substituição progressiva, há uma norma autônoma de incidência, isso não descarta, automaticamente, a existência de presunções absolutas ou ficções. Na substituição, a norma atribui, à operação realizada na etapa inicial do ciclo econômico, um regime jurídico semelhante ao previsto, pela norma de incidência tributária, à última etapa de circulação, de venda para o consumidor final. Como bem observa Eurico de SANTI, não há a presunção ou a ficção da ocorrência do "fato gerador" real, mas uma presunção ou ficção no plano normativo, que se estabelece entre "... ***a hipótese tributária do fato antecipado e a hipótese de incidência efetiva***"[718].

Para tornar possível, porém, a equiparação da operação inicial da cadeia à operação final, não basta ao legislador apenas fazer remissão às normas que seriam aplicáveis na operação final, mas é obrigado a estipular outros critérios normativos, especialmente uma base de cálculo, que represente o preço normal de venda, dentro daquela cadeia econômica. Pode-se falar de ficção, e não de presunção absoluta, nesses casos, porque sabe-se que os fatos descritos nas hipóteses normativas são diferentes. Daí porque endossamos a posição de ARAÚJO, QUEIROZ e JUSTEN FILHO.

[717] **Substituição Tributária...**, *op. cit.*, p. 78-79.
[718] ICMS - Mercadorias..., *op. cit.*, p. 549.

4.4.7 As relações jurídicas decorrentes da norma de incidência tributária do regime da substituição tributária progressiva

4.4.7.1 A relação jurídica entre o substituto e o ente tributante

4.4.7.1.1 Relação exclusiva do Estado com o substituto

Em matéria de substituição tributária, é pacífico que é **o substituto o sujeito que participa de uma relação jurídica de natureza tributária com o Estado**, decorrente da incidência da norma de substituição.

Desse modo, havendo necessidade de recolhimento complementar do tributo, apurado em descompasso com os critérios fixados em lei, **o Estado deverá dirigir-se contra o substituto, não contra o substituído**.

O Superior Tribunal de Justiça enfrentou tal questão em um recurso repetitivo. Fundamentando-se na substituição convencional, observou que, no fenômeno da substituição, o substituído é excluído da operação, de maneira que o Estado não pode alcançar o substituído, caso se apure, posteriormente, a necessidade de, por inexatidão da parte do substituto, ser feito algum recolhimento complementar àquele realizado. No precedente analisado pela corte, a montadora de veículos, substituta tributária, apurou a base de cálculo do imposto devido a título de substituição sem considerar o frete das mercadorias, que integrava o preço da operação. O Superior Tribunal de Justiça, em acórdão da lavra do Ministro Luiz FUX, afirmou que o único sujeito da relação jurídico-tributária era o substituto[719].

Segundo FUNARO, o Código Tributário Nacional não regula a modalidade de substituição tributária "para frente", tanto é que o artigo 128 a ele não se aplica, porque, nessa modalidade, não há vinculação do substituto com o "fato gerador" presumido[720]. Nesse sentido, observa Brandão MACHADO, tecendo considerações sobre a substituição progressiva, no mercado de veículos, que esse tipo de substituição desatende o disposto

[719] Superior Tribunal de Justiça, Recurso Especial n. 931.727/RS, Relator Ministro Luiz FUX, 1ª Seção, DJe 14.09.2009. Fonte: Superior Tribunal de Justiça (www.stj.jus.br). Acesso em: 30.04.2020.

[720] **Sujeição Passiva...**, *op. cit.*, p. 85.

no artigo 128, pois o fabricante do veículo "*... não tem nenhum vínculo com a futura operação, que é a venda a ser realizada pelo revendedor do veículo*"[721].

A análise da questão, porém, exige cautela, consoante relevante recomendação de SCHOUERI: se, de um lado, o "fato gerador" presumido ainda não ocorreu, não há como se saber quem a ele está vinculado; mas, de outro, **não se pode admitir que o substituto seja figura completamente estranha à situação presumida.** Há, na visão do autor, a necessidade de assegurar um meio de o substituto ver-se ressarcido em face do substituído, de sorte que a técnica se mostra apropriada aos tributos plurifásicos sobre o consumo[722].

Na relação que se instaura entre o substituto e o Estado, certamente o ponto mais sensível está na determinação da base de cálculo presumida.

4.4.7.1.2 A formação da base de cálculo presumida

Desde os primeiros registros da substituição tributária "para frente", no ordenamento positivo, um dos pontos fulcrais do regime sempre foi o da **sensível questão da determinação da base de cálculo presumida.** Depois de traçar um panorama das sucessivas leis em matéria de ICMS, obtempera Alcides COSTA: "*... de tudo quanto foi dito e da evolução legislativa da substituição tributária, verifica-se que a base de cálculo das operações futuras sempre foi objeto de preocupação e que, neste particular, houve, no curso de várias leis, variação quanto à margem de valor agregado...*"[723]. Marcelo Viana SALOMÃO classifica o tema da determinação da base de cálculo, no regime da substituição "para frente", como um dos "*... mais polêmicos do Direito Tributário Nacional...*"[724].

Não impressiona, por isso, que boa parte dos litígios levados à apreciação do Poder Judiciário diz respeito, precisamente, a problemas relacionados à base de cálculo, por não refletir o preço final de venda. Vêm à tona discussões pertinentes aos critérios de aplicação da margem de valor

[721] Notas de Direito..., *op. cit.*, p. 85.
[722] **Direito...**, *op. cit.*, p. 563.
[723] **Estudos sobre...**, *op. cit.*, p. 50.
[724] A Substituição Tributária para Frente, o STF e a Questão da Base de Cálculo, *in* Valdir Oliveira da ROCHA, **Grandes Questões Atuais do Direito Tributário**, v. 6, p. 265.

agregado, à legitimidade de utilização de pautas fiscais, ao dever de restituir em razão da não realização do fato jurídico tributário presumido *etc.*

A Lei Complementar n. 87/1996 estabelece os parâmetros que conformam a base de cálculo, na substituição tributária progressiva do ICMS. Em um esforço sistemático, pode-se dizer que, segundo aquele diploma, há quatro alternativas possíveis para a formação da base de cálculo presumida do ICMS[725].

A primeira alternativa é a de se somar, sobre o valor da operação do substituto, além do acréscimo de valores de seguro, de frete e outros encargos cobrados ou transferíveis aos adquirentes ou tomadores de serviço – valores esses que, segundo Sérgio BENÍCIO, não guardam nenhuma relação com a materialidade do tributo e, por isso, **não deveriam compor a base de cálculo**, que deve guardar uma correspondência com o critério material – uma margem de valor agregado, inclusive lucro, relativa às operações ou prestações subsequentes (artigo 8º, II)[726].

A margem, extrai-se do dispositivo, deve ser estabelecida **com base em preços usualmente praticados no mercado** considerado, obtidos por levantamento, ainda que por amostragem, ou por meio de informações e outros elementos fornecidos por entidades representativas dos respectivos setores, adotando-se a média ponderada dos preços coletados. Os critérios para sua fixação devem ser previstos em lei.

A segunda alternativa é a de, em substituição à margem, adotar o "*... preço a consumidor final usualmente praticado no mercado considerado, relativamente ao serviço, à mercadoria ou sua similar, em condições de livre concorrência...*" (artigo 8º, § 6º), adotando-se os mesmos parâmetros de coleta e outros elementos pertinentes à margem de valor agregado.

A terceira opção é a de a base de cálculo ser estabelecida, por lei, como o preço final a consumidor sugerido pelo fabricante ou importador, isso se tal sugestão de preço do produto for praticada na cadeia de circulação da mercadoria ou do serviço.

E, por derradeiro, a quarta alternativa é a de, tratando-se de mercadoria ou serviço sujeito a preço final a consumidor – preço administrado,

[725] Sólon SEHN, ICMS e a Base de Cálculo na Substituição Tributária, *in* Arthur M. FERREIRA NETO e Rafael NICHELE (coord.), **Curso Avançado...**, *op. cit.*, p. 321-323.

[726] **ICMS: Apontamentos...**, *op. cit.*, p. 145.

portanto, único ou máximo – que seja fixado por órgão público competente, a base de cálculo corresponder ao preço fixado por esse órgão público competente.

Essas últimas modalidades – a de preço tabelado, fixado por órgão público, ou de preço sugerido pelo fabricante ou importador – são menos comuns, em razão da liberdade de fixação de preços hoje vigente na economia brasileira. Além disso, tais modalidades revelam-se **menos interessantes** em razão de sua proximidade com as "pautas fiscais", isto é, a estipulação de valores pré-determinados para a operação que será realizada pelo sujeito passivo, tornando inflexível a base de cálculo. As pautas fiscais, haja vista a manifesta afronta aos princípios da Legalidade, do Não Confisco e da Capacidade Contributiva, foram reputadas ilegais pelo Superior Tribunal de Justiça, entendimento cristalizado no enunciado da súmula n. 431 daquela Corte[727].

As distinções, entretanto, entre as **pautas fiscais e a fixação de preços pelos órgãos públicos**, na apuração do imposto, no regime de substituição tributária, **são muito tênues**, razão pela qual se encontram, em grandes quantidades, litígios entre contribuintes e os entes tributantes, em que essa questão constitui o cerne da discussão. Os Tribunais Superiores, conquanto rechacem a adoção de pautas fiscais, admitem o uso de preços máximos de valores fixados para os produtos.

As demais alternativas, como registrado, têm sido as mais comumente empregadas para a apuração da base de cálculo presumida. Em especial, o critério de apuração mediante a fixação da margem de valor agregado "*... é o mais utilizado pelas legislações dos Estados e do Distrito Federal*"[728].

É imprescindível que, seja por meio da margem, seja por meio de levantamento de preços ao consumidor final, eles espelhem, efetivamente, os preços usualmente praticados no mercado, sob pena de ilegalidade[729]. A exigência de que o preço reflita as operações "médias" do mer-

[727] "*É ilegal a cobrança de ICMS com base no valor da mercadoria submetido ao regime de pauta fiscal*". Sobre a inadmissibilidade do uso de pautas fiscais, em matéria tributária, veja Rubens Gomes de Sousa, Um Caso de Ficção Legal no Direito Tributário: a Pauta de Valores como Base de Cálculo do ICM, **Revista de Direito Público**, n. 11, p. 13-32.

[728] Sehn, ICMS e a Base..., *op. cit.*, p. 322.

[729] *Ibidem*, p. 329.

cado, na realidade, decorre do uso da padronização fiscal adotada para a substituição tributária progressiva. Humberto ÁVILA, certamente, é dos juristas que mais destacou esse aspecto: dentre os pressupostos para a adoção da padronização, está o da generalidade, no sentido de adoção do caso padrão. Em suas palavras: "... *o padrão legal deve ser adequado para a maior parte dos contribuintes, ainda que não fique exato para alguns, justamente porque o padrão deve servir para a maioria, sem a necessidade de ajustes frequentes pelo aplicador*"[730].

A propósito da "usualidade" dos preços e da forma de apurá-los, mediante as técnicas de levantamento da média ponderada ou coleta de informações junto ao setor econômico, SEHN ressalta alguns aspectos de extrema relevância: (i) **todos** os elementos envolvidos na determinação da base de cálculo podem ser objeto de exame; (ii) a amostragem utilizada deve estar atenta ao **tempo das operações**, de forma a evitar a coleta de informações em período que não represente as operações "normais" do mercado, mas sim uma entressafra, o que distorceria o preço médio; (iii) sendo impossível promover o levantamento do preço de itens idênticos, devem ser considerados "... *ao menos, dados de produtos e serviços similares, isto é, que cumpram as mesmas funções e apresentam uma permutabilidade comercial*"; (iv) a **consideração da reputação comercial, de marca, quando relevantes para a determinação do preço**, devem ser consideradas. A conclusão do autor é a de que as circunstâncias determinantes de cada produto ou serviço terão de ser oportunamente consideradas; de toda sorte, o que se destaca é que "... *o legislador não tem liberdade plena para estabelecer o 'preço usual'*"[731].

[730] **Igualdade Tributária**, *op. cit.*, p. 95. Os mesmos critérios podem ser vistos em seus artigos e pareceres sobre a matéria de substituição tributária. São eles: ÁVILA, Substituição Tributária e Base de Cálculo: Os Limites da Padronização Fiscal. **Revista da Ajuris**, n. 100, p. 169-185; ICMS. Substituição Tributária no Estado de São Paulo. Base de Cálculo. Pauta Fiscal. Competência Legislativa Estadual para devolver a Diferença Constante entre o Preço usualmente Praticado e o Preço Constante da Pauta. Exame de Constitucionalidade, **Revista Dialética de Direito Tributário**, n. 124, p. 92-111, especialmente p. 96-106; A Substituição Tributária e os Catálogos de Venda, *in* Aires Fernandino BARRETO (coord.), **Direito Tributário Contemporâneo – Estudos em Homenagem a Geraldo Ataliba**, p. 310-320, especialmente p. 314-315.

[731] SEHN, ICMS e a base..., *op. cit.*, p. 330.

4.4.7.1.3 A necessidade de procedimento administrativo para a formação da base de cálculo presumida

Observação fundamental pertinente à base de cálculo, no regime de substituição tributária progressiva, é a de que, apesar de presumida, submete-se, necessariamente, ao Princípio da Legalidade. Melhor dizendo: **por ser presumida, tanto mais necessária é a presença da legalidade na sua formação.**

Particularmente, deve-se resgatar, nesse ponto, **a ideia de legalidade concreta**, propugnada por Eurico de SANTI, assim como da procedimentalização da atividade administrativa, que garante o cumprimento e o respeito aos diretos fundamentais, em todas as suas etapas.

A legalidade concreta **exige transparência por parte da administração pública**, no que concerne aos métodos pelos quais se obtêm as margens de valor agregado. Trata-se da quebra unilateral do poder do ente tributante, evitando que ele, sub-repticiamente, pratique atos tendentes a beneficiá-lo, dando azo a uma situação hipostasiada.

A participação dos agentes econômicos da cadeia que é submetida ao regime de substituição é indispensável, se realmente se almeja conferir legitimidade ao instrumento; não somente, diga-se de passagem, para ajustá-la, sob o ponto de vista da fiscalidade, mas, igualmente, para estar atento a eventuais **distorções de mercado** que podem derivar do uso do mecanismo, conforme apontaram Renault de Freitas CASTRO e Valdomiro José de ALMEIDA, que investigaram os efeitos anticoncorrenciais da substituição tributária progressiva no mercado de bebidas[732].

Marco Aurélio GRECO apontou, acertadamente, que o procedimento para a fixação das margens de valor agregado deve ser condicionado e procedimentalizado:

> Fixação de margem, por conseguinte, não é ato meramente interno, cujos pressupostos sejam de exclusivo conhecimento dos interessados apenas através do Diário Oficial. Desde a LC 87/96, fixação de margem é fruto de pro-

[732] Concorrência e tributação: efeitos anticoncorrenciais da substituição tributária no caso do ICMS sobre cerveja, **Revista de Direito Econômico**, n. 29, p. 101-121.

cedimento administrativo revestido das garantias individuais pertinentes, como decorre, aliás, dos postulados de um Estado Democrático de Direito[733].

É a necessidade de vinculação do padrão utilizado pela Administração Pública e a realidade, a que alude Humberto Ávila. E, para que seja atendida, deve encontrar suporte em uma "... *base empírica ampla e visível...*", pois "... *sem uma pesquisa que sirva de base à padronização, não se dá transparência à atividade administrativa, nem se fundamenta o seu exercício...*"[734].

Ou seja, no regime da substituição tributária "para frente", é insuficiente afirmar que há direito dos agentes da cadeia econômica de questionar a base de cálculo apresentada pelo ente tributante, assegurando o direito à restituição preferencial e imediata. É indispensável que a esses mesmos agentes seja assegurada a possibilidade de participação no processo de fixação da margem, mediante transparência no procedimento de fixação e sustentação empírica dos dados utilizados, que devem ser colhidos da realidade.

4.4.7.1.4. A base de cálculo presumida, os descontos incondicionais e as mercadorias dadas em bonificação

No que concerne às operações regulares de circulação de mercadorias, sabe-se que os descontos incondicionais, assim como as mercadorias dadas em bonificação, não integram a base de cálculo do imposto. O Superior Tribunal de Justiça, inclusive, possui súmula a respeito: "*os descontos incondicionais nas operações mercantis não se incluem na base de cálculo do ICMS*"[735].

Apesar disso, o Tribunal Superior tem se inclinado em favor da tese de que os descontos incondicionais e as mercadorias dadas em bonificação devem integrar a base de cálculo do ICMS/ST, conforme se vê, por exemplo, do julgamento dos Embargos de Divergência no Recurso Especial n.

[733] **Substituição...**, *op. cit.*, p. 105.

[734] **Teoria da Igualdade...**, *op. cit.*, p. 90.

[735] Súmula n. 457 do STJ. Disponível em <https://scon.stj.jus.br/SCON/sumanot/toc.jsp#TIT1TEMA0>. Acesso em 30.04.2020.

715.255/MG[736]. O argumento é o de que não se sabe se tais descontos se estenderão automaticamente à cadeia de circulação da mercadoria, até o consumidor final, de sorte que não se pode excluí-los desde logo.

Jacqueline Braz faz uma crítica a respeito da posição do Tribunal Superior. Afirma a autora que, nas hipóteses em que a base de cálculo é fixada com base no preço fixado por órgão público competente ou por fabricante ou importador, os descontos, de fato, não são relevantes, pois o que importa somente é "... *o preço de venda ao consumidor final apontado por autoridade, fabricante ou importador para que se obtenha a base de cálculo do ICMS-ST*".

No entanto, se a base de cálculo presumida é formada a partir da aplicação de uma margem de valor agregado sobre o valor da operação própria, seria ilógico que parcelas que não fazem parte da operação própria – tais como os descontos incondicionais e as mercadorias bonificadas – tivessem de ser adicionadas para a apuração do ICMS/ST, ao arrepio do previsto no artigo 8º da lei Complementar n. 87/96. Nas palavras de Braz, "*A operação própria de que se parte, nesse caso, para se obter a base de cálculo do ICMS-ST, se refere ao preço efetivamente praticado pelo vendedor com as reduções provocadas por esses descontos e bonificações*"[737].

De fato, se a base de cálculo presumida deve levar em consideração "*o valor da operação ou prestação própria realizada pelo substituto tributário*", a apuração do ICMS/ST não pode ignorar os dados daquela fase preliminar da cadeia de circulação. Não saber se o adquirente dos produtos irá repassar a seus clientes os descontos ou as bonificações não é fundamento para que a administração se afaste dos parâmetros fixados em lei[738].

[736] EREsp 715.255/MG, Rel. Ministra Eliana Calmon, Primeira Seção, julgado em 23/06/2010. Disponível em <https://ww2.stj.jus.br/processo/revista/documento/mediado/?componente=ITA&sequencial=952083&num_registro=200901678596&data=20110223&formato=PDF>. Acesso em 30.04.2020.

[737] **Substituição Tributária**..., *op. cit.*, p. 241.

[738] Conquanto a jurisprudência seja amplamente favorável à tese de que os descontos incondicionais e as mercadorias bonificadas devem integrar a base de cálculo do ICMS/ST, encontram-se alguns julgados em sentido contrário, tal como o seguinte, relativamente recente, da 8ª Câmara de Direito Público do Tribunal de Justiça do Estado de São Paulo: "EMBARGOS À EXECUÇÃO FISCAL – ICMS – SUBSTITUIÇÃO TRIBUTÁRIA PROGRESSIVA. (...) ICMS – MERCADORIAS DADAS EM BONIFICAÇÃO

4.4.7.2 A relação jurídica entre o ente tributante e o substituído

4.4.7.2.1 Inexistência de relação entre o Estado e o substituído

Na técnica de substituição tributária, considerar-se-á "substituído" o agente econômico que realizar a última operação na cadeia de circulação. Caso as operações se desenvolvam regularmente até a última etapa

- DESCONTO INCONDICIONAL - INEXISTÊNCIA DE OPERAÇÃO MERCANTIL - NÃO-INCLUSÃO NA BASE DE CÁLCULO DO TRIBUTO. Conforme entendimento exarado pelo Colendo Superior Tribunal de Justiça, no julgamento do REsp 1.111.156/SP, em sede de recurso repetitivo (Tema 144), está pacificada a não incidência do ICMS sobre as mercadorias entregues em bonificação. REGIME DE SUBSTITUIÇÃO TRIBUTÁRIA PROGRESSIVA - Controvérsia, doravante, que versa a respeito da inclusão dos valores correspondentes às mercadorias dadas em bonificação na base de cálculo do ICMS devido no regime de substituição tributária. Não há qualquer tese jurídica capaz de vincular os demais julgamentos originários, sendo de livre convicção e fundamentação as decisões neste assunto, até que o quadro seja alterado. Não se desconhece o resultado do julgamento dos Embargos de Divergência em Recurso Especial EREsp 715255/MG. Entretanto, tenho que referido julgado não reflete o melhor direito, pois desconsidera que o mero regime de apuração do ICMS da substituição tributária, o qual busca apenas facilitar a arrecadação do imposto pelo Fisco, jamais pode ensejar alteração da base de cálculo de imposto definida reservadamente por meio de lei complementar, bem como desconsidera a existência de formas distintas de apuração da base de cálculo do ICMS no regime de substituição tributária. MÉTODO DA MVA - A Margem de Valor Agregado (MVA), nos termos da Lei Complementar, deve ser aplicada sobre o valor real da operação do substituto tributário, e não sobre qualquer outro da preferência do Fisco estadual. Ignorar o preço efetivamente praticado e o valor efetivo da operação seria o equivalente a ignorar a base de cálculo estabelecida por Lei Complementar (art. 8º, II, a), para fins de substituição tributária, a qual expressamente estabelece que o ICMS-ST deverá ser calculado com base no "valor da operação ou prestação própria realizada pelo substituto tributário". O ICMS incide sobre operações (compra e venda) relativas à circulação de mercadorias, ressaltando-se que não se trata de tributação da coisa em si (mercadoria), mas de tributação sobre a expressão econômica do negócio mercantil (circulação econômica de mercadorias), de forma que a base de cálculo do ICMS deverá sempre corresponder ao valor econômico da transação (valor da operação). Não se pode admitir que a comodidade e economicidade da arrecadação mediante regime de substituição tributária, cuja constitucionalidade advém precipuamente do princípio da praticidade, possa desnaturar os elementos estruturais do ICMS (base de cálculo), desbordando da hipótese de incidência disciplinada pela regra matriz do art. 155, II, da CF/88 e pelo art. 2º da LC 87/96, sob pena de se considerar que a expressão econômica do imposto (valor da operação) mude de sentido conforme se modifica o regime de recolhimento do ICMS. Inexigibilidade do do ciclo, o substituído será aquele que realizou o negócio jurídico com o consumidor final.

Por isso, não podemos concordar com a afirmação de Laís Vieira Cardoso de que "*... se o ônus cabe ao consumidor final, este é o verdadeiro substituído na tributação por substituição e para frente*", porquanto o consumidor final não é contribuinte do imposto, nem mesmo nas operações normais da exação[739].

4.4.7.2.2 Atribuição de responsabilidade supletiva ao substituído

No regime da substituição tributária "para frente", o "substituído" não mantém, a princípio, relação jurídica com o Estado, no que tange ao dever de efetuar o pagamento do tributo.

Ocorre que, alguns Estados, preocupados exclusivamente em assegurar o recebimento de seu crédito, pretendem atribuir a responsabilidade supletiva ao substituído em caso de inadimplemento por parte do substituto, mesmo na hipótese em que ele tenha sofrido a repercussão do ônus tributário.

Paulo Roberto Coimbra Silva observa uma **tendência reprovável dos legisladores**, especialmente na esfera estadual, "*... de atribuir ao substituído, no caso de não-pagamento do tributo pelo substituto, a responsabilidade solidária ou subsidiária por seu recolhimento*"[740]. A tentativa de responsabilização, com efeito, quando levada a cabo após o substituto ter exercido o poder de reembolso ou retenção em face do substituído, contraria, intuitivamente, um **senso mínimo de justiça**.

ICMS sobre as mercadorias entregues em bonificação, mesmo no regime de substituição tributária – Destarte, se o valor da operação própria realizada pelo substituto tributário foi reduzido pelo desconto incondicional decorrente da concessão de mercadorias em bonificação, essa redução (valor da operação reduzido) deverá necessariamente ser considerada para fins de apuração da base de cálculo do ICMS-ST (valor real da operação própria realizada pelo substituto tributário), sob pena de se adotar base de cálculo não prevista em lei, em manifesta violação do art. 8º da LC/87/96. Sentença mantida. Recurso de apelação da Fazenda não provido" (TJSP; Apelação Cível 1002930-86.2017.8.26.0451; Relator (a): Leonel Costa; Órgão Julgador: 8ª Câmara de Direito Público; Foro de Piracicaba - 1ª Vara da Fazenda Pública; Data do Julgamento: 28/08/2019; Data de Registro: 29/08/2019).

[739] **Substituição Tributária...**, *op. cit.*, p. 94.

[740] **A Substituição Tributária...**, *op. cit.*, p. 29.

O substituído não pode ser forçado a suportar duas vezes a carga fiscal do tributo em decorrência da escolha de uma técnica adotada pelo ente tributante. GRECO é enfático: "*... não podemos esquecer que a criação da substituição é opção do Estado por conveniência arrecadatória com a assunção dos riscos inerentes à figura...*"[741].

O mesmo se diga de Zelmo DENARI, para quem, sempre que o legislador fizer a escolha pelo regime de substituição progressiva, "*... a responsabilidade do substituto tributário é excludente daquela atribuída ao contribuinte substituído*"[742].

Desse modo, o substituído, caso o ônus tributário tenha sido repassado, no ciclo, pelo substituto, **não pode ser chamado para responder, subsidiária ou exclusivamente, pelo débito tributário.**

Eventualmente, se o substituto não houver promovido nem o recolhimento do tributo, nem a repercussão jurídica do imposto sobre os substituídos, pode-se admitir que o substituído possa ser chamado a cumprir o dever de efetuar o pagamento da prestação tributária. Para tanto, além de ser indispensável que o substituto não tenha promovido a repercussão do ônus tributário, deve existir norma que prescreva comando nesse sentido.

Não obstante, **a responsabilidade do substituído pelo adimplemento do débito tributário será, necessariamente, subsidiária ou supletiva**. Afinal, se a opção pelo regime de substituição cabe ao legislador, para que ele possa melhor fiscalizar as operações do substituto e assegurar o escorreito recolhimento dos tributos, não incumbe ao substituído o dever de fiscalizar ou controlar as operações do substituto, a fim de verificar se ele está cumprindo suas obrigações fiscais. Se o substituído, embora não descumprindo norma alguma, tivesse que responder pelo débito tributário, na mesma condição jurídica do substituto – e este, sim, tendo desobedecido ao seu dever de pagar – haveria uma **flagrante situação de desequilíbrio**, não tolerada pelo sistema jurídico.

O Tribunal de Impostos e Taxas do Estado de São Paulo, em mais de uma ocasião, manifestou-se no sentido de que **é inviável a cobrança do**

[741] **Substituição...**, *op. cit.*, p. 148.

[742] Reflexões acerca da Substituição Tributária, **Revista Dialética de Direito Tributário**, n. 162, p. 72.

imposto contra o substituído, caso o substituto não tenha sido acionado anteriormente e não tenha sido possível dele obter a satisfação do crédito[743].

De forma coerente, se a lei atribuir ao substituído o dever de pagar o tributo, a imposição tributária deverá ser cobrada em conformidade com a operação jurídica por ele realizada, **sem o acréscimo de qualquer penalidade**, porquanto o substituído, como registrado, não cometeu nenhuma infração.

4.4.7.3 A relação jurídica entre o substituto e o substituído

A relação entre o substituto e o substituído deve cumprir os mesmos requisitos daquela relativa à substituição convencional. Há, necessariamente, uma **relação preexistente** entre esses sujeitos, por meio da qual o substituto tem uma ascendência sobre os demais agentes da cadeia que lhe permite efetuar o integral repasse do ônus econômico da operação.

Sobre o ressarcimento do substituto, Heleno TORRES assevera que sua natureza é tributária, comparando-o aos créditos nas compensações que se realizam em função da não cumulatividade[744]. Embora concordemos que a garantia do ressarcimento é matéria que interessa ao Direito Tributário, parece-nos que as razões apontadas por BECKER com relação à

[743] Reproduz-se, a seguir, a ementa do julgado desse Tribunal Administrativo: "*ICMS. FALTA DE RECOLHIMENTO DE IMPOSTO ICMS NA QUALIDADE DE SUBSTITUÍDO SOBRE OPERAÇÃO SUBSEQUENTE COM GASOLINA "A" EM OPERAÇÕES INTERESTADUAIS. ART. 267, INC. II, ALÍNEA "b" DO RICMS/00. Conheço do recurso - os fatos e direito são os mesmos. Responsabilidade supletiva. Responsabilidade subsidiária. Nos casos de substituição tributária o contribuinte substituído só poderá suportar a exigência fiscal se o substituto precedentemente acionado, não quitar o tributo. Conheço e nego provimento ao recurso. RECURSO CONHECIDO. NEGADO PROVIMENTO. DECISÃO NÃO UNÂNIME. Vencido o voto do juiz relator pelo provimento do recurso*" – Tribunal de Impostos e Taxas do Estado de São Paulo, Câmara Superior; DRT. 13, auto de infração n. 3009523-2, relator Celso Alves FEITOSA, publicado em 04.12.2010. Fonte: Secretaria da Fazenda de São Paulo (https://www.fazenda.sp.gov.br/VDTIT/ConsultarVotos.aspx?instancia=2). Acesso em: 30.04.2020. Consulte-se, ademais, o acórdão do TIT-SP, Câmara Superior, DRT. 5 – 426669/2010, Auto de Infração n. 3132110-0, Relator Alberto Podgaec, publicado em 25.05.2015. Fonte: Secretaria da Fazenda de São Paulo (https://www.fazenda.sp.gov.br/VDTIT/ConsultarVotos.aspx?instancia=2). Acesso em: 30.04.2020.

[744] Substituição Tributária..., *op. cit.*, p. 101.

operação convencional de substituição tributária se mantêm: **a sua natureza é privada.**

4.4.8 As relações jurídicas decorrentes da regra jurídica de reembolso dos agentes da cadeia ou de complementação do imposto a ser recolhido

4.4.8.1 A imediata e preferencial restituição

Ocorrida a ruptura da cadeia de circulação, não se realizando o "fato gerador" presumido, ou, além disso, realizando-se o fato presumido, mas em valor inferior àquele estimado, surgirá o dever de o ente tributante restituir ao agente da cadeia o valor recolhido aos cofres públicos, de forma "imediata" e "preferencial", nos termos do enunciado constitucional.

O tema da restituição tem suscitado muitas dúvidas, especialmente após o julgamento do Recurso Extraordinário n. 593.849/MG, pelo Supremo Tribunal Federal, que modificou o entendimento da corte a respeito da não definitividade da base de cálculo. Em virtude da mudança de posicionamento, os pedidos de restituição multiplicaram-se e os entes tributantes passaram a editar vários atos normativos para regulamentá-lo. Naturalmente, muitas questões passaram a merecer a atenção da administração e dos contribuintes, tais como as de quem estaria legitimado a exercer esse direito, qual é o modo adequado em que deve se desenrolar o procedimento, quais provas devem ser apresentadas pelos contribuintes e assim por diante.

A nosso ver, existem quatro aspectos centrais a examinar acerca do direito à restituição: (i) a quem cabe exercê-lo; (ii) como apurar o valor a restituir; (iii) qual é a forma por meio da qual o ente tributante deve cumprir a prestação de restituir; (iv) e, por último, o alcance de sentido das condições especiais da prestação a ser cumprida pelo ente tributante ("*imediata*" e "*preferencial*").

Em primeiro lugar, no que concerne à legitimidade para pleitear a restituição, é recomendável traçar uma distinção entre a restituição a ser feita quando houver a interrupção da cadeia de circulação em razão de inexistência de fato gerador futuro e aquela a ser feita em decorrência da diferença entre a base de cálculo presumida e a real.

Quando há a ruptura da cadeia, o titular do direito à restituição será a pessoa que adquiriu a mercadoria mas não teve condições de transferi--la adiante, seja por extravio ou perecimento do bem, encerramento de atividades *etc.* Nesses casos, caberá a esse adquirente demonstrar a aquisição de mercadoria no regime de substituição tributária progressiva e a inocorrência do fato jurídico tributário, para fazer jus à restituição. A comparação entre as bases de cálculo, para fins de apuração do *quantum* a restituir, deverá ser feita entre a base presumida e a o preço praticado na última operação realizada com a mercadoria. Assim, conforme explica Marco Aurélio GRECO, caso tenha ocorrido mais de uma operação de circulação além da primeira feita pelo industrial ao segundo agente da cadeia, "*... é de se esperar que o preço praticado tenha sido superior ao da aquisição feita ao industrial*", de modo que "*... parte do ICMS recolhido antecipadamente por substituição foi bem recolhido e – nessa parte – não há o que devolver*"[745].

No que diz respeito à restituição decorrente da diferença de base de cálculo, parece muito claro que essa prerrogativa é de titularidade do substituído, isto é, do sujeito que realiza a última operação da cadeia de circulação, efetuando a venda da mercadoria para o consumidor final, porquanto é ele quem suporta o encargo financeiro. O artigo 10º da Lei Complementar n. 87, de 13 de setembro de 1996 dispõe que o direito à restituição do valor do imposto pago por força de fato gerador presumido que não se realizar no âmbito do regime de substituição tributária "*é assegurado ao contribuinte substituído...*"[746]. Ao substituído, nesses casos, caberia demonstrar que, submetendo-se ao regime da substituição tributária "para frente", realizou a operação de venda ao consumidor final por valor inferior à base presumida, apresentando os documentos fiscais da operação. À luz do artigo 10 da Lei Complementar n. 87/1996 e do artigo 374, inciso IV, do Código de Processo Civil, ele não precisa fazer prova de que suportou o ônus financeiro, porque milita em seu favor a presunção

[745] Legitimação ativa e o direito à restituição na substituição tributária, *in* FERREIRA NETO, Arthur M. Ferreira; NICHELE, Rafael (coord.), **Curso Avançado de Substituição Tributária**, p. 437.

[746] Nesse sentido, GRECO, Legitimidade ativa..., *op. cit.*, p. 436; Jacqueline BRAZ, **Substituição...**, *op. cit.*, p. 191.

de que o substituto lhe repassou tal ônus e que ele, substituído, não teve essa oportunidade[747].

Em segundo lugar, em relação à apuração do valor a restituir, o grau de complexidade da apuração dependerá do segmento em que for aplicado o regime de substituição. Em tese, em um cenário ideal, deveria ser possível rastrear a mercadoria do início ao fim da cadeia, de modo a permitir a comparação entre a mesma mercadoria e, assim, verificar em quanto a base presumida se afasta da operação real. Isso é mais simples de ser feito nas hipóteses em que as mercadorias são identificadas de forma singular, tais como os celulares, os quais são representados nos documentos fiscais por seu número CMEI, ou veículos, que são identificados pelo chassi, como bem observam GRECO e BRAZ[748].

Entretanto, em muitos casos – especialmente nos que envolvem bens fungíveis (alimentos, lâmpadas, combustíveis líquidos *etc.*), consoante destaque de BRAZ – o rastreamento do produto, para fins de comparação com a base de cálculo presumida com a base real, é tarefa complexa[749].

Nessas situações de restituição, em que há alteração das mercadorias, das margens de presunção para apuração da base estimada e dos preços praticados pelos substituídos na operação real, GRECO destaca que será preciso verificar e demonstrar "... *a evolução do estoque atrelada às datas e aos valores de cada operação sujeita à antecipação e de cada última operação que ensejou o pleito de restituição*", prova, a seu ver, "... *inegavelmente complexa de ser realizada*"[750].

Para Jacqueline BRAZ, a solução factível seria a de identificar, em todos os documentos fiscais, até a última etapa da cadeia de circulação, a informação de qual foi o ICMS/ST pago por unidade de mercadoria. Considerando que o método de apuração do custo do estoque é o "Primeiro a Entrar Primeiro a Sair" (PEPS), seria viável manter a vinculação do

[747] GRECO, **Substituição...**, *op. cit.*, p. 129-130; Mateus Benalto PONTALTI, Da Legitimidade Ativa para pleitear a Restituição do Indébito dos Tributos submetidos à Substituição Tributária, **Revista Direito Tributário Atual**, n. 43, p. 285.
[748] GRECO, Legitimação..., *op. cit.*, p. 441; BRAZ, **Substituição...**, *op. cit.*, p. 193.
[749] *Ibidem*, p. 193.
[750] Legitimação..., *op. cit.*, p. 441.

ICMS/ST pago na aquisição com a mercadoria vendida, no momento de sua saída, graças a esse critério de controle do estoque[751].

Enfim, a impressão é a de que, sob a perspectiva prática, a apuração dos valores a restituir (e, eventualmente, a complementar, conforme se verá em tópico a seguir) em segmentos que lidam com mercadorias fungíveis, com flutuações de preço e variações de margens, será mais um aspecto gerador de complexidade no regime de substituição tributária progressiva e possivelmente ponto de atrito entre a administração e os contribuintes.

Em terceiro lugar, no que toca à forma de cumprir a prestação, a dúvida principal recai sobre quais são as alternativas à disposição do substituído: apenas a restituição em escrita fiscal? Ou também em pecúnia?

MATTOS, no que recebe a aprovação de COÊLHO, pugna pela restituição na forma de crédito na própria escrita fiscal do substituído, para compensação com débitos subsequentes, ou mediante emissão de nota fiscal contra o substituto, nos termos da cláusula terceira, do Protocolo ICMS n. 11, de 21 de maio de 1991. Como observa COÊLHO, "*... do ponto de vista jurídico-operacional, transfere-se o desconforto para o Fisco. Ele que investigue onde existe incorreção*"[752]. Trata-se de um ônus a sopesar na instituição do mecanismo.

No entanto, a restituição não se deve dar única e exclusivamente pela via do lançamento em escrita fiscal, visto que, muitas vezes, é possível que o contribuinte não tenha débitos do imposto a compensar. A seu ver, para que a garantia constitucional seja completamente atendida, o contribuinte deve ter a alternativa de solicitar a restituição em pecúnia, em situação de paridade com o ente público, que dele exige o pagamento em dinheiro do tributo[753].

Com efeito, há casos em que, **necessariamente**, a restituição deverá ser feita por outros meios que não em escrita fiscal. Isso será obrigatório

751 Substituição..., *op. cit.*, p. 193-194.

752 Sujeição Passiva Direta..., *op. cit.*, p. 231; Aroldo Gomes de MATTOS, **ICMS – Comentários à LC 87/96**, p. 94-96. Jacqueline Ude BRAZ defende que a restituição deve ser realizada em conta gráfica para os substituídos contribuintes do ICMS e em pecúnia para os que não o são – **Substituição Tributária**..., *op. cit.*, p. 197-198.

753 **ICMS: apontamentos**..., *op. cit.*, p. 149.

naqueles casos em que o substituído não possui meios para dar vazão ao crédito em conta gráfica, tendo em vista a integral submissão ao regime de substituição tributária progressiva, no qual inexistem débitos passíveis de compensação. Autorizar apenas o crédito em conta gráfica nessas hipóteses seria o mesmo que esvaziar o conteúdo do direito à restituição. É o que ensina Marco Aurélio GRECO:

> ... muitas vezes, pode ocorrer que o substituído não tenha operações com débito do imposto, exatamente porque está no regime de antecipação. Ou que o volume de débitos seja tão pequeno que a absorção do excesso implicaria um lapso temporal muito extenso. Nestes casos, a legislação de cada Estado não só poderá, como deverá prever outro mecanismo que tenha por efeito o ressarcimento pleno do substituído pelo imposto indevidamente pago[754].

Nesse sentido, há decisões oriundas do Tribunal de Justiça do Rio Grande do Sul determinando que o Estado promova a restituição em pecúnia ao substituído quando há impossibilidade de compensação por mais de três meses em razão da inexistência de débitos de ICMS, sob o argumento de que, não fosse assim, o direito à restituição tornar-se-ia uma quimera[755].

Por essa razão, a melhor interpretação parece ser a de que a quantia excedente àquela efetivamente equivalente ao fato jurídico tributário realizado deve ser passível de restituição mediante conta gráfica ou, alternativamente, mediante a restituição por meio de emissão de nota ao substituto, com a transferência dos créditos, ou, ainda, mediante a restituição em pecúnia pelo próprio ente tributante, se assim quiser o contribuinte.

[754] **Substituição...**, *op. cit.*, p. 135. Vale mencionar, também, o artigo de Leandro GUERRA, Restituição do ICMS/ST em Minas Gerais tem novo capítulo, disponível em <https://www.conjur.com.br/2019-fev-04/opiniao-restituicao-icmsst-minas-gerais-capitulo>. Último acesso em 30.04.2020.

[755] À guisa de exemplo: Apelação Cível, n. 70082682840, Vigésima Primeira Câmara Cível, Tribunal de Justiça do RS, Relator Armínio José Abreu Lima da Rosa, julgado em 30.10.2019; Agravo de Instrumento n. 70080559354, Vigésima Primeira Câmara Cível, Tribunal de Justiça do RS, Relator Marcelo Bandeira Pereira, julgado em 27-03-2019.

Por derradeiro, a última questão a responder se refere às condições especiais do crédito, dispostas no texto constitucional: um crédito "preferencial" e "imediato".

Via de regra, os entes estaduais, em atitude manifestamente contrária à literalidade do próprio enunciado constitucional, **recusavam-se a assegurar**, na hipótese de não ocorrência das etapas sucessivas na cadeia econômica, a restituição das quantias indevidamente recolhidas. As normas editadas pelos Estados normalmente estabelecem procedimentos burocráticos que dificultam ou inviabilizam o ressarcimento.

A leitura do texto constitucional não deixa margem à dúvida: a restituição deve ser "*... imediata...*", uma previsão que, note-se, é elevada ao quadrado: prevê o artigo 5º, § 1º, da Constituição, que "*As normas definidoras dos direitos e garantias fundamentais têm aplicação imediata*". A ressalva de "restituição preferencial e imediata", como se sabe, é uma garantia fundamental do contribuinte, a válvula de escape à restrição do direito fundamental que lhe é restringido, consoante Humberto ÁVILA e Heleno TORRES[756]. Por isso, a aplicação do preceito tem eficácia imediata, para que seja garantida a restituição imediata.

Consequentemente, não há outra alternativa senão a de reputar o artigo 10, § 1º, da Lei Complementar n. 87, de 13 de setembro de 1996 – segundo o qual o contribuinte substituído terá o direito de se creditar, em sua escrita fiscal, se, formulado o pedido de restituição, não houver deliberação no prazo de noventa dias – como inconstitucional. O seu teor acaba "*... por tornar a restituição distante e não preferencial, ao revés do que se estatuiu na seara constitucional*", nas palavras de Sérgio Gonini BENÍCIO[757]. O prazo de noventa dias é incompatível com a determinação constitucional de restituição imediata. Irrepreensíveis, nesse passo, as contundentes manifestações de Sacha Calmon COÊLHO e Aroldo Gomes de MATTOS[758]. Já BENÍCIO até admite a demora de alguns dias para a restituição,

[756] ÁVILA, **Teoria da Igualdade...**, *op. cit.*, p. 105; e TORRES, Substituição Tributária..., *op. cit.*, p. 89.

[757] **ICMS: apontamentos...**, *op. cit.*, p. 148.

[758] COÊLHO, Sujeição Passiva Direta... *op. cit.*, p. 230-234; MATTOS, ICMS, Substituição Tributária "para frente", Fato Gerador e Base de Cálculo Presumidos, Restituição de

de modo a que a administração possa aferir a lisura do requerimento do contribuinte.

O dispositivo constitucional faz menção, ademais, ao fato de que o valor a ser restituído é "... *preferencial*". Se há preferência, é porque os créditos dos contribuintes dessa natureza **gozam de prioridade** em comparação com os demais créditos tributários devidos pelo ente público. Por isso, deve existir, segundo Hugo Funaro, um procedimento de restituição administrativa "... *mais célere do que aquele aplicável às restituições de indébito em geral*", garantindo a sua obtenção "... *de forma mais simples, antes do pagamento de créditos de outras espécies*"[759].

Tendo em vista a recente modificação da jurisprudência do STF quanto ao dever de restituição e o dever de complementação do ICMS, talvez mais uma leitura possível seria a de que, por ser "preferencial", o direito à restituição goza de prioridade em relação ao direito à cobrança da complementação do imposto eventualmente devido ao ente tributante em operações futuras. Quer dizer, enquanto o Estado não tiver promovido a efetiva restituição em favor do substituído, o Estado não poderia dele exigir eventual diferença a complementar em uma operação futura, algo semelhante à lógica de que a administração não poderá exigir a prestação do contribuinte antes de cumprida a sua própria obrigação.

4.4.8.2 A complementação do recolhimento do imposto

O Ministro Marco Aurélio Mello, no voto proferido no bojo da ADI n. 1.851/AL, em que objurgava o posicionamento da corte, naquele momento, que aceitava a substituição tributária "para frente", comentou: "... *dificilmente teremos uma hipótese em que o valor presumido ficará aquém daquele resultante do fato gerador*". E, em tom de seriedade, afirmava, quando lhe argumentavam que o Estado, no uso da técnica, também poderia ser prejudicado: "*Colocaram aqui algo que reputo um verdadeiro engodo, já que o Estado também não terá direito a cobrar a diferença. É um engodo. Não sou ingê-*

Eventual Imposto Arrecadado a Maior, *in* Valdir de Oliveira Rocha (coord.), **Grandes Questões Atuais do Direito Tributário**, v. 7, p. 33-34.

[759] Limites à criação..., *op. cit.*, p. 602.

nuo. E agora, com a idade que já tenho, não posso mesmo ser, a ponto de imaginar o Estado fixando valor aquém do normalmente praticado pelo mercado"[760].

Com efeito, assim é, na maioria dos casos: o valor final da base de cálculo presumida é superior ao da operação final. É o testemunho de Sérgio Gonini BENÍCIO, que, na condição de antigo membro do Tribunal de Impostos e Taxas de São Paulo, dá respaldo à afirmação do ministro[761].

Entretanto, há, na realidade, situações levadas à apreciação do Poder Judiciário, nas quais **se discute se o contribuinte tem o dever de efetuar o recolhimento complementar do valor devido**, tendo em vista que alguns dos atos normativos estaduais contemplam enunciado legal nesse sentido[762].

Tais situações ganharam força especialmente após o julgamento do Recurso Extraordinário n. 593.849/MG. Conquanto o tema da complementação do imposto não tenha sido objeto de decisão, a Corte, *obiter dictum*, deu a entender que o mecanismo funcionaria como mera antecipação do imposto, de modo que a ausência de cobrança do valor complementar acarretaria o enriquecimento sem causa do contribuinte. Mais tarde, a Segunda Turma, em acórdão da relatoria do Ministro Dias TOFFOLI, julgou caso em que, de forma expressa, sinalizou que os entes públicos teriam direito a cobrá-la (RE n. 1.097.998/MG)[763].

[760] Voto na ADI n. 1.851/AL – disponível em: < http://redir.stf.jus.br/paginadorpub/paginador.jsp?docTP=AC&docID=266781>, acesso em: 30.04.2020, p. 185 e 190 do acórdão.

[761] **ICMS: apontamentos**..., *op. cit.*, p. 145.

[762] À guisa de exemplo, veja-se o teor do disposto no artigo 265, do Regulamento do ICMS do Estado de São Paulo: "*Artigo 265 – O complemento do imposto retido antecipadamente deverá ser pago pelo contribuinte substituído, observada a disciplina estabelecida pela Secretaria da Fazenda, quando: I – o valor da operação ou prestação final com a mercadoria ou serviço for maior que a base de cálculo da retenção, na hipótese desta ter sido fixada nos termos do artigo 40-A; II - da superveniente majoração da carga tributária incidente sobre a operação ou prestação final com a mercadoria ou serviço*". Desde o julgamento do Recurso Extraordinário, os Estados "correram" para autorizar a inserção em seus diplomas legislativos a autorização para a complementação do recolhimento do ICMS. Alguns exemplos: no Paraná, a lei 19.595, de 12 de julho de 2018; em Minas Gerais, o Decreto n. 47.547, de 5 de dezembro de 2018; em Santa Catarina, lei 17.538, de 27 de junho de 2018; no Rio Grande do Sul, lei 15.056, de 27 de dezembro de 2017.

[763] Eis a ementa do julgado: "*Agravo regimental no recurso extraordinário. ICMS/ST. Diferença entre o valor efetivamente designado e a quantia presumida do tributo. Complementação. Orientação*

Da parte do ente tributante, o argumento bate na tecla de que a regra de provisoriedade da base de cálculo presumida deve valer para ambos os polos da relação jurídica: se o contribuinte tem o direito à restituição preferencial e imediata, também o Estado tem o direito de cobrar a diferença, sob pena, alega-se, de enriquecimento indevido do particular e violação à igualdade. O dever de complementação, nessa linha, seria praticamente uma consequência lógica da nova forma de se conceber o mecanismo da substituição tributária progressiva.

As manifestações dos intérpretes da jurisprudência têm acolhido esse argumento, a fim de conferir um tratamento paritário entre o ente tributante e o particular[764].

A questão, todavia, é controversa.

O primeiro argumento invocado para afastar a exigência é o de que o mecanismo da substituição tributária "para frente", por sua natureza, não comportaria o dever de complementação. Encontramos em Marco

do RE nº 593.849/MG-RG. Decreto Estadual nº 38.104/96 e do RICMS/96. Violação reflexa. 1. Em respeito à vedação do enriquecimento sem causa, deve-se complementar o ICMS diante da existência de diferença entre o valor do tributo designado no momento do cálculo do ICMS/ST e o montante efetivamente praticado na relação jurídica tributária, conforme orientação firmada no julgamento do RE nº 593.849/MG-RG. 2. É incabível, em sede de recurso extraordinário, reexaminar o entendimento do Tribunal de origem acerca da aplicabilidade, no presente feito, do Decreto Estadual nº 38.104/96 e do RICMS/96 para fins de complementação do recolhimento do ICMS em substituição tributária. A ofensa ao texto constitucional seria, caso ocorresse, apenas indireta ou reflexa, o que é insuficiente para amparar o apelo extremo. 3. Agravo regimental não provido (...)" (RE 1097998 AgR, Relator(a): Min. DIAS TOFFOLI, Segunda Turma, julgado em 07/08/2018, PROCESSO ELETRÔNICO DJe-185 DIVULG 04-09-2018 PUBLIC 05-09-2018).

764 Transcreve-se voto da lavra do Desembargador Ferraz de ARRUDA: "*Admitir que o comerciante final varejista aumente o valor da mercadoria previamente estabelecida em tabela, tudo para efeito de funcionamento do regime de substituição tributária, e não recolha a diferença do ICMS sobre este aumento, acarretará manifesto locupletamento indevido à custa do erário*" – Tribunal de Justiça do Estado de São Paulo, 13ª Câmara de Direito Público, Apelação n. 0033680-94.2012.8.26.0053, Relator Ferraz de Arruda, data de registro 12.08.2014, p. 7. Há outros julgados adotando a mesma postura; à guisa de exemplo: Tribunal de Justiça do Estado de São Paulo, Apelação n. 1000006-38.2015.8.26.0495, Relatora Flora Maria Nesi Tossi SILVA, 13ª Câmara de Direito Público; data de registro 31.10.2016. Fonte: Tribunal de Justiça do Estado de São Paulo (www.tjsp.jus.br). Acesso em: 30.04.2020. Há decisões no mesmo sentido no Tribunal de Justiça do Rio Grande do Sul, Santa Catarina e Minas Gerais, por exemplo.

Aurélio GRECO uma boa exposição do argumento: entende o autor que sempre haverá a possibilidade de existir um erro no dimensionamento da previsão. O Estado, no entanto, ao optar pelo uso do mecanismo, assume esse risco.

Na substituição tributária progressiva, considera-se ocorrido o fato jurídico tributário no momento em que se exige a antecipação, cujo valor apenas não pode ser superior ao que resultar do regime normal de apuração. Assim, se a operação real foi em valor inferior à presumida, haverá necessidade de restituição, pois a carga tributária não pode ultrapassar o constitucionalmente admissível; se a operação real foi em valor superior, não há nenhuma consequência jurídica, senão a de que a carga tributária será menor, em razão do risco assumido pelo próprio ente tributante ao adotar o mecanismo.

O mesmo vale, diz o autor, se houver eventual alteração de alíquotas no interregno da substituição progressiva: o substituído terá o direito a reaver a diferença, mas o mesmo não se dará em relação ao ente tributante, pois "*... o dimensionamento feito ao ensejo da antecipação é definitivo*"[765].

Um segundo argumento, de ordem finalística, também pode ser colhido da doutrina. A exigência dessa diferença, por parte do ente tributante, seria um comportamento contraditório, na visão de Hugo FUNARO. Não seria razoável que o Estado, para justificar a instituição do regime, alegasse a inviabilidade de fiscalizar o grande número de contribuintes do tributo, mas, ao mesmo tempo, deles exigisse o recolhimento complementar, "*... o que supõe que eles também devam ser fiscalizados*". Logo, como o artigo 150, § 7º, da Constituição, nada prevê sobre o dever de complementar o imposto recolhido, ele não tem amparo legal[766].

O terceiro argumento que tem sido levantado é o de que, ainda que a técnica admitisse a cobrança da diferença, não há enunciado normativo expresso na Lei Complementar n. 87/1996 que autorize os entes tribu-

[765] **Substituição...**, *op. cit.*, p. 26-27; 165. A esse entendimento, Ângelo Braga de MELO não adere, sob o argumento de que, se assim fosse, seria necessário reconhecer a criação de uma imunidade inespecífica e condicionada, porque retiraria do legislador uma parcela de sua competência tributária autorizada, de modo que a tese não é aceitável – **Substituição Tributária...**, *op. cit.*, p. 87.

[766] **Limites à criação...**, *op. cit.*, p. 606-607.

tantes a apurar e a exigir a complementação do imposto. Considerando que a Constituição, no artigo 155, XII, 'b', prevê que cabe à lei complementar *"dispor sobre substituição tributária"*, os Estados não poderiam exigir essa quantia sem antes existir suporte normativo expresso na lei complementar[767].

A questão é complexa e a constante reflexão sobre o tema nos fez revisitar o entendimento que antes havíamos encampado.

Anteriormente, havíamos defendido que a resposta à controvérsia deveria ser dada pelo princípio da igualdade entre os particulares[768]. Quer dizer, na hipótese em que determinados sujeitos tenham realizado operações cuja base de cálculo é inferior à presumida, é medida consentânea com a igualdade individual a restituição do excesso cobrado porque, do contrário, sem qualquer justificativa, contribuintes em situações desiguais seriam tratados igualmente, o que vai de encontro à noção básica da isonomia. O raciocínio inverso também seria cabível: se, nas operações efetivas, praticadas pelos substituídos, algumas delas foram realizadas em valor superior àquela presumida, seria contrário à ideia de igualdade particular que os contribuintes que a realizaram pudessem ser dispensados do recolhimento complementar, gerando uma posição de privilégio em face dos demais.

O raciocínio peca não por ser incorreto, mas por ser incompleto. Dois aspectos relevantes para o exame da questão foram ignorados.

O primeiro aspecto é o de que, ao se admitir que a técnica da substituição tributária progressiva autorizaria o ente tributante a exigir tanto a restituição quanto a complementação do imposto na última operação, o regime por ela instituído seria um simulacro do regime normal de apuração do imposto: o substituído creditar-se-ia do ICMS/ST recolhido na primeira etapa de circulação e usaria esse "crédito" para compensá-lo com o débito do imposto decorrente de sua própria operação. O substi-

[767] Ainda que mencione o argumento apenas de passagem, consulte-se Antônio Carlos da Silva Neto, **Substituição Tributária Progressiva no ICMS: fundamentos e controvérsias**, p. 123.

[768] Importante notar que não se trata aqui do argumento de igualdade de tratamento entre a administração e os particulares, tal qual se encontra aos borbotões na jurisprudência.

tuído faria o desembolso da quantia resultante do confronto entre o crédito e o débito.

A aparente semelhança não poderia, entretanto, apagar as marcantes diferenças entre um e outro: enquanto o regime normal de apuração é a forma ordinária eleita positivada desde a Constituição para o exercício da competência tributária do ICMS, a substituição tributária progressiva é (ou deveria ser) uma técnica extraordinária, cabível quando o regime normal é incapaz de assegurar a igualdade geral na tributação; enquanto o regime normal busca distribuir o impacto tributário de forma proporcional às manifestações concretas de riqueza ao longo das etapas de circulação da mercadoria, o regime da substituição "para frente" escora-se em uma riqueza futura e incerta, mensurada a partir de presunções, onerando a primeira e a última etapa do ciclo; enquanto, no regime normal, o imposto devido nas operações anteriores pode ser apurado sem maiores dificuldades, no regime da substituição tributária progressiva surgiria a necessidade de verificar, tanto por parte do substituído quanto da própria administração tributária, qual foi a base de cálculo presumida e a quantia recolhida pelo substituto, ainda que substituído e substituto não tenham estabelecido nenhuma relação direta, tornando essa apuração uma tarefa complexa e imprecisa (tal como exposto no tópico 4.4.8.1), fazendo com que houvesse, "*... na complementação, **um segundo montante presumido***", nas palavras de Vladimir Morgado[769].

Assim, a exigência de complementação do imposto pressupõe a aptidão do Estado para fiscalizar os contribuintes de forma individual, o que, por sua vez, é sinal de que o uso da técnica excepcional é, ao que tudo indica, desnecessário, exceto para a finalidade de antecipar a arrecadação. É dizer, se o ente tributante reúne condições de promover a igualdade particular, então deveria fazê-lo por meio do regime normal de apuração, não mediante técnica extraordinária que, além de envolver a utilização de presunções, gera mais complexidade para sua apuração e fiscalização.

O segundo aspecto é o de que há determinação constitucional de que, em se tratando de ICMS, a matéria de substituição tributária seja objeto

[769] Substituição Tributária progressiva no ICMS: mudança de paradigma, fato gerador presumido irrealizado e admissibilidade da complementação, **Revista Fórum de Direito Tributário**, n. 102, p. 145.

de lei complementar. Trata-se de um papel relevante, porquanto, sobretudo no campo da sujeição passiva, há de existir uma uniformidade no tratamento da figura entre os entes da federação, em consonância com a função harmonizadora descrita no tópico 3.4.2.5. A Lei Complementar n. 87/1996, todavia, não prescreve o dever de complementação do imposto.

Note-se: esse dever não é uma derivação ontológica do regime da substituição tributária progressiva, tampouco uma consequência necessária da recente orientação do Supremo Tribunal Federal, que concluiu pelo dever de devolução do excesso cobrado, o qual encontra suporte normativo expresso na Constituição e na Lei Complementar n. 87/1996. Conforme destacamos, a leitura "*a contrario sensu*" dos enunciados normativos é insuficiente para justificar a cobrança do complemento, sobretudo quando em confronto com as razões que fundamentam o emprego da técnica.

Nesse quadro, ainda que se entendesse compatível o uso da substituição tributária "para frente" com o dever de complementar o recolhimento do imposto, caberia à lei complementar estabelecer em que casos isso seria admissível, sem incorrer na incongruência apontada alhures[770].

De toda maneira, ainda que, ao fim e ao cabo, prevaleça o entendimento de que a quantia complementar possa ser exigida do substituído, ela somente passa a ser devida por ele após a realização do fato jurídico tributário efetivo e, desse modo, os consectários legais serão devidos se o contribuinte não providenciar o recolhimento dentro do prazo regular, após a operação efetiva. Obviamente, os encargos não poderão ser calculados como se fossem devidos desde a operação primeira, realizada pelo substituto tributário.

[770] Mattos, por exemplo, não vê impedimento a que a lei estabeleça procedimentos obrigacionais necessários para que o substituído seja compelido a pagar a diferença eventualmente existente – **ICMS**..., *op. cit.*, p. 96.

Capítulo 5
A Substituição Tributária sob uma Perspectiva Funcional

5.1 Considerações preliminares

O exame realizado no capítulo anterior, sobre a figura da substituição tributária, em suas variações "convencional", "para trás" e "para frente", mostra que há **divergências doutrinárias marcantes**, no que concerne à estrutura e à dinâmica normativa de cada uma dessas modalidades.

A despeito das divergências estruturais, **no que atine ao aspecto funcional** – isso é, consoante firmamos no início do trabalho, o "para quê" serve a técnica – as modalidades **mantêm entre si uma conexão**: todas procuram, de um modo ou de outro, **viabilizar ou simplificar a gestão tributária**, mediante um **esquema normativo excepcional**, distinto do modo "normal" ou "padrão" de tributação, por força do qual um terceiro é obrigado a "colaborar" com o ente tributante, desempenhando, em última análise, funções que, de certo modo, cumpririam, em tese, às administrações tributárias[771]. A conexão funcional, inclusive, não

[771] Repisamos, nessa oportunidade, as considerações de James MARINS sobre os modelos de transferência de responsabilidade tributária, reproduzidas na introdução do trabalho – Substituição tributária..., *op. cit.*, p. 442. José Juan FERREIRO LAPATZA, igualmente, de forma elucidativa, refere-se às *"... técnicas de interposição..."*, existentes no sistema tributário espanhol, medidas que interpõem, entre a Fazenda e o contribuinte, um terceiro, atribuindo-lhe o dever pagar o tributo ou de, alternativamente, exigir que o contribuinte assim o faça, tudo no intuito de facilitar a gestão do tributo e assegurar a sua efetiva aplicação. FERREIRO LAPATZA dá três exemplos das "técnicas de interposição": (i) o de "arrecadador sem título", que se caracteriza pelo fato de a norma obrigar determinadas empresas a arrecadar, em favor do Estado, alguns tributos cuja obrigação nasce por força da realização de operações dessas empresas com seus clientes, os contribuintes. À guisa de

se limita apenas às variações da substituição tributária, mas se estende a outras figuras semelhantes. É o caso da retenção na fonte, ainda que não na forma de substituição[772].

Se, de um lado, essas técnicas têm o condão de promover valores relevantes de um sistema jurídico, tal qual o da aplicação efetiva e uniforme da lei tributária a todos os cidadãos, de outro, elas contêm o **potencial de colocar em risco os princípios fundamentais da tributação**. Misabel DERZI desenha esse conflito como um choque de paradigmas da era moderna e da pós-moderna, o qual não pode ter como resultado, sob qualquer ângulo que se analise a questão, o abandono dos compromissos do Estado Democrático de Direito, especialmente o da realização da justiça individual[773].

É por isso que a adoção de medidas, por parte do legislador ou da administração, com o propósito de tornar mais "simples" a atividade tributária, deve **harmonizar-se** com os demais fins e valores promovidos pelo Direito, submetendo-se, por isso mesmo, a formas de controle que visem a balancear e solucionar os naturais choques normativos daí decorrentes.

exemplo, cita as empresas de transporte de passageiros, que cobram de seus clientes uma quantia a título de tributo, a ser repassada ao ente público. A empresa situa-se, segundo o professor espanhol, no lado ativo da obrigação, e aproxima-se, a nosso ver, da figura do agente de percepção, de que fala Hector VILLEGAS – Retenção de Tributos – Agentes de Retenção e Agentes de Percepção, **Revista de Direito Tributário**, n. 6, p. 68; (ii) a substituição tributária, por meio da qual há mudança do sujeito passivo da obrigação tributária; (iii) e a do contribuinte com direito à repercussão – **Direito Tributário**..., *op. cit.*, p. 245-247.

772 Acreditamos que é por essa razão que Francisco CANAL e Pasquale PISTOLE assinalam que a substituição tributária e a retenção na fonte são duas figuras que compartilham aspectos funcionais: "*... al lado de la figura de sustitución tributaria aparece en ocasiones un mecanismo de recaudación que comparte los aspectos funcionales de aquélla, pero añade una nota específica consistente en el versamento al Estado, en concepto de cuota tributaria, de una cantidad que en otro caso debería entregarse al contribuyente antes de que passe a las manos de éste. Este mecanismo recibe el nombre de retención (...)*" – *La figura del responsable tributário em los sistemas jurídicos alemán, español e italiano, in* ***Sujetos Pasivos y Responsables Tributarios***, p. 612 – *apud* Paulo Roberto Coimbra SILVA, **A Substituição**..., *op. cit.*, p. 31, nota de rodapé n. 21.

773 A praticidade..., *op. cit.*, p. 275.

Especificamente sobre a substituição tributária, o reconhecimento de que a técnica é compatível com o ordenamento jurídico não significa que o legislador a possa utilizar como bem lhe aprouver. Embora constitucional o mecanismo da substituição tributária, isso "*... não afasta a possibilidade de ele ser aplicado de modo inconstitucional pelos Estados*"[774]. Deve-se zelar pela sua aplicação de modo constitucional, o que torna indispensável a análise de como se relaciona a substituição tributária com os demais valores e princípios do sistema jurídico[775].

5.2 As medidas de simplificação e os fins no Direito Tributário

O direito tem **natureza instrumental**. Seu propósito é o de realizar os fins e valores consagrados no sistema jurídico. "*Se...*", nas palavras de Martha Toríbio Leão, o Direito estabelece condutas vinculadas a finalidades, "*... não há dúvida de que o Direito Tributário segue a mesma lógica*"[776].

Assim como há fins e fins no Direito, há fins e fins no Direito Tributário[777].

A finalidade primordial da tributação é a de repartir, entre os indivíduos de uma sociedade, de forma isonômica, a carga tributária; dela extraindo os recursos necessários para que, com eles, possam-se realizar os fins de interesse público, ou melhor, a realização dos direitos fundamentais indisponíveis. Sob a óptica fiscal, o Princípio da Capacidade Contributiva é a segurança da realização da justiça na tributação: é a expressão do direito fundamental de cada indivíduo ser tributado à medida de sua capacidade para concorrer com as despesas públicas[778].

Apesar disso, é inegável que várias das normas do sistema tributário **não estão imbuídas desse fim "fiscal"**. Não, ao menos, de forma preponderante. A partir, especialmente, da formação do Estado Democrático de Direito, em que o ordenamento passa a ser compreendido como

[774] Humberto Ávila, Substituição Tributária e Base..., *op. cit.*, p. 171.

[775] Ávila, A substituição tributária..., *op. cit.*, p. 315.

[776] **Controle da Extrafiscalidade**, p. 19.

[777] Humberto Ávila, Proporcionalidade e..., *op. cit.*, p. 331.

[778] Pedro Manuel Herrera Molina, ***Capacidad Economica...***, *op. cit.*, p. 73; José Roberto Vieira, A Extrafiscalidade da Lei 12.715/2012 e a Capacidade Contributiva: a Convivência do Lobo e do Cordeiro?, **Revista de Direito Tributário**, n. 118, p. 25-26.

um meio para a consecução dos valores eleitos por uma sociedade – e, por conseguinte, em que o Estado não permanece neutro em face da realidade que visa a regular – a atividade tributária também se revela como um importante **instrumento de transformação**. A tributação é utilizada para perseguir outros fins, para além da justa repartição do ônus tributário, tais como a proteção do meio ambiente, a liberdade religiosa, a educação, o desenvolvimento econômico e social *etc.*

Eis o conceito básico de extrafiscalidade: o emprego **deliberado** do instrumento tributário para finalidades regulatórias de comportamentos sociais, em matéria econômica, social e política (Geraldo ATALIBA)[779]; que se manifesta, precipuamente, no domínio dos "benefícios fiscais", consoante escólio de José Casalta NABAIS[780]. Mesmo que não se possa, nem se deva, negar as dificuldades de relacionamento que a promoção desses fins possa ter com a capacidade contributiva, parece certo que a extrafiscalidade "... *constitui uma realidade irreversível nos Estados Sociais de Direito*" (Andrei Pitten VELLOSO)[781].

Nesse quadro, as normas jurídicas tributárias podem ser classificadas segundo as suas finalidades, em normas de finalidade fiscal e de finalidade extrafiscal.

As normas com finalidade fiscal são aquelas que têm por objetivo distribuir a carga tributária de forma equânime. A medida de distinção entre os contribuintes é a capacidade contributiva. O critério, a capacidade contributiva, e a finalidade, a repartição isonômica da carga tributária, aproximam-se, para consubstanciar a máxima de que "... *a imposição deve corresponder à capacidade contributiva*". O fim, portanto, é interno ao Direito Tributário.

As normas com finalidade extrafiscal, a seu turno, são aquelas que se destinam a atingir fins econômicos e sociais constitucionalmente assegurados, afastando-se, por conseguinte, da ideia de distribuição equânime da carga tributária, segundo a capacidade contributiva. Na finalidade

[779] **Sistema Constitucional...**, *op. cit.*, p. 151.

[780] **O Dever Fundamental de Pagar Impostos**, p. 632. Vide, igualmente, LEÃO, **Controle...**, *op. cit.*, p. 52-57.

[781] **O Princípio...**, *op. cit.*, p. 295. A respeito, consulte-se, igualmente, José Roberto VIEIRA, A Extrafiscalidade... *op. cit.*, p. 26-31.

extrafiscal, a distinção entre os contribuintes é feita com base em elementos exteriores à sua situação, de modo que o critério, o elemento externo, alheio ao contribuinte, e a finalidade, o fim extrafiscal, consagrado na Constituição, afastam-se, em movimento contrário ao que ocorre nos fins fiscais. O fim, portanto, é externo ao âmbito do Direito Tributário[782].

A classificação em fins internos e externos, ensina Andrei VELLOSO, foi feita por Stefan HUSTER, embora já estivesse presente na obra de Ronald DWORKIN[783]. Encontramo-la, na doutrina tributária brasileira, de forma semelhante, ainda que com nuances distintas, em bons autores, especialmente nas obras dos que se debruçaram sobre o tema da extrafiscalidade[784].

Da forma como proposta, no entanto, a classificação **não deixa claro** como devem ser consideradas as normas que prescrevem medidas destinadas a viabilizar a gestão dos tributos e a simplificar o sistema; **não sinaliza em que categoria se enquadram as normas que exercem a função de tornar "praticável"** a execução dos comandos normativos relativos à arrecadação e fiscalização dos tributos, normas, aliás, encontradas, cada vez com mais frequência, no direito positivo.

A respeito dessas normas, Luis Eduardo SCHOUERI denomina-as de normas com função simplificadora, em contraposição às de função arrecadadora e às de função indutora, afirmando serem regidas "... *pelo princípio da praticabilidade, autorizando o aplicador da lei a adotar medidas globais, generalizantes, com a finalidade de simplificar o sistema tributário*"[785]. Gerd

782 **Teoria da Igualdade...**, *op. cit.*, p. 160-162.

783 **O Princípio...**, *op. cit.*, p. 77-79.

784 Diego BOMFIM, **Extrafiscalidade: identificação, fundamentação, limitação e controle**, p. 7-16; LEÃO, **Controle...**, *op. cit.*, p. 47-52; Vieira da ROCHA, **Teoria dos Direitos Fundamentais em Matéria Tributária: Restrições a Direitos do Contribuinte e Proporcionalidade**, p. 143-153.

785 **Normas Tributárias Indutoras e Intervenção Econômica**, p. 26-27 e 32. Cumpre registrar que, para SCHOUERI, as normas tributárias podem ser classificadas não segundo a sua finalidade, critério que se mostrou altamente controverso, mas segundo a sua função, no sentido pragmático de sua eficácia, na linha das funções eficaciais propugnadas por Tércio Sampaio FERRAZ JÚNIOR e das funções de Klaus VOGEL. Em defesa da classificação segundo a finalidade, veja-se o artigo de Martha Toríbio LEÃO, Contributo para o Estudo da Extrafiscalidade: a Importância da Finalidade na Identificação das Normas Tributárias Extrafiscais, **Revista Direito Tributário Atual**, n. 34, p. 303-325. No mais, cumpre

Willi ROTHMANN, com base no escólio de Joachim LANG, esclarece que as normas de simplificação visam a "*... facilitar e simplificar a aplicação do Direito Tributário, estruturando-o de forma mais praticável ou econômica*"[786].

A finalidade de simplificação seria um fim interno ou externo? A resposta não se revela com nitidez. Tanto é que Paulo Victor Vieira da ROCHA, por exemplo, observa que ÁVILA é, de certo modo, vacilante, ao discorrer sobre essas normas, representadas pela ideia de "praticabilidade": ora as trata como se pertencessem ao grupo das de finalidade extrafiscal, ora como se fossem metanormas destinadas a assegurar a realização de um fim interno ao Direito Tributário[787]. Essa dificuldade põe em evidência, segundo ROCHA, não apenas o quanto é difícil a distinção entre fins externos e internos, mas, também, a dificuldade de se precisar, exatamente, qual é a natureza da praticabilidade tributária[788].

Em vista dessa dificuldade, na classificação acima, **optamos pela proposta classificatória de Andrei VELLOSO**. O ilustre jurista gaúcho, criticando a terminologia utilizada por HUSTER, esclarece que as locuções "fins internos" e "fins externos" não expressam, adequadamente, os

observar que SCHOUERI, aparentemente, não inclui as normas de função simplificadora dentro do gênero da extrafiscalidade, o que se extrai de sua afirmação de que "*... o gênero da 'extrafiscalidade' inclui todos os casos não vinculados nem à distribuição equitativa da carga tributária, nem à simplificação do sistema tributário*". Diz-se "aparentemente" porque, linhas antes, o autor, ao discorrer sobre a ideia de extrafiscalidade, alega que, sendo ela tudo aquilo que se mostre diverso da mera fiscalidade, "*... ali se incluirá, por exemplo, a função de mera simplificação do sistema tributário*". Mas o autor, ao que tudo indica, parece querer se afastar desse conceito pela negativa, optando por identificar o gênero da extrafiscalidade como o conjunto das normas indutoras (extrafiscalidade em sentido estrito) e de outras não fiscais, de conteúdo social – **Normas Tributárias Indutoras...**, *op. cit.*, p. 32-33.

[786] Tributação, Sonegação e Livre Concorrência, *in* Roberto FERRAZ (coord.), **Princípios e Limites da Tributação 2 – Os Princípios da Ordem Econômica e a Tributação**, p. 340.

[787] Escritos em que ÁVILA considera a praticabilidade um fim extrafiscal: **Teoria dos Princípios**, p. 212; Proporcionalidade e Direito Tributário, *in* Luis Eduardo SCHOUERI (coord.), **Direito Tributário: homenagem a Alcides Jorge Costa**. v. 1, p. 333-334. Escritos em que ÁVILA considera a praticabilidade ou a eficiência como uma metanorma: **Teoria da Igualdade...**, *op. cit.*, p. 92; Substituição Tributária e..., *op. cit.*, p. 174-175. Sobre as considerações de ÁVILA quanto à natureza de metanorma da praticabilidade e da eficiência, vide Eduardo Morais da ROCHA, **Teoria Institucional da Praticabilidade Tributária**, p. 60-61.

[788] **Substituição Tributária e Proporcionalidade**, *op. cit.*, p. 103-105.

significados que o jurista alemão lhes pretendia atribuir. Explica que **a expressão "fim interno"**, na proposta de HUSTER, **corresponde ao fim geral de promover a justiça** e, por isso, os critérios de distinção entre os contribuintes podem ser chamados de "critérios de justiça", os quais servem para promover o "fim de justiça tributária": o da justa repartição da carga tributária.

Os critérios de justiça são o Princípio da Capacidade Contributiva, para os impostos; o de Equivalência, para as taxas; e o do Benefício Econômico, para as contribuições, todos esses princípios **projeções específicas e setorizadas** da igualdade em matéria tributária[789].

Já os "fins externos" correspondem a utilidades sociais, bens coletivos e fins coletivos, de maneira que é mais adequado utilizar a expressão "fins de utilidade coletiva". Bem coletivo, a propósito, são bens que se singularizam pelo seu caráter não distributivo: não podem ser divididos e outorgados, de forma separada, aos indivíduos[790]. São exemplos de fins coletivos a proteção do meio ambiente, da concorrência, da aplicação igualitária da tributação *etc.* Paulo Victor Vieira da ROCHA registra que, pelo fato de o Estado ser incumbido da promoção de bens coletivos, é mais comum que, no âmbito do Direito Tributário, a restrição a direitos fundamentais dos contribuintes decorra da colisão entre direitos fundamentais e bens coletivos, do que entre direitos fundamentais entre si[791].

Os "fins de justiça tributária" ou "fins coletivos" podem servir ao cumprimento de objetivos fiscais, internos ao Direito Tributário, ou objetivos não fiscais, externos ao Direito Tributário[792].

Com amparo nesses conceitos, VELLOSO aponta a existência de quatro fins distintos, no âmbito dos institutos, conceitos e formas do Direito Tributário: (i) os fins de justiça interna, relativos à repartição equânime da

[789] **O Princípio...**, *op. cit.*, p. 140-141.

[790] *Ibidem*, p. 256. Paulo Victor Vieira da ROCHA afirma que o esclarecimento do que sejam "bens coletivos", no seio dos estudos da teoria dos direitos fundamentais, não merece muita atenção por parte da doutrina, talvez por ser uma noção intuitiva, razão pela qual, após análise detida, apresenta o seu conceito: "*... são estados ou situações objeto de normas jurídicas, com caráter 'não-distributivo' e que podem ou não dar azo a direito subjetivos e serem justiçáveis*" – **Teoria dos Direitos...**, *op. cit.*, p. 243.

[791] *Ibidem*, p. 212-213.

[792] Andrei VELLOSO, **O Princípio...**, *op. cit.*, p. 77-80.

carga tributária; (ii) os fins de justiça externa ao Direito Tributário, cujo objetivo é realizar a compensação de situações socialmente anti-isonômicas; (iii) os fins coletivos internos ao Direito Tributário, "... *perseguidos pelas medidas de simplificação tributária...*", vocacionadas a promover bens coletivos; (iv) e, por derradeiro, fins coletivos externos ao Direito Tributário, objeto das normas extrafiscais ou indutoras[793].

As normas simplificadoras são regidas pela praticabilidade[794]. É ela, a praticabilidade, o "... *significado jurídico central*" do dever de simplificação tributária, consoante VELLOSO[795]. Por isso, é mister delinear o seu conteúdo jurídico.

5.3 A praticabilidade tributária

5.3.1 A praticabilidade e o direito positivo

Para que o direito positivo possa **servir de instrumento à realização de fins, ele deve ser "praticável"**, deve ser feito para ser posto em prática. A "arte" do direito, ensina BECKER, valendo-se dos ensinamentos de São Tomás de AQUINO, "... *deve ser 'aplicável' do mesmo modo que uma obra teatral deve ser 'representável' ou uma peça musical 'executável'*"[796]. A qualidade de "praticável", atribuída à norma, é medida em relação à sua aptidão para produzir os fins por ela almejados.

Em um mundo ideal, seria ótimo se o direito positivo pudesse apresentar uma solução específica para cada caso, "... *previamente preparada e*

793 *Ibidem*, p. 145.

794 Desde logo, esclarecemos que acolhemos o vocábulo "praticabilidade", em vez de "praticidade", para fazer referência à ideia da simplificação tributária, nos termos expostos por Carlos Renato CUNHA – **O Simples Nacional, a Norma Tributária e o Princípio Federativo: Limites da praticabilidade tributária**, p. 181. Praticabilidade significa a qualidade do que é praticável, exequível, realizável, conceito que, entendemos, na linha do pensamento de CUNHA, é mais adequado do que as demais denominações – praticidade, pragmatismo, facticidade – para transmitir a essência da figura, mas não havendo necessidade, todavia, de rejeitar os demais termos utilizados pela doutrina, desde que elas sejam admitidas em nossa língua.

795 *Ibidem*, p. 264.

796 **Teoria Geral...**, *op. cit.*, p. 75, nota de rodapé n. 213. Veja-se, igualmente, CUNHA, **O Simples...**, *op. cit.*, p. 182.

perfeitamente adequada aos caracteres próprios e únicos do caso individual", consoante a reflexão de Alfredo BECKER. No entanto, a vida social "*... é complexíssima*", não havendo inteligência humana capaz de resolver o infinito número de casos que são postos pela incessante dinâmica da realidade[797].

Por isso, na arte de construção do Direito, o legislador estabelece padrões de conduta, que orientam o comportamento dos indivíduos, de forma geral e abstrata. Embora a generalidade não seja um elemento indispensável à lei, ela é uma "*... exigência que, através da evolução humana, se vem fazendo à lei...*", só excepcionalmente cogitando de um único caso, esclarece PONTES DE MIRANDA[798]. As regras "*... são endereçadas a tipos, não a particulares*", ensina o filósofo norte-americano Frederick SCHAUER, de modo que **a generalidade é uma forma de assegurar praticabilidade ao direito positivo**[799].

Todo processo de generalização envolve, inelutavelmente, **a seleção de propriedades e categorias** que irão determinar a direção e o grau da generalização, tarefa que incumbe a quem detenha competência para formular a regra, pois "*... o que determina quais propriedades entram, quais não entram, é o ato-de-valoração que preside à feitura da hipótese da norma*" (VILANOVA[800]).

O legislador, nesse ato-de-valoração, faz escolhas, seleciona algumas propriedades e descarta outras, compondo as normas jurídicas, segundo os fins que pretende realizar. A generalização contida na norma jurídica, dessa forma, é uma **simplificação** e uma **especificação** do resultado que normalmente seria obtido da aplicação direta do fim ou justificação que repousa sob a generalização[801].

797 **Teoria Geral...**, *op. cit.*, p. 82.

798 **Tratado...**, *op. cit.*, p. 6.

799 No original: "*Rules, descriptive and prescriptive, thus speak to types and not to particulars*" – ***Playing by the Rules***, p. 18.

800 **As Estruturas...**, *op. cit.*, p. 52.

801 "*Entre os aspectos mais significativos da relação entre a generalização e a justificação está o de que a generalização* ***restringe*** *o conjunto de fatos que de outra maneira indicam a aplicabilidade da justificação. Embora determinar a causa do distúrbio em um restaurante seja uma tarefa complexa e relativamente sem limites, determinar o que é um cachorro é mais objetivo, requerendo a identificação de um conjunto mais restrito de fatos. Nesse sentido a generalização – cães – é uma* ***simplificação****, e é também uma* ***especificação****. Generalizações* ***especificam*** *o resultado que normalmente será obtido da*

Ou seja, o legislador cria a norma jurídica de conduta como a solução para **resolver o problema prático do conflito de interesses**, gozando de liberdade para, com o propósito de "... ***dominar*** *a fluida matéria da vida social...*", deformar e transfigurar os fenômenos da realidade, a fim de realizar os valores humanos considerados relevantes. Mas, como a generalização não é perfeita para todos os casos, ela acaba por gerar, inevitavelmente, "... *uma* ***tensão*** *entre a regra jurídica (construído) e a realidade social ('dado')*", porque ocasiona uma simplificação daquela realidade[802].

Nesse sentido, compreende-se a afirmação de Regina Helena COSTA, amparada na obra de Niklas LUHMANN, no sentido de que o Direito é um sistema dinâmico, em meio a uma sociedade complexa, "... *que age como redutor dessa complexidade*"[803]; ou, na irretocável lição de Lourival VILANOVA, a multiplicidade intensiva e extensiva do real exige uma operação conceptual normativa, por meio do processo de "... *esquematização ou tipificação do fáctico*", operação essa que é "... *forçosamente simplificadora...*"[804].

Detenhamo-nos um pouco e pensemos o Direito Tributário e a necessidade de tornar as suas normas praticáveis. Qual é a finalidade primordial da tributação? A atividade tributária tem por escopo transferir recursos dos indivíduos em favor do Estado, de forma isonômica, seja em razão da capacidade dos sujeitos de concorrer para as despesas públicas – Princípio da Capacidade Contributiva – seja porque o Estado desenvolveu, mediata ou imediatamente, uma atividade referida a uma pessoa, gerando uma despesa a ser suportada por um sujeito – Princípio da Equivalência – ou um benefício especial para um indivíduo – Princípio do Benefício.

direta aplicação de suas justificações" (tradução livre). No original: "*Among the most significant aspects of the relationship between generalization and justification is that a generalization* ***narrows*** *the array of facts that would otherwise indicate the applicability of the justification. Although determining the cause of disturbance in a restaurant is a complex and relatively unbounded task, determining what is a dog is more straightforward, requiring the identification of a narrower array of facts. In that sense the generalization – dogs – is a* ***simplification****, and it is also a* ***specification****. Generalizations* ***specify*** *the result that will usually be obtained from direct application of their justifications*" – SCHAUER, ***Playing***..., *op. cit.*, p. 53.

[802] BECKER, **Teoria Geral**..., *op. cit.*, p. 83.

[803] **Praticabilidade**..., *op. cit.*, p. 17.

[804] **As Estruturas Lógicas**..., *op. cit.*, p. 179.

Ora, em face desse objetivo, o legislador, olhando para a realidade que o cerca, poderia cogitar de descrever, na hipótese da regra tributária, que "toda e qualquer manifestação de riqueza, direta ou indireta", daria azo ao nascimento do dever de o sujeito entregar uma parcela de dinheiro ao Estado.

Marçal JUSTEN FILHO, a propósito, escreve que, do ponto de vista teórico, a melhor solução para distinguir as normas tributárias das normas não tributárias seria a instituição de uma única norma, cuja materialidade da hipótese de incidência seria "existir riqueza", com o consequente "... *prevendo que parte da riqueza do contribuinte seria transferida ao Estado*"[805].

Mas por que assim não faz o legislador? Por que apenas em tese essa seria uma solução? Porque, explica o jurista paranaense, "... *tal é praticamente impossível e politicamente indesejável*", tanto por razões extrajurídicas quanto por razões jurídicas, atinentes à "... *factibilidade da apuração da riqueza existente*". Diante da complexidade do real, o legislador é obrigado a decompor o sistema tributário em uma pluralidade de normas tributárias, cada uma detectando "... *parcialmente os ângulos da riqueza existente*"[806].

Uma hipótese normativa que expressasse, como critério material, apenas um "existir riqueza", tornaria extremamente complexa, controversa e contraproducente a atividade de tributação, seja para quem deve aplicá-la, seja para quem deve obedecê-la. A tributação seria impraticável.

Diante da necessidade de que a tributação seja algo praticável, de modo a que a regra possa avaliar e alcançar fatos econômicos, elevados à condição de fatos jurídicos pela lei, o legislador seleciona signos diretos e indiretos de riqueza, de cuja manifestação presume a sua existência. **Para atender à praticabilidade, simplifica a realidade, elegendo fatos signo-presuntivos de riqueza**[807].

[805] JUSTEN FILHO, **Sujeição...**, *op. cit.*, p. 239.

[806] *Ibidem.*

[807] Não por outra razão, Leonardo Sperb de PAOLA destaca que as presunções e as ficções estão disseminadas por todo o ordenamento tributário, respondendo a exigências de praticabilidade e certeza. As presunções tributárias encontram abrigo na Constituição, na discriminação constitucional de competências, na descrição de presunções de riqueza. Por estarem presentes na Constituição, na matriz constitucional do tributo, PAOLA afirma que as presunções, quando vertidas na legislação ordinária, são, na realidade, metapresunções – **Presunções e Ficções...**, *op. cit.*, p. 97-98.

Assim, discrimina rigidamente as competências tributárias – auferir renda, prestar serviços, realizar operações mercantis, transmitir bens imóveis *etc.* – e as distribui entre os entes da federação.

Confrontado com o problema prático, o caminho escolhido pelo legislador "*... foi o de perder em justiça absoluta aquilo que ganhava em certeza e praticabilidade do Direito Tributário*"[808]. Na síntese de BECKER,

> A praticabilidade e a certeza da incidência das regras jurídicas tributárias, sempre induziu e, cada vez mais, induz o legislador a escolher, como elementos integrantes da hipótese de incidência, signos econômicos (fatos econômicos) ou signos jurídicos (fatos jurídicos), cuja existência faz presumir a existência de determinado gênero e espécie de renda ou de capital[809].

Nessa perspectiva, **o Direito Tributário, como um todo, é dotado de praticabilidade**. "*A praticabilidade...*", resume Misabel DERZI, "*... é vocação inata e necessária da lei*"[810].

Tal compreensão, genérica e abrangente, da ideia de praticabilidade, está estampada, a nosso sentir, na obra de Regina Helena COSTA. A ilustre magistrada paulista, ao perquirir sobre a praticabilidade no âmbito da Constituição, arrola, como exemplos de manifestações do princípio, um grande número de casos, dentre os quais, os conceitos indeterminados usados pelo constituinte para a indicação das regras-matrizes de incidência dos impostos; as imunidades; as restrições ao Princípio da Anterioridade, previstas no artigo 150, § 1º, do texto constitucional; as atenuações ao Princípio da Legalidade, dispostas no artigo 153, § 1º; e assim por diante[811]. E isso é assim porque, em um sentido amplo, a praticabilidade está, ao fim e ao cabo, "*... em todos os artigos onde a Constituição fala em legalidade*"[812].

[808] **Teoria Geral...**, *op. cit.*, p. 541.
[809] *Ibidem*, p. 539.
[810] **Direito Tributário, Direito Penal e Tipo**, p. 257.
[811] **Praticabilidade...**, *op. cit.*, p. 225-244.
[812] Misabel de Abreu Machado DERZI, Princípio da Praticabilidade do Direito Tributário (segurança jurídica e tributação), **Revista de Direito Tributário**, n. 47, p. 176.

Todas essas considerações, porém, são uma primeira e incipiente noção de praticabilidade.

5.3.2 A praticabilidade e o Direito Tributário

5.3.2.1 A complexidade

Regina Helena COSTA inaugura suas reflexões sobre o tema da praticabilidade tributária, reproduzindo emblemático excerto de Klaus TIPKE: "*Se 'o Direito justo é o Direito simples' (P. Kirchhof), então o Direito Tributário é por isso mesmo injusto, porque é desnecessariamente complicado*"[813].

Tal complexidade do sistema tributário é "*... reflexo da complexidade sócio-econômica*" (Regina COSTA[814]). "*À pluralidade e complexidade socioeconômica parece corresponder...*", assevera Misabel DERZI, "*... o sistema tributário, altamente diversificado e complexo*"[815].

Com efeito, sem ignorar as dificuldades de aplicação das normas jurídicas em outros ramos, nem reivindicar a complexidade como atributo exclusivo do Direito Tributário, fato é que **a seara tributária é marcada pela complexidade**, particularmente em razão de o Direito Tributário ser **um direito de massa**[816]. E isso ocasiona **dois tipos** de dificuldades: **as normas tributárias são abundantes**, porque são muitas as situações por

[813] Klaus TIPKE, **Moral Tributária do Estado e dos Contribuintes**, p. 110; COSTA, **Praticabilidade**..., *op. cit.*, p. 7.

[814] **Praticabilidade**..., *op. cit.*, p. 17.

[815] A Praticidade, a Substituição Tributária e o Direito Fundamental à Justiça Individual, *in* Octavio Campos Fischer (coord.), **Tributos e Direitos Fundamentais**, p. 263. Igualmente, DERZI, Quebras da Livre Concorrência no ICMS, no IPI e PIS-COFINS: corporativismo, informalidade, ampla cumulatividade residual e substituição tributária, **Revista Internacional de Direito Tributário**, n. 3, p. 107.

[816] DERZI, **Direito Tributário**..., *op. cit.*, p. 106; VELLOSO, **O Princípio**..., *op. cit.*, p. 263. Acrescentaríamos que a complexidade é mais presente no Direito Tributário porque tal ramo jurídico é um direito de sobrenível, uma camada sobreposta ao direito privado e, consequentemente, ao sistema econômico, na didática explicação de Cristiano CARVALHO. Logo, é como se a sua complexidade se amplificasse, reverberando as suas próprias dificuldades e as das camadas que lhe subjazem – **Ficções Jurídicas**..., *op. cit.*, p. 247. Cabe lembrar que a noção de que o Direito Tributário é um direito de sobrenível, superposição ou sobreposição, foi formulada, originalmente, por Gian Antonio MICHELI – **Curso de Direito Tributário**, p. 9.

ela reguladas, o quê **torna difícil a sua compreensão** pelos cidadãos; e, além disso, a sua **aplicação e a fiscalização** de seu cumprimento **demandam bastante tempo e energia do Estado.**

Por isso, a praticabilidade revela-se uma característica mais saliente nesse quadrante do Direito do que em outros. Não é acidental a referência a uma praticabilidade **tributária**. Tal necessidade pode ser encarada sob uma dupla perspectiva: a dos contribuintes e a dos entes tributantes.

Quanto aos contribuintes, testemunho contundente é o de BECKER, que registrava o manicômio jurídico tributário que se vivia à época de seus escritos, a ponto de afirmar que "*... se fossem integralmente aplicadas as leis tributárias, todos os contribuintes seriam passíveis de sanções...*", principalmente "*... pela desorientação que o caos da legislação tributária provoca no contribuinte*", o quê o obrigava, e ainda o obriga, a desembolsar significativas quantias com técnicos especializados, apenas para saber quais são as exigências da Administração Tributária[817].

Diz-se que ainda o obriga porque, conquanto essa complexidade seja atributo de qualquer sistema tributário, o brasileiro é **dotado de particularidades propícias à sua potencialização.** O exemplo da repartição das competências tributárias sobre o consumo entre todos os entes da federação – a União, com o Imposto sobre Produtos Industrializados e, de certa forma, com as contribuições sociais para a seguridade social; os Estados, com o Imposto sobre a Circulação de Mercadoria e Serviços; os Municípios, com o Imposto sobre Serviços de Qualquer Natureza – é prova viva da afirmação: o que esperar da tributação sobre o consumo realizada pelo ente federal, por vinte e seis Estados, pelo Distrito Federal e para mais de cinco mil Municípios, cada qual com sua competência tributária própria, circunstância hábil a gerar os mais variados conflitos ? [818].

[817] **Teoria Geral...**, *op. cit.*, p. 9.

[818] Não surpreende, aliás, o registro de Victor Borges POLIZELLI, de que, em levantamento realizado para o Fórum Econômico Mundial, em 2003, sobre a eficiência dos sistemas tributários dos países, o Brasil tenha ficado na centésima primeira posição, entre os cento e dois países pesquisados – A eficiência do sistema tributário – uma questão de busca de justiça com proteção da segurança jurídica, **Revista Direito Tributário Atual**, n. 20, p. 253-254.

Cristiano Carvalho, com base no relatório "*Doing Business 2006*", do Banco Mundial, sublinha que, segundo o relatório, além de o Brasil possuir uma das maiores cargas tributárias sobre a receita – perdendo apenas para Burundi e Sierra Leoa –, "*... nada menos do que 2.600 horas anuais são necessárias, em média, para que uma empresa cumpra com suas obrigações tributárias...*", elevando o Brasil ao topo do pódio no quesito grau de burocracia[819]. E, praticamente dez anos depois, em breve prefácio da obra de Eurico de Santi, registra: "*... e tem mantido tal posição, de forma invicta, há mais de uma década*"[820].

A complexidade, de um modo geral, causa insegurança nos contribuintes, obriga-os a realizar consideráveis gastos somente para poder atender às normas legais – os chamados "custos de conformidade" – mina

[819] Os relatórios do projeto "*Doing Business*", conduzido pelo Banco Mundial, estão disponíveis no sítio eletrônico < http://portugues.doingbusiness.org/>, acesso em: 30.04.2020.
[820] Kafka e o Sistema Tributário Brasileiro: Uma Visão pela Perspectiva da Economia, *in* Eurico de Santi, **Kafka, Alienação e Deformidade da Legalidade. Exercício do Controle Social rumo à Cidadania Fiscal**, p. 64. Diante desse panorama, veja-se o diagnóstico de Carvalho: "*Considerando os mais de 5.500 municípios, 27 Estados, e a União Federal, cada qual com os respectivos legislativos e executivos, somando-se a isso tribunais administrativos em todas as esferas, além dos tribunais de justiça e tribunais federais, e por fim, tribunais superiores, todos despejando incessantemente normas tributárias no sistema, não é de surpreender a complexidade irracional de nosso ordenamento, tampouco a imensa dificuldade do particular em conhecer, compreender e finalmente obedecer à legislação. Os custos de transação decorrentes sufocam o ambiente de negócios necessário ao desenvolvimento, e infelizmente as instituições jurídicas mostram-se pouco eficiente para reduzi-los*". Por último, vale registrar que, no prefácio, o autor também recorre às lições de BOBBIO sobre a passagem da estrutura à função para, em síntese, mostrar a relevância da conjugação de ambas no plano da teoria do direito: "*A teoria analítica mencionada por Eurico, que prefiro denominar 'linha estruturalista do Direito' – cuja essência resume-se, em meu sentir, a uma teoria da norma jurídica –, fornece ferramental poderoso para compreender e deslindar as estruturas internas do sistema jurídico: norma, fato e relação. Todavia, trata-se de um bom ponto de partida, mas que penso não ser suficiente, em si mesmo, para chegar a destinos que importam. Em outras palavras, conhecer a arquitetura do arcabouço jurídico não fornece as respostas mais importantes para todos aqueles que são afetados pelos comandos normativos, sejam operadores do direito, sejam os cidadãos, empresas e organizações. É preciso ir além: investigar 'para que serve' o sistema jurídico, ou seja, qual é a sua finalidade, o seu propósito*" – *ibidem*, p. 57.

sua confiança e, por consequência, põe em xeque a credibilidade do sistema (Paulo Victor Vieira da ROCHA[821]).

Sob a óptica do Estado, em razão da "... *rápida e automática multiplicação das relações jurídico-tributárias ... a praticabilidade encontra nelas campo fértil para disseminar amplamente seus efeitos*", preconizando a necessidade de simplificação do sistema tributário[822]. Apesar da necessidade de as leis tributárias terem de ser aplicadas em massa, o Estado não possui, por vezes, condições de analisar, caso a caso, a capacidade contributiva de cada um dos indivíduos. Isso se **agrava** no contexto do propalado "estado de necessidade administrativo", resultado da carência de recursos técnicos e humanos para aferir a riqueza e apurar quanto cada indivíduo deve recolher.

Misabel DERZI reproduz os motivos, apontados por Josef ISENSEE, que levam a esse "estado de necessidade administrativo": a supercomplexidade do sistema tributário; a falta de praticabilidade da lei fiscal, que às vezes institui tributo cujo custo de arrecadação é desproporcional à quantia passível de ser arrecadada; a inadequação da concepção legal de um processo e de um procedimento, pensados, antes, para a aplicação

[821] "*O resumo dos problemas causados pela complexidade do sistema tributário é: aumento dos custos de conformidade (compliance burdens); crescente subjetivismo do direito tributário; encorajamento à evasão, que, por sua vez, mina a confiança pública e a credibilidade no sistema. Ao final, o sistema tributário perde apoio de todos os segmentos da sociedade, ricos e pobres, direita e esquerda*" – **Substituição Tributária**..., *op. cit.*, p. 188.

[822] Regina COSTA, **Praticabilidade**..., *op. cit.*, p. 89. No mesmo sentido, Misabel DERZI: "*A principal razão dessa acentuada expressão da praticidade, já o dissemos, reside no fato de que o Direito Tributário enseja aplicação em massa de suas normas, a cargo da Adminsitração, ex officio, e de forma contínua ou fiscalização em massa de aplicação dessas normas (nas hipóteses de tributos lançados por homologação). É preciso considerar exatamente as esquematizações, abstrações e generalizações (tipificações em sentido impróprio e conceitualizações) que a norma inferior, ao executar a superior, em nome da praticidade, faz ou pode fazer. Por essa razão, exatamente no Direito Tributário, onde compete a órgão estatal executar a norma em massa ou fiscalizar a sua execução, é que se coloca de forma mais aguda a questão da praticidade e de seus limites*" – A Praticidade, a Substituição..., *op. cit.*, p. 264-265.

individual, e não em massa, das normas[823]; e, por fim, a falta de pessoal, do ponto de vista quantitativo e também técnico[824].

A investigação individualizada das circunstâncias específicas demandaria excessivo custo, energia e dinheiro do poder público. Inexistindo medidas voltadas a conferir praticabilidade tributária, surgiriam, como explica ÁVILA, problemas de coordenação, deliberação, custo e conhecimento: de coordenação, porque cada indivíduo exigiria um tratamento de acordo com as particularidades do seu caso; de deliberação, porque cada nova situação exigiria uma análise específica; de custo, porque a análise individualizada demandaria uma estrutura humana e física para as deliberações; e de conhecimento, porque, muitas vezes, os particulares podem apontar especificidades em suas situações concretas que talvez sequer devessem ser objeto de análise[825].

Nesse contexto, **a complexidade interfere diretamente na configuração da imposição tributária, com reflexos em matéria de sujeição passiva**. Refletindo sobre as técnicas de responsabilidade e as dificuldades de o Estado exigir o tributo exclusivamente do destinatário legal tributário, Arthur Ferreira Neto, em invejável síntese, argumenta que, diante de relações tão complexas entre o Estado e os particulares; tão plurais, no que se refere ao seu conteúdo; tão recorrentes, no que diz respeito à frequência com que ocorrem; e tão dispersas, no que atine à sua fragmentação; reconhece que "*... é irrazoável e até impraticável*" atribuir ao legislador um "*... dever cego e imponderável*" de editar normas jurídicas de

[823] Salvo melhor juízo, parece que essa realidade é também sentida no âmbito do processo civil e das lides em matéria tributária, que, embora possuam conotação fortemente coletiva, não possuem tratamento adequado nos diplomas processuais. Veja-se o comentário de James Marins a respeito das normas processuais do Novo Código de Processo Civil: "*... sentimos falta nesse novo regramento da tutela das lides coletivas, que continuam tendo sua aplicação construída a partir da interpretação conjunta de legislações extravagantes. Imagine-se que, muitas das ações coletivas em matéria tributária têm seu regramento determinado pelo Código de Defesa do Consumidor. De fato, como os estudos de processo civil permanecem atados a sua secular prioridade histórica, voltados que são para as lides meramente civis. Remanesce claro que os diplomas processuais impõem autênticos maus tratos às lides de Direito Público, sobretudo às tributárias, mesmo sabendo-se que assomam aos milhões em nossos Tribunais*" – Substituição Tributária..., *op. cit.*, p. 443.

[824] **Direito Tributário**..., *op. cit.*, p. 268.

[825] **Teoria da Igualdade**..., *op. cit.*, p. 82.

responsabilização tributária, buscando apenas imputar o dever de recolher o tributo com base na manifestação concreta de riqueza individual do sujeito que realizou o fato jurídico tributário[826].

Sendo a complexidade um mal a ser combatido, a simplicidade emerge como um bem a ser buscado. De tal modo é a necessidade de simplificação do sistema que, segundo Andrei Pitten VELLOSO, há um "... *amplíssimo e harmônico consenso...*" em torno da exortação da simplificação tributária, o que é justificado, desde que "... *ninguém pode defender racionalmente a complexidade do sistema tributário qual um fim a ser alcançado*"[827]. Resume TIPKE: "*Tax chaos é lamentado em toda parte nas democracias parlamentares ocidentais, tax simplification é reivindicada em toda a parte*"[828].

Eis o panorama em que surgiu e se aperfeiçoou o conceito de praticabilidade tributária.

5.3.2.2 O conceito e a natureza jurídica da praticabilidade tributária

Pouco estudada no direito brasileiro, até pouco tempo atrás, devem-se a Misabel DERZI os trabalhos pioneiros sobre a praticabilidade tributária no país, ainda na década de oitenta, com robusto amparo teórico absorvido da doutrina europeia, particularmente da alemã[829]. A praticabilidade foi tratada, primeiramente, na obra "*Direito Tributário, Direito Penal e Tipo*", e, depois, em artigos específicos, direta ou indiretamente[830]. Mais tarde, Regina Helena COSTA escreveu obra específica, e indispensável, sobre o tema, sendo, atualmente, nas palavras de José Roberto VIEIRA,

[826] Fundamentos Filosóficos..., *op. cit.*, p. 41.

[827] **O Princípio...**, *op. cit.*, p. 264.

[828] **Moral Tributária...**, *op. cit.*, p. 76.

[829] Vale registrar que DERZI considera a praticabilidade um conceito lógico-jurídico, isto é, um conceito da teoria geral do direito atemporal e não vinculado a um ordenamento particular, de sorte que as contribuições da doutrina estrangeira, ao menos nesse plano lógico, são apropriadas para a sua análise, à luz do direito brasileiro. A essa concepção, alinha-se Regina COSTA – **Praticabilidade...**, *op. cit.*, p. 53. Parece-nos, porém, que a razão, nesse ponto, está com Carlos Renato CUNHA, segundo o qual a praticabilidade é "... *típica categoria jurídico-positiva, conquanto sua noção possa ser calcada numa axiologia pré-jurídica*" – **O Simples...**, *op. cit.*, p. 183.

[830] Os numerosos trabalhos da jurista que tocam no tema da praticabilidade podem ser consultados na bibliografia do presente trabalho.

"*... a sua mais extensa teorizadora nacional...*"[831]. Ao trabalho dessas ilustres juristas, vale mencionar outros mais recentes, que vieram a enriquecer os estudos sobre a matéria, entre os quais destacamos a de Carlos Renato CUNHA, "*Praticabilidade Tributária: eficiência, segurança jurídica e igualdade sob uma perspectiva semiótica*"[832].

Regina Helena COSTA conceitua a praticabilidade tributária como um princípio limite-objetivo[833], princípio que se traduz na noção de que "*... as leis tributárias devem ser exequíveis, propiciando o atingimento dos fins de interesse público por ela objetivados...*", sendo esses fins públicos "*... o adequado cumprimento de seus comandos pelos administrados, de maneira simples e eficiente...*", além da arrecadação dos tributos; definindo-os como "*... o conjunto de técnicas que visam a viabilizar a adequada execução do ordenamento jurídico*". Para a autora, é um autêntico princípio, não uma regra, porque é dotado de elevado grau de generalidade e abstração, e contempla um valor fundamental para a sociedade: o de viabilizar a realização do interesse público, no campo tributário[834].

DERZI, a seu turno, sublinhando que a praticabilidade é um princípio que se encontra difuso no ordenamento, define-o como "*... todos os meios e*

[831] O IRPF e o Direito Fundamental à Igualdade: Um Tributo de Dupla Personalidade! *in* Paulo Gonet BRANCO, Liziane Angelotti MEIRA e Celso de Barros CORREIA NETO (coord.), **Tributação e Direitos Fundamentais conforme a Jurisprudência do STF e do STJ**, p. 184.

[832] Indicamos, aqui, além da de Carlos Renato CUNHA, as obras de Eduardo Morais da ROCHA, **Teoria Institucional da Praticabilidade Tributária**; Sergio Sydionir SAAD, **Simplificação e Praticabilidade no Direito Tributário**; e Paulo Victor Vieira da ROCHA, **Substituição Tributária e Proporcionalidade: entre capacidade contributiva e praticabilidade**, assim como **Teoria dos Direitos Fundamentais em Matéria Tributária: Restrições a Direitos do Contribuinte e Proporcionalidade**.

[833] O uso da expressão "princípio limite-objetivo" é extraída da obra de Paulo de Barros CARVALHO, que conceitua esses princípios como normas que fixam importantes critérios objetivos, passíveis de verificação pronta e imediata, como é o caso, no Direito Tributário, dos princípios da anterioridade ou da legalidade. Em contrapartida, os "princípios valores" são as normas impregnadas de valor que exercem influência sobre grandes porções do ordenamento jurídico, forçando o intérprete a ingressar no campo da axiologia. Para ver mais a respeito do tema, consulte-se CARVALHO, **Curso...**, *op. cit.*, p. 150-156.

[834] **Praticabilidade...**, *op. cit.*, p. 53, 388 e 390. No mesmo sentido, Sérgio Sydionir SAAD, **Simplificação e Praticabilidade no Direito Tributário**, p. 36.

técnicas utilizáveis com o objetivo de tornar simples e viável a execução das leis"[835]. Encontra-se implícito, nas normas constitucionais, segundo a autora; do que, aparentemente, discorda Humberto ÁVILA, para quem, no texto constitucional, dentre os princípios gerais do sistema tributário, não há "... *qualquer princípio contraposto ao da capacidade contributiva e relacionado à praticidade da Administração*"[836].

Eduardo Morais da ROCHA apresenta restrições à caracterização da praticabilidade como um princípio ou técnica. Para o magistrado mineiro, com espeque nas concepções teóricas institucionais de Maurice HAURIOU, a praticabilidade é um **mecanismo institucional** que serve à adequada e eficiente aplicação das regras jurídicas e dos princípios jurídicos[837]. Explica que tanto a praticabilidade quanto o direito objetivo, embora sejam instituições, são "coisas" que permanecem no mundo das ideias, porquanto não se personificam em uma instituição corporativa e, por isso, não chegam a integrar o mundo sensível. O direito precisa tomar de empréstimo a força institucionalizada dos poderes do Estado para propiciar a sua aplicação na comunidade. Daí porque o direito objetivo é uma instituição-coisa, e a praticabilidade, por ser um instrumento que possibilita a aplicação cogente do direito, é, por sua vez, uma instituição-instrumento ou uma subinstituição-coisa[838].

A essas formulações teóricas, ROCHA **agrega os elementos da confiança e da desconfiança**, por expressa influência de Niklas LUHMANN, os quais são objetivados no sistema jurídico. Os atores do sistema, por

[835] **Direito Tributário**..., *op. cit.*, p. 104.

[836] DERZI, A praticidade..., *op. cit.*, p. 264; ÁVILA, **Teoria da Igualdade**..., *op. cit.*, p. 86.

[837] Consoante o autor, para HAURIOU, uma instituição "... *é uma ideia ou obra que se realiza e é aceita juridicamente num determinado meio social*". Para realizá-la, os membros da comunidade devem se organizar em torno dela, por meio de órgãos de poderes organizados, manifestando-se por meio de um procedimento previamente estabelecido. As notas essenciais de toda instituição são, portanto, (i) uma ideia existente em um determinado grupo social; (ii) as manifestações de comunhão de vontade no grupo social acerca dessa ideia; (iii) um poder organizado para a consecução da ideia – **Teoria Institucional**..., *op. cit.*, p. 70.

[838] Trocando em miúdos, e usando os termos próprios das concepções teóricas apresentadas por Eduardo ROCHA, praticabilidade é a "... *subinstituição-coisa, que tem como desiderato servir racionalmente de meio para dar exequibilidade a outra instituição-coisa, no caso, à regra de direito e aos grandes princípios que a ela se sobrepõem*" – **Teoria Institucional**..., *op. cit.*, p. 421.

força desses elementos, operam com base em informações que não representam o total das informações úteis e necessárias, mas são instrumentos que reduzem as incertezas inerentes à complexidade sistêmica. Ambas, confiança e desconfiança, **reduzem a complexidade dos fenômenos sociais** mediante uma simplificação, com a diferença de que, em face da desconfiança, os instrumentos de simplificação são mais radicais do que aqueles baseados na confiança[839].

Outra proposta teórica é a de Paulo Victor Vieira da Rocha, que **considera a praticabilidade tributária um bem coletivo**: um estado de coisas necessário para que os fins fiscais possam ser atingidos, consistente na simplificação da atividade tributária, que pode, em certas ocasiões, **justificar a restrição a direitos fundamentais**. Em suas palavras: "*... a praticabilidade é um estado de coisas necessário à própria graduação dos impostos conforme a capacidade contributiva ... ela é um bem coletivo, mas de caráter instrumental*"[840].

A expressão praticabilidade tributária, a seu ver, pode ser encarada sob duas perspectivas, próximas, porém distintas: a praticabilidade enquanto técnica simplificadora ou "provedora de eficiência", que torna a apuração e a arrecadação mais prática, simples e eficiente, tanto sob a ótica dos contribuintes, quanto sob a da Administração; e a praticabilidade enquanto técnica "viabilizadora", que torna exequível o que, de outro modo, seria impossível ou extremamente oneroso para a administração[841].

[839] É o que afirma expressamente Misabel Derzi: "*... Quando a praticidade está inspirada pela desconfiança sistêmica (um desvalor), obtém-se também, como ensinou NIKLAS LUHMANN, simplificação e simplificação mais radical*" – Sobre Confiança e Desconfianças Sistêmicas, Federalismo e Conflitos de Competência, *in* Misabel Abreu Machado DERZI (coord.), **Competência Tributária**, p. 71.

[840] **Teoria dos Direitos**..., *op. cit.*, p. 304. Andrei Velloso, ao que parece, compartilha desse entendimento, ao asseverar que a simplificação é, fundamentalmente, um fim coletivo, de utilidade coletiva – **O Princípio**..., *op. cit.*, p. 79-80.

[841] **Teoria dos Direitos**..., *op. cit.*, p. 309-315. A praticabilidade "provedora de eficiência", cumpre registrar, desdobrar-se-ia em outras duas ópticas, a dos contribuintes e a da Administração: para os contribuintes, significa a redução das obrigações acessórias e da dificuldade de apuração do tributo a ser pago; e, para a Administração, uma relação entre a quantia a ser arrecadada com o tributo e o custo necessário para essa arrecadação, que será suportado por todos.

Carlos Renato CUNHA, por sua vez, faz um levantamento minucioso das diversas concepções doutrinárias acerca da natureza da praticabilidade tributária, acrescentando, logo depois, o seu ponto de vista, baseado em uma perspectiva semiótica, segundo a qual a praticabilidade tributária é uma "... ***série de técnicas de aplicação/criação de normas tributárias pelo Estado em suas funções legislativa e administrativa, com a finalidade de maior eficiência procedimental sob a óptica estatal, em cotejo com o modo de aplicação padrão das normas tributárias fixado segundo o posicionamento majoritário da doutrina***"[842].

Talvez a melhor maneira de explicar tal compreensão seja recorrer à didática metáfora cunhada pelo próprio autor: a "língua" do direito positivo, tal como qualquer outra, possui uma forma **culta**, "*a esperada, a completa, a de mais rico vocabulário e a mais correta gramaticalmente*", aos olhos dos "gramáticos" da doutrina. Esse modo "padrão" de aplicação normativa tributária é gravado por três características essenciais: a Avocação ("*a estrita divisão de funções entre os órgãos estatais*"), a Individualização ("*a mais completa individualização na aplicação normativa*") e a Analiticidade ("***observância de etapas e estruturas completas*** *na positivação do direito*")[843].

Nesse sentido, a praticabilidade, em contraposição àquela forma de falar culta, corresponderia ao modo **coloquial**, ao "... *uso vulgar da língua que, ainda que seja expressão do mesmo idioma jurídico, é cheio de gírias, elipses, sotaques, vocabulário empobrecido...*". É uma forma de aplicação/criação do direito, mais eficiente do que o padrão em virtude da simplificação[844].

De todo modo, o que **parece indisputável** acerca da praticabilidade tributária, independentemente da concepção adotada, **é a sua natureza instrumental.**

Com efeito, conquanto possua uma dimensão constitucional, ela não é um postulado jurídico-constitucional autônomo, mas um princípio técnico, um instrumento de **implementação de outros princípios constitucionais**, de onde extrai a sua força jurídica[845]. É "... *função secundária...*",

[842] **Praticabilidade...**, *op. cit.*, p. 273.
[843] *Ibidem*, p. 249-250 e 283-285.
[844] *Ibidem*, p. 249-250.
[845] VELLOSO, **O Princípio...**, *op. cit.*, p. 264.

mera "... *técnica de perseguição...*" de outras finalidades constitucionais[846]. Enquanto figura de natureza técnica, não pode ser colocada "... *no mesmo patamar dos princípios éticos...*"[847].

5.3.2.3 As técnicas de praticabilidade tributária

As técnicas de praticabilidade tributária, observa Regina Helena Costa, estão localizadas, de maneira mais frequente e significativa, nos critérios material, pessoal e quantitativo "... *da hipótese de incidência tributária*" – afirmação a que faríamos apenas uma simples retificação, para melhor exprimir o pensamento da ilustre autora, qual seja, a de que se localizam naqueles critérios da norma de incidência tributária, não apenas da hipótese.

Segundo a Autora, entre os instrumentos que viabilizam a praticabilidade, estão as abstrações generalizantes, que englobam as presunções, ficções e indícios, bem como os conceitos jurídicos indeterminados, cláusulas gerais, normas em branco e normas de simplificação. Além dessas abstrações, a elas se somam outros expedientes, tais como "... *a analogia, as técnicas de privatização da gestão tributária e os meios alternativos de solução de conflitos tributários*"[848]. Para Velloso, os quatro institutos fundamentais da simplificação são as tipificações, estimativas genéricas, presunções e ficções[849].

Carlos Renato Cunha, com maestria, cuidou de organizar, de forma didática, as técnicas da praticabilidade tributária. A seu ver, a classificação pode ser feita de acordo com os **três modos** pelos quais se materializam os efeitos desejados pelo aplicador para alcançar a eficiência procedimental do ponto de vista do Estado: a **Delegação**, a **Sintetização** e a **Generalização**. Cada um deles se contrapõe àquelas características essenciais do

[846] Ferreira Neto, Fundamentos Filosóficos..., *op. cit.*, p. 46.

[847] Regina Helena Costa, **Praticabilidade**..., *op. cit.*, p. 390.

[848] *Ibidem*, p. 158-159. Regina Costa apresenta como exemplo de privatização da gestão tributária o lançamento por homologação, mas não a substituição tributária, que qualifica como norma simplificadora. As categorias, reunidas sob o signo da praticabilidade, não são estanques, de modo que não há problema em reconhecer a substituição, simultaneamente, como uma técnica de privatização da gestão e como uma norma simplificadora.

[849] **O Princípio**..., *op. cit.*, p. 269.

modo padrão de criação/aplicação das normas tributárias mencionadas no tópico anterior (Avocação, Analiticidade e Individualização)[850].

A Delegação, ao atribuir a um terceiro (outro poder estatal, autoridade ou particular) a decisão ou a execução de um ato que caberia à autoridade delegante, opõe-se à Avocação. Entre as subclasses da Delegação, está a Terceirização, entendida como a transferência a terceiros da expedição de normas individuais e concretas que, no modo padrão de aplicação normativa, incumbiriam ao Estado. Quando essa transferência é feita a particulares, é possível identificar aí um subconjunto ainda mais restrito, denominado de Privatização[851]. Nele se encontram alguns dos "*modelos de transferência de responsabilidade tributária*", ao qual aludimos no início do trabalho[852].

A Sintetização, por sua vez, por serem "*abreviações ou resumos de aplicação normativa*" tanto no *iter* de positivação, quanto em relação à estrutura da norma jurídica, contrapõem-se à Analiticidade[853]. Quando há um resumo do procedimento de aplicação (envolvendo duas ou mais normas, portanto) e as normas se aglutinam a tal ponto que não são mais individualizáveis da perspectiva de sua aplicação, dando ensejo a um deslocamento sintático, está-se diante de uma Simplificação. Nesses casos, a aglutinação é identificada não por uma análise sintático-semântica, mas sim semântico-pragmática, "*... que leve em consideração o ato de aplicação da norma superior, tendo em vista um entimema normativo que deixa marcas na norma-produto*"[854]. Aqui, parece-nos, enquadram-se a interação da norma-padrão de incidência tributária com as normas de responsabilidade (v. tópico 3.3.2 e 3.3.3); e, mais especificamente, o fenômeno da substituição tributária, segundo a concepção teórica apresentada no tópico 4.2.4.3.3.

Por fim, a Generalização, ao buscar a padronização, em detrimento da situação individual, contrapõe-se à Individualização. As generalizações podem estar inseridas em normas abstratas (a Desconsideração). Nessas circunstâncias, se o indício fizer presumir a ocorrência da hipótese nor-

[850] **Praticabilidade...**, *op. cit.*, p. 291-351.

[851] *Ibidem*, p. 302.

[852] Conforme nota de rodapé n. 2.

[853] **Praticabilidade...**, *op. cit.*, p. 346-347.

[854] *Ibidem*, p. 348-349.

mativa, será uma Abstração; se o indício fizer presumir o valor a ser pago, será uma Padronização[855]. Mais uma vez, são categorias úteis para o presente trabalho, visto que, na substituição tributária "para frente", tanto a hipótese quanto a base de cálculo estão calcadas em presunções.

A padronização, como se sabe, **caracteriza-se por estabelecer um padrão médio** das ocorrências tributárias, de acordo com os tipos mais frequentes, desconsiderando particularidades ou singularidades dos casos individuais, "*... em busca, invariavelmente, de* ***uma 'normalidade média'***"[856]. Ela deve estar o mais próximo possível da realidade, para a generalidade dos contribuintes, ainda que não forneça a medida exata da riqueza[857].

Ao realizar a tipificação, o legislador estabelece presunções. Discute a doutrina sobre a natureza dessas presunções e a admissibilidade ou não de presunções absolutas e ficções em matéria tributária, especialmente no que tange à instituição de obrigações tributárias.

Doutrina de escol é assertiva no sentido de **repudiar as presunções absolutas e as ficções nas padronizações relativas à obrigação tributária**. As únicas presunções admissíveis, nesses casos, são as relativas ("*iuris tantum*") – sem prejuízo, mesmo nesse caso, da observância do devido processo legal e do direito de defesa – sob pena de amesquinhamento de direitos fundamentais do contribuinte, mormente o da legalidade e o de ser tributado conforme a medida de sua capacidade contributiva[858].

Ávila, Velloso e Casalta Nabais, a seu turno, mostram-se tendentes a aceitar que o padrão seja tomado como definitivo, desde que obedeci-

[855] *Ibidem*, p. 327-345.
[856] Vieira, O IRPF..., *op. cit.*, p. 185-186.
[857] Humberto Ávila, **Teoria da Igualdade**..., *op. cit.*, p. 82 e 95. Consequentemente, a fixação da planta genérica de valores deve estar amparada em real e séria pesquisa dos preços dos imóveis no mercado imobiliário; as pautas de valores devem refletir os preços praticados no mercado; as tabelas de preços dos veículos, para a cobrança de IPVA, deve refletir a realidade dos valores dentro do Estado; a base de cálculo presumida da substituição tributária e a fixação das margens de valor agregado devem ser apuradas em pesquisa realizada junto ao respectivo setor.
[858] Derzi, Praticidade..., op. cit., p. 275; Costa, **Praticabilidade**..., *op. cit.*, p. 218; Vieira, O IRPF..., *op. cit.*, p. 187; Tomé, **A Prova no Direito Tributário**, p. 160-166. No mesmo sentido, Maria Rita Ferragut, **Presunções no Direito Tributário**, p. 88.

dos rígidos pressupostos: o tipo criado deve guardar estrita consonância com a generalidade e normalidade dos casos, de modo que as diferenças não sejam significativas. Para harmonizar as tensões geradas entre a capacidade real do contribuinte e o padrão, o legislador poderia, segundo VELLOSO, autorizar o cidadão a poder provar o contrário, ou, em atitude menos flexível, autorizar que o aplicador faça uso de juízos de equidade, cabível quando há sacrifícios graves a direitos subjetivos dos contribuintes. Ambas as medidas, no entanto, representariam um sacrifício à praticabilidade, de acordo com o jurista do Rio Grande do Sul[859].

Já ÁVILA, além dos rigorosos pressupostos que identifica para a consideração definitiva do padrão, reconhece que este **poderá ser mais ou menos flexível, a depender dos valores por ele promovidos**. Melhor explicando: se o padrão estiver relacionado a despesas com a saúde de uma pessoa física, então ele é menos resistente, porque, diante de um caso concreto, o padrão é mais suscetível a uma flexibilização, admitindo a dedução das despesas que estejam em dissonância com a média dos casos. Entretanto, se o padrão for relativo, todavia, a questões de cunho estritamente econômico, ele será mais rígido, menos passível de alterações, em casos concretos[860].

Enfim, Carlos Renato CUNHA entende que tanto a Abstração quanto a Padronização "*... podem ser veiculadas com o uso de presunções absolutas ou relativas, ou seja, podem ser **monológicas** ou **dialógicas***"[861].

5.3.2.4 A praticabilidade e as funções estatais

A praticabilidade tributária afeta **tanto o Poder Legislativo** – porque a norma legal se utiliza de abstrações generalizantes, esquemas e conceitos – **quanto o Poder Executivo**, que se vale daqueles instrumentos para tornar "praticável" a realização das normas de hierarquia superior, em decorrência da massificação do Direito Tributário.

O Poder Legislativo e o Poder Executivo – este último, porém, somente quando expressamente autorizada pela lei, sob pena de manifesta incons-

[859] ÁVILA, **Teoria da Igualdade...**, *op. cit.*, p. 113-114; VELLOSO, **O Princípio...**, *op. cit.*, p. 269-273; Casalta NABAIS, **O Dever Fundamental...**, *op. cit.*, p. 623-625.

[860] **Teoria da Igualdade...**, *op. cit.*, p. 108-109.

[861] **Praticabilidade...**, *op. cit.*, p. 341 e 342.

titucionalidade – desde que demonstrada a necessidade de se recorrer ao uso de normas simplificadoras, poderão, por força da praticabilidade tributária, estabelecer padrões legais, tais como tabelas, pautas, plantas de valores *etc.*, para a fixação do "*quantum*" da obrigação tributária, harmonizando-se com os direitos e garantias fundamentais dos contribuintes.

Deve-se, porém, chamar especial atenção para **a aplicação do praticabilidade em relação aos atos jurisdicionais.** Regina Helena COSTA identifica seus rastros em categorias tais como a da instrumentalidade do processo, a da uniformização de jurisprudência e a da coisa julgada[862]. Merece especial atenção a relação entre a praticabilidade e o Poder Judiciário, porque, em tempos em que pululam técnicas de precedentes, recursos com repercussão geral, súmulas vinculantes, para a solução de casos concretos, **a distorcida evocação da figura pode servir para que o Judiciário** – cujo papel, acima de tudo, é o de realizar a justiça no caso concreto – seja tentado a construir abstrações generalizantes e padronizantes próprias, comportamento que significa, ao fim e ao cabo, **fugir à função constitucional outorgada ao Poder Judiciário.** Irrepreensível, nesse aspecto, o raciocínio de Misabel DERZI[863].

[862] **Praticabilidade**..., *op. cit.*, p. 67-76. Registre-se que Leonardo Sperb de PAOLA admite, igualmente, o uso de presunções absolutas e ficções no Direito Tributário, desde que haja o inequívoco respeito à discriminação constitucional de competências tributárias e, cumulativamente, o fato posto como base da presunção absoluta, na norma remissiva, seja índice de riqueza – **Presunções**..., *op. cit.*, p. 154-156.

[863] Sobre isso, Misabel DERZI manifestou-se, de passagem, em vários de seus artigos sobre a praticabilidade. O assunto, porém, é desenvolvido com mais vagar em texto de 2012, cujo primeiro tópico é justamente "*... a necessidade de se retomarem os estudos sobre praticidade ou praticabilidade, agora em face do Poder Judiciário*". A manifestação da ilustre jurista merece integral reprodução: "*Cabe ao Legislador a autotributação, o autoconsentimento ao pagamento dos tributos, a justiça geral (por todos e para todos), sem corporativismos e privilégios. Mas ao Poder Judiciário cabe pacificar os conflitos, por meio da distribuição da justiça individual, caso a caso. Não pode o Poder Judiciário recusar-se a examinar o caso concreto, na suposição de que o administrador ou o legislador tenham tipificado razoavelmente pela média ou segundo os casos mais frequentes. Utilizar-se o Poder Judiciário de presunções, tipificações convertidas em súmulas (vinculantes ou não) para evitar uma série de demandas e, com isso, reduzir os casos em juízo, é fugir à função constitucional que lhe foi outorgada. Na praticidade, prevalece o quantitativo sobre a qualidade*" – A Praticidade e o Papel Institucional do Poder Judiciário. A Separação dos Poderes em Jogo, *in* Eduardo MANEIRA

5.3.3 A substituição tributária é medida de simplificação, amparada na praticabilidade tributária

São muitos os exemplos de técnicas simplificadoras, no âmbito do Direito Tributário: o lançamento por estimativa, o lançamento por homologação, as tabelas de valores de imóveis urbanos, as pautas fiscais e, especialmente caro a esse estudo, a substituição tributária[864]. Nesse contexto, "*... **a praticabilidade transparece, claramente, nas figuras de substituição tributária***" (grifos nossos), assevera Regina Helena Costa[865].

Note-se que isso vale não somente para a modalidade de substituição tributária por "fato gerador" presumido – que, aos olhos da professora paulista, inclusive, é um exemplo de inadequada aplicação da praticabilidade tributária[866] – mas, inclusive, para as demais modalidades de substituição.

A ilustre magistrada destaca que a retenção de tributo pela fonte pagadora, bem como a do tomador de serviço, "*... constitui expediente de praticabilidade tributária*", tal qual o diferimento, hipótese, a seu ver, de substituição tributária regressiva, considerada um "*... legítimo mecanismo de simplificação tributária*"[867].

Semelhante é a posição de Eduardo Morais da Rocha, que vê a substituição tributária como exemplo que decorre da praticabilidade, com a diferença de que a substituição regressiva e a substituição convencional, na forma de retenção na fonte, são encaradas como situações em que **o Estado confia no contribuinte**, para potencializar os efeitos da praticabilidade, enquanto **a substituição progressiva é compreendida como uma manifestação de desconfiança no sistema**, porque tolhe a mani-

e Heleno Taveira Torres (coord.), **Direito Tributário e a Constituição: Homenagem ao Professor Sacha Calmon Navarro Coêlho**, p. 611.

[864] Derzi, **Direito Tributário**..., *op. cit.*, p. 259-260; Derzi, A Praticidade..., *op. cit.*, p. 601-602.

[865] **Praticabilidade**..., *op. cit.*, p. 159.

[866] *Ibidem*, p. 280-285. No entender de Costa, a substituição tributária "para frente" é uma inadequada aplicação da praticabilidade tributária, porque ela se justifica até um limite, mas é incapaz de "*... afastar por completo a aplicação de princípios de maior quilate, como são os da segurança jurídica, da verdade material e da capacidade contributiva*" – *ibidem*, p. 283.

[867] *Ibidem*, p. 268-269.

festação de vontade do contribuinte, o qual é obrigado a acatar, salvo em hipóteses excepcionais, a imposição de um "fato gerador" presumido[868].

À luz da classificação das técnicas de praticabilidade tributária feita por Carlos Renato CUNHA, parece indisputável a afirmação de que a substituição tributária é exemplo de Privatização, de Simplificação e de Desconsideração[869].

Com efeito, por meio da substituição tributária "convencional" e a "para trás", o legislador transfere a um particular uma carga de deveres que incumbiriam ao Estado e, além disso, promove a alteração do polo passivo da relação jurídica tributária "normal" ou "ordinária", com o fito de promover a simplificação da atividade tributária, havendo necessidade de decompor o fenômeno para visualizar ali a aglutinação normativa. Na substituição "para frente", agrega-se, ademais, a utilização de presunções na construção da hipótese tributária e da base de cálculo[870].

Talvez por isso é que, dentre as modalidades de substituição, a que é associada, com mais frequência, à ideia de praticabilidade, é a progressiva ou "para frente". Paulo Roberto Coimbra SILVA vê a implantação do regime de substituição tributária progressiva, nos impostos plurifásicos, como "*... prestígio ao princípio da praticidade fiscal*"[871]; Eduardo MANEIRA assevera que "*... a substituição tributária é um exemplo cabal de praticidade tributária*"[872]; Paulo Victor Vieira da ROCHA pondera que, no regime da

[868] **Teoria Institucional**..., *op. cit.*, p. 128-137; 159-163; 176-181.

[869] Vide tópico 5.3.2.3.

[870] "*Para os fins do presente trabalho, consideramos que* [a substituição tributária progressiva] *se trata de caso que envolve duas técnicas de praticabilidade: a Sintetização por Abreviação (Contração), em que normas jurídicas diversas são aglutinadas sem a possibilidade de decomposição a posteriori, em que 'o ciclo de positivação é alterado', havendo claro deslocamento da sujeição passiva (um deslocamento sintático); e as Generalizações por Desconsideração (Abstração), pela existência do 'fato gerador presumido', antes mesmo de sua ocorrência e por Padronização, em relação ao cálculo presumido de sua quantificação, nesse último caso com o uso das pautas que analisamos anteriormente. Ou seja, há, a nosso ver, duas presunções no caso: a do fato gerador e a da base de cálculo*" – **Praticabilidade**..., *op. cit.*, p. 611-612. Na realidade, acreditamos que, em vez de "*Sintetização por Abreviação (Contração)*", CUNHA pretendia fazer referência à "*Sintetização por Sumarização (Simplificação)*", tendo em conta a classificação feita pelo autor em seu trabalho.

[871] **Substituição**..., *op. cit.*, p. 121.

[872] O Princípio da Praticidade no Direito Tributário, **Revista Internacional de Direito Tributário**, n. 2, p. 64.

tributação por "fato gerador" presumido, a função justificadora do afastamento da capacidade contributiva individual é a praticabilidade da tributação[873]; enfim, serve para realizar o Princípio da Praticidade, segundo Misabel DERZI e Fernando Aurelio ZILVETI[874].

Em todas as modalidades, o Estado, dada **a impossibilidade** de, em determinadas circunstâncias, **promover a fiscalização de todos os contribuintes** – especialmente quando são muitos e, geralmente, em situação de informalidade – viabiliza, graças à substituição tributária, **a redução do universo de sujeitos** submetidos à fiscalização e, assim, o poder de concentrar-se sobre aqueles que dispõem de capacidade e estrutura para cumprir o dever de recolher o tributo, assegura a aplicação efetiva da generalidade tributária.

Assentindo, dessa forma, com a observação de Andrei Pitten VELLOSO e de Humberto ÁVILA, as normas de substituição tributária, no Brasil, estão inseridas no gênero das normas de simplificação tributária[875].

Consoante destaca Leonardo Sperb de PAOLA, na substituição tributária convencional, não há um fenômeno de presunção ou ficção, mas sim a existência da conjugação normativa, que pressupõe uma relação entre o destinatário legal tributário e o substituto, sobre a qual discorremos no capítulo anterior[876]. Nem por isso, entretanto, a norma de substituição deixa de ser considerada uma norma com finalidade simplificadora.

A substituição tributária progressiva ou "para frente", vale notar, congrega mais de uma técnica de praticabilidade, pois envolve (i) uma presunção de que um fato se irá realizar no futuro; (ii) uma padronização, mediante a fixação de uma margem de valor agregado, a partir dos valores médios de mercado das operações; (iii) uma antecipação do momento natural em que o tributo deveria ser efetivamente exigido; (iv) e a atribuição do dever de recolhimento a um terceiro, o substituto, que não

[873] **Substituição...**, *op. cit.*, p. 171.

[874] Notas de Atualização, *in* Aliomar BALEEIRO, **Direito Tributário...**, *op. cit.*, p. 1138; Fernando Aurelio ZILVETI, **Princípios de Direito Tributário e a Capacidade Contributiva**, p. 319.

[875] VELLOSO, **Constituição Tributária...**, *op. cit.*, p. 205; ÁVILA, Substituição Tributária e Base..., *op. cit.*, p. 172.

[876] Sperb de PAOLA, **Presunções e Ficções...**, *op. cit.*, p. 128. Consulte-se o item 4.2.4.3.3.

é o sujeito que naturalmente defluiria da realização do fato jurídico tributário[877].

Enfim, os regimes de substituição tributária são exemplos de praticabilidade porque **representam um desvio do regime ordinário de tributação**, ligando-se à finalidade de simplificação da atividade tributária.

5.4 A relação entre a praticabilidade tributária, os demais fins no Direito e a substituição tributária

5.4.1 As medidas de simplificação são instrumentais

Frisamos, nos tópicos iniciais do capítulo, que as normas de direito tributário possuem uma finalidade primordial, relativa à repartição igualitária do ônus tributário, e que tal finalidade é regida pelos critérios de justiça tributária, sobretudo o da capacidade contributiva. Há um verdadeiro direito fundamental dos contribuintes a serem tributados segundo a sua capacidade contributiva (HERRERA MOLINA[878]).

Na relação entre a capacidade contributiva e a extrafiscalidade, **a tensão entre os valores promovidos pelas normas, nesses casos, é patente**[879]. Em realidade, somente os fins de justiça interna ao Direito

[877] Segundo CUNHA, a substituição tributária progressiva envolve as seguintes técnicas de praticabilidade: Sintetização por Abreviação (Contração), em razão do deslocamento da sujeição passiva; e Generalizações por Desconsideração (Abstração e Padronização), tendo em vista que tanto a hipótese normativa quanto a base de cálculo são presumidas – **Praticabilidade**..., *op. cit.*, p. 610-611.

[878] ***Capacidad Economica***..., *op. cit.*, p. 73.

[879] Quanto à relação entre a extrafiscalidade e a capacidade contributiva, há posições que vão, de um extremo, aqueles que negam qualquer compatibilidade entre a capacidade contributiva e a extrafiscalidade, a outro extremo, os que veem uma harmonia entre ambas, como é o caso de Francesco MOSCHETTI, ***El Principio***..., *op. cit.*, p. 298; e, entre as posições extremas, manifestações doutrinárias que reconhecem a relação conflituosa e o parcial afastamento da capacidade contributiva, mas até certo limite. Sobre o tema, consulte-se VIEIRA, A extrafiscalidade..., *op. cit.*, p. 26-30; LEÃO, **Controle**..., *op. cit.*, p. 105-113. Martha LEÃO, após a apresentação do panorama sobre a relação entre a capacidade contributiva e a extrafiscalidade, adere à posição bem exposta por Marcelo PAPADOL, segundo a qual a extrafiscalidade acarreta uma atenuação do Princípio da Capacidade Contributiva, sem, no entanto, tocar em seu núcleo "... *essencial e inviolável*", sendo vedado ao legislador: (i)

Tributário "*... são totalmente destinados a alcançar a igualdade tributária*", observa Andrei VELLOSO; os demais "*... a afetam, restringem – e, por vezes, a violam*"[880]. Logo, **as medidas simplificadoras**, assim como as medidas indutoras ou extrafiscais em sentido estrito, **carregam em si o potencial de restringir o Princípio da Igualdade Tributária.**

Qualquer possível restrição à igualdade tributária deve ser submetida a rigoroso escrutínio, a fim de verificar se, juridicamente, isso é tolerável.

Nesse sentido, o primeiro passo para apurar eventual violação à igualdade é identificar se a finalidade, que sustenta o tratamento em desconformidade com a capacidade contributiva, tem amparo constitucional. O trato diferençado, em desarmonia com a igualdade individual, é tolerado somente quando "*... destinado a assegurar a realização (o catalisar a realização) de um fim prestigiado pelo ordenamento jurídico*"[881]. A falta de controle da finalidade, alerta Humberto ÁVILA, "*... torna extremamente vulnerável a efetividade da igualdade*"[882]. A relevância da análise da finalidade está em que, "*... sendo diferente a justificativa da distinção, serão diversos os bens jurídicos que serão restringidos e, por implicação, também serão diferentes as regras e os princípios que os irão resguardar*" (LEÃO)[883].

André Parmo FOLLONI, invocando o confiável ensinamento de Tércio Sampaio FERRAZ JÚNIOR, apontou, no que tange à extrafiscalidade, que "*... não apenas o meio (legalidade), mas o fim (finalidade) é importante para a verificação da possibilidade ou não de invalidação de uma norma (ou um ato administrativo)*" [884]. **O mesmo raciocínio, parece-nos, cabe para as medidas de simplificação.**

eleger "fato gerador" não demonstrativo de riqueza; (ii) valer-se de medida extrafiscal confiscatória; (iii) subverter completamente a lógica da capacidade contributiva, tributando de forma mais gravosa quem possui menor capacidade de contribuição – Um passo adiante: contributo para a compreensão do controle das medidas tributárias extrafiscais e do papel desempenhado pela capacidade contributiva neste contexto, *in* Humberto ÁVILA (org.), **Fundamentos do Direito Tributário**, p. 295-296.

880 **O Princípio...**, *op. cit.*, p. 145.

881 Marcel PAPADOL, Um passo adiante..., *op. cit.*, p. 287.

882 **Teoria da Igualdade...**, *op. cit.*, p. 73.

883 **Controle...**, *op. cit.*, p. 97.

884 FOLLONI, **Tributação Sobre o Comércio Exterior**, p. 35. Tércio Sampaio FERRAZ JÚNIOR leciona que uma norma pode imunizar a outra contra as reações de seu destinatário

No que concerne às normas de simplificação que afetam a matéria de sujeição passiva tributária, Arthur Ferreira Neto bem observa que a boa compreensão das técnicas de responsabilidade "... *exige uma análise dos distintos fins materiais que pretendem ser promovidos por meio da adoção de tais instrumentos de imputação*"[885]. Considerando que a praticabilidade é instrumental, servindo à promoção de outros fins, **cabe perquirir qual é a finalidade da substituição tributária.**

5.4.2 As finalidades a serem alcançadas por meio da substituição tributária

5.4.2.1 Introdução

Para que serve, então, o mecanismo da substituição tributária?

A indagação recebe as mais diferentes respostas da ciência tributária: o substituto existe para "... *facilitar la mejor consecución de la principal finalidade para la cual el tributo es creado (llevar fondos al tesoro público)*", afirma Villegas[886]; a responsabilidade por substituição se justifica pela "... *necessidade ou interesse da arrecadação*", argumenta Rubens Gomes de Sousa[887]; destina-se a, de acordo com a manifestação do Supremo Tribunal Fede-

ou endereçado mediante duas técnicas distintas de imunização do discurso normativo: a técnica que disciplina a edição e a técnica que delimita o relato. Naquela, a norma estabelece as condições em que uma decisão deve ocorrer, e aquele que decide é responsável pelo correto emprego dos meios; nesta, a decisão é programada estabelecendo os fins, liberando àquele que decide a escolha dos meios para alcançá-los, vinculando-se aos fins programados. Apesar da distinção, Ferraz Júnior pondera que, da sua exposição, "... *parece decorrer que elas são empregadas separadamente, quando, na verdade, elas são utilizadas concomitantemente*" – **Teoria da Norma Jurídica: Ensaio de Pragmática da Comunicação Normativa**, p. 112. As mesmas ideias sobre os modos de validação do direito – sendo o conceito de "validação" redefinido, aqui, em termos pragmáticos, isto é, pertinentes às interações entre o emissor e o receptor das normas – são trabalhadas pelo ilustre professor, em artigo sob o título "*A Relação Meio/Fim na Teoria Geral do Direito Administrativo*" – **Revista de Direito Público**, n. 61, p. 27-33.

[885] Fundamentos Filosóficos..., *op. cit.*, p. 27.

[886] ***Curso***..., *op. cit.*, p. 261.

[887] Sujeito Passivo..., *op. cit.* p. 349.

ral, propiciar "*... maior comodidade, economia, eficiência e celeridade às atividades de tributação e arrecadação*"[888].

Como se vê, há mais de uma resposta dada pela doutrina e pela jurisprudência à questão. Por isso, analisemos as razões invocadas com maior frequência para sustentar a aplicação dessa figura tributária, com o fito de identificar o fim, ou os fins, buscados por essa técnica e avaliar **quais, efetivamente, gozam de amparo constitucional**.

5.4.2.2 Substituição tributária e comodidade, conveniência ou interesse fiscal

Na ementa do acórdão da lavra do Ministro Ilmar Galvão, do Supremo Tribunal Federal, que teve por constitucional a adoção da técnica de tributação por "fato gerador" presumido, o argumento acolhido pela maioria dos ministros é o de que a técnica propiciaria "*... maior comodidade, economia, eficiência e celeridade às atividades de tributação e arrecadação*", consoante frisado no subitem 5.4.2.1.

Em boas obras doutrinárias, a manifestação não discrepa desse entendimento: a comodidade da Administração, como indica Zelmo Denari[889]; a conveniência do mecanismo para o ente tributante (Hugo Funaro)[890]; ou o seu interesse (Rubens Gomes de Sousa)[891]; são indicadas como as razões que conferem legitimidade à substituição tributária. **Não concordamos com a assertiva**.

Apesar de a substituição poder gerar uma comodidade, ser conveniente ou atender ao interesse da Administração, **nenhuma dessas razões pode justificar a técnica**. Em verdade, soa **incômoda** a repetida menção a elas, porquanto tais conceitos, no contexto histórico brasileiro, em que há uma inegável desconfiança entre a sociedade e o Estado, evo-

[888] Ação Direta de Inconstitucionalidade n. 1851/AL, Relator Ministro Ilmar Galvão, Tribunal Pleno, publicado no Diário da Justiça (DJ) em 22.11.2002. Fonte: Supremo Tribunal Federal (www.stf.jus.br). Acesso em: 20.12.2016.

[889] **Curso de Direito...**, *op. cit.*, p. 209.

[890] Limites à Criação..., *op. cit.*, p. 591.

[891] **Compêndio...**, *op. cit.*, p. 92.

cam a atuação "extrativista" do Poder Público, na relação entre os particulares e a Administração[892].

Ora, o ente público, no bojo da relação jurídica tributária, **serve a um fim, não a uma vontade do ente personalizado**[893]. **O seu poder é funcionalizado**. Se o interesse, a conveniência ou a comodidade na implantação da técnica é feita exclusivamente em benefício do ente tri-

[892] Lembra Eurico de SANTI, fazendo remissão às ideias do economista Fernando REZENDE, o "princípio da comodidade tributária" que impera no cenário brasileiro: "*... embalado pelo movimento iniciado com as colônias de exploração, o Estado brasileiro tem, historicamente, retratado seu modelo fiscal extrativista apoiado no 'princípio' da comodidade tributária, que vem travestido nas diversas modalidades de obrigações acessórias e nas presunções que, considerado o onipotente agente arrecadador, servem a tais objetivos*" – **Kafka, Alienação**..., *op. cit.*, p. 355. Leonardo Sperb de PAOLA, a propósito, sugere o abandono do vocábulo "conveniência", quando se justifica o emprego de presunções e ficções no Direito Tributário, porque transmite uma ideia de favorecimento indevido ou abusivo do Fisco em face dos contribuintes. Melhor falar, segundo ele, em "*... estado de necessidade administrativo*" – **Presunções e Ficções**..., *op. cit.*, p. 102-103. De forma acertada, Paulo Victor Vieira da ROCHA verifica que o uso do termo "comodidade", no precedente do Supremo Tribunal Federal, que serviu de paradigma para o mecanismo da substituição tributária progressiva, sem maiores aprofundamentos de seu significado, fez com que a administração tributária se valesse do instrumento, sem se preocupar com o fato de estar ou não diante de real dificuldade ou impossibilidade de fiscalização e apuração do imposto. Segundo o professor amazonense, tal comodidade deve ser entendida em limites bem estreitos, em duas situações, apenas: quando um certo tributo, de outro modo, não seria praticável, isso é, não poderia ser "*... apurado, fiscalizado ou cobrado com níveis mínimos de eficácia, pondo em perigo a própria igualdade na aplicação da lei*"; e quando um tributo, em termos fácticos, ainda que passível de apuração, fiscalização e arrecadação, acabaria por gerar, nesse processo, "*... uma grande desproporção entre o montante arrecadado e o montante despendido indiretamente para tanto*", sob a óptica do contribuinte ou da Administração. Do ponto de vista do contribuinte, se ele tiver elevados custos para cumprir a prestação tributária, pode haver prejuízo, em última análise, à igualdade na repartição dos encargos. Do ponto de vista da administração, se ela tiver de despender muitos recursos para auferir proporcionalmente pouco, será afetada a eficiência econômica – **Teoria dos Direitos**..., *op. cit.*, p. 309-310.

[893] Nesse sentido, as palavras de José Augusto DELGADO: "*Não devemos esquecer que o tributo não é cobrado para atender os interesses e as necessidades do Estado. Ele tem destinação específica: é a de servir como instrumento concretizador da satisfação das exigências materiais e imateriais dos componentes da textura social, fortalecendo, assim, a expressão da cidadania e da valorização da dignidade humana em sua conceituação mais ampla*" – A Interpretação Contemporânea do Direito Tributário e os Princípios da Valorização da Dignidade Humana e da Cidadania, *in* Octavio Campos FISCHER (coord.), **Tributos e Direitos Fundamentais**, p. 156.

butante, então o poder outorgado deixa de ser exercido para realizar os direitos fundamentais indisponíveis e passa a submeter-se à vontade do ente estatal.

Se o cerne do dever-poder exercido pelo Estado é a realização da dignidade humana, em todas as suas dimensões, seria um paradoxo admitir a restrição a direito fundamental do contribuinte – o de ser tributado conforme a sua capacidade contributiva individual – sob o singelo fundamento de facilitar a cobrança e a arrecadação em favor da Administração Tributária, por uma questão de comodidade. É uma completa **subversão da lógica da dignidade,** que veda, sobretudo, a instrumentalização da pessoa[894].

A finalidade fiscal não pode ser tomada como a obtenção de recursos para o Estado, segundo a conveniência deste, porque tal finalidade "*... não concerne à divisão das cargas tributárias*"[895]. Quer dizer, se o fim almejado pelo Direito Tributário fosse arrecadar fundos para os cofres públicos, graves desigualdades na repartição do ônus seriam aceitas no sistema, porque estariam em conformidade com essa finalidade.

Por isso é que não concordamos com a assertiva de Marco Aurélio Greco, para quem a posição atribuída ao substituto "*... existe para o fim de o Fisco obter a arrecadação com maior agilidade e facilidade de controle (busca de simplificação)*"[896]. A substituição pode até gerar tais vantagens, mas o fim arrecadatório não justifica a instituição da substituição tributária.

[894] Ao tratar da substituição tributária, Becker invocava a lição de J. Haesaert para justificar o uso da técnica e o recurso à ficção para a sua implantação: "*A redução do homem a um nível de meio em vista de um fim estranho é evidente nas relações de direito público...*", ressaltava o jurista europeu. No original: "*Les hommes poursuivent leurs fins de trois manières: par leurs seuls moyens, par l'emploi de choses, par l'emploi d'autrui. Le juridique relève de ce dernier usage. La réduction de l'homme au rang de moyen em vue d'une fin étrangere est évidente dans les relations de droit public*" – J. Haesaert, ***Théorie Générale du Droit***, 1948, p. 111-114 – *apud* Becker, **Teoria Geral...**, *op. cit.*, p. 591. Todavia, a consideração do homem como um instrumento, para a realização de fins estatais, deve ser tomada com cautela, porquanto há o risco de transformá-lo, no fim das contas, em apenas um meio, a serviço daqueles interesses, em violação à máxima kantiana de que a pessoa é um fim, e nunca simplesmente um meio, máxima que continua sendo um dos elementos essenciais da dignidade – Sarmento, **Dignidade...**, *op. cit.*, p. 26.

[895] Velloso, **O Princípio...**, *op. cit.*, p. 143.

[896] **Substituição...**, *op. cit.*, p. 126.

5.4.2.3 Substituição tributária e eficiência

A técnica da substituição teria o propósito de servir à eficiência, como anota FUNARO, princípio que, inclusive, goza de "*status*" constitucional no ordenamento jurídico brasileiro (artigo 37, "*caput*")[897].

Segundo ÁVILA, a eficiência não é um estado de coisas a ser atingido – isto é, um princípio, na concepção do autor – mas, sim, uma metanorma, ou norma de segundo grau, que somente ganha sentido em relação a um outro objeto, que será alvo de sua regulação, estabelecendo se algo é eficiente "*...* ***em relação a, ou em alguma coisa***". Logo, as finalidades constitucionais impostas à Administração devem ser realizadas de forma eficiente. Nas palavras do jurista gaúcho, a eficiência "*... não cria poder, mas, apenas, calibra o exercício de um poder,* ***já previamente concedido***".

Ainda que se considerasse a eficiência um princípio autônomo, prossegue ÁVILA, essa mesma conclusão não se alteraria. É que os princípios não permitem a criação, por si só, de "poderes" sobre fatos. Os "poderes" são instituídos mediante regras de competência, que se orientam no sentido de realizar, em maior ou menor grau, os princípios, mas sempre dentro do "poder" criado pelas regras. Consequentemente, o dever de eficiência prescreve ao aplicador "*... a realização eficiente da igualdade* ***no âmbito do poder atribuído pela regra de competência*** *para a instituição do imposto*"[898].

De modo semelhante, Ricardo Lobo TORRES chama a eficiência de princípio de "justificação" ou "legitimação": ela carece de conteúdo material, tendo por objetivo "*... equilibrar e harmonizar os outros princípios constitucionais...*", com eficácia meramente instrumental, além de desempenhar relevante papel na atividade de aplicação das normas, naquela dimensão prática, de postulado aplicativo. Particularmente, para o professor carioca, a substituição tributária é instrumento de simplificação fiscal, que tem a aptidão para conduzir à maior eficiência do sistema[899].

Octavio Campos FISCHER, lembrando o contexto histórico da constitucionalização do Princípio da Eficiência, em que se pretendeu adotar

[897] **Sujeição Passiva...**, *op. cit.*, p. 78.
[898] **Teoria da Igualdade...**, *op. cit.*, p. 91-94.
[899] Princípio da Eficiência em Matéria Tributária, *in* Ives Gandra MARTINS (coord.), **Princípio da Eficiência em Matéria Tributária**, p. 69-70; 73; 75.

uma postura combativa à ineficiência e burocracia estatal, buscando uma espécie de "choque de gestão", faz muito bem em destacar que a eficiência pública não pode ser lida como se fosse um espelho da eficiência privada[900]. Aquela, apropriada para o propósito do lucro; esta, para a realização dos direitos fundamentais dos cidadãos. E, na mesma toada dos autores acima, defende que a eficiência existe para a consecução dos fins e valores do Direito. O que se deve, no Estado Democrático de Direito, é "*... realizar os fins e valores deste de forma eficiente*", predica. A eficiência, em sua faceta de economicidade – isto é, o de ser o mais produtivo possível, obtendo a maior quantidade de riqueza com o menor dispêndio de energia – **aproxima-se da praticidade**, legitimando as técnicas que propiciem uma arrecadação mais ágil e menos onerosa, tal qual a substituição tributária. Desde que, sublinha o magistrado paranaense, a opção não amesquinhe as garantias e os direitos dos contribuintes[901].

Resta cristalino, portanto, que **a eficiência pode ser associada à praticabilidade, no seu caráter instrumental e de promoção dos demais princípios e valores constitucionais.** Ela, a eficiência, serve à realização de outros valores e, à semelhança da praticabilidade, não pode ser alçada à condição de um fim em si mesmo.

5.4.2.4 Substituição tributária e livre concorrência

A livre concorrência é um dos princípios basilares da ordem econômica na Constituição, ao lado da livre iniciativa e dos demais princípios arrolados no artigo 170 do texto constitucional. O sentido da livre concorrência é conformado pelos demais princípios que constituem o fundamento da ordem econômica proposta pela Constituição de 1988, sendo consi-

[900] Sobre o princípio, v. Emerson GABARDO, **Princípio Constitucional da Eficiência Administrativa**, *passim*.

[901] Princípio da Eficiência em Matéria Tributária, *in* Ives Gandra MARTINS (coord.), **Princípio da Eficiência em Matéria Tributária**, p. 262-263; 265; 268. Vale destacar que Carlos Renato CUNHA entende que as técnicas de praticabilidade "*... são forma de cumprimento do Princípio da Eficiência*", isto é, tem "*a finalidade de maior eficiência procedimental sob a óptica estatal*" – **Praticabilidade...**, *op. cit.*, p. 272-273.

derada, por alguns, como **manifestação ou corolário da liberdade de iniciativa**[902].

Entende-se a livre concorrência como a possibilidade de os agentes atuarem criativamente no jogo do mercado livre, de terem o direito de atuar e de se manter no mercado (André ELALI[903]). Por conseguinte, o potencial de concorrer no mercado deve ser aberto a todos, consoante esclarece Tércio Sampaio FERRAZ JÚNIOR.

Do princípio, entretanto, explica o professor da USP, não se pode derivar a conclusão de que os agentes sejam igual e efetivamente livres, pois se reconhece a existência do poder econômico, que desiguala os agentes do mercado, e cujo abuso deve ser reprimido. A necessidade de adoção de medidas para combater o abuso do poder, preservar a livre concorrência e a livre iniciativa, justifica a presença do Estado regulador e fiscalizador no âmbito do livre mercado, com o objetivo de fomentar a competitividade[904].

A livre concorrência é uma vedação à barreira de acesso à concorrência, mas não se esgota aí o seu sentido, argumenta SCHOUERI: o princípio, juntamente com aqueles outros que integram a ordem econômica constitucional, **é um meio para assegurar a todos uma existência digna**, o que impede que o princípio seja compreendido como um fim em si mesmo[905].

Dentre os instrumentos de que dispõe o Estado para atuar na ordem econômica, particularmente para assegurar a livre concorrência, está a

[902] Eros Roberto GRAU, **A Ordem Econômica na Constituição de 1988**, p. 209. Aqueles para quem a livre concorrência é manifestação da livre iniciativa: LEÃO, **Controle...**, *op. cit.*, p. 67; SCHOUERI, **Normas Tributárias...**, *op. cit.*, p. 94. Contra: Tércio Sampaio FERRAZ JÚNIOR, Obrigação Tributária Acessória e Limites de Imposição: Razoabilidade e Neutralidade Concorrencial do Estado, *in* Heleno Taveira TORRES (coord.), **Teoria Geral da Obrigação Tributária: estudos em homenagem ao professor Jose Souto Maior Borges**, p. 726.

[903] Um Exame da Desigualdade da Tributação em Face dos Princípios da Ordem Econômica, *in* Roberto FERRAZ (coord.), **Princípios e Limites da Tributação 2 – Os Princípios da Ordem Econômica e a Tributação**, p. 237.

[904] FERRAZ JÚNIOR, Obrigação Tributária Acessória..., *op. cit.*, p. 726-727.

[905] Restrições à atividade econômica do contribuinte na substituição tributária e livre concorrência, *in* Arthur M. FERREIRA NETO e Rafael NICHELE (coord.), **Curso Avançado...**, *op. cit.*, p. 125.

atividade tributária. A propósito, por meio da Emenda Constitucional n. 42, de 19 de dezembro de 2003, o constituinte derivado inseriu enunciado constitucional que faculta ao legislador complementar estabelecer critérios especiais de tributação, com o objetivo de prevenir desequilíbrios da concorrência (artigo 146-A).

A despeito da divergência doutrinária, parece-nos que os "... *desequilíbrios de concorrência...*" a que alude o texto constitucional, **referem-se àqueles gerados, no mercado, em razão da própria atividade tributária.** O legislador, por meio do aparato "tributo", não está autorizado a instituir critérios especiais com o propósito de solucionar desequilíbrios considerados endógenos ao mercado. Admite-se, então, apenas a adoção de critérios especiais de tributação para corrigir as distorções "... *causadas pela tributação...*" (Rodrigo Maito da SILVEIRA), também denominadas de "... *distúrbios concorrenciais exógenos*" (Diego BOMFIM)[906].

Nesse sentido, o enunciado constitucional é a **consagração da neutralidade tributária concorrencial**, que revela duas faces: de um lado, autoriza a edição de critérios especiais de tributação cujo propósito seja o de afastar os desequilíbrios gerados pela própria tributação; e, de outro, prescreve aos entes públicos o dever de, no exercício de sua competência tributária, não causar distúrbios na concorrência, à medida do possível[907].

SCHOUERI aponta a substituição tributária como um "... *mecanismo que promove a concorrência, ao inibir a sonegação*", razão pela qual atribui à livre concorrência o papel de "... ***justificativa** para a formulação da norma tributária*" de substituição[908]. O professor do Largo São Francisco dá ênfase ao papel que o mecanismo da substituição tributária "para frente" desem-

[906] SILVEIRA, **Tributação e Concorrência**, p. 107; BOMFIM, **Tributação e Livre Concorrência**, p. 194. Em sentido contrário, José Luis Ribeiro BRAZUNA, que defende a utilização da tributação para corrigir as distorções, mediante a indução do comportamento dos agentes econômicos. Os "critérios especiais", na visão do autor, referem-se aos parâmetros utilizados pelo legislador na construção da norma tributária, de maneira que ele poderá modificá-los, em determinadas circunstâncias, para realizar a finalidade de prevenir os desequilíbrios concorrenciais – **Defesa da Concorrência e Tributação – à luz do artigo 146-A da Constituição**, p. 131-141.

[907] SILVEIRA, **Tributação...**, *op. cit.*, p. 112-113.

[908] Restrições à atividade econômica..., *op. cit.*, p. 120.

penha no âmbito da concorrência, sustentando que a técnica é um critério especial de tributação, "*... como forma de evitar fraudes fiscais*"[909].

A aproximação entre a livre concorrência e a técnica da substituição também foi objeto de interessantes reflexões por parte de Roberto Ferraz, o qual, se, de início, teceu duras críticas ao mecanismo, posteriormente propôs o seu reestudo "*... não mais sob a ótica exclusiva do Direito Tributário mas já sob a visão conjunta decorrente deste, do Direito Econômico e da dinâmica de suas normas*"[910]. Embora reconhecendo suas imperfeições à luz da teoria do Direito Tributário, aponta que, em contrapartida, o mecanismo possui "*... a virtude de liquidar com as possibilidades de sonegação que estragavam a livre concorrência antes de sua adoção*"[911].

Utiliza-se, no Direito Econômico, uma lógica denominada de "macrológica", para analisar problemas relacionados ao comportamento coletivo do mercado; uma lógica, nas palavras do autor, "*... fundamentada em dados macroeconomicamente identificados, como, por exemplo, os do consumo e os da*

[909] "*Dadas as particularidades do caso, deve o legislador complementar buscar critérios adequados à prevenção de desequilíbrios. Exemplos de* ***critérios*** *seriam a imposição de substituição tributária, ou de responsabilização pelo recolhimento de tributo, como forma de evitar fraudes fiscais*" – Livre Concorrência e Tributação, *in* Valdir de Oliveira Rocha (coord.), **Grandes Questões Atuais do Direito Tributário**, v. 11, p. 268. Vale recordar que, consoante explicado por Roberto Ferraz, a substituição tributária "para frente" teria surgido justamente da reivindicação das concessionárias de veículos prejudicadas com a concorrência desleal praticada por outros agentes do mercado, sonegadores de tributos – O Consumo, a Concorrência, o Mercado e as Distorções da Substituição Tributária (Para Frente), *in* Valdir de Oliveira Rocha (coord.), **Grandes Questões Atuais do Direito Tributário**, v. 11, p. 363-365. Daí a observação de Maito da Silveira, aliás, de que "*... insere-se um componente de natureza concorrencial como razão histórica...*" da criação e aprimoramento da substituição tributária progressiva – **Tributação...**, *op. cit.*, p. 235.

[910] O Consumo..., *op. cit.*, p. 367. Em artigo cujo irônico título é "*Da Hipótese ao Pressuposto de Incidência*", assim se manifestara, inicialmente, o professor sobre a substituição tributária para frente: "*Efetivamente, a cobrança de imposto relativa à hipótese de incidência não ocorrida, com base de cálculo diferente da prevista abstratamente na lei, e sem vinculação da cobrança aos fatos efetivamente ocorridos em correspondência direta e perfeita com a previsão legal, joga no lixo toda a produção teórica relativa aos princípios da legalidade e tipicidade, da irretroatividade, da isonomia, da capacidade econômica, etc, em matéria tributária*" – Da Hipótese ao Pressuposto de Incidência – em Busca do Tributo Justo, *in* Luis Eduardo Schoueri (coord.), **Direito Tributário – vol. I e II**, p. 206.

[911] Ferraz, O Consumo..., *op. cit.*, p. 369.

concorrência". A substituição tributária "para frente" seria, a seu ver, uma norma instituída com fundamento na macrológica: a imposição de um "mal menor" para corrigir os desequilíbrios de mercado e, assim, assegurar a livre concorrência[912].

As considerações de FERRAZ devem ser **tomadas com cautela**. Diego BOMFIM, em especial, faz duras críticas à sugestão da análise macrológica do fenômeno jurídico, como se fosse superior à lógica deôntica. A preocupação de BOMFIM é a de que a invocação da macrológica possa ser utilizada para justificar a edição de normas violadoras de direitos dos cidadãos, não amparadas pelo ordenamento positivo, gerando enorme insegurança jurídica. Chega o autor a, de certo modo, equiparar essa situação à "... *antiga justificativa das* ***razões de Estado*** *na instituição de tributos*", pois, sem a delimitação da função e dos efeitos dos tributos, passa-se a aceitar a imposição de qualquer técnica tributária com base em arbitrárias razões de natureza macroeconômica e político-financeira, consoante lição de Tércio Sampaio FERRAZ JÚNIOR, reproduzida por BOMFIM[913].

Assim, muito embora a substituição tributária possa, de fato, servir ao propósito de fomentar a livre concorrência, ao evitar distorções no mercado, decorrentes de práticas tributárias desleais, **não subscrevemos a macrológica** como justificativa para autorizar a restrição de direitos dos contribuintes.

Além disso, é procedente a observação de Hugo FUNARO de que a técnica da substituição **não precisa ser, necessariamente, instituída com o propósito de tutelar a livre concorrência**[914]. O legislador pode fazer uso da substituição tributária, em qualquer de suas modalidades, em outras circunstâncias que não exclusivamente voltadas para corrigir uma distorção de mercado, causada pela própria tributação.

[912] Frise-se, porém, que, para o autor, "... ***somente se justifica a adoção da substituição tributária****, e de suas imperfeições,* ***na conjuntura*** *em que, não utilizada a técnica de tributação antecipada, se sofrerá a grande injustiça da* ***eliminação da livre concorrência por via tributária***" – *ibidem*, p. 359 e 369-370.

[913] BOMFIM, **Tributação...**, *op. cit.*, p. 155; FERRAZ JÚNIOR, Estrutura e função: breve estudo sobre a finalidade constitucional dos impostos, *in* **Direito Constitucional: liberdade de fumar, privacidade, Estado, Direitos humanos e outros temas**, p. 352.

[914] **Sujeição Passiva...**, *op. cit.*, p. 79.

Parece-nos que a proteção que se almeja conferir à livre concorrência, por meio da utilização de instrumentos que tenham por objetivo combater a evasão tributária e, por conseguinte, coibir a concorrência desleal entre os agentes econômicos, é uma manifestação específica e localizada, em última análise, do Princípio da Igualdade no campo da ordem econômica. É, conforme reconhece SCHOUERI, "... *uma extensão do princípio da igualdade, uma garantia de oportunidades iguais a todos os agentes, ou de disputa, em condições de igualdade, em um mercado com diversos agentes*"[915].

Roberto FERRAZ, aliás, parece assentir com essa interpretação, ao destacar que a razão de implementação inicial da substituição tributária estava diretamente ligada à livre concorrência, frisando, ato contínuo, que a livre concorrência "... *é manifestação de igualdade*"[916].

5.4.2.5 A substituição tributária e interesse público

Segundo Regina Helena COSTA, a praticabilidade tributária é desdobramento dos princípios essenciais do regime de direito público, qual seja, o da supremacia do interesse público sobre o particular, "... *também conhecido por princípio da finalidade pública ou do interesse coletivo*"[917].

No entanto, acatamos as objeções feitas, atualmente, ao princípio do interesse público e de sua supremacia: a um porque **não é possível divisar um interesse público unitário**, mas uma pluralidade de interesses; a dois, porque **o interesse não prevalece sobre direitos subjetivos**; a três,

[915] Restrições à atividade econômica..., *op. cit.*, p. 125. Registre-se que, segundo o pensamento do autor, "... *não se esgota aí, entretanto, o sentido da livre concorrência*". O princípio exige que essa concorrência seja realizada "... *dentro de ambiente monitorado, onde há espaço para a atuação do próprio Estado (intervenção direta), bem como para intervenção direta, de enquadramento e de orientação, com a fixação de regras de comportamento dos agentes (intervenção por direção) ou por estímulos e desestímulos (intervenção por indução)*" – *ibidem*, p. 125. Compreendemos o ponto suscitado pelo professor paulista, mas nos parece que essa necessidade de um ambiente monitorado também é decorrência direta do Princípio da Igualdade.

[916] Roberto FERRAZ, Pressupostos fáticos de imposição na substituição tributária, *in* Arthur M. FERREIRA NETO e Rafael NICHELE, **Curso Avançado...**, *op. cit.*, p. 98.

[917] **Praticabilidade...**, *op. cit.*, p. 93.

porque tais expressões **se tornaram um lugar-comum, destituídas de conteúdo**[918].

5.4.2.6 A substituição tributária e a igualdade geral

A praticabilidade pode servir para a promoção de vários fins constitucionais. No que concerne à técnica da substituição tributária, **a finalidade que justifica a medida excepcional do regime é, sobretudo, a realização da igualdade tributária geral**, nela encontrando a sua justificação primordial.

De fato, se a igualdade tributária individual é objeto de restrição para o alcance de outras finalidades, há certos fins, como bem nota Andrei VELLOSO, que visam a "*... realizar a igualdade na aplicação efetiva da lei, a qual costuma se contrapor à exigência da isonomia normativo-tributária*". Observa o jurista que essa situação se dá **com relação aos fins da terceira categoria** por ele indicada, isto é, a dos fins coletivos internos ao Direito Tributário, perseguidos pelas medidas de simplificação tributária[919].

Preleciona VELLOSO que "*... a igualdade geral decorre do ponto de vista da globalidade dos contribuintes, **constituindo fundamentalmente um bem coletivo***" (grifos nossos), registrando que a tensão entre a igualdade individual e a geral "*... caracteriza essencialmente **um conflito entre direitos e bens coletivos** e que a persecução da igualdade geral com danos à individual consubstancia restrição de direitos subjetivos baseada fundamentalmente num bem coletivo*"[920].

De nada adiantaria a preservação da igualdade na lei se o Estado não fosse capaz de assegurar a igualdade dos indivíduos perante a

918 JUSTEN FILHO, **Curso...**, p. 50-59. Para uma crítica ao conceito de interesse público, consulte-se Daniel SARMENTO (org.), **Interesses Públicos versus Interesses Privados: Desconstruindo o Princípio de Supremacia do Interesse Público**. Para uma defesa do conceito, veja Daniel Wunder HACHEM, **Princípio Constitucional da Supremacia do Interesse Público**.

919 **O Princípio...**, *op. cit.*, p. 145-146.

920 *Ibidem*, p. 268. Sobre o conceito de bem coletivo e sua relação com os direitos fundamentais, veja-se Paulo Victor Vieira da ROCHA, **Teoria dos Direitos...**, *op. cit.*, p. 209-257. Esclarece o autor: "*O bem coletivo é fundamento da medida interventiva, ele é a razão justificadora de um dos elementos da colisão, mas não um desses elementos em si. O que restringe direitos fundamentais são as intervenções estatais, e bens coletivos são seus fundamentos*" – *ibidem*, p. 223.

lei. A igualdade "... *vale para a aplicação da lei do mesmo modo que para sua elaboração*", destaca Klaus TIPKE, de modo que apenas a edição de normas em conformidade com o Princípio da Igualdade não é o suficiente. "*É necessário que as leis tributárias também sejam executadas (aplicadas) de modo igual*"[921]. Humberto ÁVILA recorre à clássica distinção entre a "igualdade na lei" e "igualdade perante a lei", que considera "... *de extrema importância e atualidade*"[922]. Assim como a aplicação uniforme (igualdade perante a lei) de uma lei arbitrária (desigualdade na lei) é violação da igualdade, a aplicação não uniforme de uma lei não arbitrária é violação da igualdade.

Tem razão Humberto ÁVILA, ao ensinar que **a simplificação e a economia de gastos não são, propriamente, as finalidades da padronização**, senão consequências dela. A finalidade é a "... *realização eficiente da igualdade geral*", sempre, no entanto, em cotejo com a igualdade individual, que permanece como parâmetro da tributação. E conclui: "... *a generalização por meio de tipificação, em vez de contradizer o princípio da igualdade, serve precisamente de instrumento para sua realização*"[923].

Um sistema tributário excessivamente complexo – que pode decorrer, justamente, de um apego excessivo à investigação da realidade e das particularidades do caso concreto – "... *implicaria iniludivelmente a ineficiência administrativa, contribuiria para o incremento da evasão e, via de consequência, para a desigualdade impositiva*" (Andrei VELLOSO[924]). A praticabilidade, ao combater esses problemas, potencializa a realização da igualdade tributária geral.

Em síntese, cremos que é possível dizer, de uma forma geral, para o regime de substituição, que o instituto, ao evitar a sonegação, assegura,

[921] A Necessidade de Igualdade na Execução das Leis Tributárias, *in* Luis Eduardo SCHOUERI (coord.), **Direito Tributário: homenagem a Alcides Jorge Costa**, p. 363.

[922] **Teoria da Igualdade**..., *op. cit.*, p. 73-77. Vale registrar a ponderação de Andrei VELLOSO no sentido da quebra da "... *rígida dicotomia*..." entre a igualdade "na lei" e "perante a lei", em virtude da necessidade de as leis serem praticáveis. Quer dizer, ao legislador não basta apenas estabelecer disposições em harmonia com a noção de igualdade "na lei"; ele deve zelar pela igualdade aplicativa, criano "... *contextos normativos que propiciem os pressupostos indispensáveis para se lograr uma aplicação homogênea dos mandamentos legais*" – **O Princípio**..., *op. cit.*, p. 229.

[923] **Teoria da Igualdade**..., *op. cit.*, p. 91.

[924] **O Princípio**..., *op. cit.*, p. 265.

conforme Hamilton Dias de Souza, "... *maior justiça fiscal pela distribuição equitativa da carga tributária...*", cumprindo, de modo mais adequado, "... *o ideal de generalidade da tributação*"[925].

5.5 A simplificação, a substituição tributária e a tensão com outros bens e direitos

5.5.1 As medidas de simplificação e a tensão com outros princípios e valores

5.5.1.1 Introdução

Se entendermos que a simplificação pode servir à igualdade geral, e levarmos ao extremo tal correlação, poderíamos propor a implantação de um único imposto por cabeça, cabendo a todos os indivíduos pagar uma mesma soma, sem qualquer distinção? Seria cabível propor uma "*flat tax*", estipulando uma alíquota única para os sujeitos, sem qualquer progressividade?

A frustração com a complexidade do sistema tributário brasileiro e o aparente sucesso de implantação de modelos lineares de tributação, em outros países, faz pensar sobre a conveniência da adoção de instrumentos mais radicais de simplificação no sistema tributário.

Betina Grupenmacher, irresignada com a complexidade e a regressividade do sistema tributário brasileiro, por exemplo, propõe-se a refletir sobre a possibilidade de adoção, no direito positivo brasileiro, de uma "*flat tax*" para o imposto sobre a renda, na linha do preconizado por Friedrich Hayek, Milton Friedman, Alvin Robushka e Robert Hall. A seu ver, embora a adoção de um tal modelo pudesse restringir a justiça tributária em sentido estrito, ela, de outro lado, favoreceria a justiça tributária em sentido lato, eliminando "... *privilégios odiosos, decorrentes das exonerações antiisonômicas...*" e instituindo um sistema mais racional e simplificado, o que geraria um círculo virtuoso: reduz-se a evasão tributária, que gera

[925] ICMS – Substituição..., *op. cit.*, p. 17.

crescimento econômico e empregabilidade, além de preservar a manutenção e incremento das riquezas tributáveis[926].

Realmente, parte da complexidade deve-se à utilização do Direito Tributário para a realização de fins não fiscais, porquanto a introdução de finalidades alheias à repartição equânime do ônus tributário exige a criação ou a regulação específica dos tributos, além de demandar sua harmonização com os princípios tributários. Andrei VELLOSO reconhece um franco conflito entre a extrafiscalidade e a praticabilidade[927].

Entretanto, apesar das ousadas reflexões teóricas, **é consenso que medidas radicais de simplificação seriam graves violações ao Princípio da Igualdade**. A demanda por simplificação não pode suplantar a justiça individual, para cuja realização são indispensáveis critérios que possam aferir, à medida do possível, a situação concreta dos indivíduos.

5.5.1.2 A tensão entre a igualdade geral, promovida pela substituição tributária, e a igualdade individual

Veja-se o aparente paradoxo que surge na relação entre a praticabilidade e a igualdade: a igualdade "*... atua não só como fundamento, mas também como limite da praticabilidade tributária*" (VELLOSO[928]). Como pode a igualdade servir, a um só tempo, como fundamento e limite da praticabilidade?

É que, no Direito Tributário, por tudo o que já foi exposto, **existe uma tensão permanente entre a igualdade geral** – aquela que "*... propõe a desconsideração de elementos particulares em favor da avaliação de propriedades existentes na maioria dos casos ... com a finalidade de alcançar uma solução previsível, eficiente e geralmente equânime na solução dos conflitos sociais*" – e a igualdade individual – "*... aquela que exige uma relação estabelecida entre dois sujeitos, mediante a consideração de todas as propriedades particulares que os diferenciam dos demais. Trata-se de uma justiça 'sob medida': cada indivíduo é tratado*

[926] Das Exonerações Tributárias, Incentivos e Benefícios Fscais, *in* Betina Treiger GRUPENMACHER *et al.*, **Novos Horizontes da Tributação: Um Diálogo Luso-Brasileiro**, p. 60-69.

[927] **O Princípio**..., *op. cit.*, p. 320-321. Sobre as propostas de imposto único e alíquota única, vide SCHOUERI, **Direito Tributário**, *op. cit.*, p. 46.

[928] **O Princípio**..., *op. cit.*, p. 265.

conforme demandam as suas características individuais e as propriedades particulares do seu caso" [929].

A tensão entre a igualdade individual e a geral **acentua-se em nosso sistema constitucional tributário**, em razão da **opção do constituinte por privilegiar o tratamento particular em detrimento do geral**, consoante se extrai dos seguintes fatores sumarizados por Humberto Ávila: a imposição do dever de obediência à capacidade contributiva, inserido entre os princípios gerais da tributação, inexistindo "... *qualquer princípio contraposto ao da capacidade contributiva e relacionado à praticidade da administração*"; a inclusão da hipótese de tributação por "fato gerador" presumido entre as limitações constitucionais ao "poder" de tributar, assegurando a restituição em caso de inocorrência do fato presumido, sendo de registrar-se, ainda, que, "... *mesmo na cobrança do tributo com base em elementos presumidos, os reais permanecem como contraponto para sua validade*"; e, por fim, a atribuição de competência aos entes da federação mediante regras que descrevem os aspectos materiais da hipótese de incidência[930].

O aparente paradoxo entre a praticabilidade e a igualdade esvanece-se, então, quando se confronta a distinção entre a igualdade individual e a geral: a igualdade geral é fundamento da praticabilidade, ao passo que a igualdade individual atua como contraponto, como limite às medidas de praticabilidade. Tal relação é flagrante nas técnicas de responsabilidade tributária[931].

[929] Ávila, **Teoria da Igualdade...**, *op. cit.*, p. 78 e 84.

[930] *Ibidem*, p. 78 e 86. Em sentido semelhante, Carlos Renato Cunha, que indica a "individualização" como uma das características essenciais do modo padrão de criação/aplicação das normas tributárias – **Praticabilidade...**, *op. cit.*, p. 411.

[931] Arthur Ferreira Neto apresenta quatro modelos de tensão entre a isonomia e a praticabilidade, úteis para a explicação das situações concretas de imputação de responsabilidade a terceiros: (i) na primeira, a isonomia, no sentido de igualdade particular, é vista de forma absoluta, não havendo espaço para a responsabilização de terceiros – situação que o próprio autor julga como utópica, mas que é mantida como uma referência teórica importante; (ii) a isonomia como um fim-em-si, mas que admite a ponderação com técnicas de responsabilização de terceiros – de que é exemplo a retenção na fonte por parte do empregador ou de uma instituição financeira, cuja implementação não põe em risco a isonomia tributária, mas, ao contrário, ajuda a concretizá-la; (iii) na terceira, a prevalência da praticabilidade sobre a isonomia, preservando-se a igualdade global do sistema de tributação – o caso emblemático, sem dúvida, é o da substituição tributária

Questão tormentosa é a de **como harmonizá-las**[932]. A legitimidade da técnica de responsabilidade tributária, tal qual a substituição tributária, deverá ser avaliada *"... a partir de sua condição de bem articular e harmonizar fins específicos que são, inclusive, positivados na Constituição de 1988, quais sejam, isonomia/capacidade contributiva e praticabilidade/eficiência"*[933].

Apesar de, segundo VELLOSO, a resposta ao conflito não poder ser dada *"a priori"*, pois dependerá da situação específica, *"... considerando o grau de afetação da igualdade individual e de realização da igualdade geral na aplicação fática da lei tributária"*[934], a doutrina é firme ao apontar que, na relação entre a capacidade contributiva, corolário da igualdade, e a praticabilidade, *"... dúvida alguma existe quanto à sua prevalência sobre a Praticabilidade"*, dada a forte carga de preeminência principiológica da capacidade contributiva, consoante explica José Roberto VIEIRA[935].

5.5.1.3 A tensão entre a substituição, a livre concorrência e a livre iniciativa

Outro princípio com o qual a substituição tributária acaba por, constantemente, entrar em conflito, é justamente aquele que deveria promover: o da livre concorrência. Segundo Misabel DERZI, **uma causa grave da quebra da livre concorrência**, *"... está radicada no uso abusivo da substituição tributária 'para frente'"*[936]. Estamos diante, aparentemente, de outra curiosa relação: **a substituição tributária, enquanto manifestação de praticabilidade, encontra fundamento e limite, a um só tempo, na livre concorrência.**

"para frente"; (iv) e, por fim, o quarto modelo, o da praticabilidade como fim-em-si, com desprezo aos parâmetros da isonomia, o qual, segundo o autor, ocorreria na hipótese de atribuição, por parte dos municípios, ao tomador dos serviços, da condição de substituto e responsável solidário ao prestador, que mantém domicílio em município distinto. Fundamentos Filosóficos..., *op. cit.*, p. 48-55.

[932] ROCHA, **Substituição**..., *op. cit*, p. 109.

[933] FERREIRA NETO, Fundamentos Filosóficos..., *op. cit.*, p. 27.

[934] **O Princípio**..., *op.cit.*, p. 268.

[935] O IRPF..., *op. cit.*, p. 164-226. No mesmo sentido, v. FERREIRA NETO, Fundamentos Filosóficos..., *op. cit.*, p. 46-48.

[936] Quebras da Livre Concorrência..., *op. cit.*, p. 16.

A relação com a substituição tributária, especialmente a progressiva, é problemática. A má utilização do mecanismo da substituição "para frente" tem o condão de gerar efeitos contrários à livre concorrência, em contrariedade à ideia de neutralidade fiscal concorrencial.

Diego BOMFIM observa, com argúcia, que a essência da norma extraída do artigo 146-A, da Constituição, não está, propriamente, em autorizar o Estado a adotar medidas para a preservação da livre concorrência, mas em **exigir que, no exercício dessa competência, o ente tributante esbarre em critérios que o impeçam de agir em desfavor da livre concorrência**[937].

Duas são as principais agressões à livre concorrência, em razão do uso da técnica da substituição tributária progressiva. A primeira é, conforme explicamos no capítulo anterior, o **efeito cumulativo** que pode ser gerado de seu uso, deformando a característica particular dos impostos de mercado, que devem ser neutros em relação à cadeia de circulação econômica, onerando tão somente o consumo[938].

A segunda é a possível **criação de barreiras à entrada de novos agentes no mercado**. Isso porque, em determinados segmentos, a utilização de um padrão médio, na substituição tributária progressiva, impõe, aos pequenos e médios empresários a obrigatoriedade de submissão a tributos apurados com base no preço das grandes empresas do mercado. Há, nessas circunstâncias, a "*... institucionalização de barreira tributária – absolutamente injusta – à entrada de novos concorrentes*"[939]. Sobre a questão, Renault CASTRO e Valdomiro de ALMEIDA realizaram interessante estudo acerca dos efeitos anticoncorrenciais da substituição tributária no mercado de cervejas, chegando à conclusão de que, a depender da forma de estipulação da base de cálculo presumida, haverá efeitos deletérios à

[937] **Tributação...**, *op. cit.*, p. 283. Esse aspecto também foi destacado por Maria de Fátima RIBEIRO, Reflexos da Tributação no Desequilíbrio da Livre Concorrência, *in* Betina Treiger GRUPENMACHER *et. ali*, **Novos Horizontes...**, *op. cit.*, p. 269.

[938] Consulte-se o tópico 4.4.4.

[939] Roberto FERRAZ, **O Consumo...**, *op. cit.*, p. 377.

livre concorrência, em virtude das restrições à entrada de novos agentes no segmento[940].

Efeito automático, produzido pelas deformações derivadas da má utilização da substituição tributária, é o **prejuízo à livre iniciativa**, restringindo a liberdade de exercício da atividade econômica pelos agentes do mercado. As restrições à livre iniciativa, vale notar, podem decorrer não apenas dessas distorções, mas, igualmente, da **má utilização da técnica da substituição**, sem a preocupação de atribuir ao substituto deveres razoáveis, proporcionais e não excessivos, assegurando a este sujeito, além de tudo, a possibilidade de ressarcir-se, integralmente, dos valores que tenha de desembolsar[941].

5.5.2 O controle das medidas de simplificação e da substituição tributária

5.5.2.1 Postulados normativos aplicativos

O uso das técnicas de substituição tributária, conquanto possa promover valores relevantes para o sistema tributário, também tem inequívoco potencial para restringir ou abrandar a capacidade contributiva e a justiça individual[942]. Assim como se dá na extrafiscalidade, a instrumentalização do Direito Tributário, entre outros contratempos, conduz ao que Pedro Adamy denomina de "... *erosão*..." de direitos e garantias fundamentais dos contribuintes[943]. O intérprete, quando confrontado com conflitos normativos de tal natureza, deve zelar pela interpretação e aplicação das

[940] Concorrência e Tributação: efeitos anticoncorrenciais da substituição tributária no caso do ICMS sobre cerveja, **Revista de Direito Econômico – CADE**, n. 29, p. 101-121. Sobre as tensões da substituição tributária progressiva e a neutralidade, veja-se Douglas Vosgerau e Marcelo Miranda Ribeiro, As Perspectivas da Neutralidade Tributária, da Extrafiscalidade e da Livre Concorrência Diante da Substituição Tributária e da Tributação Monofásica, *in* Melissa Folmann e Oksandro Osdival Gonçalves (coord.), **Tributação, Concorrência & Desenvolvimento**, especialmente p. 115-120.

[941] Ferreira Neto, Fundamentos Filosóficos..., *op. cit.*, p. 45.

[942] Derzi, Notas de atualização, *in* Aliomar Baleeiro, **Direito Tributário Brasileiro**, p. 1134.

[943] Instrumentalização do Direito Tributário, *in* Humberto Ávila (org.), **Fundamentos**..., *op. cit.*, p. 312-316.

normas, segundo **parâmetros construídos racionalmente para a solução desses impasses.**

Há normas que têm por função exatamente a de dirimir os choques entre essas normas. Humberto Ávila denomina-as de **postulados, metanormas ou normas de segundo grau.** Os postulados normativos servem ao intérprete na atividade de aplicação do Direito. São metanormas porque orientam a aplicação das regras e dos princípios, situando-se em um plano distinto destes últimos. Não possuem os mesmos destinatários das regras e princípios: enquanto as regras e princípios são primariamente dirigidos ao Poder Público e aos cidadãos, os postulados são dirigidos, substancialmente, ao intérprete e aplicador do direito.

Há dois tipos de postulados: os **postulados hermenêuticos**, que se destinam à compreensão em geral do Direito; e os **postulados normativos aplicativos**, cuja função é estruturar a aplicação concreta das normas. Os postulados normativos aplicativos, esclarece Ávila, servem para solucionar antinomias contingentes, porque surgem ocasionalmente, diante de casos; concretas, porque se manifestam em face de um problema concreto; e externas, porque as antinomias são decorrência de circunstâncias externas ao ordenamento. Entre os postulados normativos aplicativos, estão a proporcionalidade, a razoabilidade e a proibição de excesso[944].

Em matéria de extrafiscalidade, a doutrina aponta diversos mecanismos de controle de seu uso: Martha Leão apresenta os controles de igualdade e capacidade contributiva, de eficácia, de proporcionalidade, de complementaridade e de cumprimento da finalidade[945]; Pedro Adamy, dando especial ênfase à tutela do meio ambiente, atento ao movimento de "... ***ecologização** do direito tributário*..." e aos problemas complexos daí decorrentes, propõe que o uso da tributação seja pautado pelos critérios da economicidade, da subsidiariedade e da complementaridade[946]; Diego Bomfim dá especial atenção ao controle de proporcionalidade[947]; Velloso, no que tange a conflitos que possam ocasionar a desigualdade

[944] **Teoria dos Princípios**..., p. 163-164 e 175-176.
[945] **Controle**..., *op. cit.*, p. 153-155.
[946] Instrumentalização... *op. cit.*, p. 322-324.
[947] **Extrafiscalidade**..., *op. cit.*, p. 344-350.

impositiva, aponta a existência do controle de arbitrariedade, de proporcionalidade, de respeito à proibição de leis individuais, e, por fim, de garantia do conteúdo essencial[948].

No conflito entre as medidas de simplificação, pautadas pela praticabilidade, e os direitos fundamentais, particularmente a igualdade individual e a livre iniciativa, a compreensão dos postulados é da maior relevância para a solução dos impasses normativos.

Sobre a substituição tributária e a importância dos postulados normativos aplicativos, note-se que, na ementa do acórdão em repercussão geral n. 603.191, pertinente à matéria de substituição tributária, no âmbito das contribuições previdenciárias, de relatoria da Ministra Ellen Gracie, restou consignado que a instituição de deveres de colaboração por parte de terceiros, dentre os quais o substituto, deve "*... guardar respeito aos princípios da razoabilidade e da proporcionalidade, não se lhes podendo impor deveres inviáveis, excessivamente onerosos, desnecessários ou ineficazes*"[949].

Na doutrina, da mesma forma, é firme a posição de que as técnicas de substituição tributária estão submetidas a controles voltados a harmonizar o conflito com a capacidade contributiva ou, quando não, a afastar a substituição, se ocasionar grave violação à igualdade tributária. Podemos destacar a aplicação dos seguintes postulados: o da razoabilidade; o da proporcionalidade; e o da proibição do excesso. Vejamos, cada um, isoladamente.

5.5.2.2 A Razoabilidade

5.5.2.2.1 Acepções

Embora às vezes empregado como sinônimo de proporcionalidade (Regina Costa[950]), tomamos razoabilidade, no presente trabalho, nos

[948] **O Princípio...**, *op. cit.*, p. 242-262.

[949] Supremo Tribunal Federal, Recurso Extraordinário n. 603.191/MT, Tribunal Pleno, Relatora Ministra Ellen Gracie, Diário da Justiça Eletrônico (DJe) 05.09.2011. Fonte: Supremo Tribunal Federal (www.stf.jus.br). Acesso em: 20.12.2016.

[950] Regina Helena Costa, **Praticabilidade...**, *op. cit.*, p. 126-127. Criticando a utilização das figuras como sinônimas, consulte-se o artigo de Virgílio Afonso da Silva, O proporcional e o razoável, **Revista dos Tribunais**, n. 798, p. 23-50.

principais sentidos apresentados por Humberto ÁVILA, que identifica três acepções distintas para tal postulado, a partir da análise das decisões dos Tribunais Superiores: (i) **razoabilidade como equidade**, que representa a exigência de que, no momento da aplicação, haja uma harmonização da norma geral com o caso individual; (ii) **razoabilidade como congruência**, representando a necessidade de harmonização das normas com suas condições externas de aplicação; (iii) e **razoabilidade como equivalência**, quer dizer, uma relação de equivalência entre a medida adotada e o critério que a dimensiona[951].

5.5.2.2.2 A Razoabilidade como equidade

5.5.2.2.2.1 Introdução

A razoabilidade, em sua acepção de equidade, representa o procedimento realizado pelo intérprete com o propósito de **verificar se o caso concreto possui alguma singularidade** que justifique, naquela situação, **a não aplicação da norma geral**, ainda que ela tenha incidido.

ÁVILA utiliza o exemplo de uma pequena fábrica de sofás, enquadrada como empresa de pequeno porte, que foi excluída do regime simplificado porque efetuou uma importação de produtos estrangeiros. Embora a importação fosse vedada e motivo para a exclusão do regime, verificou-se que a importação foi feita uma vez, de quatro pés de sofá, para um só sofá. A exclusão do regime, por essa circunstância, foi encarada como contrária à razoabilidade. Isso porque a regra que determinava a exclusão do regime, em razão de importações, tinha por escopo o de estimular a produção nacional por pequenas empresas. A simples importação dos quatro pés de sofá não era situação que comprometesse a realização do

[951] **Teoria dos Princípios...**, *op. cit.*, p. 195-201. A despeito das três acepções, a análise da razoabilidade da técnica da substituição tributária irá limitar-se às duas primeiras, isto é, razoabilidade como equidade e razoabilidade como congruência. O exame da razoabilidade como equivalência poderia ser cogitado no que concerne à necessária relação de conformidade que deve existir entre a base de cálculo presumida e a real, no regime de substituição tributária progressiva. Como tal análise identifica-se, em parte, com o exame de adequação, inerente ao controle de proporcionalidade, que será feito adiante, remetemos o leitor às reflexões lá feitas, no subitem 5.5.2.3.2, acerca da necessidade de compatibilidade entre os critérios para a apuração da base presumida e o preço real de venda.

fim daquela regra: a promoção da produção nacional. Consoante ÁVILA, a regra segundo a qual é proibida a importação incidiu, "... *mas a consequência do seu descumprimento não foi aplicada (exclusão do regime tributário especial)...*"[952].

José Souto BORGES explica que é como se, na aplicação de toda norma geral, houvesse uma cláusula demarcadora implícita que ressalvasse "... *aplica-se a regra só até onde as exigências do caso particular não impõem regra diversa*" [953]. Nessas situações, aliás, é que o mestre recifense assevera que "... *a lógica do direito deve ser movida pela razoabilidade*"[954].

Nas palavras de ÁVILA, a razoabilidade exige a consideração do aspecto individual do caso quando tal aspecto é "... *sobremodo desconsiderado pela generalização legal*"[955].

Recorde-se que, no processo de generalização da norma prescritiva, é natural que o legislador, ao selecionar as propriedades que compõem a norma jurídica, não tenha condições de regrar, de maneira adequada, todas as possíveis situações que se revelam nos casos concretos. O direito positivo, por ser linguagem, está sujeito aos problemas inerentes à generalização. Frederick SCHAUER dá, a esses problemas, o nome de "... *experiências recalcitrantes...*": (i) quando uma generalização, apesar de, sob o

[952] **Teoria dos Princípios**..., *op. cit.*, p. 196-197. Embora não fazendo menção ao postulado da razoabilidade, cremos que outro pertinente exemplo foi dado por Paulo Arthur Cavalcante KOURY, ao narrar caso apreciado pelo Tribunal Regional Federal da 4ª Região (apelação cível n. 5001811-23.2013.404.7107/RS), acerca da contribuição previdenciária sobre a receita bruta, substitutiva da contribuição sobre a folha de salários – CPRB, e que, durante certo tempo, era obrigatória em alguns setores. A finalidade da contribuição era garantir a preservação de empregos, em momento de crise nacional, mediante a desoneração da folha de salários. Nesse caso concreto, uma determinada empresa demonstrou que a determinação de "substituição" de uma contribuição por outra, na realidade, prejudicava as suas operações econômicas, pois, de um lado, tinha receitas relevantes, e, de outro, empregava pouca mão-de-obra. Ou seja, a norma estava, na verdade, indo de encontro ao valor que pretendia preservar, qual seja, a estabilidade dos empregos, na crise – v. Quando a Desoneração onera: sobre Regras Jurídicas e suas Justificativas, **Revista Direito Tributário Atual**, n. 33, p. 219-236. Parece-nos que esse seria um caso em que a invocação da razoabilidade seria plausível.

[953] **O Contraditório**..., *op. cit.*, p. 93.

[954] **Curso de Direito Comunitário**..., *op. cit.*, p. 48.

[955] **Teoria dos Princípios**..., *op. cit.*, p. 196.

ponto de vista da probabilidade, ser justificada, **é inadequada em uma ocasião**, em razão de uma subincludência – a circunstância de a hipótese da regra jurídica falhar em reconhecer certos aspectos do caso, que, se considerados, certamente serviriam para a realização da finalidade que subjaz à norma – ou sobreincludência – a circunstância de o legislador, ao estabelecer a hipótese normativa, selecionar algum aspecto que, de um lado, submeta determinados eventos à incidência da norma, mas, de outro, não sirva para a finalidade que justificou a edição daquela norma – das normas; (ii) quando verifica-se que uma generalização **não é, realmente, tão universal** quanto se pensava ser, em decorrência da **textura aberta das normas**, dado que o conhecimento do mundo e o ato da experiência são sempre contingentes, existindo a possibilidade de que um fato ou uma circunstância venha a apresentar algo novo ou distinto, a respeito do qual não cogitávamos outrora; (iii) quando, no ato-de-valoração realizado pelo legislador, para a elaboração da norma, **uma propriedade suprimida mostra-se relevante para um determinado caso**[956].

Do ponto de vista da linguagem, tais problemas, quando enfrentados em uma conversa quotidiana, podem ser contornados, graças à plasticidade do modelo conversacional, que confere maleabilidade aos sujeitos para ajustá-los. A realidade, todavia, mostra-nos que o habitual é o "entrincheiramento" das generalizações, isto é, uma cristalização da linguagem, em certa medida, em função de sua autonomia semântica.

956 "*Vamos denominar todos os três tipos de problemas da generalização – o primeiro em que uma generalização probabilisticamente justificada é incorreta nesta ocasião, a segunda em que uma suposta generalização universal se revela não ser universal, e a terceira em que uma propriedade suprimida é agora fundamental – de* ***experiências recalcitrantes***" (tradução livre). No original: "*Let us label all three types of ill-fitting generalizations – the first in which a probabilistically warranted generalization is incorrect on this occasion, the second in which a supposedly universal generalization turns out not to be universal, and the third in which a suppressed property is now germane – as* ***recalcitrant experiences***" – ***Playing***..., *op. cit.*, p. 39. Da mesma forma, Humberto Ávila, **Teoria da Igualdade**..., *op. cit.*, p. 79. No relato de Ávila, a "experiência recalcitrante" é descrita parcialmente, contemplando somente a subincludência: "*Sendo assim, a desconsideração de algumas particularidades pode provocar uma aplicação injusta da lei. Isso ocorrerá quando a hipótese de incidência da norma for incompatível com sua finalidade, gerando o fenômeno conhecido como 'experiência recalcitrante': um novo caso revela uma particularidade desconsiderada pelo padrão legal, mas avaliada como importante no momento da aplicação da lei, podendo gerar uma discrepância entre aquilo que a hipótese da norma prevê e aquilo que a sua finalidade exige*".

Aquela propriedade selecionada passa a servir, de um lado, como um acesso fácil à generalização, mas, de outro, obnubila outras propriedades relevantes para casos futuros, cuja apreensão se torna mais difícil em razão da supressão ocorrida no passado.

O aplicador da regra, diante de experiências recalcitrantes, trata "... *a generalização de uma regra como 'entrincheirada', prescrevendo (conquanto não necessariamente de forma conclusiva) a decisão a ser tomada mesmo em casos nos quais a decisão resultante não seria aquela que seria alcançada pela aplicação direta da justificação da regra*"[957].

Em um sistema jurídico baseado em regras dotadas de força normativa – "regras sérias"[958] – que devem ser observadas, ainda que as razões que as subjazem apontem uma solução diferente, a aplicação das normas irá criar, inelutavelmente, situações injustas, por conta das experiências recalcitrantes.

No direito positivo, a razoabilidade, portanto, é a possibilidade de, **com denso esforço argumentativo**, demonstrar que a regra aplicável ao caso, segundo o ordenamento positivo, não pode ser aplicada, dadas as circunstâncias particulares e contingentes de um determinado caso concreto.

[957] No original: "*By contrast, an alternative mode of decision-making would see a decision-maker treat the generalization of a rule as entrenched, prescribing (although not necessarily conclusively) the decision to bem ade even in cases in which the resultant decision is not one that would have been reached by direct application of the rule's justification*" – ***Playing***..., *op. cit.*, p. 51.

[958] A metáfora apresentada por Noel Struchiner para esclarecer o que significa a "regra séria" é utilíssima: "*Uma boa metáfora para entender o que é uma regra é pensar naquele velho casaco de tricô feito pela sua tia avó. O casaco talvez não seja capaz de prevenir que se sinta frio em todas as ocasiões, mas ele eleva a proteção em todos os casos. É em função do casaco que deixamos de sentir frio em várias ocasiões em que sentiríamos frio se estivéssemos apenas usando uma camiseta, e mesmo nos casos em que o casaco não resolve o problema – a temperatura pode estar muito baixa e o vento muito forte – ele ainda assim está oferecendo alguma resistência. Para que uma regra seja, de fato, uma regra prescritiva regulativa, o mesmo tem que ocorrer. Pelo menos alguma resistência ela tem que oferecer. Quando uma regra existe, ela integra o cálculo decisório do responsável pela tomada de decisões de uma forma significativa, elevando o ônus argumentativo das razões contrárias que prevaleceriam e ditariam o resultado de forma mais fácil se não fosse pela existência da regra*" – **Para Falar de Regras: O Positivismo Conceitual como Cenário para uma Investigação Filosófica acerca dos Casos Difíceis do Direito**, p. 157.

5.5.2.2.2.2 A razoabilidade, como equidade, na substituição tributária

BECKER, ao discorrer sobre a figura do substituto tributário, faz interessante observação. Diz ele que, ainda que o substituto apresente, **no seu caso concreto**, "*... prova evidente da impossibilidade de repercussão **econômica***" do tributo, não poderá "*... esquivar-se à relação jurídica tributária...*", bastando, para a sua constitucionalidade, "*... a existência da repercussão jurídica*"[959].

Apesar de toda deferência que merece o mestre gaúcho, não nos parece que, de acordo com o postulado da razoabilidade, no sentido de equidade, seja possível aceitar essa conclusão.

Note-se que, da investigação que realizamos a propósito da substituição tributária, verificamos que o requisito imprescindível para o funcionamento do mecanismo, de acordo com os princípios do ordenamento jurídico, é o de que seja assegurado ao substituto a possibilidade de promover a repercussão jurídica do ônus tributário.

A repercussão jurídica, como bem observa BECKER, não se confunde com a repercussão econômica. Dá-se, a repercussão jurídica, quando a norma jurídica outorga ao sujeito passivo "*... o direito de repercutir o ônus econômico do tributo sobre outra determinada pessoa*"[960]. Ou seja, embora repercussão jurídica e econômica não se confundam, **aquela somente é possível se houver, ao menos, a possibilidade de promover a repercussão econômica**.

Assim, imaginando, hipoteticamente, um caso de substituição tributária, no qual o substituto não tenha nenhuma possibilidade de transferir o ônus econômico ao substituído, o mecanismo da substituição, embora válida e eficaz a norma da repercussão jurídica, bem como seja ela adequada para a grande maioria dos casos que regula, poderia não ser aplicada ao caso concreto, se se demonstrasse que, para um caso em particular, o esquema normativo pertinente à substituição tributária agride frontalmente a equidade.

O raciocínio, pensamos, é similar àquele desenvolvido por José Souto Maior BORGES, ao sustentar a possibilidade de afastar, em juízo, a aplica-

959 **Teoria Geral...**, *op. cit.*, p. 566.
960 *Ibidem*, p. 570.

ção da regra geral, "... *onde as exigências do caso particular indiquem que a sua aplicação implicaria denegação de justiça*"[961].

A razoabilidade, como equidade, também é relevante no que concerne à substituição tributária progressiva, especialmente até 2016, quando se entendia que a técnica não autorizava a restituição das quantias recolhidas por diferenças entre o fato concreto e o fato presumido[962]. Leciona VELLOSO que, quando as diferenças decorrentes da norma de simplificação fossem significativas, causando "... *sacrifícios* ***graves*** *aos direitos dos contribuintes...*", o aplicador poderia, sem necessitar declarar a inconstitucionalidade da medida de simplificação, tutelar aquele determinado caso, mediante um juízo de equidade, desde que fosse "... *um gravame* ***especialmente severo*** *à esfera subjetiva dos contribuintes...*", sem olvidar os riscos de que os juízos de equidade "... *reduzam ou até mesmo anulem as vantagens das medidas de simplificação*"[963].

Por fim, um derradeiro aspecto, pertinente à razoabilidade como equidade, que merece ser cogitado, no âmbito da relação entre a substituição e a livre concorrência, é a possibilidade de haver uma **grave distorção** gerada pelo mecanismo da substituição, sentida, sobretudo, no campo econômico e dos efeitos concorrenciais. Apesar da almejada neutralidade que deveria orientar a atividade tributária, a técnica da substitui-

[961] **O Contraditório**..., *op. cit.*, p. 94.

[962] Diz-se até 2016 porque, recorde-se, em outubro de 2016, foi proferida decisão, em repercussão geral, pelo Supremo Tribunal Federal, no Recurso Extraordinário n. 593.849/MG, reconheceu o direito dos contribuintes à restituição daquelas diferenças, tenha a base de cálculo presumida se afastado muito ou pouco da operação que realmente ocorreu. Fonte: Supremo Tribunal Federal (www.stf.jus.br), acesso em: 30.04.2020. Entretanto, conforme destacado no tópico 4.4.5.3, os Estados têm apresentado aos contribuintes a opção de aderir a regimes de substituição tributária progressiva sem direito a devolução ou dever de complementação. Nesses casos, a razoabilidade, como equidade (e também como congruência, como se verá adiante), ainda permaneceria um limite a ser considerado. Carlos Renato CUNHA faz importante ressalva ao tratar dos limites da consensualidade no âmbito das generalizações: "*Obviamente que, se for comprovada alguma irrazoabilidade ou uma situação anômala não previsível no momento da opção, levando à imprevisibilidade quanto aos efeitos do negócio jurídico e a prejuízos consideráveis, a irretratabilidade da opção deve ser derrotável pelas cláusulas da teoria da imprevisão ou do fato do príncipe*" – **Praticabilidade**..., *op. cit.*, p. 501-502.

[963] **O Princípio**..., *op. cit.*, p. 270-273.

ção progressiva pode gerar efeitos gravíssimos no campo econômico, em relação a um determinado sujeito.

Luis Eduardo SCHOUERI dá o tom do problema: considerando que a base de cálculo do imposto, no que toca às operações futuras da cadeia de circulação, no regime de substituição tributária, é presumida, com base em uma média, há agentes que teriam a aptidão de vender os produtos em melhores condições de preço, outros, em piores.

Seguindo esse raciocínio, o empresário mais eficiente, que teria condições de oferecer um preço mais atrativo, será o mais prejudicado com o mecanismo, pois, como bem observa SCHOUERI, "... *como o tributo não será calculado em função do preço efetivo da operação, a eficiência de determinado comerciante não representa uma redução da carga tributária, não havendo benefícios para o consumidor final*". O professor do Largo São Francisco destaca que, além da ofensa à capacidade contributiva do consumidor, que terá de suportar um ônus tributário maior, o empresário mais eficiente acaba sendo punido[964].

Não se pode, de acordo com SCHOUERI, dizer que a substituição tributária para frente sempre terá "... *efeitos indesejáveis sobre a concorrência*"; ao contrário, conforme manifestação do mesmo autor, tal técnica, cumprindo a sua finalidade de igualdade entre os sujeitos, pode proteger a livre concorrência[965]. O que não se pode ignorar é o efeito que, a depender das circunstâncias concretas, pode gerar em relação aos sujeitos.

Nesse caso, é de se cogitar que, se, para um determinado sujeito, a base de cálculo é excessiva, porque, **dadas as suas condições empresariais de fornecer a um preço significativamente abaixo do padrão, é irrazoável que o regime possa ser a ele imputado.**

5.5.2.2.3 A razoabilidade como congruência

5.5.2.2.3.1 Introdução

A razoabilidade, em seu sentido de congruência, representa a necessidade de que a lei guarde um mínimo de referência com a realidade, dela não se podendo afastar.

[964] **Direito...**, *op. cit.*, p. 565. Igualmente, consulte-se SCHOUERI, Restrições à atividade econômica..., *op. cit.*, p. 131.
[965] **Direito...**, *op. cit.*, p. 566-567.

Humberto ÁVILA assevera que qualquer norma jurídica, inclusive as que estabelecem bases de cálculo por meio de valores presumidos, deve harmonizar-se com a realidade. Segundo o eminente professor, exige-se uma "... *causa real justificante para a adoção de qualquer medida*"[966].

5.5.2.2.3.2 A razoabilidade como congruência e a substituição tributária

A análise da razoabilidade, enquanto congruência, é de extrema valia para as técnicas de substituição. O regime de substituição, especialmente o da substituição "para frente", somente é razoável **se há uma causa que efetivamente justifique a sua utilização e que assegure a sua vinculação com a realidade.**

ÁVILA apresenta, de forma pormenorizada, todos os requisitos que o padrão deve obedecer para que subsista tal vínculo, que se aplica, obviamente, à substituição tributária progressiva. São os seguintes requisitos: (i) a substituição deve ser, antes de tudo, necessária, isto é, "... *uma necessidade prática da administração...*"[967] – ela somente é admissível se a fiscalização por parte da Administração for impossível ou extremamente onerosa, tornando a tipificação algo "... *inevitável...*", quando configurado aquele "... *estado de necessidade administrativo*" de que fala Misabel DERZI[968]; (ii) o regime de substituição deve atender ao pressuposto da generalidade, que se realiza com a adoção efetiva de um padrão que represente a realidade da maioria dos contribuintes, provocando "... *efeitos desiguais de diminuta extensão...*"[969]; (iii) a substituição deve cumprir o requisito da compatibilidade, o quê, para ÁVILA, significa a exigência de que a realidade sempre caminhe ao lado do padrão construído, seja antes da formação do padrão, por meio de embasamento em robusto suporte empírico, seja após a sua construção, por meio da possibilidade de o cidadão poder controlar a existência de discrepâncias entre o padrão e a realidade. Nesse sentido,

[966] **Teoria da Igualdade...**, *op. cit.*, p. 91.
[967] *Ibidem*, p. 95.
[968] **Direito Tributário...**, *op. cit.*, p. 267-269.
[969] ÁVILA, **Teoria da Igualdade...**, *op. cit.*, p. 96.

Regina Helena COSTA é enfática ao afirmar que a praticabilidade não pode desconsiderar os limites impostos pela capacidade contributiva[970].

Outro pressuposto identificado por ÁVILA é a neutralidade, na acepção de "... *uma manifestação estipulada da própria igualdade na sua conexão com o princípio da liberdade de concorrência, notadamente no aspecto negativo da atuação estatal*"[971]. O dever de neutralidade do ente estatal implica um exame da igualdade na regra e nos seus efeitos em relação aos concorrentes.

E, por último, a ajustabilidade: a característica de a padronização levar em consideração as diferenças entre os contribuintes e provocar efeitos desiguais de pequena extensão, alcance e intensidade[972].

A congruência exigida pela razoabilidade parece manifestar-se, igualmente, nas considerações de Roberto FERRAZ, no que toca ao uso da substituição tributária progressiva, com o fito de promover a livre concorrência.

Para compreender o raciocínio de Roberto FERRAZ, deve-se esclarecer o que o jurista denomina de uma "... *inconstitucionalidade dinâmica...*" das contribuições de intervenção no domínio econômico. Diz ele que, se há uma vinculação determinada pela própria norma jurídica com relação ao fim a que ela deve satisfazer, e se as circunstâncias de fato apontam que o fim não está sendo cumprido, o Judiciário deve reconhecer a invalidade da norma. FERRAZ esclarece, portanto, que as contribuições especiais podem "... ***estar inconstitucionais***..." por não se verificarem "... *os elementos **fáticos** constitucionalmente exigidos para a configuração da competência tributária da União para exigi-las...*"[973].

O ex-professor da PUC/PR retoma esse argumento, de forma análoga, para o estudo da substituição tributária. Para ele, no âmbito da substituição tributária progressiva, é fundamental uma revalorização do que denomina de "... ***pressupostos de fato***" para a análise da validade da téc-

970 **Princípio da Capacidade...**, *op. cit.*, p. 48.

971 **Teoria da Igualdade...**, *op. cit.*, p. 99.

972 *Ibidem*, p. 105.

973 Inconstitucionalidade Dinâmica das CIDES – O Direito Fundamental à Destinação Constitucionalmente Prevista do Tributo, *in* Melissa FOLMANN (coord.), **Tributação e Direitos Fundamentais: Propostas de Efetividade**, p. 275.

nica[974]. O relativo sacrifício da justiça individual na tributação seria aceitável somente à medida em que detectada uma "*... falha **fática** do sistema tributário implementado no país...*", que exigiria a adoção de uma medida contingente para o restabelecimento da normalização do mercado. Esse pressuposto fático não é estático, mas "*... dinâmico, fático...*", e deve estar presente, **ao longo de toda a existência do regime de substituição**, para justificar a instituição e manutenção desse mecanismo[975]. Em suma, os pressupostos de fato, invocados por FERRAZ, correspondem à razoabilidade como congruência: somente é razoável a instituição e a manutenção do regime da substituição progressiva, para a promoção da livre concorrência, **se a realidade mostra que há, de fato, uma falha do sistema que prejudique a concorrência.**

Uma terceira alusão à razoabilidade, no sentido de congruência, foi invocada, salvo melhor juízo, pelo Ministro Luis Roberto BARROSO, no recente julgamento firmado pelo Supremo Tribunal Federal, que reconheceu o direito dos contribuintes ao ressarcimento das quantias recolhidas em excesso pelo Estado. Argumentou o notável constitucionalista que, atualmente, **as condições materiais** de que dispõe o ente tributante para apurar o preço das operações realizadas pelos contribuintes, bem como efetuar a fiscalização, **são diferentes do contexto de quando havia sido julgada a ADI n. 1.851/AL**. Se a realidade material mudou, a manutenção da tributação, sem direito ao ressarcimento, sob a alegação de dificuldade de apuração e fiscalização, **seria incongruente com a realidade material**[976].

[974] Pressupostos fáticos de imposição na substituição tributária, *in* Arthur M. FERREIRA NETO e Rafael NICHELE, **Curso Avançado...**, *op. cit.*, p. 96.

[975] *Ibidem*, p. 101-102.

[976] Consulte-se, a respeito, o voto do Ministro no sítio eletrônico do STF, especialmente páginas 3, 4 e 5 – disponível em: http://redir.stf.jus.br/paginadorpub/paginador.jsp?docTP=TP&docID=12692057, último acesso em: 30.04.2020. Semelhante raciocínio foi desenvolvido por Luis Eduardo SCHOUERI, acerca da necessidade da medida: "*Assim, mesmo que em certas circunstâncias se afirme ser proporcional determinada medida, pode-se, mais tarde, chegar a conclusão diversa, à luz de novos fatos. Digo isso porque a substituição tributária, como afirmado por Paulo Victor, surgiu inspirada no princípio da praticabilidade. O teste da necessidade parecia, naquele momento, indicar o acerto da medida. Recentemente, com o aprimoramento dos meios eletrônicos de fiscalização, inclusive com o acesso irrestrito aos pagamentos efetuados com*

As considerações doutrinárias dão a entender que, com o passar do tempo, **a substituição tributária poderia ser objeto de modificações, em função de alterações da realidade a seu redor.** À semelhança das normas indutoras, uma vez que tenham sido alcançados ou estabilizados os fins por ela almejados, **é de se questionar se a substituição tributária deve ser uma técnica temporária,** em sentido similar ao que defende Martha LEÃO, a propósito das normas indutoras, exigindo um controle de finalidade, de maneira que o uso extrafiscal não possa "*... perdurar no tempo de forma eterna, devendo ser temporária, até o cumprimento deste*"[977]. O cumprimento da finalidade precisa ser constantemente analisado, sendo possível que haja, com o passar do tempo, alterações supervenientes na realidade fáctica ou na percepção jurídica dominante que justifique a reconsideração de um determinado ato, antes válido, para ser reputado inválido.

O exemplo dado pela autora, coincidentemente, é a discussão em torno da contribuição instituída pela Lei Complementar n. 110, de 29 de junho de 2001, cujo objetivo era viabilizar o pagamento da atualização monetária das contas vinculadas ao Fundo de Garantia do Tempo de Serviço – FGTS, analisada pelo Supremo Tribunal Federal, nas Ações Diretas de Inconstitucionalidade n. 5.050, 5.051 e 5.053, ações essas que estão sob a relatoria do Ministro Luis Roberto Barroso.

5.5.2.3 A proporcionalidade

5.5.2.3.1 Generalidades

O exame de proporcionalidade, registra Humberto ÁVILA, tem merecido cada vez mais importância no direito brasileiro, servindo como relevante "*... instrumento de controle dos atos do poder público*"[978]. No âmbito da dou-

cartões de crédito, talvez seja a hora de se indagar se ainda é necessária a substituição tributária para tornar viável (praticável) a arrecadação" – Prefácio, *in* Paulo Victor da ROCHA, **Substituição...**, *op. cit.*, p. V.

[977] **Controle...**, *op. cit.*, p. 150.

[978] Proporcionalidade e Direito Tributário, *in* Luis Eduardo SCHOUERI (coord.), **Direito Tributário: homenagem a Alcides Jorge Costa**, v. 1, p. 330. O mesmo artigo foi também reproduzido na **Revista Direito Tributário Atual**, n. 25, p. 83. Para análises do tema fora

trina tributária, além do próprio Ávila, autores como Helenílson Cunha Pontes, Andrei Pitten Velloso, Paulo Victor Vieira da Rocha, Martha Leão, Diego Bomfim, têm produzido obras que conferem densidade ao tema, aspecto da maior relevância para afastar o receio de subjetivismo que o exame pode sugerir, consoante preocupação manifestada por Eros Grau, reproduzida nos capítulos iniciais desta dissertação[979]. E, certamente, a discussão dos problemas pertinentes à proporcionalidade é fundamental para iluminar o tema; do contrário, arrisca-se cair na armadilha de que a proporcionalidade, embora concebida para combater atos arbitrários, funcione, paradoxalmente, como "*... subterfúgio para a prática de tais atos*"[980].

A despeito das divergências quanto à estrutura da proporcionalidade – se uma regra, um princípio ou um postulado – concordam Ávila, Virgílio Afonso da Silva e Andrei Velloso que a proporcionalidade é um método, uma metanorma, que visa a estruturar a aplicação de outras normas, "*... servindo para solucionar os conflitos normativos*"[981]. Como adiantamos previamente, utilizaremos o termo "postulado", no sentido de um método dirigido, essencialmente, para a aplicação das normas do sistema jurídico.

Quando há um conflito de direitos fundamentais com outros direitos e bens jurídicos – e, especialmente, quando nesse choque está presente a igualdade – entra em cena o controle de proporcionalidade, garantia

do âmbito tributário, consulte-se Willis Santiago Guerra Filho, Novas Dimensões da Teoria dos Direitos Fundamentais (aludindo ao princípio da proporcionalidade): uma abordagem filosófica, *in* Clèmerson Merlin Clève e Alexandre Freire (coord.), **Direitos Fundamentais e Jurisdição Constitucional**, p. 849-860; Virgílio Afonso da Silva, O proporcional..., *op. cit.*, p. 23-50.

979 V. subitem 2.4.2. Ávila, **Teoria dos Princípios**, p. 204-219; Helenílson Cunha Pontes, **O Princípio da Proporcionalidade e o Direito Tributário**, *passim*; Andrei Pitten Velloso, **O Princípio**..., *op. cit.*, p. 248-258 e p. 310-317; Leão, **Controle**..., *op. cit.*, p. 135-146, com a aplicação a alguns casos concretos; Diego Bomfim, **Extrafiscalidade**..., *op. cit.*, 344-350; Paulo Victor Vieira da Rocha, **Substituição Tributária**..., *op. cit.*, p. 112-198, e **Teoria dos Direitos**..., *passim*.

980 Ávila, Proporcionalidade..., *op. cit.*, p. 331.

981 Velloso, **O Princípio**..., *op. cit.*, p. 249. Para as distintas visões sobre a estrutura da proporcionalidade, consulte-se Paulo Victor da Rocha, **Substituição**..., *op. cit.*, p. 129-139.

tanto do Estado de Direito quanto dos direitos fundamentais, consoante bem observam José Roberto VIEIRA e Andrei VELLOSO[982].

A proporcionalidade é um exame entre meios e fins: deve haver uma medida concreta destinada a realizar uma finalidade, em uma relação intersubjetivamente controlável[983]. Só terá cabimento realizar a análise, porém, se os meios e os fins, da medida objeto de controle, tiverem legitimidade constitucional. No âmbito do Direito Tributário, os fins que se afastem do quotidiano da fiscalidade, independentemente do nome que a eles se dê, devem ser "*... sempre vistos como contemplados, amparados ou protegidos na Lei das Leis*", assevera VIEIRA[984].

A proporcionalidade é estruturada na forma de um **tríplice exame**: o da adequação, o da necessidade e o da proporcionalidade em sentido estrito.

No exame de adequação, verifica-se se **as medidas escolhidas são adequadas à finalidade perseguida**. A inaptidão pode ser absoluta – completa impossibilidade de o meio alcançar o fim almejado – ou relativa. De todo modo, não se deve confundir a inaptidão para produzir o resultado com a ausência efetiva de resultados empíricos (eficácia social): esta última é, em princípio, "*... irrelevante para o controle de proporcionalidade, sobretudo quando se restringir a casos isolados*"[985]. Exige-se que a medida seja adequada, "*... e não que ela seja socialmente eficaz*"[986].

Ainda, no que tange à adequação, acrescenta ÁVILA que o meio adequado é aquele que promova minimamente o fim perseguido, ainda que

982 VELLOSO, **O Princípio...**, *op. cit.*, p. 249; VIEIRA, A extrafiscalidade..., *op. cit.*, p. 30.

983 ÁVILA, Proporcionalidade..., *op. cit.*, p. 331-332.

984 A extrafiscalidade..., *op. cit.*, p. 27-28. Reforçando esse pressuposto inafastável de legitimidade constitucional dos meios e dos fins, veja-se VELLOSO, **O Princípio...**, *op. cit.*, p. 249-251.

985 VELLOSO, **O Princípio...**, *op. cit.*, p. 251.

986 BOMFIM, **Extrafiscalidade...**, *op. cit.*, p. 346. Vale registrar que, no âmbito da extrafiscalidade, Martha LEÃO faz interessante defesa de um "controle de eficácia", julgando indispensável que as normas tributárias indutoras tenham não apenas a aptidão, mas que produzam, efetivamente, os efeitos indutores desejados – "*... não há **função indutora** sem **eficácia indutora***" – sob pena de, por vezes, admitir-se a adoção de medidas tributárias que se afastem da capacidade contributiva, mas que não cumprem os "*... seus objetivos de alterar o quadro social ou econômico vigente, o que pode transformá-las em medidas meramente arrecadatórias*" – **Controle...**, *op. cit.*, p. 114-123.

não seja "... *o mais intenso, o melhor, nem o mais seguro*". E isso é assim porque, primeiro, nem sempre é possível avaliar todos os meios possíveis e plausíveis para o alcance de um fim; e, segundo, porque há de se respeitar a vontade objetiva do Poder Legislativo e do Poder Executivo, em homenagem ao princípio da separação de funções[987].

Ademais, segundo o jurista gaúcho, a relação de adequação deve ser analisada, em regra, no que concerne à edição de atos normativos aplicáveis a uma generalidade de casos, em uma dimensão abstrata, geral e de acordo com as circunstâncias do momento em que adotada a medida pelo poder público. O exemplo que usa para ilustrar essas dimensões, a propósito, é a substituição tributária "para frente", que, aos olhos do autor, visa a simplificar a arrecadação e a diminuir os custos administrativos da fiscalização. A utilização da técnica de substituição será adequada se tiver o potencial para atingir o fim (dimensão abstrata), se geralmente o atingir (dimensão de generalidade) e se ela for adequada no momento em que foi adotada[988].

No exame da necessidade, o objeto da análise centra-se na questão de verificar se, **em face da existência de medidas alternativas, as adotadas são as menos restritivas e prejudiciais dentre as existentes**. As medidas alternativas, note-se, devem ser aptas a promover o fim de forma tão ou mais eficaz do que aquela selecionada pelo Legislativo ou pelo Executivo – é a etapa de aferição da "... *intensidade da realização do fim...*" (Velloso) ou do "... *exame da igualdade de adequação dos meios aos fins...*" (Ávila) – e, caso cumpram esse requisito, é preciso averiguar se os meios alternativos são menos restritivos aos direitos fundamentais, em comparação com a medida escolhida – é a etapa de aferição da "... *intensidade de restrição aos bens jurídicos contrapostos à realização de tal fim...*" (Velloso) ou "... *exame do meio menos restritivo...*" (Ávila)[989].

A derradeira etapa do exame é a da **proporcionalidade em sentido estrito**, por meio do qual se deve averiguar se as vantagens oriundas da finalidade almejada são proporcionais às desvantagens oriundas dos danos

[987] Proporcionalidade..., op. cit., p. 336.

[988] **Teoria dos Princípios**, p. 210-212.

[989] Velloso, **O Princípio**..., *op. cit.*, p. 252-253; Ávila, **Teoria dos Princípios**..., *op. cit.*, p. 214.

decorrentes das restrições aos direitos fundamentais[990]. A pergunta a ser respondida é se o grau de importância da promoção do fim justifica a restrição do direito fundamental, o quê, inegavelmente, envolve, em certos casos excepcionais, certa dose de subjetividade, mas **passível de um controle racional, argumentativo**[991]. A ponderação, portanto, envolve a consideração de dois aspectos: a intensidade da restrição a um direito fundamental; e a importância da realização da norma contraposta[992].

Em matéria tributária, o campo mais fértil para a aplicação da proporcionalidade é o da extrafiscalidade. Na distinção proposta por Humberto ÁVILA, entre fins internos e externos, os fins internos não estão sujeitos a um juízo de proporcionalidade, mas a um juízo de justiça. Isso porque a capacidade contributiva não "... *causa a justiça da tributação*", havendo uma confusão entre o meio e o fim, no critério da capacidade contributiva[993]. O controle de proporcionalidade, em contrapartida, é aplicável aos fins externos, porque é possível discernir a medida e o fim extrafiscal que ela persegue. Logo, esse afastamento, existente na extrafiscalidade, da igualdade particular, faz com que a tributação se submeta ao controle da proporcionalidade[994].

Registrou-se no início do capítulo, porém, que as medidas simplificadoras, de que são exemplo as de substituição tributária, servem, muitas vezes, à realização da justa repartição da carga tributária; logo, um fim considerado, aparentemente, interno. Paulo Victor Vieira da ROCHA pondera, nesse sentido, que a classificação dual entre normas de finalidade fiscal e de finalidade extrafiscal poderia acabar por retirar do âmbito de controle da proporcionalidade, medidas que, certamente, configuram hipóteses de intervenção sobre direitos fundamentais, tais quais as regras de finalidade antiabuso[995].

[990] VIEIRA, A Extrafiscalidade..., *op. cit.*, p. 30-31; LEÃO, **Controle**..., *op. cit.*, p. 144; ÁVILA, **Teoria dos Princípios**..., *op. cit.*, p. 216.

[991] Paulo Victor da ROCHA, **Substituição**..., *op. cit.*, p. 157-158.

[992] VELLOSO, **O Princípio**..., *op. cit.*, p. 254.

[993] ÁVILA, **Teoria dos Princípios**..., *op. cit.*, p. 207.

[994] *Ibidem*, p. 207. Igualmente, ÁVILA, **Teoria da Igualdade**..., *op. cit.*, p. 162.

[995] **Teoria dos Direitos**..., *op. cit.*, p. 101. Lembre-se que ÁVILA supera essa questão ao reputar que a praticabilidade administrativa e as finalidades de simplificação são fins

O professor amazonense observa que a doutrina, inclusive estrangeira, não se preocupava em inserir as finalidades simplificadoras nas discussões atinentes ao controle de proporcionalidade, de maneira que, em relação a elas, a submissão de medidas de simplificação ao controle de proporcionalidade "*... é bem menos clara*".

De todo modo, o autor, com amparo em manifestações doutrinárias mais recentes, como a de Humberto ÁVILA e a de Stephan HUSTER, entende que **a proporcionalidade deve ser aplicada em relação às medidas simplificadoras**, propondo uma revisão da classificação entre fins internos e externos[996]. Andrei Pitten VELLOSO, aliás, anota que o Tribunal Constitucional Federal alemão realiza, há tempos, o controle de proporcionalidade das normas de simplificação tributária que ocasionem restrições àqueles direitos dos contribuintes[997].

De nossa parte, não temos dúvida de que as normas simplificadoras, e, consequentemente, a substituição tributária, conquanto não se enquadrem no conceito de extrafiscalidade em sentido estrito, estão propensas a intervir e restringir direitos fundamentais dos contribuintes, sobretudo o da igualdade individual, circunstância que **justifica o recurso à proporcionalidade.**

5.5.2.3.2 Substituição tributária sob o exame da proporcionalidade

No que concerne à figura da substituição tributária, especialmente em sua modalidade progressiva, Misabel DERZI reconhece que "*... os princípios da igualdade, no sentido de justiça individual, e da capacidade contributiva são abrandados (e frequentemente violados) por meio do princípio da praticidade ou praticabilidade*"[998]. Logo, o cabimento do exame de proporcionalidade é manifesto.

Em primeiro lugar, é imprescindível a identificação dos meios e dos fins envolvidos na análise. À luz dos tópicos precedentes, o meio – a téc-

externos, não internos – **Teoria dos Princípios**..., op. cit., p. 207 e 211-212; Proporcionalidade..., *op. cit.*, p. 345-347.

[996] ROCHA, **Teoria dos Direitos**..., *op. cit.*, p. 115-117.

[997] **Constituição Tributária**..., *op. cit.*, p. 205, especialmente notas de rodapé nºs. 273 e 274.

[998] A Praticidade, a Substituição..., *op. cit.*, p. 264.

nica de substituição tributária – pode vir a promover o fim da igualdade geral, ou, ainda, o da proteção da livre concorrência, manifestação específica da igualdade no âmbito da ordem econômica.

Poder-se-ia levantar dúvida quanto à possibilidade de se promover um controle de proporcionalidade em que a igualdade tributária se manifesta nas duas pontas: uma, como o bem a ser promovido; outra, como o direito a ser restringido, nos moldes daquela paradoxal relação de que falamos alhures.

A questão, porém, é devidamente esclarecida por Andrei Pitten VELLOSO, que observa que a igualdade geral **é um bem coletivo**, que se singulariza pelo seu caráter não distributivo. O bem coletivo da isonomia tributária é alcançado pelo respeito aos direitos subjetivos de igualdade dos contribuintes; nada impede, todavia, que haja conflito entre o bem coletivo e os direitos individuais, decorrentes das dificuldades de imposição fáctica da tributação. Daí a assertiva de que "*... a persecução da igualdade geral com danos à individual consubstancia restrição de direitos subjetivos baseada fundamentalmente num bem coletivo*"[999]. Em sentido semelhante, manifesta-se Paulo Victor da ROCHA[1000].

Dessa forma, no que toca à primeira etapa do exame de proporcionalidade, é mister averiguar se a substituição tributária "para frente" é técnica adequada para servir ao fim da igualdade geral ou da livre concorrência.

Para Humberto ÁVILA, tecendo considerações especificamente sobre a substituição tributária progressiva, a validade do mecanismo é preservada, e a análise da adequação será cumprida, se o legislativo projetou de forma apropriada o mecanismo, observando o padrão médio para a normalidade dos casos. **A questão decisiva** para o juízo de adequação da técnica está na **demonstração de estar em conformidade com a maioria dos casos**, ainda que o tipo criado pelo legislador não seja exato para alguns[1001].

Em idêntico sentido, Andrei VELLOSO afirma que o postulado da proporcionalidade será violado se houver desproporções excessivas entre a base de cálculo presumida e a efetiva, por representarem intervenções

[999] **O Princípio...**, *op. cit.*, p. 256 e 268.
[1000] **Teoria dos Direitos...**, *op. cit.*, p. 303-305.
[1001] **Teoria dos Princípios**, p. 212.

nos direitos dos contribuintes à isonomia, à tributação conforme a capacidade contributiva e ao direito de propriedade[1002].

O afastamento do padrão da realidade acaba por gerar um desvirtuamento da substituição tributária. Marco Aurélio GRECO chama de "... *disfunção do mecanismo...*", se houver "... *uma sistemática e constante necessidade de devolução significativa de valores cobrados em excesso*", o que ensejaria "... *a impugnação do regime naquele setor ou segmento específico*"[1003].

Nessa linha, é coerente o argumento de Luis Eduardo SCHOUERI de que o regime de substituição tributária "para frente" **é adequado se aplicado a mercados de "...** ***produtos homogêneos,*** *produtos para os quais não haja significativa diferença de preços na venda ao consumidor final*" (grifos nossos), no que tem o endosso de Paulo Victor da ROCHA[1004]. Afinal, em um mercado em que os preços são flutuantes, havendo grandes diferenças de preços de venda ao consumidor, entre os concorrentes, embora seja possível extrair uma média, ela não representará os casos "normais" de venda, justamente porque não há a homogeneidade necessária. **Não basta ser a média**; ela deve representar uma operação normal, padrão, do mercado[1005].

Embora de acordo com as considerações acima, Paulo Victor da ROCHA propõe que a adequação deva ser analisada sob a óptica da praticabilidade, em um sentido mais restrito. Em sua visão, a substituição será viável "... *se fizer viável a arrecadação e fiscalização dos tributos*", desvinculando-se apenas da necessidade de que a base de cálculo reflita com acuidade a média dos casos.

Do ponto de vista da adequação da substituição, para a promoção do fim da praticabilidade, ela seria importante para verificar se a técnica teria o condão de efetivamente promover a simplificação almejada, ou

1002 *Ibidem*, p. 205. Em idêntico sentido, manifesta-se Betina Treiger GRUPENMACHER, ao asseverar que a "... *razoabilidade e a proporcionalidade...*" devem dirigir a ação da autoridade fiscal voltada à presunção dos preços finais de venda, aproximando-se da média praticada no mercado, sob pena de inconstitucionalidade, em decorrência de violação a direitos fundamentais – ICMS – Considerações sobre a Base de Cálculo, *in* Valdir de Oliveira ROCHA (coord.), **Grandes Questões Atuais do Direito Tributário**, v. 10, p. 28.

1003 **Substituição...**, *op. cit.*, p. 28-29.

1004 SCHOUERI, **Direito...**, *op. cit.*, p. 566; ROCHA, **Teoria dos Direitos...**, *op. cit*, p. 291.

1005 ROCHA, **Teoria dos Direitos...**, *op. cit.*, p. 291.

se, em vez disso, seu objetivo exclusivo é o de aumentar a arrecadação e assegurar a antecipação de receitas, circunstância em que não passaria no controle de proporcionalidade.

A inadequação do regime existiria em "... *setores muito ramificados no começo da produção...*", de que seriam exemplos o setor de autopeças e o de construções em geral. É que, nesses setores, a instituição do regime de substituição não tem "... *nenhum potencial de imprimir praticabilidade...*", porquanto a técnica, pelas características de um determinado mercado, não tem a capacidade de concentrar o número de obrigações principais e acessórias em um pequeno número de contribuintes e, consequentemente, propiciar uma simplificação. Assevera, com propriedade: "... ***não faz nenhum sentido e indica nitidamente falta de adequação não se perceberem ao menos possibilidades de o regime de antecipação da incidência reduzir o rol de sujeitos passivos***"[1006].

Do mesmo modo, se, em um determinado segmento econômico, houver uma concentração de agentes tanto na ponta inicial da cadeia, quanto na ponta final, também "... *tende a não haver adequação da substituição tributária para frente*", porquanto a adoção da técnica não resultará em praticabilidade. Ilustrativamente, o autor dá o exemplo do setor de eletrodomésticos, especialmente os da "linha branca": atualmente, os agentes responsáveis pela sua venda no varejo são, essencialmente, as grandes cadeias de lojas, cujo número não é muito superior aos das empresas que produzem esses produtos. Parece elementar que o regime será adequado caso propicie "... ***uma diminuição no rol de contribuintes, ao menos potencial***"[1007].

O autor considera que esses dois elementos – o de adequação da base de cálculo para assegurar a justiça geral, assim como o de sua condição de gerar uma efetiva simplificação no sistema – são extraídos diretamente da decisão do Supremo Tribunal Federal na Ação Direta de Inconstitucionalidade n. 1.851-4/AL[1008].

Em tese de doutorado mais recente, Paulo Victor da ROCHA esclarece que a análise dos casos paradigma, apreciados pelo Supremo Tri-

[1006] **Substituição...**, *op. cit.*, p. 179.
[1007] *Ibidem.*
[1008] *Ibidem*, p. 170-181.

bunal Federal, em matéria de substituição tributária – a ADI n. 1.851 e o Recurso Extraordinário n. 213.369 – revela que, para a Corte, o regime da substituição foi considerado adequado quando (i) há boa dose de certeza de que o fato presumido ocorrerá; (ii) houver efetiva simplificação na apuração e fiscalização do imposto; (iii) houver a concentração de responsabilidade sobre um reduzido universo de sujeitos passivos. Logo, de acordo com a jurisprudência do Tribunal, se a substituição não atender a esses pressupostos, é incapaz de ultrapassar a etapa de adequação do exame de proporcionalidade[1009].

Marco Aurélio Greco, sem examinar especificamente o julgamento da suprema corte, explica que a criação do modelo de substituição tributária "para frente" impõe ao legislador que ele escolha uma fase preliminar da cadeia econômica que não seja "*... nem aleatória nem arbitrária*", que recaia, exclusivamente, "*... em eventos que apresentem, no plano fático, algum tipo de vinculação com o fato tributável a ocorrer posteriormente, e em determinado grau que permita prever, com razoável certeza, sua ocorrência (elemento adequação) e na dimensão então prevista (elemento proporcionalidade ou proibição de excesso)*"[1010].

No que atine ao exame da necessidade – isto é, se, dentre as medidas adequadas possíveis, a sob análise é a menos restritiva aos direitos fundamentais – Vieira da Rocha reconhece a existência de, ao menos, duas outras medidas, cujos efeitos são muito próximos ao da substituição tributária: o aumento da base de cálculo do contribuinte situado no início da cadeia, isentando os demais agentes do ciclo econômico; ou o aumento da alíquota no início do ciclo, com a isenção das operações posteriores.

Em ambas, haveria uma vantagem com relação à transparência e clareza. Entretanto, pondera o professor, a substituição "para frente", dentre as alternativas consideradas, revela-se como a que menos intervém no âmbito de proteção da capacidade contributiva, porque é a técnica que, apesar das dificuldades, **assegura a devolução dos valores correspondentes, em comparação com as outras**. Por isso, de um ponto

[1009] **Teoria dos Direitos...**, *op. cit.*, p. 289-291.

[1010] **Substituição...**, *op. cit.*, p. 43. Em idêntico sentido, consulte-se Hugo Funaro, Limites à criação..., *op. cit.*, p. 600-601.

de vista abstrato, a técnica de substituição parece atender ao exame de necessidade[1011].

Por derradeiro, ROCHA se propõe a proceder a um exame abstrato da substituição tributária conforme a proporcionalidade em sentido estrito. A ponderação será feita entre **as vantagens obtidas em favor da igualdade geral**, graças à praticabilidade, que **diminui a complexidade do sistema tributário** e promove a efetiva aplicação das normas tributárias a todos; **e as desvantagens para a justiça individual**, direito fundamental do contribuinte.

5.5.2.4 Proibição do excesso

5.5.2.4.1 Generalidades

A proibição do excesso é um postulado normativo aplicativo segundo o qual é vedada a "*... restrição excessiva de qualquer direito fundamental*". O exemplo dado por ÁVILA é o da utilização da competência tributária que conduza ao aniquilamento da livre iniciativa[1012]. É a importante ressalva, aliás, que faz Francesco MOSCHETTI, acerca dos limites à extrafiscalidade dos tributos: "*Deben ser respetados, en particular, los derechos fundamentales relativos a la libertad de iniciativa económica y a la propriedad privada*"[1013].

Tome-se, à guisa de ilustração, uma situação nada incomum na realidade brasileira: a imposição de deveres instrumentais que sobrecarregam os sujeitos, muitas vezes pessoas que nem mesmo realizam o fato jurídico tributário. É evidente que o legislador deve "*... regrar sua imposição atentando para a não-oneração demasiada do sujeito passivo*"[1014].

Em situações de excessividade, Cristiano CARVALHO não hesita em afirmar ser cabível o ajuizamento de ações "*... alegando a inconstitucionali-*

[1011] **Substituição...**, *op. cit.*, p. 181-183. É fundamental destacar que a análise do autor se detém na intervenção da substituição sobre o direito fundamental da capacidade contributiva. É possível, consoante destaca, que outros direitos fundamentais possam vir a sofrer restrições por parte do mecanismo, o quê poderia comprometer o cumprimento do aspecto da "necessidade" – *ibidem*, p. 182-183.

[1012] **Teoria dos Princípios**, p. 188.

[1013] ***El Principio...***, *op. cit.*, p. 291.

[1014] Regina COSTA, **Praticabilidade...**, *op. cit.*, p. 197.

dade da exigência do cumprimento de deveres instrumentais sempre que estes gerarem custos exacerbados à iniciativa privada"[1015].

Eurico de Santi traz à baila interessantíssimo precedente da Suprema Corte dos Estados Unidos, cujo cerne da decisão diz respeito à "... *devolução da complexidade tributária ao Fisco*". Nessa decisão, foi reconhecida a isenção dos vendedores no Estado de Dakota do Norte, que faziam suas operações comerciais por meio de sítios eletrônicos, serviços postais *etc.*, porque, segundo o voto, não é "... *razoável que* [os vendedores] *conheçam todas as legislações de todos os Estados e municipalidades para os quais eles vendem, bem como por não haver nexo substancial entre eles e o Estado em questão*" (esclarecemos nos parênteses)[1016].

Assim, se uma determinada medida causar uma restrição excessiva a um direito fundamental do cidadão, mormente o da livre iniciativa, a medida pode ser considerada inválida.

5.5.2.4.2 Substituição tributária e a proibição do excesso

O regime da substituição tributária, por concentrar, em torno de alguns poucos contribuintes, o dever de efetuar o pagamento de tributos e o de realizar obrigações acessórias pertinentes a uma vasta gama de outros sujeitos, está, constantemente, sob a ameaça da imposição de deveres excessivos, extremamente gravosos, às pessoas oneradas com esse encargo.

No mercado de derivados de petróleo e produtos combustíveis, por exemplo, as refinarias de petróleo recebem "... *pesados encargos de transferência administrativa...*", na condição de substitutas tributárias, assumindo obrigações de cunho fiscal relativas a operações com seus clientes e com os clientes de seus clientes, sem mencionar a necessidade de dominar as

[1015] Deveres Instrumentais..., *op. cit.*, p. 88.

[1016] **Kafka**..., *op. cit.*, p. 475. O caso foi objeto de análise em interessante artigo de Leonardo Âlcantara Ribeiro, A guerra fiscal do ICMS sob uma perspectiva comparada de competição tributária, *in* **Escola de Direito GV – Núcleo de Estudos Fiscais**, p. 18-22. A situação, diga-se de passagem, lembra muito as dificuldades geradas no sistema tributário após a promulgação da Emenda Constitucional n. 87, de 16 de abril de 2015, a partir da qual se passou a exigir das empresas a inscrição estadual junto às secretarias das fazendas dos Estados, para recolher as quantias devidas por operações realizadas diretamente com o consumidor final.

legislações de todas as unidades da federação e das interpretações divergentes dos enunciados legais.

Sacha Calmon Coêlho e Misabel Derzi, com razão, apontam que as refinarias se transformaram em verdadeiras "*... câmaras de compensação...*" entre os Estados, nas operações interestaduais, a elas sendo transferida, a um elevado custo, "*... a responsabilidade pela exatidão do recolhimento do tributo retido ao Estado do destino, assim como pela correção dos ressarcimentos e das restituições autorizadas aos contribuintes substituídos prejudicados*"[1017]. O problema se agrava quando se considera a atribuição desses encargos não, nas palavras de Jackson Borges de Araújo, a um contribuinte "*... proprietário de um grande patrimônio e elevado capital...*", que poderá possuir, em tese, meios para minorar o impacto econômico-financeiro da medida, mas sim a um "*... pequeno contribuinte...*", que, "*... sem patrimônio significativo e com dificuldades financeiras...*", não tem condições de "*... sacar o dinheiro para pagar antecipadamente o 'ICMS' (nem seu, nem de outrem)*"[1018].

1017 A Substituição Tributária em Matéria de ICMS e a Proteção da Confiança, *in* Sacha Calmon Navarro Coêlho, **Direito Tributário – Temas Atuais**, p. 375. Curiosamente, Ricardo Lodi Ribeiro e Maria Luisa Marques Moreira empregam a mesma expressão para mostrar o complexo papel desempenhado atualmente pelas refinarias, no segmento de derivados de petróleo, submetido, de forma intensa, ao regime da substituição tributária "para frente", em decorrência da "capilaridade" do mercado: "*A refinaria, portanto, acaba funcionando como espécie de câmara de compensação, que ajusta os repasses e deduções do ICMS devido aos Estados a partir das informações prestadas pelas distribuidoras*" – Substituição Tributária na Indústria do Petróleo, *in* Arthur M. Ferreira Neto e Rafael Nichele, **Curso Avançado...**, *op. cit.*, p. 159-160. A mesma expressão – "câmara de compensação" – foi utilizada pelo Supremo Tribunal Federal, no julgamento da Ação Direta de Inconstitucionalidade n. 4.171/DF, para explicar o crucial papel desempenhado pelas refinarias, no complexo sistema de tributação sobre o mercado de combustíveis. No acórdão, cujo cerne tratava da substituição tributária no âmbito desse segmento, os debates travados entre os ministros, transmitem, com clareza, os óbices causados à gestão do tributo por meio de instituição de regimes de substituição tributária "para frente" e "para trás", que se entrecruzavam. Nesses casos, parece difícil sustentar que a substituição tributária é, efetivamente, um mecanismo de simplificação do sistema tributário – Supremo Tribunal Federal, Ação Direta de Inconstitucionalidade n. 4.171/DF, Tribunal Pleno, Relatora Ministra Ellen Gracie, Relator para o acórdão Ministro Ricardo Lewandowski, DJe 20.08.2015. Fonte: Supremo Tribunal Federal (www.stf.jus.br). Acesso em: 30.04.2020.

1018 **ICMS – Ficção...**, *op. cit.*, p. 107.

Desse modo, à luz do postulado da proibição do excesso, o mecanismo da substituição tributária não será válido, caso as atribuições de deveres, principais e acessórios, ao substituto, possam ocasionar a restrição excessiva de seus direitos, particularmente o da livre iniciativa.

A proibição do excesso, igualmente, é pertinente, quanto à análise do padrão estipulado na substituição tributária "para frente". ÁVILA esclarece que a padronização deve preencher o pressuposto da não excessividade, na medida em que os direitos e princípios fundamentais podem ser restringidos, mas não podem ser atingidos em seu núcleo essencial. Por isso, é indispensável a possibilidade de ajustar o tipo ao caso concreto. Em sentido semelhante, manifestam-se Klaus TIPKE e Douglas YAMASHITA, ao frisarem que as regras simplificadoras não podem "... *privilegiar ou discriminar alguém excessivamente...*", de maneira que a praticabilidade não pode ter por consequência "... *um excessivo prejuízo da justiça no caso concreto*"[1019].

Nesse quadro, é perfeitamente possível que o postulado da proibição de excesso seja invocado para afastar o regime de substituição tributária, quando se demonstrar que a sua aplicação acarreta grave lesão a direitos fundamentais.

[1019] **Justiça Fiscal e Princípio da Capacidade Contributiva**, p. 39.

Capítulo 6
Conclusões

6.1 Conclusões específicas

6.1.1 Capítulos 1 e 2

1 – Dentre as várias possíveis perspectivas de análise, a substituição tributária pode ser examinada a partir de um ponto de vista jurídico-normativo: "jurídico" porque pertence ao Direito; "normativo" porque o direito se manifesta em uma linguagem diretiva, cujo objetivo é regular condutas, direta ou indiretamente.

2 – O fenômeno jurídico da substituição tributária pode ser estudado com base em uma visão estrutural e outra funcional, que se complementam. Sob a óptica estrutural, procura-se explicar o "como" e o "porquê" da substituição tributária, o que envolve a análise da norma jurídica em um plano estático – a sua estrutura lógica e a sua relação com o sistema de direito positivo – e em um plano dinâmico – a incidência e os efeitos jurídicos daí decorrentes. Sob o ponto de vista funcional, a ênfase está no "para quê" servem esses fenômenos, pondo friso no conteúdo finalístico das normas jurídicas e nos valores nelas contidos.

3 – As normas jurídicas são o resultado da interpretação realizada por seus destinatários e não se confundem com os textos do direito positivo. As normas jurídicas, segundo a concepção adotada na dissertação, não possuem homogeneidade sintática ou semântica; sua unidade decorre da circunstância de serem proposições ligadas ao sistema jurídico, com função diretiva.

4 – As normas jurídicas podem ser classificadas em normas de estrutura e normas de comportamento. As primeiras são "normas-de-normas", porque visam a regular outras normas do sistema, enquanto as últimas,

dirigidas aos indivíduos, são as que prescrevem condutas, constituídas, sob o ponto de vista sintático, por uma hipótese, que contém a descrição de um fato abstrato, e um consequente, que contém uma relação jurídica abstrata, segmentos ligados entre si por um nexo de imputação.

5 – A norma jurídica não vive isolada. Ela convive com outras, dentro de um mesmo sistema. O sistema é um conjunto de normas que se relacionam entre si, agrupadas sob o fundamento da Constituição, que lhe dá unidade. O que faz uma norma ser jurídica é o seu pertencimento ao sistema jurídico, marcado pelo fato de ser um sistema organizado para regular o exercício da força. No trabalho, o foco reside no sistema constitucional tributário, que conforma o regime jurídico tributário.

6 – À atuação dinâmica das normas dá-se o nome de "incidência", processo infalível, por meio do qual a norma colhe os fatos e os reveste de juridicidade. O fato jurídico tem por efeito as relações jurídicas prescritas no consequente das normas jurídicas. A relação jurídica cria um vínculo entre dois ou mais sujeitos (irreflexiva), com a atribuição de situações jurídicas correspondentes (assimétricas). Uma norma jurídica pode incidir, constituir fatos jurídicos, gerar efeitos jurídicos e, apesar disso, não ser aplicada pelo intérprete, segundo uma lógica de razoabilidade.

7 – O legislador imprime valores nas normas que edita, o que é natural ao Direito, por ser um objeto do mundo da cultura. A interpretação e a aplicação do Direito, pelo intérprete, devem ser feitas segundo os valores e as finalidades que permeiam o fenômeno jurídico, não segundo os do próprio intérprete. Os valores não podem ser ignorados pelo jurista. Ele, em seu labor científico, caso tenha de fazer opções em seu discurso, deverá fazê-las, esforçando-se para apresentar, racionalmente, as justificativas de suas opções.

6.1.2 Capítulo 3

8 – A substituição tributária é uma espécie do gênero "sujeição passiva tributária", apesar das numerosas dúvidas que cercam essa espécie.

9 – A sujeição passiva tributária é o aspecto pessoal passivo da relação jurídica tributária. A relação jurídica tributária, em sentido amplo, compreende a obrigação tributária – um vínculo estabelecido e conformado pelo Direito, que consiste na entrega de uma quantia de dinheiro ao Estado, compulsório, por lei, e por fato que não constitua sanção de ato

ilícito, para o cumprimento dos fins do Estado, submetido a um regime jurídico de direito público – e as demais relações tributárias instrumentais, cujo propósito é auxiliar o cumprimento da prestação principal.

10 – Submeter-se a um regime de direito público significa que o ente público serve a um fim, não a uma vontade do ente tributante. Embora esse fim normalmente esteja associado à noção de interesse público e de sua indisponibilidade, atualmente, há corrente no Direito Administrativo, segundo o qual o fundamento do regime é a realização dos direitos fundamentais indisponíveis.

11 – As relações jurídicas tributárias, a principal e as instrumentais, mantêm relações entre si, de modo que a imposição tributária forma uma estrutura complexa, interligada. As partes exercem, simultaneamente, posições passivas e ativas, no contexto da relação. O Estado, inclusive, assume, em algumas situações, posições passivas.

12 – Em sentido amplíssimo, a noção de sujeição passiva tributária poderia abranger o próprio Estado, porque a lei lhe impõe deveres e ônus, nas relações que trava com os particulares; em sentido restrito, a expressão sujeição passiva tributária pode ser utilizada para designar apenas o contribuinte, que possui relação pessoal e direta com o fato jurídico tributário. Neste trabalho, empregamos sujeição passiva tributária como a situação de sujeito que, por imposição legal, deve levar dinheiro aos cofres públicos ou, ainda, realizar condutas direta ou indiretamente referidas ao pagamento do tributo.

13 – A sujeição passiva tributária decorre de um conjunto de normas, que se relacionam entre si. Entre essas normas, destacam-se (i) a norma-padrão de incidência tributária, que define a incidência do tributo, estabelecendo o regime normal de tributação, segundo o qual, a partir de um fato lícito, de conteúdo econômico, consistente em uma conduta humana, um sujeito deverá pagar uma quantia ao Estado, apurada graças à conjugação de uma base de cálculo com uma alíquota; (ii) outras normas, que podem ser chamadas de "normas de responsabilidade", as quais interferem na fixação da sujeição passiva tributária.

14 – A interação entre as normas que determinam a sujeição passiva tributária depende das normas constitucionais que presidem a atividade normativa. O constituinte, mediante a edição de normas de competência tributária, condicionou as alternativas possíveis do legislador para a con-

formação do sistema tributário. As normas constitucionais que interessam, em especial, ao estudo da matéria de sujeição, são (i) os princípios constitucionais tributários; (ii) as normas de competência, que revelam, em muitos casos, desde logo, a materialidade dos tributos; (iii) a autorização para a tributação por "fato gerador" presumido; (iv) a atribuição de funções ao legislador complementar, em matéria tributária.

15 – Com base na doutrina, pode-se afirmar que os princípios constitucionais que tocam, diretamente, a matéria da sujeição passiva tributária, são (i) a legalidade; (ii) a igualdade; (iii) a capacidade contributiva.

16 – Sobre a legalidade, é indispensável lei em sentido formal para instituir tributos e estabelecer os critérios da norma de incidência tributária, inclusive para determinar o sujeito passivo tributário, bem como para atribuir deveres instrumentais que guardem relação com a matéria da sujeição passiva tributária. Além disso, hodiernamente, revela-se de extrema importância a busca por uma legalidade concreta do sistema jurídico, cujo objetivo seja assegurar a seus destinatários clareza e segurança sobre as regras do jogo.

17 – Sobre a igualdade tributária, o legislador tem, por critérios fundamentais para a justa repartição do ônus tributário, a capacidade contributiva (para os impostos), a equivalência (para as taxas) e o benefício (para as contribuições de melhoria). A igualdade impõe um mandado e uma interdição para o legislador: o mandado é representado pelo conhecido princípio da generalidade da tributação, de maneira que a aplicação das leis tributárias deve ser uniforme, alcançando todos os que realizarem fatos jurídicos tributários, na maior medida possível; a interdição, a seu turno, é a proibição de que pessoas que não realizaram o fato jurídico tributário possam sofrer o ônus tributário.

18 – Sobre a capacidade contributiva, ela possui uma acepção objetiva, outra subjetiva e, ainda, uma relativa: a objetiva, vinculada, essencialmente, à hipótese de incidência, impõe que o fato jurídico tributário tenha conteúdo econômico, revelador de capacidade para concorrer com as despesas públicas; a subjetiva, determina que a carga tributária seja repartida de acordo com a aptidão de cada indivíduo para assumir o ônus tributário, encontrando limites insuperáveis, em um extremo, na impossibilidade de tributação do mínimo existencial e, no outro extremo, na inviabilidade de uso do tributo com efeito de confisco; a relativa, por sua

vez, exige que a grandeza econômica da materialidade encontre correspondência com a base de cálculo do tributo. As capacidades contributivas subjetiva e a relativa são associadas ao consequente da norma tributária.

19 – Em razão da capacidade contributiva, deve haver uma compatibilidade interna na norma-padrão de incidência tributária, de maneira que tanto a base de cálculo quanto o sujeito passivo que figura no critério pessoal passivo do consequente, guardem pertinência com a materialidade descrita no núcleo da hipótese de incidência, sob pena de desnaturação do tributo.

20 – O ente tributante está limitado a exercer os seus "poderes" dentro dos lindes traçados pelas regras de competência tributária. A Constituição foi além e estabeleceu, para vários dos tributos, a sua materialidade, afeiçoando, por consequência, os sujeitos passivos que podem figurar na norma-padrão de incidência tributária, os destinatários constitucionais tributários. Há de se ressaltar alguns aspectos a respeito desses destinatários constitucionais tributários: (i) nem todos os tributos têm os seus destinatários constitucionais tributários; (ii) a Constituição pode prever mais de um destinatário constitucional tributário; (iii) a eleição do destinatário constitucional tributário significa que existe um sujeito naturalmente destinado a figurar na relação jurídica tributária, mas nada impede que outros sujeitos, em determinadas condições, possam ocupar o polo passivo de uma relação jurídica tributária individualizada, desde que cumpridos rigorosos pressupostos normativos.

21 – O artigo 150, § 7º, da Constituição é um dos mais questionados pela doutrina do Direito Tributário, porque está em permanente tensão com os princípios cardeais do Direito Tributário, tais como os da igualdade, da capacidade contributiva e o da segurança jurídica, além de ferir os pressupostos lógicos normativos de atuação das normas tributárias. Apesar das críticas, o dispositivo foi reputado constitucional pelo Supremo Tribunal Federal. Logo, o exercício da competência tributária ali positivada, relativa à tributação de "fato gerador" presumido, deve ser feito com parcimônia e com rigoroso controle, sob pena de violar os direitos fundamentais dos contribuintes. Acerca da competência outorgada ao legislador ordinário para a tributação de "fatos geradores" presumidos, vale destacar que (i) é uma faculdade do legislador ordinário; (ii) é um instrumento excepcional; (iii) apesar de ser um fato presumido, é vincu-

lado, antes e depois, à realidade, que servirá como ponto de referência necessário para a técnica; (iv) é cabível somente em relação aos impostos e às contribuições; (v) sua válvula de escape, sua "pedra-de-toque", consiste na preservação do direito do contribuinte à restituição imediata e preferencial relativa ao fato jurídico tributário que não se realizou.

22 – O tema das funções desempenhadas pela lei complementar, em matéria de normas gerais sobre a tributação, é objeto de larga discussão doutrinária. No que toca à sujeição passiva, parte da doutrina rejeita a possibilidade de a lei complementar condicionar o exercício da competência tributária pelos demais entes da federação, limitando as hipóteses de responsabilidade tributária; outra parte da doutrina entende que a lei complementar, especialmente o Código Tributário Nacional, desempenha o relevante papel de uniformizar o sistema tributário e impor limitações ao poder de tributar dos entes legislativos, de sorte que as normas de responsabilidade prescritas no Código Tributário Nacional devem ser observadas por todos os entes da federação.

23 – À luz das normas constitucionais pertinentes à matéria da sujeição passiva, não parece exagerada a afirmação de que o sujeito passivo está na Constituição, ainda que não de maneira exaustiva.

24 – As regras de sujeição passiva prescritas no Código Tributário Nacional foram inspiradas nas lições de Rubens Gomes de SOUSA, que promovia a distinção entre a sujeição passiva direta e a indireta, classificação essa ainda muito utilizada, na doutrina. Tal classificação, desde que baseada em um critério jurídico, o de que o sujeito da relação seja ou não o mesmo que realiza o fato jurídico tributário, pode ser adotada, no discurso jurídico.

25 – O Código Tributário Nacional adota uma dicotomia básica, em matéria de sujeição passiva tributária: separa o contribuinte, o sujeito que possui relação pessoal e direta com o fato jurídico tributário, dos responsáveis, os demais terceiros que, por força de lei, possam ter que vir a pagar o crédito tributário. O "eu" e o "outro", não havendo uma terceira opção subjetiva.

26 – Com base nessa dicotomia, boa parte da doutrina invoca a teoria dualista da obrigação para explicar a sujeição passiva e, particularmente, a substituição tributária, afirmando estar ela presente no Código Tributário. O contribuinte seria o devedor de dívida própria, que possuiria o

dever de realizar uma prestação em favor do credor – teria o "*Schuld*" – ao passo que o responsável participaria da relação de responsabilidade, de maneira que os seus bens estariam sujeitos à ação do credor – teria o "*Haftung*".

27 – O vocábulo "responsabilidade", no Código Tributário, assume mais de um sentido, cuja elucidação pode ser feita à luz das acepções do vocábulo, apresentadas por Hart, que as denominou de "responsabilidade-papel-institucional", "responsabilidade-sancionabilidade", "responsabilidade-fator causal" e "responsabilidade-capacidade", e que encontraram recepção, na doutrina brasileira, nas obras de Daniel Monteiro Peixoto e Maurício Timm do Valle. Com base nessas acepções, pode-se afirmar que, no Direito Tributário, um sujeito pode ser responsável pelo pagamento de um tributo por força (i) da peculiar função ou papel que a pessoa desempenha, no contexto do fato jurídico tributário; (ii) da submissão do indivíduo a um dever de ressarcimento, por um dano causado, em razão da prática de um ato lícito ou ilícito; (iii) de uma punição, em decorrência de um ato ilícito que uma pessoa tenha praticado.

28 – A classificação dos sujeitos passivos, no Código Tributário, é feita segundo o vínculo de proximidade que a pessoa mantenha com o fato jurídico tributário. Todavia, a compreensão do que significa, efetivamente, esse vínculo, é difícil, havendo divergência, na doutrina, sobre o seu significado e a sua existência, nas variadas hipóteses de responsabilidade tributária.

29 – As classificações, no direito positivo, são válidas ou inválidas. Em contrapartida, a classificação realizada no plano da ciência jurídica pode ser falsa ou verdadeira, a depender de sua correspondência ou não com o direito. Nada impede que a doutrina promova uma reclassificação de uma categorização presente no direito positivo, a fim de adequá-la a critérios lógicos, que devem sustentar a atividade de divisão. A importância da tarefa consiste em identificar regimes jurídicos distintos, a partir dos grupos distintos, reunidos em um mesmo gênero. As espécies de sujeição passiva tributária podem ser classificadas a partir das hipóteses normativas que as submetem a um regime jurídico e às consequências normativas prescritas pelo legislador. Identificamos as seguintes espécies de sujeitos passivos tributários: os contribuintes ou destinatários legais tributá-

rios; os responsáveis tributários; os agentes de retenção; e os substitutos tributários.

30 – O contribuinte é o destinatário legal tributário e está vocacionado para participar da relação jurídica tributária individualizada. Ele é o sujeito que pratica a conduta descrita no critério material da hipótese de incidência da norma-padrão tributária e figura, necessariamente, na relação jurídico-formal prescrita no mandamento dessa norma. Assim como a base de cálculo, o critério pessoal do mandamento exerce a função de afirmar, confirmar ou infirmar a materialidade da hipótese de incidência.

31 – O responsável tributário é o terceiro, distinto do destinatário legal tributário, a quem a lei atribui o dever de pagar o tributo, ou quantia equivalente, em virtude de uma outra norma jurídica, de responsabilidade, em decorrência da não satisfação da prestação tributária pelo destinatário legal tributário. Essa norma de responsabilidade poderá ser uma norma-primária não tributária ou uma norma primária de natureza punitiva, segundo Luis de QUEIROZ; poderá ser uma norma primária sancionadora-ressarcitória ou uma sancionadora-punitiva, segundo Daniel Monteiro PEIXOTO.

32 – O agente de retenção é sujeito passivo de dever instrumental, oriundo de uma norma primária dispositiva, que prescreve uma relação na qual o agente tem o dever de realizar uma prestação de fazer: a de subtrair uma parcela da riqueza do contribuinte e entregá-la ao Estado. O pagamento é realizado em nome do destinatário legal tributário e com os seus recursos. Na hipótese de inadimplemento, os agentes de retenção respondem pelo delito de apropriação indébita.

33 – Em uma definição pela negativa, o substituto tributário não é o sujeito que realiza a conduta descrita na hipótese de incidência da norma-padrão tributária; não é a pessoa posta na condição de sujeito passivo por força de uma outra norma jurídica, posterior à norma de incidência tributária; nem é sujeito passivo de dever instrumental, que exerce uma prestação de "fazer", recolhendo tributos em nome do contribuinte.

6.1.3 Capítulo 4

34 – As dificuldades inerentes à modalidade de sujeição passiva denominada de substituição tributária decorrem, especialmente, do fato de que, no Brasil, ela é uma construção teórica que recebeu aportes doutriná-

rios de juristas estrangeiros, sendo que a doutrina estrangeira já acusava a complexidade da figura; dos desencontros terminológicos e conceituais da doutrina brasileira sobre o assunto; da utilização, pelo legislador, do vocábulo "substituição" para fazer referência a diversos fenômenos, sem qualquer preocupação técnico-jurídica.

35 – O exame da substituição tributária não pode ter como ponto de partida a busca do significado ordinário das palavras "substituição" ou "substituto", sob o risco de conduzir o intérprete a conclusões equivocadas, porque as palavras não interferem no conteúdo do fenômeno que se quer investigar. Ademais, a expressão "substituição tributária" padece da ambiguidade do tipo processo/produto, pois representa tanto o processo por meio do qual um terceiro é levado a ocupar o polo passivo da relação jurídica tributária, quanto o resultado desse processo,a atribuição do dever de efetuar o pagamento da prestação pecuniária compulsória a um terceiro, originalmente distinto do destinatário legal tributário.

36 – No direito positivo brasileiro, há, segundo a doutrina, três modalidades de substituição tributária: a convencional (tradicional ou concomitante), a "para trás" ou regressiva e a "para frente" ou progressiva. Essas duas últimas modalidades são aplicáveis a impostos plurifásicos, e de forma mais intensa no ICMS, porque, no âmbito do IPI, a sua implantação depende de iniciativa do industrial ou do equiparado a industrial. A arrecadação do tributo em uma das etapas, no entanto, não transforma o regime de substituição tributária progressiva ou regressiva em um regime equivalente ao de incidência monofásica.

37 – A noção de substituição tributária encontra amparo na Constituição – que aponta, em vários dispositivos, a colaboração de terceiros para a atividade tributária – particularmente nos princípios da solidariedade social e da praticabilidade tributária, a fim de realizar a finalidade fiscal. No Código Tributário Nacional, a doutrina entende que a figura da substituição tributária, na forma convencional e regressiva, pode ser extraída do enunciado do artigo 128. A substituição progressiva deriva diretamente do artigo 150, § 7º, da Constituição.

38 – Os dois requisitos determinantes da substituição tributária convencional são o de que o substituto seja alguém distinto do destinatário legal tributário e o de que ocupa, de forma originária, o polo passivo da relação jurídica tributária.

39 – A doutrina estrangeira, especialmente a italiana, exerceu enorme influência sobre a doutrina brasileira, no que se refere à consolidação da figura da substituição. No Brasil, embora o primeiro registro da substituição tributária tenha sido feito, aparentemente, por João Martins de OLIVEIRA, as elaborações teóricas mais refinadas e robustas sobre a categoria partiram das mãos de Rubens Gomes de SOUSA, de Alfredo BECKER e de Amílcar de Araújo FALCÃO.

40 – As propostas teóricas de explicação da substituição tributária convencional podem ser agrupadas nas seguintes categorias: (i) a existência de uma relação de dívida e outra de responsabilidade, na obrigação tributária – a teoria dualista da obrigação – sendo que o substituto seria o sujeito que assumiria integralmente a responsabilidade, mas não a dívida; (ii) outra, segundo a qual o legislador, em razão de sua relativa liberdade para a criação da norma-padrão de incidência tributária, elegeria, em um momento pré-jurídico, o substituto tributário para figurar no polo passivo da relação; (iii) uma terceira, que sustenta que a substituição é uma norma de cunho administrativo e instrumental, que não interfere na relação jurídica material oriunda da incidência da norma-padrão tributária, e que atribui ao substituto o dever de realizar uma prestação de fazer, consistente na extração de parcela de riqueza do contribuinte e consequente entrega ao Estado; (iv) por derradeiro, a norma de substituição é uma norma não autônoma que se conjuga à norma-padrão de incidência para, em um esquema excepcional, dar azo a uma relação jurídica em que o substituto é o sujeito passivo.

41 – A explicação do fenômeno da substituição tributária com base na teoria dualista da obrigação – item (i) – é passível de crítica, porque o substituto, na realidade, é um legítimo devedor, não um responsável, segundo os fundamentos básicos da teoria dualista, logo, ele tem tanto o "*Schuld*" quanto o "*Haftung*", simultaneamente. A doutrina, salvo melhor juízo, faz alusão à teoria dualista para promover a distinção entre a "dívida própria" e a "dívida alheia", aproximando-se, na realidade, de um esquema normativo em que coexistem duas normas jurídicas autônomas.

42 – A explicação dada pela doutrina, nos termos do item (ii), pode ser criticada, porque faz referência a um desvio lógico, a uma suposta anomalia congênita da norma de incidência tributária, que não tem amparo no direito positivo, especialmente em nosso sistema constitucional tri-

butário; não deixa claro quais são os pressupostos normativos impostos ao legislador infraconstitucional para a instituição da substituição tributária; refere-se à eleição do substituto como uma ocorrência pré-jurídica, quando, na realidade, vários dos elementos, especialmente a presença do substituído, no contexto normativo, permanece fazendo parte do fenômeno jurídico.

43 – A proposta teórica da doutrina apresentada no item (iii), embora identifique, corretamente, que a expressão "substituição tributária", em várias ocasiões, é utilizada para se referir a um dever instrumental do substituto, não resolve a questão por inteiro. Não explica a razão pela qual, na substituição tributária, não é preciso haver norma excluindo a responsabilidade do contribuinte pelo pagamento; não esclarece porque, se a relação entre o contribuinte e o Estado é preservada, o Estado não poderia exigir o tributo diretamente do destinatário legal tributário, em caso de não recolhimento por parte do substituto.

44 – A última concepção, que adotamos no presente trabalho, entende que a substituição tributária envolve duas normas jurídicas, uma autônoma e outra não autônoma, que coexistem no sistema jurídico. A norma não autônoma investe contra a norma-padrão de incidência, determinando a modificação do critério pessoal do consequente tributário, de modo que o sujeito passivo da relação tributária seja o substituto, não o destinatário legal tributário. O fenômeno é semelhante ao que ocorre na isenção, entre a norma de incidência e a norma de estrutura. Se houver a revogação da norma não autônoma, extingue-se o esquema excepcional, passando o contribuinte a assumir o lugar sintático do sujeito passivo.

45 – A norma de substituição tributária deve cumprir alguns pressupostos normativos, obrigatoriamente: (i) deve ser instituída por lei; (ii) deve prever, em seu antecedente, a existência de um vínculo jurídico preexistente entre o substituto e o fato jurídico tributário. A caracterização desse vínculo é difícil, dada a imprecisão do conceito, mas se entende que ele deve assegurar o pleno ressarcimento do tributo pago pelo substituto. Apesar das críticas, aderimos à proposta de JUSTEN FILHO, o qual enxerga, como o fato constante da hipótese da norma de substituição, a existência de uma ascendência jurídica do substituto em face do destinatário legal tributário, relativa ao gozo da situação presuntiva de riqueza estatuída na materialidade da hipótese de incidência tributária. O fato

descrito na norma de substituição não pode representar uma situação economicamente apreciável, pois, do contrário, existiriam duas normas autônomas de incidência tributária.

46 – O consequente da norma de substituição, em conjugação com o da norma-padrão de incidência, tem por efeito a instituição de obrigação tributária, em que figura o substituto, de maneira exclusiva, não se admitindo a solidariedade com o contribuinte. O regime jurídico da obrigação é o do contribuinte, por isso, aliás, é que não há vedação para que entes imunes ou isentos figurem no polo passivo de relações jurídicas tributárias, na condição de substitutos.

47 – Não há relação jurídica entre o substituído – o contribuinte – e o Estado. Não é possível atribuir ao substituído o dever de pagar o tributo, caso o substituto tenha promovido a repercussão do ônus econômico do tributo em face do substituído. No entanto, admite-se a extensão do dever de pagar o tributo ao substituído, desde que (i) o substituto não tenha promovido a repercussão jurídica do tributo; (ii) haja norma jurídica que autorize, expressamente, a atribuição de responsabilidade, nessa hipótese restrita. Nessa extensão da responsabilidade, o substituído somente poderia responder de forma subsidiária.

48 – Entre o substituto e o substituído deve existir uma prévia relação jurídica, independente da norma tributária que institua o fenômeno jurídico, por meio do qual o substituto se encontra em uma situação de ascendência em face do substituído. Graças a ela, o substituto tem a faculdade de exercer o reembolso ou retenção, assegurando o repasse expedito do ônus econômico do tributo. O mando de reembolso é uma faculdade do substituto, mas é comum que o ordenamento imponha um dever de reembolso, a fim de assegurar a distribuição do ônus tributário segundo a repartição equânime da carga tributária. O direito de reembolso do substituto, em face do substituído, é de natureza privada, não pública.

49 – A substituição tributária pode se dar em qualquer das espécies tributárias, mas é técnica que possui maior compatibilidade com o regime dos impostos, porque aí são mais comuns as relações de domínio entre sujeitos que constituem o pressuposto da norma de substituição.

50 – O exemplo tradicional de substituição tributária convencional é a retenção na fonte. Parcela da doutrina defende que a retenção na

fonte é uma hipótese de substituição tributária, caminhado trilhado pela jurisprudência.

51 – Na retenção na fonte, as figuras da substituição tributária e do agente de retenção, dada a sua proximidade, confundem-se. A diferença entre as figuras é que, enquanto o substituto recolhe o tributo em nome próprio, porque é o sujeito passivo da obrigação tributária, o agente de retenção é sujeito passivo do dever instrumental, que recolhe o tributo em nome do contribuinte, com recursos do contribuinte, o qual tem preservada a sua relação jurídica, de natureza material, com o ente tributante.

52 – A substituição tributária na contribuição previdenciária, nos termos do artigo 31, da Lei n. 8.212/1991, é um exemplo de sujeito passivo de dever instrumental, não de efetiva substituição tributária. No imposto sobre a renda, há possibilidade de existirem hipóteses de retenção na fonte, como a dos rendimentos auferidos por pessoas físicas que devem ser, posteriormente, apresentados na declaração de ajuste anual; e outras de substituição tributária, tais como as retenções exclusivas na fonte, na remessa de juros ao exterior. No imposto sobre os serviços – ISS – o tomador pode ser eleito o substituto tributário, em situações nas quais é difícil a fiscalização dos prestadores de serviço.

53 – As hipóteses de responsabilidade tributária arroladas no artigo 135 do Código Tributário Nacional não são casos de substituição tributária, por duas razões: (i) porque são fundadas na prática de atos ilícitos, o que não guarda pertinência com os pressupostos normativos da substituição tributária; (ii) porque as situações narradas no artigo 135 dizem respeito, essencialmente, ao sujeito da hipótese da norma de incidência tributária, quer dizer, indicam quem são, na verdade, os contribuintes que praticam os fatos jurídicos tributários.

54 – A substituição tributária "para trás" ou regressiva é a técnica por meio da qual o dever de pagar o imposto devido recairá sobre pessoa distinta daquela que realizou o fato correspondente à materialidade da hipótese, e isso será feito pelo sujeito situado na etapa subsequente da cadeia de circulação. O exemplo clássico de substituição tributária, citado pela doutrina, é o diferimento.

55 – O diferimento pode encerrar-se no momento da entrada da mercadoria no estabelecimento do adquirente. Nesse caso, a situação configura um típico exemplo de substituição tributária, não divergindo da

modalidade convencional, incumbindo ao adquirente o dever de pagar o débito tributário, em vez do alienante. O diferimento, além dessa primeira hipótese, pode encerrar-se no momento da saída dos produtos ou das mercadorias, do estabelecimento do adquirente, para o agente situado na etapa seguinte da cadeia de circulação. Nesta hipótese, a doutrina tem dúvida se, de fato, existe uma ocorrência do fenômeno da substituição tributária. Há autores que consideram que as operações realizadas pelos "substituídos" são, na realidade, hipóteses de não incidência tributária. Apesar das dissensões doutrinárias, é possível admitir a existência da substituição tributária regressiva quando há a incidência tributária, na operação anterior, mas o pagamento é postergado para momento posterior.

56 – O substituto será o único sujeito passivo da relação jurídica mantida com o ente tributante. Quanto à relação do substituto com o substituído, assim como na substituição convencional, deve existir um prévio vínculo entre os sujeitos, por meio do qual seja possível ao substituto promover o direito de repercussão do valor que teve de desembolsar. Ademais, não há relação tributária entre o ente tributante e o substituído. A possibilidade de atribuição de responsabilidade supletiva pelo débito tributário depende de norma nesse sentido, além da demonstração de inexistência de repasse do ônus ao substituído.

57 – A substituição tributária "para frente" ou progressiva é a modalidade mais controversa e, ao mesmo tempo, a mais utilizada pelo Estado. Trata-se de um fenômeno típico do sistema jurídico brasileiro, que reúne o melhor de dois mundos da tributação sobre o consumo, aos olhos da administração tributária: permite a antecipação de recursos e permite a fiscalização de alguns poucos sujeitos. É uma antecipação da antecipação de recursos, nos impostos sobre o consumo.

58 – Além da tensão latente entre a técnica da substituição tributária progressiva e os princípios constitucionais tributários, nos impostos plurifásicos, a utilização do mecanismo deve zelar pela preservação do Princípio da Não Cumulatividade, que será desrespeitado se (i) o Estado não providenciar a restituição da quantia cobrada em excesso dos contribuintes; (ii) se houver restrição ao contribuinte de dar vazão aos créditos acumulados, por não ter como os compensar com débitos tributários.

59 – A substituição tributária progressiva é um fenômeno cujas estrutura e dinâmica não se assemelham à da substituição tributária convencional. De fato, não parece que, na substituição tributária "para frente", exista aquela conjugação normativa envolvendo uma norma autônoma e uma não autônoma. Isso porque a norma não autônoma, por ser dependente da norma principal ou autônoma, não a pode anteceder temporalmente. Além disso, a norma secundária expressa um fato de conteúdo econômico, circunstância que não é admitida naquele fenômeno de conjugação normativa.

60 – Alguns autores afirmam existir uma "antecipação do pagamento", de sorte que o pagamento seria feito antes do nascimento da própria obrigação. No entanto, se há pagamento, é porque há obrigação de pagar, que é oriunda, necessariamente, de um fato juridicizado pela lei.

61 – No regime de substituição tributária progressiva, o legislador promove uma antecipação da incidência: constrói uma norma autônoma de incidência tributária, mas que deve, necessariamente, preservar uma relação íntima com o arquétipo constitucional do imposto. A relação de proximidade que a norma de substituição deve manter com a norma-padrão de incidência tributária é resguardada pela norma que determina a restituição das diferenças cobradas em excesso pelo Estado.

62 – A substituição envolve a utilização de presunções e ficções no seio da norma de incidência tributária, não havendo consenso se está presente uma presunção relativa, uma presunção absoluta ou uma ficção. Entendemos tratar-se de uma ficção, porque a norma de substituição "para frente", descrevendo um novo fato tributário, com critérios material, temporal e espacial diversos dos da hipótese de incidência efetiva do imposto, submete o substituto ao mesmo regime jurídico aplicável à hipótese de incidência efetiva, ainda que ciente de que a manifestação de riqueza somente se realizará no futuro.

63 – No regime de substituição progressiva, surge uma relação jurídica tributária entre o ente tributante e o substituto, por meio da qual o substituto se obriga a cumprir a prestação de entregar dinheiro ao Estado, respondendo exclusivamente pelo pagamento da quantia. A questão mais sensível dessa relação é, certamente, a formação da base de cálculo presumida. As margens fixadas para a definição da base de cálculo devem, obrigatoriamente, encontrar respaldo em lei, mediante um pro-

cedimento administrativo público, transparente e acessível, baseado em uma legalidade concreta, passível de controle, em todas as etapas, pelos sujeitos do segmento econômico afetado pelo regime de substituição.

64 – Entre o ente tributante e o substituído, não há uma relação instaurada, em decorrência da norma de substituição. Por isso, é inviável pretender exigir do substituído o dever de pagar alguma quantia referente à norma de substituição, salvo se (i) não houver a apuração da base presumida; (ii) houver expressa autorização em lei; (iii) a responsabilidade será, de toda forma, supletiva ou subsidiária, sendo indispensável esgotar todos os meios disponíveis para a administração cobrar a quantia do substituto.

65 – Se o "fato gerador" presumido for quantitativamente inferior à real operação, haverá o direito de o Estado cobrar a diferença. No entanto, a quantia não deve ser acrescida de encargos legais, nem de correção monetária, porque o valor é devido a partir daquele momento.

66 – Entre o substituído e o ente tributante surgirá uma relação jurídica, derivada da norma que institui o dever de restituição, caso não ocorra o "fato gerador" presumido. Nessa hipótese, caberá ao substituído exigir a restituição da quantia indevidamente recolhida, em crédito na própria escrita fiscal ou em dinheiro (do ente tributante ou mediante ressarcimento junto ao substituto), de forma imediata e preferencial. Caso o valor recolhido seja inferior ao correspondente ao fato jurídico tributário efetivo, a complementação não seria devida. Isso porque, se o ente tributante reúne condições de promover a igualdade particular, então deveria fazê-lo por meio do regime normal de apuração, não mediante técnica extraordinária que gera mais complexidade para sua apuração e fiscalização. Além disso, tal cobrança exigiria a edição de lei complementar. De todo modo, caso a orientação seja a de que é necessária a complementação do imposto recolhido, deve ser concedido prazo ao substituído para cumprir tal obrigação, porque não é seu dever obrigá-lo a ter de ficar apurando, a cada operação, as diferenças que eventualmente tenha que recolher. A cobrança da diferença, por parte do Estado, deve ser feita sem a inclusão de consectários legais.

67 – Entre substituto e substituído, é preciso haver uma relação dentro de uma cadeia econômica, que permita o repasse do encargo tributá-

rio. A despeito das considerações doutrinárias que veem, nessa relação, natureza de direito público, tal natureza é de direito privado.

6.1.4 Capítulo 5

68 – As medidas de simplificação tributária são aquelas que buscam tornar mais simples e eficiente a aplicação do Direito Tributário, encontrando o seu significado jurídico central na ideia de praticabilidade tributária.

69 – A classificação das normas tributárias em fins internos e fins externos não permite visualizar, com clareza, onde se encontram as normas simplificadoras. Por isso, adota-se a classificação de fins apresentada por Andrei Pitten Velloso, segundo o qual os fins dos institutos, conceitos e forma de Direito Tributário podem ser divididos em: (i) fins de justiça interna – sendo a justiça interna realizada mediante a repartição isonômica do ônus tributário, por meio dos critérios da capacidade contributiva, da equivalência e do benefício – destinados a promover a repartição equânime da carga tributária; (ii) fins de justiça externa, voltados a realizar a compensação de situações socialmente anti-isonômicas; (iii) fins coletivos internos ao Direito Tributário, os quais são, em regra, perseguidos por meio de medidas de simplificação do sistema tributário; (iv) e fins coletivos externos, objeto das normas extrafiscais ou indutoras.

70 – A praticabilidade é uma qualidade inerente ao próprio Direito. As normas jurídicas, para realizarem os seus fins, precisam ser postas em prática. É uma vocação inata e necessária da lei.

71 – O Direito Tributário é um ramo jurídico muito complexo, particularmente pela necessidade de aplicação em massa de seus comandos normativos. Há uma necessidade de simplificação do sistema, reivindicada pelos contribuintes e, igualmente, pela administração pública. De parte dos contribuintes, para tornar mais claro e assimilável o conteúdo das leis tributárias; de parte da administração, em razão do direito massificado, para assegurar a aplicação isonômica da lei, ainda mais em um Estado que vive em um permanente estado de necessidade administrativo.

72 – Na doutrina, a praticabilidade tributária é conceituada como um princípio – mas de natureza técnica, que não possui o mesmo "*status*" dos demais princípios éticos – como uma mera técnica, como uma classe das normas de competência, como uma instituição instrumental, como um bem coletivo. De todas as concepções, o que se revela, com nitidez, é a

sua natureza instrumental, porque serve para a promoção de outros fins e valores relevantes no ordenamento jurídico.

73 – As técnicas de praticabilidade tributária são, sobretudo, as abstrações generalizantes, as presunções, as ficções, os indícios, os conceitos jurídicos indeterminados, além da analogia, das técnicas de privatização da gestão tributária e dos meios alternativos de solução de conflitos. Elas estão localizadas, de maneira mais frequente, nos critérios material, pessoal e quantitativo da norma de incidência tributária.

74 – A padronização é técnica empregada na substituição tributária "para frente" e, ao lado da estimativa genérica, das presunções e das ficções, constitui um dos quatro institutos fundamentais da simplificação. O padrão deve refletir uma normalidade média das ocorrências tributárias.

75 – O entendimento majoritário da doutrina caminha no sentido de que é inviável o uso de presunções absolutas e ficções, no Direito Tributário, especialmente relacionadas à obrigação tributária. Mesmo aqueles que as admitem, fazem-no com a ressalva da necessidade de observância de rígidos pressupostos normativos.

76 – A praticabilidade afeta todas as funções de Estado, de modo que o Legislativo e o Executivo podem fazer uso dessas técnicas, desde que, evidentemente, exista norma superior que autorize, no sistema jurídico, a utilização de medidas de simplificação, sob pena de inconstitucionalidade. No que tange ao Poder Judiciário, conquanto vários institutos processuais estejam ligados à ideia de praticabilidade, é importantíssimo que a sua invocação seja utilizada com a máxima cautela, ainda mais em tempos de recursos repetitivos, precedentes, repercussão geral *etc.*, de maneira a impedir que o Judiciário fuja à sua função constitucional de realizar a justiça no caso concreto.

77 – A substituição tributária, em qualquer uma de suas modalidades, é flagrante exemplo de técnica de praticabilidade tributária e pode ser enquadrada na categoria de privatização da gestão tributária. A substituição tributária "para frente" faz uso de várias técnicas de simplificação, a um só tempo: a presunção da realização de "fato gerador" futuro; a padronização; a antecipação da incidência, por meio de uma ficção; e a atribuição do dever de recolhimento a um terceiro, distinto do contribuinte do fato jurídico tributário "padrão".

78 – As medidas voltadas à realização de fins outros, que não o da justiça interna, têm o condão de afetar, restringir e, às vezes, violar a igualdade tributária. Cabe, por isso, buscar compreender qual é o fim almejado pelo regime de substituição tributária.

79 – A substituição tributária não tem por finalidade a arrecadação, porque esta não é um estado a atingir, senão uma consequência, possível ou não, do uso da técnica; não tem por finalidade ser cômoda, conveniente ou atender ao interesse fiscal, porque o "poder" exercido pelo Estado é funcionalizado, de maneira que a vontade do ente público não se sobrepõe aos direitos subjetivos que merecem tutela por parte do Estado; não tem por finalidade a eficiência, porque ela também é uma norma instrumental, segundo a qual os princípios devem ser realizados de forma eficiente; também não é o interesse público, em razão das críticas desferidas a esse conceito.

80 – A substituição tributária pode realizar o fim de proteger a livre concorrência, em razão das distorções concorrenciais geradas pela própria tributação. A técnica, nesses termos, pode servir para prevenir os desequilíbrios da concorrência, consoante o artigo 146-A, da Constituição. A proteção da livre concorrência é uma aplicação específica da igualdade tributária no campo da ordem econômica.

81 – O fim precípuo a ser realizado pela substituição tributária é o de promover a justiça geral, assegurando a igualdade na aplicação na lei ou perante a lei.

82 – A necessidade de simplificação, de modo a perseguir a igualdade geral, no sentido de igual aplicação da lei, não autoriza, entretanto, a simplificação radical, violadora da igualdade individual. Nesse sentido, há uma curiosa relação entre as medidas de simplificação e a igualdade: há uma tensão interna à igualdade tributária, pois ela é, simultaneamente, fundamento e limite da praticabilidade tributária.

83 – O ordenamento jurídico brasileiro privilegiou o tratamento particularizado em detrimento do geral, de modo que o uso de normas simplificadoras, quando possa prejudicar a busca do tratamento particularizado, deve ser excepcional.

84 – A substituição tributária também entra em constante conflito com os princípios da livre concorrência e da livre iniciativa. A técnica põe em risco a livre concorrência quando (i) gera efeitos cumulativos na

cadeia plurifásica; (ii) constitui barreira à entrada de novos agentes no mercado. Além disso, a substituição tributária ameaça a livre iniciativa quando atribui ao sujeito deveres desproporcionais e excessivos, prejudicando o exercício de sua atividade econômica.

85 – A utilização de normas simplificadoras deve ser submetida a um controle por parte dos aplicadores, para que se harmonize com, ou não viole os direitos fundamentais. Quando há choques entre normas, entram em ação os postulados normativos aplicativos, na formulação de Humberto ÁVILA, conceituados como metanormas que orientam a aplicação das regras e dos princípios. Três postulados merecem especial atenção: o da razoabilidade, o da proporcionalidade e o da proibição do excesso.

86 – O primeiro postulado é o da razoabilidade, que possui três acepções distintas: (i) como equidade; (ii) como congruência; (iii) como equivalência. No sentido de equidade, a substituição tributária será razoável se, no caso concreto, o aplicador verificar que a regra geral, ou o padrão utilizado na norma, não levou em consideração determinadas particularidades que acabam por gerar um resultado distinto do que aquele almejado pela norma jurídica. No sentido de congruência, a substituição será razoável se o padrão desenhado, realmente, representar a normalidade dos casos, e houver, de fato, justificativa para a utilização excepcional da técnica. Há uma valorização dos pressupostos de fato, de sorte que a técnica será adequada se os seus fundamentos estiverem, efetivamente, presentes na realidade. Parece que foi nesse sentido de razoabilidade que o Supremo Tribunal Federal, recentemente, reconheceu o dever de os entes tributantes restituírem aos contribuintes a diferença das quantias relativas à base de cálculo presumida e à base de cálculo real, sob o argumento de que, atualmente, há meios de fiscalização que permitem um melhor controle da atividade tributária, carecendo de razoabilidade a defesa da não devolução das quantias por impossibilidade de fiscalização. No que concerne à razoabilidade como equivalência, embora ela é aplicável à necessária relação de conformidade que deve existir entre a base de cálculo presumida e a real, no regime de substituição tributária progressiva.

87 – O postulado da proporcionalidade destina-se a apurar se os meios escolhidos para a realização de uma determinada finalidade são adequados, necessários e proporcionais em sentido estrito. Conquanto

haja dúvidas se a praticabilidade administrativa é um fim externo ou um fim interno, a dúvida não prejudica, em absoluto, a assertiva de que a substituição tributária, assim como as demais medidas de simplificação, quando colocarem em risco direitos fundamentais, submetem-se a um controle de proporcionalidade. No caso da substituição, ela é uma medida que promove um bem coletivo, o da igualdade geral.

88 – A substituição será adequada se a base de cálculo estiver em consonância com o padrão médio das operações e, ainda, se ela efetivamente reduzir o número de sujeitos passivos submetidos à fiscalização tributária. A substituição atenderá ao exame de necessidade se, dentre as demais alternativas existentes, não houver outra técnica que realize a mesma finalidade almejada pelo regime e de forma menos gravosa aos direitos restringidos. A substituição será proporcional em sentido estrito se, no caso concreto, o ganho com a promoção da igualdade geral for superior aos danos decorrentes da restrição do direito à justiça individual do contribuinte.

89 – O postulado da proibição do excesso veda a restrição excessiva de qualquer direito fundamental. A substituição tributária será excessiva se onerar o substituto de tal modo que prejudique o exercício de sua atividade econômica; situação plausível, no âmbito do regime de substituição, porque concentra, sobre poucos sujeitos, o dever de cumprir uma pesada carga de deveres tributários e instrumentais.

6.2 Síntese final

O presente trabalho propôs-se a examinar a figura da substituição tributária, espécie de sujeição passiva, sob as perspectivas estrutural e funcional. Feitas as considerações atinentes ao tema, é preciso, ao fim e ao cabo, **relembrar a primeira questão** lançada ainda na introdução: o legislador **é livre** para impor um regime de substituição tributária?

Espera-se que o leitor, ao chegar a este derradeiro tópico, tenha alcançado, **de forma serena, a convicção de que a resposta é negativa**.

Sob a **óptica estrutural**, a substituição tributária, em qualquer de suas modalidades, é uma técnica **excepcional**, pois foge ao regime padrão de tributação, cuja validade depende do cumprimento de **rigorosos pressupostos normativos**.

No que tange às as modalidades **convencional e regressiva**, cabe ao legislador observar os seguintes requisitos: (i) somente instituir o regime quando houver uma **relação preexistente** entre o substituto e o substituído, por meio da qual aquele esteja em **posição de "poder"** sobre a fruição de uma riqueza por parte do destinatário legal tributário, de modo que o exercício do mecanismo de reembolso e retenção dependa, exclusivamente, da **vontade** do substituto; (ii) a conformação dos demais critérios da relação jurídica ao **regime do substituído**. Parece-nos acertada, por isso, a conclusão de JUSTEN FILHO quanto à existência de um "... ***destinatário*** *da condição de substituto*"[1020].

Atendidos esses pressupostos, o substituto será o **único e exclusivo** sujeito passivo da obrigação tributária, não participando, o substituído, da relação. O substituído somente poderá ser chamado a integrar a relação, na condição de responsável **subsidiário**, se houver **norma específica** com tal previsão, e desde que o substituto **não tenha promovido**, em face do substituído, o "poder" de reembolso ou retenção.

Já na substituição tributária progressiva, cuja **estrutura é diferente** das outras modalidades, o legislador, ao criar a **nova norma autônoma**, que **antecipa a incidência**, com base em uma **ficção**, deve (i) respeitar a discriminação de competência tributária; (ii) zelar para que os critérios da norma guardem **compatibilidade** com os dados da operação final, a ser praticada na última etapa da cadeia econômica, especialmente no que tange à base de cálculo; (iii) estipular um regime **transparente** e que permita a participação dos interessados, no que concerne à estipulação dos critérios de formação da base de cálculo; (iv) atribuir a sujeição passiva somente a pessoa situada em **fase preliminar** da cadeia econômica; (v) **assegurar a restituição preferencial e imediata** da quantia recolhida a maior, na hipótese de quebra da cadeia, seja por não realização das operações posteriores, seja pela base de cálculo real ser inferior à presumida.

Cumpridos esses requisitos, o denominado substituto – que se assemelha, nesses casos, a um contribuinte – responderá pela prestação tributária, de forma exclusiva. O substituído somente poderá ser respon-

[1020] **Sujeição...**, *op. cit.*, p. 278.

sabilizado, de forma subsidiária, se houver lei específica, e desde que o substituto não tenha promovido a repercussão do tributo.

Mesmo diante desses elementos, cabe, então, **recordar** a **segunda questão**: quais são os limites e controles ao uso da técnica? Afinal, como se viu, ao longo do trabalho, é inegável o potencial que a técnica simplificadora possui de restringir direitos fundamentais.

E, nesse ponto, espera-se que o leitor tenha se convencido da **importância da identificação dos fins** promovidos pelo mecanismo da substituição e, sobretudo, do **relevante papel desempenhado pelos postulados normativos aplicativos** para a solução de conflitos entre normas, especialmente os da razoabilidade, da proporcionalidade e da proibição do excesso.

Nesse quadro, sob a **óptica funcional**, o objetivo das técnicas de substituição, que conferem praticabilidade à tributação, deve ser o de **realizar a igualdade geral**, ou, em sua projeção sobre a ordem econômica constitucional, a **livre concorrência**, não para a comodidade ou interesse do ente tributante. A sua aplicação, em prol desses fins, deve **harmonizar-se** com as demais normas do sistema jurídico, e, em alguns casos, até mesmo ceder, quando a restrição a outros bens e direitos for indevida.

O compromisso com a instituição e a aplicação válida do mecanismo **vincula o Poder Legislativo, o Executivo e o Judiciário**: o legislador, limitando-se a eleger os sujeitos que possuam as credenciais indispensáveis para figurar no polo passivo, na condição de substituto, tendo o cuidado de estabelecer limites à praticabilidade tributária; o administrador, dando publicidade e transparência à sua atividade administrativa e permitindo o controle da técnica por parte dos cidadãos, especialmente, por exemplo, nos critérios para a fixação da base de cálculo presumida; e, por fim, o julgador, que deve estar atento às violações que a substituição tributária pode causar a direitos individuais, de forma a analisar se os requisitos normativos da figura foram obedecidos, bem como em submeter a critérios de controle – razoabilidade, proporcionalidade e proibição do excesso – as medidas de simplificação que ponham em risco outros bens e direitos protegidos pelo ordenamento, não se furtando a atuar, quando provocado.

Eis, portanto, a síntese da estrutura e função da substituição tributária.

Por derradeiro, à guisa de conclusão, abrindo uma janela para reflexões menos jurídicas e, talvez, **mais filosóficas ou sociológicas**, os problemas decorrentes da substituição tributária parecem ser a tradução, de certo modo, da **deteriorada** relação entre o Estado e a sociedade, no Brasil. Retomamos, de forma breve, nessa oportunidade, as lições de três admiráveis autores que, aqui e acolá, contribuíram, com suas obras, para a dissertação: Eurico Diniz de SANTI, MarçaL JUSTEN FILHO e Misabel DERZI.

A leitura dos textos produzidos por esses autores deixou, em nossa mente, a **firme impressão** de que as distorções e abusos vinculados à substituição tributária, na relação entre o ente tributante e os particulares, são **fruto de uma desconfiança que permeia a relação entre o Estado e a sociedade.**

DERZI, há muito, registra as suas impressões acerca da imprescindibilidade da confiança para o bom funcionamento do Direito. "*A confiança é um dos instrumentos mais eficazes de redução da complexidade...*", ensina. Na realização do princípio da praticabilidade, no entanto, ela também relevante para enfrentar a complexidade, de acordo com a lúcida ponderação da professora mineira:

> Em resumo, destacamos somente dois princípios parcialmente latentes no sistema brasileiro, a confiança e a praticidade. Mas quando **a praticidade está inspirada pela desconfiança sistêmica** (um desvalor), obtém-se também, como ensinou NIKLAS LUHMANN, simplificação e **simplificação mais radical** (grifos nossos)[1021].

Exemplos disso? As técnicas de antecipação do futuro, tais como a retenção do imposto de renda na fonte pagadora e a substituição tributária progressiva. Há uma **desconfiança sistêmica do legislador e do administrador público em relação ao contribuinte.** Mas, aqui, não há conformismo da autora: "*Sem dúvida essa realidade mereceria alterações...*", sugerindo, dentre outros, a restituição do excesso arrecadado na substituição tributária, assim como prévias e amplas bases de negociação entre

[1021] Sobre Confiança e Desconfianças Sistêmicas, Federalismo e Conflitos de Competência, *in* Misabel Abreu Machado DERZI (coord.), **Competência Tributária**, p. 71.

a administração e os contribuintes para a adoção de uma base de cálculo presumida[1022].

A desconfiança é recíproca, evidentemente. JUSTEN FILHO, com brilho, resume a **desconfiança do cidadão em face do poder público**, insatisfeito com a má prestação dos serviços públicos, a má utilização dos recursos arrecadados com a tributação – desperdiçados ou desviados com a corrupção – e a ineficiência estatal, o que "*... retira a legitimidade do poder, mas não elimina a exigibilidade jurídica do pagamento do tributo*". O sistema constitucional tributário, então, é visto, exclusivamente, como um instrumento de defesa do contribuinte em face do Estado[1023].

Para o autor paranaense, a superação do problema, com o objetivo de realizar os postulados constitucionais, **passa pelo processo de aplicação-interpretação da Constituição**, levando-se em consideração as diversas funções que o ordenamento jurídico almeja alcançar. "*Apenas através da conjugação e efetivação de suas diversas funções é que se realizarão os desígnios constitucionais e nos aproximaremos da sociedade mais justa que nos comprometemos a produzir*", conclui[1024].

Por fim, Eurico de SANTI, citando os resultados de interessante artigo sobre a responsabilidade dispersiva em sistemas tributários[1025] – responsabilidade essa se traduz, segundo Isaias COELHO, pela delegação ao contribuinte, por parte da administração tributária, da responsabilidade pela determinação e notificação dos tributos, principalmente por meio do "...

[1022] *Ibidem*, p. 21 e 71.

[1023] "... [A] *existência de sistema tributário em nível constitucional permite identificar não apenas uma contradição notável, mas a fratura subjacente entre poder político e sociedade. Antes de tudo, evidencia-se concepção de que sociedade e Estado são instituições distintas, com interesses não coincidentes e que se encontram em situação de potencial conflito. A inserção do sistema tributário no nível constitucional atende ao '**postulado de desconfiança contra o ocupante do poder**'. O legislador constituinte assume o princípio de que os futuros exercentes do poder estatal não são confiáveis o suficiente para a eles atribuir-se a tarefa de disciplinar o exercício das competências tributárias. Utilizando-se uma visão difundida a propósito dos primórdios da nossa República, a Constituição (leia-se, a sociedade civil) '**confia desconfiando**' dos poderes constituídos*" – Sistema Constitucional Tributário..., *op. cit.*, p. 222-223.

[1024] *Ibidem*, p. 233.

[1025] Leslie ROBINSON e Joel SLEMROD, *Understanding Multidimensional Tax Systems*, disponível em: http://faculty.tuck.dartmouth.edu/images/uploads/faculty/leslie-robinson/robinsonslemrod.pdf, último acesso em: 30.04.2020.

uso generalizado das retenções pelas fontes pagadoras"[1026] – destaca que ela é "*...* ***maior nos países em desenvolvimento****, que usam relativamente mais retenções e menos funcionários fiscais que as economias desenvolvidas*" e, ainda, que "*...* ***onde há mais confiança do contribuinte no governo****, há menos autolançamento/retenção de tributos na fonte*" (grifos nossos)[1027].

De tudo isso, enfim, parece-nos que a adequada acomodação da técnica de substituição tributária, no direito brasileiro, envolve, para além das normas, uma mudança de comportamento e de atitude na relação entre o Estado e a sociedade, baseada no diálogo e na transparência, acima de tudo. Endossamos a ponderação de SANTI, no sentido de que o caminho para a **superação dessa desconfiança está na transparência fiscal**, caminho que passa pela mudança de mentalidade dos operadores do Direito, no incremento do efetivo controle social e "*... na superação do paradigma do crime segundo o qual todo contribuinte é visto como sonegador*"[1028].

1026 "Apud" Eurico Marcos Diniz de SANTI, **Kafka...**, *op. cit.*, p. 456.
1027 *Ibidem.*
1028 O Contribuinte não pode ser visto como potencial criminoso – disponível em: < http://www.conjur.com.br/2013-abr-25/contribuinte-brasileiro-nao-visto-potencial-criminoso>, acesso em: 30.04.2020.

Referências

ADAMY, Pedro. Instrumentalização do Direito Tributário. *In*: ÁVILA, Humberto (org.). **Fundamentos do Direito Tributário**. São Paulo: Marcial Pons, 2012, p. 301-329.

ALENCAR, Sandra Regina; MARIANO, Paulo Antonio; WERNECK, Raphael Sampaio. **Substituição Tributária no ICMS**. 7 ed. São Paulo: IOB/Sage, 2014.

ALMEIDA, Fernando Dias Menezes de. **Formação da Teoria do Direito Administrativo no Brasil**. São Paulo: Quartier Latin, 2015.

ALMEIDA, Helcônio. Antecedentes Históricos da Substituição Tributária no Direito Brasileiro. *In*: SOUZA, Arivaldo Santos de *et al*. **Direito Tributário: Estudos Avançados em Homenagem a Edvaldo Brito**. São Paulo: Atlas, 2014, p. 338-350.

AMARO, Luciano. **Direito Tributário Brasileiro**. 13. ed. São Paulo: Saraiva, 2007.

ANDRADE, André Renato Miranda. **ICMS: Constituição, Direito Comparado e Regra-Matriz de Incidência**. 275 f. Dissertação (Mestrado em Direito) – Setor de Ciências Jurídicas, UFPR, Curitiba, 2001.

ANDRADE, Oswald de. Erro de Português. *In*: **Obras Completas – poesias reunidas**. v. VII. 4. ed. Rio de Janeiro: Civilização Brasileira, 1971.

ARAÚJO, Jackson Borges de. **ICMS – Ficção do Fato Gerador na Substituição Tributária**. São Paulo: Juarez de Oliveira, 2001.

ATALIBA, Geraldo. **Sistema Constitucional Tributário Brasileiro**. 2. ed. São Paulo: RT, 1968.

—. Problemas Atuais do Imposto sobre Serviços. **Revista de Direito Tributário**, São Paulo, v. 8, n. 27-28, p. 179-192, jan./jun. 1984.

—. Fato Futuro e Tributação. *In*: CARVALHO, Paulo de Barros *et al*. **Direito**. São Paulo: Max Limonad, 1995, p. 41-50.

—. **Hipótese de Incidência Tributária**. 6. ed. 9 tir. São Paulo: Malheiros, 2008.

—; BARRETO, Aires. Substituição e Responsabilidade Tributária. **Revista de Direito Tributário**, São Paulo, ano 13, n. 49, p. 73-96, jul./set. 1989.

—; GIARDINO, Cléber. ICM – Linhas Mestras Constitucionais – O Diferimento. **Revista de Direito Tributário**, São Paulo, ano VII, n. 23-24, p. 118-145, jan./jun. 1983.

—; GIARDINO, Cléber. Responsabilidade Tributária – ICM – Substituição Tributária (Lei Complementar 44/83), **Revista de Direito Tributário**, São Paulo, ano IX, n. 34, p. 204-231, out./dez. 1985.

ÁVILA, Humberto. Proporcionalidade e Direito Tributário. *In*: SCHOUERI, Luis Eduardo (coord.). **Direito Tributário: homenagem a Alcides Jorge Costa**. v. 1. São Paulo: Quartier Latin, 2003, p. 329-347.

—. Moralidade, Razoabilidade e Eficiência na Atividade Administrativa. **Revista Brasileira de Direito Público RBDP**. Belo Horizonte, n. 1, abr./jun. 2003. Disponível em: <http://www.bidforum.com.br/PDI0006.aspx?pdiCntd=12511>. Acesso em: 11.07.2016.

—. Presunções e Pautas Fiscais frente à eficiência administrativa. *In*: ROCHA, Valdir de Oliveira (coord.). **Grandes Questões Atuais do Direito Tributário**. V. 9. São Paulo: Dialética, 2005, p. 277-288.

—. Substituição Tributária e Base de Cálculo: Os Limites da Padronização Fiscal. **Revista da Ajuris**, Porto Alegre, n. 100, p. 169-185, dez. 2005.

—. ICMS. Substituição tributária no Estado de São Paulo. Base de cálculo. Pauta fiscal. Competência legislativa estadual para devolver a diferença constante entre o preço usualmente praticado e o preço constante da pauta. Exame de constitucionalidade. **Revista Dialética de Direito Tributário**, São Paulo, n. 124, p. 92-111, jan. 2006.

—. **Teoria da Igualdade Tributária**. 2. ed. São Paulo: Malheiros, 2009.

—. A Substituição Tributária e os Catálogos de Venda. *In:* BARRETO, Aires F. (coord.). **Direito Tributário Contemporâneo: Estudos em homenagem a Geraldo Ataliba**. São Paulo: Malheiros, 2011, p. 310-320.

—. Proporcionalidade e direito tributário. **Revista Direito Tributário Atual**, São Paulo, n. 25, p. 83-103, 2011.

—. (org.). **Fundamentos do Direito Tributário**. São Paulo: Marcial Pons, 2012.

—. **Sistema Constitucional Tributário**. 5. ed. São Paulo: Saraiva, 2012.

—. Função da Ciência do Direito Tributário: do formalismo epistemológico ao estruturalismo argumentativo. **Revista Direito Tributário Atual**, São Paulo, n. 29, p. 181-204, 2013.

—. Ciência do Direito Tributário e Discussão Crítica. **Revista Direito Tributário Atual**, São Paulo, n. 32, p. 159-197, 2014.

—. **Teoria dos Princípios: da definição à aplicação dos princípios jurídicos**. 15. ed. São Paulo: Malheiros, 2014.

BALEEIRO, Aliomar. **Limitações Constitucionais ao Poder de Tributar**. 8. ed. Atualização de Misabel Derzi. Rio de Janeiro: Forense, 2010.

—. **Direito Tributário Brasileiro**. Atualização de Misabel Abreu Machado Derzi. 13. ed. Rio de Janeiro: Forense, 2015.

BAPTISTA, Marcelo Caron. **ISS: Do Texto à Norma**. São Paulo: Quartier Latin, 2005.

—. A Norma Tributária do Imposto sobre Serviços – ISS: Ênfase no consequente normativo. *In*: SANTI, Eurico Marcos Diniz de (coord.). **Curso de Direito Tributário e Finanças Públicas: do Fato à Norma, da Realidade ao Conceito Jurídico**. São Paulo: Saraiva, 2008. p. 1024-1061.

BARRETO, Aires F **Base de Cálculo, Alíquota e Princípios Constitucionais**. São Paulo: RT, 1986.

BARRETO, Aires; ATALIBA, Geraldo. Substituição e Responsabilidade Tributária. **Revista de Direito Tributário**, São Paulo, ano 13, n. 49, p. 73-96, jul./set. 1989.

—. **ISS na Constituição e na Lei**. 3. ed. São Paulo: Dialética, 2009.

BARRETO, Paulo Ayres. **Contribuições: regime jurídico, destinação e controle**. 2. ed. São Paulo: Noeses, 2011.

—. Conceitos Constitucionais e Competência Tributária. *In*: SANTOS, Nélida Cristina dos (org.). **Temas de Direito Tributário: Estudos em Homenagem a Eduardo Bottallo**. São Paulo: Saraiva, 2013, p. 331-343.

BARRETO, Paulo Ayres; BRAGA, Waldir Luiz. ICM. Irremediável Inconstitucionalidade do Regime de Substituição Tributária. **Revista de Direito Tributário**, São Paulo, n. 32, p. 258-265, abr./jun. 1985.

BECHO, Renato Lopes. **Sujeição Passiva e Responsabilidade Tributária**. São Paulo: Dialética, 2000.

—. As Modalidades de Sujeição Tributária no Ordenamento Jurídico Brasileiro. **Revista Dialética de Direito Tributário**, São Paulo, n. 192, p. 113-131, set. 2011.

—. **Responsabilidade Tributária de Terceiros: CTN, arts. 134 e 135**. São Paulo: Saraiva, 2014.

BECKER, Alfredo. **Teoria Geral do Direito Tributário**. 5. ed. São Paulo: Noeses, 2010.

BENÍCIO, Sérgio Gonini. **ICMS: Apontamentos Teóricos e Práticos sobre a Substituição Tributária**. São Paulo: Saraiva, 2010.

BERGAMINI, Adolpho. **ICMS: análise de legislação, manifestações de administrações tributárias, jurisprudência administrativa e judicial de temas de gestão tributária**. 3. ed. São Paulo: Fiscosoft, 2015.

BERLIRI, Antonio. ***Corso Istituzionale di Diritto Tributario***. v. 1. 9 ed. Milão: Giuffrè, 1980.

BOBBIO, Norberto. **Teoria do Ordenamento Jurídico**. 6 ed. Tradução de Maria Celeste C. J. Santos. Brasília: UNB, 1995.

—. **Teoria da Norma Jurídica**. Tradução de Fernando Pavan Baptista e Ariani Bueno Sudatti. Bauru-SP: EDIPRO, 2001.

—. **Da Estrutura à Função: novos estudos da teoria do direito**. Tradução de Daniela Beccaccia Versiani. Barueri-SP: Manole, 2007.

BOMFIM, Diego. **Tributação e Livre Concorrência**. São Paulo: Saraiva, 2011.

—. **Extrafiscalidade: Identificação, Fundamentação, Limitação e Controle**. São Paulo: Noeses, 2016.

BORGES, José Souto Maior. O Direito como Fenômeno Linguistico, o Problema de Demarcação da Ciência Jurídica, sua Base Empírica e o Método Hipotético-Dedutivo. **Anuário do Mestrado em Direito**, Recife, Universidade Federal do Pernambuco, n. 4, p. 13-14, jan./dez. 1988.

—. A Isonomia Tributária na Constituição Federal de 1988. **Revista de Direito Tributário**. São Paulo, n. 64, p. 08-19, jan./mar. 1994.

—. **O Contraditório no Processo Judicial (uma visão dialética)**. São Paulo: Malheiros, 1996.

—. **Lançamento Tributário**. 2. ed. São Paulo: Malheiros, 1999.

—. Relações entre Tributos e Direitos Fundamentais. *In*: FISCHER, Octavio Campos (coord.). **Tributos e Direitos Fundamentais**. São Paulo: Dialética, 2004, p. 217-226.

—. **Curso de Direito Comunitário: instituições de direito comunitário comparado: União europeia e MERCOSUL**. São Paulo: Saraiva, 2005.

—. **Ciência Feliz**. 3. ed. São Paulo: Quartier Latin, 2007.

—. Sobre a demarcação dos campos de vigência das obrigações no sistema tributário nacional. *In*: BARRETO, Aires F. (coord.). **Direito Tributário Contemporâ-**

neo: Estudos em homenagem a Geraldo Ataliba. São Paulo: Malheiros, 2011, p. 382-407.

—. **Teoria Geral da Isenção Tributária**. 3. ed. 3. tir. São Paulo: Malheiros, 2011.

—. Um Ensaio Interdisciplinar em Direito Tributário: Superação da Dogmática. **Revista Dialética de Direito Tributário**, São Paulo, n. 211, p. 106-121, abr. 2013.

—. **Obrigação Tributária: uma introdução metodológica**. 3. ed. São Paulo: Malheiros, 2015.

BORGES, Arnaldo. **O Sujeito Passivo da Obrigação Tributária**. São Paulo: RT, 1981.

BOTTALLO, Eduardo Domingos. O IPI e o regime de substituição adotado. *In*: FERREIRA NETO, Arthur M. Ferreira; NICHELE, Rafael (coord.). **Curso Avançado de Substituição Tributária**. 2. ed. Porto Alegre: Livraria do Advogado, 2016, p. 332-340.

BRAGA, Waldir Luiz; BARRETO, Paulo Ayres. ICM. Irremediável Inconstitucionalidade do Regime de Substituição Tributária. **Revista de Direito Tributário**, São Paulo, n. 32, p. 258-265, abr./jun. 1985.

BRAZ, Jacqueline Mayer da Costa Ude. **Substituição Tributária no ICMS: construção de sentido e aplicação**. São Paulo: Noeses, 2020.

BRAZUNA, José Luis Ribeiro. **Defesa da Concorrência e Tributação – à luz do artigo 146-A da Constituição**. São Paulo: Quartier Latin, 2009.

BRITO, Edvaldo. A Substituição Tributária no ICMS. **Revista Dialética de Direito Tributário**, São Paulo, n. 2, p. 24-31, nov. 1995.

CALCINI, Fábio Pallaretti. Substituição tributária da contribuição do Funrural. *In*: FERREIRA NETO, Arthur M. Ferreira; NICHELE, Rafael (coord.). **Curso Avançado de Substituição Tributária**. 2. ed. Porto Alegre: Livraria do Advogado, 2016, p. 408-426.

CALICCHIO, Mateus Barbosa. Ordem Econômica e Neutralidade Concorrencial Tributária: o Caso da Substituição Tributária "para Frente". **Revista Direito Tributário Atual**, São Paulo, n. 28, p. 206-230, 2012.

CANTO, Gilberto de Ulhôa; VILLELA, Carlos Rocha; MURGEL, Ricardo Paranhos. Base de Cálculo. *In*: MARTINS, Ives Gandra da Silva (coord.). **Base de Cálculo**. São Paulo: Resenha Tributária: CEEU, 1991, 285-311. (Cadernos de Pesquisas Tributárias, 7).

CARDOSO, Laís Vieira. **Substituição Tributária no ICMS**. São Paulo: Quartier Latin, 2004.

CARRAZZA, Roque Antonio. **ICMS**. 16. ed. São Paulo: Malheiros, 2012.

—. **Curso de Direito Constitucional Tributário**. 29. ed. São Paulo: Malheiros, 2013.

—. O ICMS e o Regime de Substituição Tributária Adotado. *In*: FERREIRA NETO, Arthur M. Ferreira; NICHELE, Rafael (coord.). **Curso Avançado de Substituição Tributária**. 2. ed. Porto Alegre: Livraria do Advogado, 2016, p. 265-286.

CARVALHO, Antonio Augusto Silva Pereira de. **Contribuição ao Estudo do Diferimento na Legislação Paulista do ICMS**. 155 f. Dissertação (Mestrado em Direito) – Faculdade de Direito, USP, São Paulo, 2011.

CARVALHO, Cristiano. Deveres Instrumentais e Custos de Transação. *In*: BARRETO, Aires Fernandino *et al*. **Interpretação e Estado de Direito**. São Paulo: Noeses, 2006, p. 81-88.

—. **Ficções Jurídicas no Direito Tributário**. São Paulo: Noeses, 2008.

—. Análise Econômica da Tributação. *In*: TIMM, Luciano Benetti (org.). **Direito e Economia no Brasil**. 2. ed. São Paulo: Atlas, 2014, p. 246-265.

—. Prefácio – Kafka e o Sistema Tributário Brasileiro: Uma Visão pela Perspectiva da Economia. *In*: SANTI, Eurico Marcos Diniz de. **Kafka, Alienação e Deformidade da Legalidade. Exercício do Controle Social rumo à Cidadania Fiscal**. São Paulo: RT/Fiscosoft, 2014, p. 55-68.

CARVALHO, Cristiano; JOBIM, Eduardo. O Direito Tributário e a Interpretação Econômica do Direito: deveres instrumentais, custos de conformidade e custos de transação. *In*: TIMM, Luciano Benetti (coord.). **Direito & Economia**. 2. ed. Porto Alegre: Livraria do Advogado, 2008, p. 239-246.

CARVALHO, Paulo de Barros. **A Regra Matriz do ICM**. Tese (Concurso de Livre Docência em Direito Tributário) – Pontifícia Universidade Católica de São Paulo, São Paulo, inédita, 1981.

—. **Teoria da Norma Tributária**. 3. ed. São Paulo: Max Limonad, 1998.

—. **Curso de Direito Tributário**. 18. ed. São Paulo: Saraiva, 2007.

—. **Direito Tributário: fundamentos jurídicos da incidência**. 8. ed. São Paulo: Saraiva, 2010.

—. **Direito Tributário: linguagem e método**. 4. ed. São Paulo: Noeses, 2011.

—. Breves Considerações sobre a Função Descritiva da Ciência do Direito Tributário. Disponível em: < http://www.conjur.com.br/2013-out-01/paulo-barros-breves-consideracoes-funcao-descritiva-ciencia-direito-tributario>. Acesso em: 30.04.2020.

CASADO OLLERO, Gabriel; QUERALT, Juan Martin; LOZANO SERRANO, Carmelo; TEJERIZO LÓPEZ, José Manuel. ***Curso de Derecho Financiero y Tributario***. 7. ed. Madrid: Tecnos, 1996.

CASSIANO, Adão Sérgio do Nascimento. As espécies de substituição tributária: regressiva, progressiva e concomitante. *In*: FERREIRA NETO, Arthur M. Ferreira; NICHELE, Rafael (coord.). **Curso Avançado de Substituição Tributária**. 2 ed. Porto Alegre: Livraria do Advogado, 2016, p. 207-262.

CASTRO, Alexandre Barros. **Sujeição Passiva no Imposto sobre a Renda**. São Paulo: Saraiva, 2004.

CASTRO, Renault de Freitas; ALMEIDA, Valdomiro José de. Concorrência e Tributação: efeitos anticoncorrenciais da substituição tributária no caso do ICMS sobre cerveja. **Revista de Direito Econômico – CADE**, Brasília, n. 29, p. 101-121, jan./jul. 1999.

CLÈVE, Clèmerson Merlin. **Atividade Legislativa do Poder Executivo**. 3. ed. São Paulo: RT, 2011.

COELHO, Isaias; SANTI, Eurico Marcos Diniz de. O Contribuinte não pode ser visto como potencial criminoso. Disponível em: < http://www.conjur.com.br/2013-abr-25/contribuinte-brasileiro-nao-visto-potencial-criminoso>. Acesso em: 18.12.2016.

COÊLHO, Sacha Calmon Navarro. Sujeição Passiva Direta e Indireta – Substituição Tributária. *In*: FERREIRA NETO, Arthur M. Ferreira; NICHELE, Rafael (coord.). **Curso Avançado de Substituição Tributária**. 1 ed. São Paulo: IOB, 2011, p. 203-277.

—. O Fenômeno Jurídico e as Normas do Direito como Técnicas Comportamentais – os meios de produção e a produção do Direito. *In*: GRUPENMACHER, Betina Treiger (coord.). **Tributação: Democracia e Liberdade – em homenagem à Ministra Denise Arruda Martins**. São Paulo: Noeses, 2014, p. 925-963.

—. **Curso de Direito Tributário**. 15. ed. Rio de Janeiro: Forense, 2016.

—; DERZI, Misabel. A Substituição Tributária em Matéria de ICMS e a Proteção da Confiança. *In*: COÊLHO, Sacha Calmon Navarro. **Direito Tributário – Temas Atuais**. São Paulo: Quartier Latin, 2006, p. 371-430.

COSTA, Alcides Jorge. **O ICM na Lei Complementar e na Constituição**. São Paulo: Resenha Tributária, 1978.

—. ICMS – Substituição Tributária – Responsabilidade por Retenção e Recolhimento por Operações ainda não Realizadas. **Revista de Direito Tributário**, São Paulo, n. 44, p. 38-45, abr./jun. 1988.

—. ICMS e substituição tributária. **Revista Dialética de Direito Tributário**, São Paulo, n. 2, p. 70-95, nov. 1995.

—. **Contribuição ao Estudo da Obrigação Tributária**. São Paulo: IBDT, 2003.

—. **Estudos sobre IPI, ICMS e ISS**. São Paulo: Dialética, 2009.

—. Substituição Tributária. *In*: ROCHA, Valdir de Oliveira (coord.). **Grandes Questões Atuais do Direito Tributário**. v. 18. São Paulo: Dialética, 2014, p. 24-26.

COSTA, Leonardo de Andrade; FÜLÖP, Luciana Azevedo da C. **Os Desafios da Substituição Tributária: a incidência do ICMS sobre o vinho**. Rio de Janeiro: FGV, 2015.

COSTA, Regina Helena. **Praticabilidade e justiça tributária: exequibilidade da lei tributária e direitos do contribuinte**. São Paulo: Malheiros, 2007.

—. **Princípio da Capacidade Contributiva**. 4. ed. São Paulo: Malheiros, 2012.

COUTO E SILVA, A **Obrigação Como Processo**. São Paulo: FGV, 2006.

CUNHA, Carlos Renato. **O Simples Nacional, a Norma Tributária e o Princípio Federativo: Limites da praticabilidade tributária**. Curitiba: Juruá, 2011.

—. **Praticabilidade Tributária: eficiência, segurança jurídica e igualdade sob uma perspectiva semiótica**. 687 f. Tese (Doutorado em Direito) – Faculdade de Direito, UFPR, Curitiba, 2019.

DALLAZEM, Dalton Luiz. A Responsabilidade Tributária e o ISS. *In:* TORRES, Heleno Taveira (org.). **ISS na Lei Complementar 116/2003 e na Constituição**. Barueri: Manole, 2004, 149-171.

DARZÉ, Andrea. **Responsabilidade Tributária: Solidariedade e Subsidiariedade**. São Paulo: Noeses, 2010.

DELGADO, José Augusto. A Interpretação Contemporânea do Direito Tributário e os Princípios da Valorização da Dignidade Humana e da Cidadania. *In*: FISCHER, Octavio Campos (coord.). **Tributos e Direitos Fundamentais**. São Paulo: Dialética, 2004, p. 151-173.

DENARI, Zelmo. **Curso de Direito Tributário**. 5 ed. Rio de Janeiro: Forense, 1995.

—. Reflexões acerca da substituição tributária. **Revista Dialética de Direito Tributário**. São Paulo, n. 162, p. 70-75, mar. 2009.

DERZI, Misabel Abreu Machado. **Direito Tributário, Direito Penal e Tipo**. São Paulo: RT, 1988.

—. Princípio da praticabilidade no direito tributário – segurança jurídica e tributação. **Revista de Direito Tributário**, São Paulo, n. 47, p. 166-179, jan./mar. 1989.

—. Aspectos Essenciais do ICMS, como Imposto de Mercado. *In*: SCHOUERI, Luis Eduardo; ZILVETI, Fernando Aurélio (coord.). **Direito Tributário: Estudos em Homenagem a Brandão Machado**. São Paulo: Dialética, 1998, p. 116-142.

—. Distorções do Princípio da Não-Cumulatividade no ICMS – Comparação com o IVA Europeu. *In*: COELHO, Sacha Calmon Navarro *et al.* (org.). **Temas de Direito Tributário**. Belo Horizonte: Del Rey, 1998, p. 107-151.

—. Praticidade. ICMS. Substituição tributária progressiva, "para frente". *In*: DERZI, Misabel Abreu Machado (coord.). **Construindo o Direito Tributário na Constituição: uma análise da obra do Ministro Carlos Velloso**. Belo Horizonte: Del Rey, 2004, p. 169-223.

—. A praticidade, a substituição tributária e o direito fundamental à justiça individual. *In*: FISCHER, Octavio Campos (coord.). **Tributos e Direitos Fundamentais**. São Paulo: Dialética, 2004, p. 261-277.

—. Quebras da livre concorrência no ICMS, no IPI e PIS-COFINS: corporativismo, informalidade, ampla cumulatividade residual e substituição tributária. **Revista Internacional de Direito Tributário**, Belo Horizonte, n. 3, p. 103-117, jan./jun. 2005.

—; COÊLHO, Sacha Calmon Navarro. A Substituição Tributária em Matéria de ICMS e a Proteção da Confiança. *In*: COÊLHO, Sacha Calmon Navarro. **Direito Tributário – Temas Atuais**. São Paulo: Quartier Latin, 2006, p. 371-430.

—. Sobre Confiança e Desconfianças Sistêmicas, Federalismo e Conflitos de Competência. *In*: DERZI, Misabel Abreu Machado (coord.). **Competência Tributária**. Belo Horizonte: Del Rey, 2011, p. 75-112.

—. A Praticidade e o Papel Institucional do Poder Judiciário. A Separação dos Poderes em Jogo. *In*: MANEIRA, Eduardo; TORRES, Heleno Taveira (coord.). **Direito Tributário e a Constituição: Homenagem ao Professor Sacha Calmon Navarro Coêlho**. São Paulo: Quartier Latin, 2012, p. 599-646.

_______.; MOREIRA, André Mendes. A Tributação Sobre o Valor Acrescido e os Impostos sobre o Consumo no Brasil: Influências Externas. *In*: BARRETO, Aires F. (coord.). **Direito Tributário Contemporâneo: Estudos em Homenagem a Geraldo Ataliba**. São Paulo: Malheiros, 2011, p. 532-560.

DIEFENTHAELER, Ricardo. As Pautas Fiscais no Regime de Substituição Progressiva do ICMS e a Neutralidade Tributária. **Revista da Ajuris**, Porto Alegre, n. 125, p. 159-194, mar. 2012.

DINAMARCO, Cândido Rangel. **Instituições de Direito Processual Civil**. V. I. 4. ed. São Paulo: Malheiros, 2004.

ELALI, André. Um Exame da Desigualdade da Tributação em Face dos Princípios da Ordem Econômica. *In*: FERRAZ, Roberto (coord.). **Princípios e Limites da Tributação 2 – Os Princípios da Ordem Econômica e a Tributação**. São Paulo: Quartier Latin, 2009, p. 225-249.

FALCÃO, Amílcar de Araújo. **Sistema Tributário Brasileiro: discriminação de rendas**. Rio de Janeiro: Financeiras, 1965.

—. Substituto Legal Tributário. **Revista de Direito Público**, São Paulo, n. 8, p. 44-47, abr./jun. 1969.

—. **Fato Gerador da Obrigação Tributária**. 6. ed. 2. tir. Rio de Janeiro: Forense, 1995.

FEITOSA, Celso Alves; SANTI, Eurico Marcos Diniz de. **Sujeição passiva, solidariedade, dever de reter e recolher o tributo**. Disponível em: < http://artigoscheckpoint.thomsonreuters.com.br/a/6gge/sujeicao-passiva-solidariedade-dever-de-reter-e-recolher-o-tributo-eurico-marcos-diniz-de-santi-celso-alves-feitosa>. Acesso em: 03.12.2016.

FERNÁNDEZ, German Alejandro San Martin. Considerações sobre a substituição tributária "para frente" e a tributação dos estoques dos contribuintes substituídos – uma abordagem do tema sob o aspecto constitucional. *In*: CARVALHO, Antonio Augusto *et al*. **Estudos em Homenagem a José Eduardo Monteiro de Barros: direito tributário**. São Paulo: MP, 2010, p. 353-373.

FERRAGUT, Maria Rita. **Presunções no Direito Tributário**. 2. ed. São Paulo: Quartier Latin, 2005.

—. **Responsabilidade Tributária e o Código Civil de 2002**. 3. ed. São Paulo: Noeses, 2013.

FERRAZ, Roberto. Da Hipótese ao Pressuposto de Incidência – em Busca do Tributo Justo. *In*: SCHOUERI, Luis Eduardo (coord.). **Direito Tributário – vol. I e II**. v. I. São Paulo: Quartier Latin, 2003, p. 176-238.

—. Inconstitucionalidade Dinâmica das CIDES – O Direito Fundamental à Destinação Constitucionalmente Prevista do Tributo. *In*: FOLMANN, Melissa (coord.). **Tributação e Direitos Fundamentais: Propostas de Efetividade**. Curitiba: Juruá, 2006, p. 265-276.

—. O Consumo, a Concorrência, o Mercado e as Distorções da Substituição Tributária (Para Frente). *In*: ROCHA, Valdir de Oliveira (coord.). **Grandes Questões Atuais do Direito Tributário**. v. 11. São Paulo: Dialética, 2007, p. 359-379.

—. Pressuposto Fático de Imposição na Substituição Tributária. *In*: FERREIRA NETO, Arthur M. Ferreira; NICHELE, Rafael (coord.). **Curso Avançado de**

Substituição Tributária. 2 ed. Porto Alegre: Livraria do Advogado, 2016, p. 95-102.

FERRAZ JÚNIOR, Tércio Sampaio. **Teoria da Norma Jurídica: Ensaio de Pragmática da Comunicação Normativa**. Rio de Janeiro: Forense, 1978.

—. A relação meio/fim na teoria geral do direito administrativo. **Revista de Direito Público**, São Paulo, n. 61, p. 27-33, jan./mar. 1982.

—. **Introdução ao Estudo do Direito: técnica, decisão e dominação.** 3. ed. São Paulo: Atlas, 2001.

—. Obrigação Tributária Acessória e Limites de Imposição: Razoabilidade e Neutralidade Concorrencial do Estado. *In*: TORRES, Heleno Taveira (coord.). **Teoria Geral da Obrigação Tributária: estudos em homenagem ao professor Jose Souto Maior Borges**. São Paulo: Malheiros, 2005, p. 715-735.

—. Estrutura e função: breve estudo sobre a finalidade constitucional dos impostos. *In*: FERRAZ JÚNIOR, Tércio Sampaio. **Direito Constitucional: liberdade de fumar, privacidade, Estado, Direitos humanos e outros temas**. Barueri: Manole, 2007, p. 351-364.

FERREIRA, Richard Edward Dotoli T. Ferreira. **A Sujeição Passiva Tributária e a Retenção de Tributos na Fonte**. Rio de Janeiro: Lumen Juris, 2008.

FERREIRA NETO, Arthur M. Fundamentos Filosóficos da Responsabilidade Tributária. *In*: FERREIRA NETO, Arthur M. Ferreira; NICHELE, Rafael (coord.). **Curso Avançado de Substituição Tributária**. 2. ed. Porto Alegre: Livraria do Advogado, 2016, p. 17-56.

FERREIRO LAPATZA. José Juan. *La privatización de la gestión tributaria y las nuevas competencias de los Tribunales Económico-Administrativos*. ***Revista Española de Derecho Financiero***, Madrid, Civitas, n. 37, p. 81-94, 1983.

—. *Sujetos Pasivos y Capacidad Económica*. **Revista de Direito Tributário**, São Paulo, n. 59, p. 160-167, 1992.

—. **Direito Tributário: teoria geral do tributo**. Tradução de Roberto Barbosa Alves. Barueri: Manole, 2007.

FISCHER, Octavio Campos. Princípio da Eficiência e a Tributação no Brasil. *In*: MARTINS, Ives Gandra da Silva (coord.). **Princípio da Eficiência em Matéria Tributária**. São Paulo: RT, 2006, p. 260-290. (Pesquisas tributárias – nova série, 12).

FOLLADOR, Guilherme Broto. **As Normas de Competência Tributária**. 246 f. Dissertação (Mestrado em Direito) – Setor de Ciências Jurídicas, UFPR, Curitiba, 2013.

—. Presunções e Ficções Fiscais e o Princípio da Capacidade Contributiva. *In*: GRUPENMACHER, Betina Treiger (coord.). **Tributação: Democracia e Liberdade – em homenagem à Ministra Denise Arruda Martins.** São Paulo: Noeses, 2014, p. 1231-1272.

FOLLONI, André Parmo. **Tributação Sobre o Comércio Exterior.** São Paulo: Dialética, 2005.

—. **Ciência do Direito Tributário no Brasil: crítica e perspectivas a partir de José Souto Maior Borges.** São Paulo: Saraiva, 2013.

FÜLÖP, Luciana Azevedo da C.; COSTA, Leonardo de Andrade; **Os Desafios da Substituição Tributária: a incidência do ICMS sobre o vinho.** Rio de Janeiro: FGV, 2015.

FUNARO, Hugo. **Sujeição Passiva Indireta no Direito Tributário Brasileiro – As Hipóteses de Responsabilidade pelo Crédito Tributário Previstas no Código Tributário Nacional.** São Paulo: Quartier Latin, 2013.

—. Limites à Criação de Hipóteses de Substituição Tributária pelo Legislador. *In*: PRETO, Raquel Elita Alves (coord.). **Tributação Brasileira em Evolução: estudos em homenagem ao professor Alcides Jorge Costa.** São Paulo: IASP, 2015, p. 587-607.

GABARDO, Emerson. **Princípio Constitucional da Eficiência Administrativa.** São Paulo: Dialética, 2002.

GALDINO, Flávio. **Introdução à Teoria dos Custos dos Direitos: Direitos Não Nascem em Árvores.** Rio de Janeiro: Lumen Juris, 2005.

GIANNINI, Achille Donato. ***Istituzioni di Diritto Tributario.*** 8. ed. Milão, Giuffrè, 1960.

GIARDINO, Cléber. Relação Jurídica Tributária e o aspecto pessoal que a integra. **Revista de Direito Público**, São Paulo, n. 25, p. 183-195, jul./set., 1973.

GIARDINO, Cléber; ATALIBA, Geraldo. ICM – Linhas Mestras Constitucionais – O Diferimento. **Revista de Direito Tributário**, São Paulo, ano VII, n. 23-24, p. 118-145, jan./jun. 1983.

GIARDINO, Cléber; ATALIBA, Geraldo. Responsabilidade Tributária – ICM – Substituição Tributária (Lei Complementar 44/83), **Revista de Direito Tributário**, São Paulo, ano IX, n. 34, p. 204-231, out./dez. 1985.

GIUBLIN NETO, Ayrton Ruy. **O Espaço na Norma Jurídica Tributária: Territorialidade, critério espacial e elementos de conexão.** 125 f. Dissertação (Mestrado em Direito) – Faculdade de Direito, USP, São Paulo, 2014.

GONÇALVES, José Artur Lima. Princípios Informadores do "Critério Pessoal da Regra Matriz de Incidência Tributária". **Revista de Direito Tributário**, São Paulo, n. 23-24, p. 253-265, jan./jul. 1983.

GONÇALVES NETO, Alfredo de Assis. **Lições de Direito Societário**. 2. ed. São Paulo: Juarez de Freitas, 2004.

GRAU, Eros Roberto. **O Direito Posto e o Direito Pressuposto**. São Paulo: Malheiros, 1996.

—. A Interpretação do Direito e a Interpretação do Direito Tributário. *In*: CARVALHO, Maria Augusta Machado de (coord.). **Estudos de Direito Tributário em Homenagem à Memória de Gilberto Ulhôa Canto**. Rio de Janeiro: Forense, 1998, p. 121-131.

—. **A Ordem Econômica na Constituição de 1988**. 8. ed. São Paulo: Malheiros, 2003.

—. O Direito Posto, o Direito Pressuposto e a Doutrina Efetiva do Direito. *In*: ALVES, Alaôr Caffé *et al*. **O Que é a Filosofia do Direito?** São Paulo: Manole, 2004, p. 33-50.

—. **Por que Tenho Medo dos Juízes (a interpretação/aplicação do direito e os princípios)**. 7 ed. refundida do Ensaio e discurso sobre a interpretação/aplicação do direito. São Paulo: Malheiros, 2016.

GRECO, Marco Aurélio. Antecipação do Fato Imponível do Tributo. *In*: **Revista de Direito Tributário**, São Paulo, n. 17-18, p. 253-260, jul./dez. 1981.

—. **Substituição Tributária – ICMS, IPI, PIS, COFINS**. São Paulo: IOB, 1998.

—. Legitimação ativa e o direito à restituição na substituição tributária. *In*: FERREIRA NETO, Arthur M. Ferreira; NICHELE, Rafael (coord.). **Curso Avançado de Substituição Tributária**. 2. ed. Porto Alegre: Livraria do Advogado, 2016, p. 429-441.

GRUPENMACHER, Betina Treiger. Tributação e Direitos Fundamentais. *In*: FISCHER, Octavio Campos (coord.). **Tributos e Direitos Fundamentais**. São Paulo: Dialética, 2004, p. 9-17.

—. ICMS – Considerações sobre a Base de Cálculo. *In*: ROCHA, Valdir de Oliveira (coord.). **Grandes Questões Atuais do Direito Tributário**. v. 10. São Paulo: Dialética, 2006, p. 18-38.

—. Das Exonerações Tributárias, Incentivos e Benefícios Fscais. *In*: GRUPENMACHER, Betina Treiger *et al*. **Novos Horizontes da Tributação: Um Diálogo Luso-Brasileiro**. Coimbra: Almedina, 2012, p. 9-94.

GUASTINI, Riccardo. **Das Fontes às Normas**. Tradução de Edson Bini. São Paulo: Quartier Latin, 2005.

GUERRA, Leandro. Restituição do ICMS/ST em Minas Gerais tem novo capítulo. Disponível em: <https://www.conjur.com.br/2019-fev-04/opiniao-restituicao-icmsst-minas-gerais-capitulo>. Último acesso em 30.04.2020.

GUERRA FILHO, Willis Santiago. Novas Dimensões da Teoria dos Direitos Fundamentais (aludindo ao princípio da proporcionalidade): uma abordagem filosófica. *In*: CLÈVE, Clèmerson Merlin; FREIRE, Alexandre (coord.). **Direitos Fundamentais e Jurisdição Constitucional**. São Paulo: RT, 2014, p. 849-860.

HACHEM, Daniel Wunder. **Princípio Constitucional da Supremacia do Interesse Público**. Belo Horizonte: Fórum, 2011.

HARET, Florence Cronemberger. **Presunções no Direito Tributário: Teoria e Prática**. 651 f. Tese (Doutorado em Direito) – Faculdade de Direito, USP, São Paulo, 2010.

HART, Herbert L. A. *Kelsen Visited*. *In*: HART, Herbert L. A. ***Essays in Jurisprudence and Philosophy***. Oxford: Clarendon Press, 1983. p. 286-308.

—. *Postscript: Responsibility and Retribution*. *In*: ***Punishment and Responsibility: Essays in the Philosophy of Law***. 2. ed. Oxford: University Press, 2008, p. 210-237.

—. **O Conceito de Direito**. Tradução de Antônio de Oliveira Sette-Câmara. São Paulo: Martins Fontes, 2009.

HENSEL, Albert. ***Diritto Tributario***. Tradução de Dino Jarach. Milão: Giuffrè Editore, 1956.

HERRERA MOLINA, Pedro Manuel. ***Capacidad Económica y Sistema Fiscal: Análisis del Ordenamiento Español a la Luz del Derecho Alemán***. Madrid: Marcial Pons, 1998.

HORVATH, Estevão. Deveres Instrumentais e seus Limites. *In*: BARRETO, Aires Fernandino *et al*. **Interpretação e Estado de Direito**. São Paulo: Noeses, 2006. p. 201-222.

IHERING, Rudolf Von. ***El Fin en el Derecho***. Tradução de L. Rodríguez. Buenos Aires: Atalaya, 1946.

JARACH, Dino. ***Finanzas Públicas y Derecho Tributario***. 3. ed. Buenos Aires: Abeledo-Perrot, 1996.

JOBIM, Eduardo; CARVALHO, Cristiano. O Direito Tributário e a Interpretação Econômica do Direito: deveres instrumentais, custos de conformidade e custos de transação. *In*: TIMM, Luciano Benetti (coord.). **Direito & Economia**. 2. ed. Porto Alegre: Livraria do Advogado, 2008, p. 239-246.

JUSTEN FILHO, Marçal. **O Imposto Sobre Serviços na Constituição**. São Paulo: RT, 1985.

—. Norma Tributária e Isenção. **Revista do Instituto dos Advogados do Paraná**, Curitiba, n. 7, p. 72-136, 1985.

—. **Sujeição Passiva Tributária**. Belém: CEJUP, 1986.

—. Capacidade Contributiva. *In*: MARTINS, Ives Gandra da Silva (coord.). **Capacidade Contributiva**. São Paulo: Resenha Tributária: CEEU, 1989, p. 357-395. (Caderno de Pesquisas Tributárias, 14).

—. Princípios constitucionais tributários. *In*: MARTINS, Ives Gandra da Silva (coord.). **Princípios Constitucionais Tributários**. São Paulo: Resenha Tributária: CEEU, 1993, p. 141-170. (Caderno de Pesquisas Tributárias, 18).

—. Sistema Constitucional Tributário: uma aproximação ideológica. **Revista da Faculdade de Direito da UFPR**. Curitiba, n. 30, p. 215-233, 1998.

—. **Curso de Direito Administrativo**. 12. ed. São Paulo: RT, 2016.

KELSEN, Hans. **Teoria Pura do Direito**. Tradução de João Baptista Machado. São Paulo: Martins Fontes, 2006.

KONKEL JÚNIOR, Nicolau. **Contribuições Sociais: Doutrina e Jurisprudência**. São Paulo: Quartier Latin, 2005.

KOURY, Paulo Arthur Cavalcante. Quando a Desoneração onera: sobre Regras Jurídicas e suas Justificativas. **Revista Direito Tributário Atual**, São Paulo, n. 33, p. 219-236, 2015.

LACOMBE, Américo Masset. **Obrigação Tributária**. São Paulo: RT, 1977.

LEÃES, Luis Gastão Paes de Barros. **Obrigação Tributária**. São Paulo: José Bushatsky, 1971.

LEÃO, Martha Toríbio. **Controle da Extrafiscalidade**. São Paulo: Quartier Latin, 2015.

—. Contributo para o Estudo da Extrafiscalidade: a Importância da Finalidade na Identificação das Normas Tributárias Extrafiscais. **Revista Direito Tributário Atual**, São Paulo, n. 34, p. 303-325, 2015.

LIMA, Ruy Cirne. **Princípios de Direito Administrativo**. 7 ed. São Paulo: Malheiros, 2007.

LOSANO, Mario G. Prefácio à Edição Brasileira – O Pensamento de Norberto Bobbio, do Positivismo Jurídico à Função do Direito. *In*: BOBBIO, Norberto. **Da Estrutura à Função: novos estudos de teoria do direito.** Tradução de Daniela Beccaccia Versiani. Barueri-SP: Manole, 2007, p. XIX-XLIX.

LOZANO SERRANO, Carmelo; QUERALT, Juan Martin; CASADO OLLERO, Gabriel; TEJERIZO LÓPEZ, José Manuel. ***Curso de Derecho Financiero y Tributario***. 7. ed. Madrid: Tecnos, 1996.

LUKIC, Melina Rocha. O fim da substituição tributária para frente ? Disponível em: <http://jota.info/colunas/supra/o-fim-da-substituicao-tributaria-para-frente-19102016>. Acesso em: 07.12.2016.

MACEDO, José Alberto Oliveira. **ITBI – Aspectos Constitucionais e Infraconstitucionais**. São Paulo: Quartier Latin, 2010.

MACHADO, Brandão. Adicional do Imposto de Renda. **Repertório Jurisprudência – tributário e constitucional**, São Paulo, n. 18, p. 291-296, 2ª quinzena de set. 1989.

—. Notas de Direito Comparado: tributação na fonte e substituição tributária. *In*: SCHOUERI, Luis Eduardo (coord.). **Direito Tributário: homenagem a Alcides Jorge Costa**. São Paulo: Quartier Latin, 2003, p. 73-94.

—. Ainda a Substituição Tributária. **Revista Direito Tributário Atual**, n. 19, p. 12-15, 2005.

MACHADO, Hugo de Brito. Responsabilidade Tributária. *In*: MARTINS, Ives Gandra da Silva (coord.). **Responsabilidade Tributária**. São Paulo: Resenha Tributária: CEEU, 1980, p. 43-73 (Caderno de Pesquisas Tributárias, 5).

—. A Substituição Tributária no ICMS. **Revista Dialética de Direito Tributário**, São Paulo, n. 26, p. 27-37, nov. 1997.

—. O Contribuinte e o Responsável no Imposto de Renda na Fonte. **Revista Dialética de Direito Tributário**, São Paulo, n. 70, p. 109-116, jul. 2001.

—. **Curso de Direito Tributário**. 31 ed. São Paulo: Malheiros, 2010.

MACHADO, Raquel Cavalcanti Ramos; MACHADO SEGUNDO, Hugo de Brito. Substituição Tributária, Legalidade e Coerência. *In*: ROCHA, Valdir de Oliveira (coord.). **Grandes Questões Atuais do Direito Tributário**. V. 14. São Paulo: Dialética, 2010, p. 154-165.

MACHADO SEGUNDO, Hugo de Brito. Substituição Tributária, normas de competência da responsabilidade tributária definidas na Constituição Federal. *In*: FERREIRA NETO, Arthur M. Ferreira; NICHELE, Rafael (coord.). **Curso Avançado de Substituição Tributária**. 2. ed. Porto Alegre: Livraria do Advogado, 2016, p. 85-94.

MACHADO SEGUNDO, Hugo de Brito; MACHADO, Raquel Cavalcanti Ramos. Substituição Tributária, Legalidade e Coerência. *In*: ROCHA, Valdir de Oliveira (coord.). **Grandes Questões Atuais do Direito Tributário**. V. 14. São Paulo: Dialética, 2010, p. 154-165.

MANEIRA, Eduardo. O princípio da praticidade no direito tributário (substituição tributária, plantas de valores, retenções de fonte, presunções e ficções etc.): sua necessidade e seus limites. **Revista Internacional de Direito Tributário**, Belo Horizonte, v. 1, n. 2, p. 61-67, jul./dez. 2004.

MARIANO, Paulo Antonio; WERNECK, Raphael Sampaio; ALENCAR, Sandra Regina. **Substituição Tributária no ICMS**. 7 ed. São Paulo: IOB/Sage, 2014.

MARÍN-BARNUEVO FABO, Diego. ***Presunciones y Técnicas Presuntivas en Derecho Tributario***. Madrid: McGraw-Hill, 1996.

MARINS, James. Substituição Tributária e o Novo Código de Processo Civil. *In*: FERREIRA NETO, Arthur M. Ferreira; NICHELE, Rafael (coord.). **Curso Avançado de Substituição Tributária**. 2 ed. Porto Alegre: Livraria do Advogado, 2016, p. 442-453.

MARTINS, Ives Gandra da Silva. Substituição Tributária Antecipada – Inteligência Atual do § 7º do Art. 150 da Constituição Federal. Substituição tributária antecipada: inteligência atual do § 7º do art. 150 da Constituição Federal. **Revista Fórum de Direito Tributário RFDT**, Belo Horizonte, ano 1, n. 1, jan./fev. 2003. Parecer. Disponível em: <http://www.bidforum.com.br/bid/PDI0006.aspx?pdiCntd=12815>. Acesso em: 24 maio 2016.

—. Substituição Tributária e não Cumulatividade. *In*: ROCHA, Valdir de Oliveira (coord.). **Grandes Questões Atuais do Direito Tributário**. v. 14. São Paulo: Dialética, 2010, p. 166-177.

—. Substituição Tributária e Valor de Pauta. *In*: GOTTSCHEFSKY, Hella Isis (org.). **Democracia e Constituição: Estudos em Homenagem ao Ministro José Néri da Silveira**. Porto Alegre: Dom Quixote, 2012, p. 351-360.

—. Responsabilidade tributária dos grupos econômicos. *In*: FERREIRA NETO, Arthur M. Ferreira; NICHELE, Rafael (coord.). **Curso Avançado de Substituição Tributária**. 2 ed. Porto Alegre: Livraria do Advogado, 2016, p. 135-144.

MARTINS-COSTA, Judith. **Comentários ao Novo Código Civil**. V. 5. Tomo II. Rio de Janeiro: Forense, 2009.

MATTOS, Aroldo Gomes de. **ICMS – Comentários à LC 87/96**. São Paulo: Dialética, 1997.

—. ICMS. Substituição Tributária "para frente". Fato Gerador e Base de Cálculo Presumidos. Restituição de Eventual Imposto Arrecadado a Maior. *In*: ROCHA,

Valdir de Oliveira (coord.). **Grandes Questões Atuais do Direito Tributário.** V. 7. São Paulo: Dialética, 2003, p. 24-46.

MELLO, Marcos Bernardes de. **Teoria do Fato Jurídico (Plano da Existência).** 20.ed. São Paulo: Saraiva, 2014.

MELLO, Celso Antônio Bandeira de. **Curso de Direito Administrativo.** 22 ed. São Paulo: Malheiros, 2007.

—. **Conteúdo Jurídico do Princípio da Igualdade.** 3. ed. São Paulo: Malheiros, 2009.

MELO, Ângelo Braga Netto Rodrigues de. Direitos Fundamentais, Igualdade e Substituição Tributária Progressiva. **Revista do Mestrado em Direito – UFAL,** Maceió, v. 2, n. 2, p. 137-165, jan./jun. 2006.

—. **Substituição Tributária Progressiva no ICMS: teoria e prática.** Porto Alegre: Nuria Fabris, 2008.

MELO, José Eduardo Soares de. **ICMS: Teoria e Prática.** 2 ed. São Paulo: Dialética, 1996.

—. A Sujeição Passiva no Código Tributário Nacional. *In*: GRUPENMACHER, Betina (coord.). **Direito Tributário e o Novo Código Civil.** São Paulo: Quartier Latin, 2004, p. 147-166.

—. Contribuições de seguridade social e as hipóteses de substituição. *In*: FERREIRA NETO, Arthur M. Ferreira; NICHELE, Rafael (coord.). **Curso Avançado de Substituição Tributária.** 2. ed. Porto Alegre: Livraria do Advogado, 2016, p. 394-407.

MICHELI, Gian Antonio. **Curso de Direito Tributário.** Tradução de Marco Aurélio Greco e Pedro Luciano Marrey Jr. São Paulo: RT, 1978. (Textos Fundamentais de Direito Público).

MINATEL, José Antonio. Modo de Operacionalização e Atividade Fiscalizatória na Substituição Tributária. *In*: FERREIRA NETO, Arthur M. Ferreira; NICHELE, Rafael (coord.). **Curso Avançado de Substituição Tributária.** 2. ed. Porto Alegre: Livraria do Advogado, 2016, p. 105-118.

MOREIRA, André Mendes. **Não-Cumulatividade Tributária na Constituição e nas Leis (IPI, ICMS, PIS/COFINS, Impostos e Contribuições Residuais).** 468 f. Tese (Doutorado em Direito) – FDUSP, São Paulo, 2009.

—; DERZI, Misabel Abreu Machado. A Tributação Sobre o Valor Acrescido e os Impostos sobre o Consumo no Brasil: Influências Externas. *In*: BARRETO, Aires F. (coord.). **Direito Tributário Contemporâneo: Estudos em Homenagem a Geraldo Ataliba.** São Paulo: Malheiros, 2011, p. 532-560.

MORGADO, Vladimir. Substituição Tributária progressiva no ICMS: mudança de paradigma, fato gerador presumido irrealizado e admissibilidade da complementação. **Revista Fórum de Direito Tributário**, Belo Horizonte, n. 102, p. 121-149, nov./dez. 2019.

MOSCHETTI, Francesco. ***El Principio de Capacidad Contributiva***. Tradução de Juan M. Calero Gallego y Rafael Navas Vazques. Madrid: *Instituto de Estudios Fiscales*, 1980.

MURGEL, Ricardo Paranhos; CANTO, Gilberto de Ulhôa; VILLELA, Carlos Rocha. Base de Cálculo. *In*: MARTINS, Ives Gandra da Silva (coord.). **Base de Cálculo**. São Paulo: Resenha Tributária: CEEU, 1991, 285-311. (Cadernos de Pesquisas Tributárias, 7).

NABAIS, José Casalta. **O Dever Fundamental de Pagar Impostos**. Coimbra: Almedina, 2004.

NASCIMENTO, Octavio Bulcão. Sujeição Passiva Tributária. *In*: SANTI, Eurico Marcos Diniz de (coord.). **Curso de Especialização em Direito Tributário: Estudos Analíticos em Homenagem a Paulo de Barros Carvalho**. Rio de Janeiro: Forense, 2006, p. 799-837.

NOGUEIRA, Johnson Barbosa. Contribuinte Substituto no ICM. **Revista de Direito Tributário**, São Paulo, n. 21-22, p. 90-113, jul./dez. 1982.

—. A substituição tributária na COFINS. *In*: MODESTO, Paulo; MENDONÇA, Oscar (coord.). **Direito do Estado: novos rumos**. v. 3. São Paulo: Max Limonad, 2001, p. 113-123.

NOGUEIRA, Julia de Menezes. Aspectos Relevantes do Imposto sobre a Renda na Fonte. *In*: MARTINS, Ives Gandra da Silva; PEIXOTO, Marcelo Magalhães (coord.). **Imposto sobre a Renda e Proventos de Qualquer Natureza: questões pontuais do curso da APET**. São Paulo: MP, 2006, p. 247-266.

NOGUEIRA, Ruy Barbosa. Tulio Ascarelli e o Direito Tributário Brasileiro. **Direito Tributário Atual**, São Paulo, n. 10, p. 2703-2743, 1990.

OLIVEIRA, Fernando A. Albino de. Sujeição Passiva no Direito Tributário. **Revista de Direito Público**, São Paulo, n. 30, p. 242-254, jul./ago., 1974.

OLIVEIRA, João Martins de. **Direito Fiscal**. Rio de Janeiro: Jacinto, 1943.

OLIVEIRA, José Marcos Domingues de. **Direito Tributário: capacidade contributiva: conteúdo e eficácia do princípio**. 2. ed. Rio de Janeiro: Renovar, 1998.

OLIVEIRA, Ricardo Mariz de. Breves Considerações sobre a Capacidade Contributiva e a Isonomia. *In*: SCHOUERI, Luis Eduardo (coord.). **Direito Tributá-**

rio: homenagem a Alcides Jorge Costa. São Paulo: Quartier Latin, 2003, p. 457-523.

—. A Substituição Tributária no Imposto de Renda. *In*: FERREIRA NETO, Arthur; NICHELE, Rafael (coord.) **Curso Avançado de Substituição** Tributária. 2. ed. Porto Alegre: Livraria do Advogado, 2016, p. 341-355.

OLIVERCRONA, Karl. **Linguagem Jurídica e Realidade**. Tradução de Edson L M. Bini, São Paulo: Quartier Latin, 2005.

PACHECO, Ângela Maria da Motta. Sujeição Passiva e Responsáveis Tributários. **Revista Dialética de Direito Tributário**, São Paulo, n. 3, p. 12-25, dez. 1995.

—. **Sanções Tributárias e Sanções Penais Tributárias**. São Paulo: Max Limonad, 1997.

—. O Destinatário Legal Tributário da Obrigação Tributária Substancial. *In*: TORRES, Heleno Taveira (coord.). **Teoria Geral da Obrigação Tributária: Estudos em homenagem ao professor José Souto Maior Borges**. São Paulo: Malheiros, 2005, p. 336-356.

PANDOLFO, Rafael. Substituição Tributária, Limites Constitucionais e Phármacon. *In*: FERREIRA NETO, Arthur M. Ferreira; NICHELE, Rafael (coord.). **Curso Avançado de Substituição Tributária**. 2 ed. Porto Alegre: Livraria do Advogado, 2016, p. 287-296.

PAOLA, Leonardo Sperb de. **Presunções e Ficções no Direito Tributário**. Belo Horizonte: Del Rey, 1997.

PAPADOL, Marcel. Um passo adiante: contributo para a compreensão do controle das medidas tributárias extrafiscais e do papel desempenhado pela capacidade contributiva neste contexto. ÁVILA, Humberto. (org.). **Fundamentos do Direito Tributário**. São Paulo: Marcial Pons, 2012, p. 273-299.

PARLATO, Andrea. ***Il Sostituto D'Imposta***. Padova: CEDAM, 1969.

PAULSEN, Leandro. **Responsabilidade e Substituição Tributárias**. 2. ed. Porto Alegre: Livraria do Advogado, 2014.

—. A substituição tributária no Direito Europeu. *In*: FERREIRA NETO, Arthur M. Ferreira; NICHELE, Rafael (coord.). **Curso Avançado de Substituição Tributária**. 2. ed. Porto Alegre: Livraria do Advogado, 2016, p. 57-81.

PEIXOTO, Daniel Monteiro. **Responsabilidade Tributária e os atos de formação, administração, reorganização e dissolução de sociedades**. São Paulo: Saraiva, 2012.

PÉREZ DE AYALA, José Luis. ***Las Ficciones en el Derecho Tributario***. Madrid: Derecho Financiero, 1970.

—; GONZALEZ, Eusebio. ***Curso de Derecho Tributario***. Madrid: Edersa, 1975.

PESSOA, Leonel Cesarino. O Princípio da Capacidade Contributiva na Jurisprudência do Supremo Tribunal Federal. **Revista de Direito GV**, São Paulo, n. 6, p. 95-106, jan./jun. 2009.

—. O Princípio da Capacidade Contributiva na sua Evolução Histórica: um Estudo de Direito Comparado Brasil e Itália. *In*: PRETO, Raquel Elita Alves (coord.). **Tributação Brasileira em Evolução: estudos em homenagem ao Professor Alcides Jorge Costa**. São Paulo: IASP, 2015, p. 341-373.

POLIZELLI, Victor Borges. A Eficiência do Sistema Tributário – uma Questão de Busca da Justiça com Proteção da Segurança Jurídica. **Revista Direito Tributário Atual**, São Paulo, n. 20, p. 253-271, 2006.

PONTALTI, Mateus Benato. Da Legitimidade Ativa para pleitear a Restituição do Indébito dos Tributos submetidos à Substituição Tributária. **Revista Direito Tributário Atual**, São Paulo, n. 43, p. 269-287, 2019.

PONTES, Helenílson Cunha. **O Princípio da Proporcionalidade e o Direito Tributário**. São Paulo: Dialética, 2000.

—. O princípio da praticidade no Direito Tributário (substituição tributária, planta de valores, retenção de fonte, presunções e ficções etc.): sua necessidade e seus limites. **Revista Internacional de Direito Tributário**, Belo Horizonte, v. 1, n. 2, p. 53-60, jul./dez. 2004.

PONTES DE MIRANDA, Francisco Cavalcanti. **Tratado de Direito Privado – Parte Geral – Introdução, Pessoas Físicas e Jurídicas**. T. I. 2. ed. Rio de Janeiro: Borsoi, 1954.

QUEIROZ, Luiz César Souza de. **Sujeição Passiva Tributária**. Rio de Janeiro: Forense, 1999.

QUERALT, Juan Martin; LOZANO SERRANO, Carmelo; CASADO OLLERO, Gabriel; TEJERIZO LÓPEZ, José Manuel. ***Curso de Derecho Financiero y Tributario***. 7. ed. Madrid: Tecnos, 1996.

REALE, Miguel. **Filosofia do Direito**. 20. ed. São Paulo: Saraiva, 2002.

—. **Lições Preliminares de Direito**. 27. ed. 9. tir. São Paulo: Saraiva, 2002.

REZENDE, Fernando. Integração Regional e Harmonização Tributária: a perspectiva brasileira. Disponível em: <https://publications.iadb.org/bitstream/handle/11319/2806/Integracao%20Regional%20e%20Harmonizacao%20Tributaria%20A%20Perspectiva%20Brasileira.pdf?sequence=1>. Acesso em: 17.12.2016.

RIBEIRO, Leonardo Alcântara. A guerra fiscal do ICMS sob uma perspectiva comparada de competição tributária. **Escola de Direito GV – Núcleo de Estudos Fiscais**. São Paulo, p. 18-22, 2010.

RIBEIRO, Marcelo Miranda; VOSGERAU, Douglas. As Perspectivas da Neutralidade Tributária, da Extrafiscalidade e da Livre Concorrência Diante da Substituição Tributária e da Tributação Monofásica. *In*: FOLMANN, Melissa; GONÇALVES, Oksandro Osdival (coord.). **Tributação, Concorrência & Desenvolvimento**. Curitiba: Juruá, 2013. p. 103-120.

RIBEIRO, Maria de Fátima. Reflexos da Tributação no Desequilíbrio da Livre Concorrência. *In*: GRUPENMACHER, Betina Treiger *et al*. **Novos Horizontes da Tributação: Um Diálogo Luso-Brasileiro**. Coimbra: Almedina, 2012, p. 209-327.

RIBEIRO, Ricardo Lodi; MOREIRA, Maria Luisa Marques. Substituição tributária na indústria do petróleo. *In*: FERREIRA NETO, Arthur M. Ferreira; NICHELE, Rafael (coord.). **Curso Avançado de Substituição Tributária**. 2. ed. Porto Alegre: Livraria do Advogado, 2016, p. 145-161.

—. A praticabilidade e o deslocamento da sujeição passiva tributária. **Revista Fórum de Direito Tributário**, Belo Horizonte, n. 97, p. 73-90, jan./fev. 2019.

ROBINSON, Leslie; Joel SLEMROD. *Understanding Multidimensional Tax Systems*. Disponível em: http://faculty.tuck.dartmouth.edu/images/uploads/faculty/leslie-robinson/robinsonslemrod.pdf. Último acesso em: 26.03.2017.

ROCHA, Eduardo Morais da. **Teoria Institucional da Praticabilidade**. São Paulo: Noeses, 2016.

ROCHA, Paulo Victor Vieira da. **Substituição Tributária e Proporcionalidade: entre capacidade contributiva e praticabilidade**. São Paulo: Quartier Latin, 2012.

—. **Teoria dos Direitos Fundamentais em Matéria Tributária: Restrições a Direitos do Contribuinte e Proporcionalidade**. São Paulo: Quartier Latin, 2017.

RODRIGUES, Walter Piva. A Substituição Tributária é Instituto Típico do Direito Tributário. *In*: SCHOUERI, Luis Eduardo (coord.). **Direito Tributário: homenagem a Alcides Jorge Costa**. São Paulo: Quartier Latin, 2003, p. 239-242.

—. **Substituição Tributária**. São Paulo: Quartier Latin, 2004.

ROMANO, Santi. **Princípios de Direito Constitucional Geral**. Tradução de Maria Helena Diniz. São Paulo: RT, 1977.

ROSS, Alf. **Tû-Tû**. Tradução de Edson L. M. Bini. São Paulo: Quartier Latin, 2004.

ROTHMANN, Gerd Willi. Tributação, Sonegação e Livre Concorrência. *In*: FERRAZ, Roberto (coord.). **Princípios e Limites da Tributação 2 – Os Princípios da Ordem Econômica e a Tributação.** São Paulo: Quartier Latin, 2009, p. 331-371.

SAAD, Sérgio Sydionir. **Simplificação e Praticabilidade no Direito Tributário.** 224 f. Dissertação (Mestrado em Direito) – Faculdade de Direito, USP, São Paulo, 2013.

SALOMÃO, Marcelo Viana. A Substituição Tributária para Frente, o STF e a Questão da Base de Cálculo. *In*: ROCHA, Valdir de Oliveira (coord). **Grandes Questões Atuais do Direito Tributário.** v. 6. São Paulo: Dialética, 2002, p. 265-274.

SANTI, Eurico Marcos Diniz de. **Lançamento Tributário.** São Paulo: Max Limonad, 1996.

—. ICMS, Substituição para frente, o mito do "pagamento antecipado" e o princípio da legalidade. **Biblioteca Digital Revista Fórum de Direito Tributário – RFDT**, Belo Horizonte, n. 6. Disponível em: http://www.editoraforum.com.br/bid/bidConteudoShow.espx?idConteudo=13365. Acesso em: 10.05.2016.

—. ICMS – Mercadorias: Direito ao Crédito – Importação e Substituição. *In*: SANTI, Eurico Marcos Diniz de (coord.). **Curso de Especialização em Direito Tributário: Estudos Analíticos em Homenagem a Paulo de Barros Carvalho.** Rio de Janeiro: Forense, 2006. p. 535-552.

—. **Kafka, Alienação e Deformidade da Legalidade. Exercício do Controle Social rumo à Cidadania Fiscal.** São Paulo: RT, 2014.

—; COELHO, Isaias. O Contribuinte não pode ser visto como potencial criminoso. Disponível em: < http://www.conjur.com.br/2013-abr-25/contribuinte-brasileiro-nao-visto-potencial-criminoso>. Acesso em: 18.12.2016.

—; FEITOSA, Celso Alves. Sujeição passiva, solidariedade, dever de reter e recolher o tributo. Disponível em: < http://artigoscheckpoint.thomsonreuters.com.br/a/6gge/sujeicao-passiva-solidariedade-dever-de-reter-e-recolher-o-tributo-eurico-marcos-diniz-de-santi-celso-alves-feitosa>. Acesso em: 03.12.2016.

SARMENTO, Daniel (org.). **Interesses Públicos versus Interesses Privados: Desconstruindo o Princípio de Supremacia do Interesse Público.** Rio de Janeiro: Lumen Juris, 2007.

—. **Dignidade da Pessoa Humana na Ordem Constitucional Brasileira: conteúdo, trajetórias e metodologia.** 392 f. Tese (Concurso para Professor Titular de Direito Constitucional) – UERJ, Rio de Janeiro, 2015.

SARTIN, Agostinho. Sujeição Passiva no ICM. **Revista de Direito Tributário**, São Paulo, n. 25-26, p. 176-188, 1983.

SCHAUER, Frederick. ***Playing by the Rules: A Philosophical Examination of Rule-Based Decision-Making in Law and Life***. Oxford: Clarendon Press, 2002.

—. ***Profiles, Probabilities and Stereotypes***. Cambridge: Harvard University Press, 2003.

SCHOUERI, Luis Eduardo. **Normas Tributárias Indutoras e Intervenção Econômica**. São Paulo: Forense, 2005.

—. Livre Concorrência e Tributação. *In*: ROCHA, Valdir de Oliveira (coord). **Grandes Questões Atuais do Direito Tributário**. V. 11. São Paulo: Dialética, 2007, p. 241-271.

—. Prefácio. *In*: ROCHA, Paulo Victor Vieira da. **Substituição Tributária e Proporcionalidade: entre capacidade contributiva e praticabilidade.** São Paulo: Quartier Latin, 2012, p. I-VIII.

—. **Direito Tributário**. 4. ed. São Paulo: Saraiva, 2014.

—. Contribuição ao Estudo da Obrigação Tributária: um Posfácio. *In*: PRETO, Raquel Elita Alves. *et al.* **Tributação Brasileira em Evolução: estudos em homenagem ao professor Alcides Jorge Costa.** São Paulo: IASP, 2015, p. 521-541.

—. Restrições à atividade econômica do contribuinte na substituição tributária e livre concorrência. *In*: FERREIRA NETO, Arthur M. Ferreira; NICHELE, Rafael (coord.). **Curso Avançado de Substituição Tributária**. 2 ed. Porto Alegre: Livraria do Advogado, 2016, p. 119-134.

SEHN, Sólon. ICMS e a base de cálculo na substituição tributária. *In*: FERREIRA NETO, Arthur M. Ferreira; NICHELE, Rafael (coord.). **Curso Avançado de Substituição Tributária**. 2. ed. Porto Alegre: Livraria do Advogado, 2016, p. 317-331.

SEIXAS FILHO, Aurélio Pitanga. **Taxa – doutrina, prática e jurisprudência de acordo com a constituição de 1988**. Rio de Janeiro: Forense, 1990.

SEIXAS FILHO, Aurélio Pitanga. Natureza Jurídica da Relação Tributária. **Revista da Faculdade de Direito de Campos**, Campos dos Goitacazes, ano VI, n. 6, p. 45-70, jun. 2005.

SEPULCRI, Nayara Tataren. **O Princípio da Solidariedade no Sistema Constitucional Tributário Brasileiro.** 262 f. Dissertação (Mestrado em Direito) – Setor de Ciências Jurídicas, UFPR, Curitiba, 2013.

SILVA, Paulo Roberto Coimbra. **A Substituição Tributária Progressiva nos Impostos Plurifásicos e Não-Cumulativos**. Belo Horizonte: Del Rey, 2001.

VELLOSO, Andrei Pitten. **Constituição Tributária Interpretada**. São Paulo: Atlas, 2007.

—. **O Princípio da Isonomia Tributária: Da Teoria da Igualdade ao Controle das Desigualdades Impositivas**. Porto Alegre: Livraria do Advogado, 2010.

—. As modalidades de sujeição passiva no Código Tributário Nacional. *In*: FERREIRA NETO, Arthur M. Ferreira; NICHELE, Rafael (coord.). **Curso Avançado de Substituição Tributária**. 2. ed. Porto Alegre: Livraria do Advogado, 2016, p. 177-206.

VIEIRA, José Roberto. **A Regra-Matriz de Incidência do IPI: Texto e Contexto**. Curitiba: Juruá, 1993.

—. A Noção de Sistema no Direito. **Revista da Faculdade de Direito da UFPR**, Curitiba, Porto Alegre, Síntese, n. 33, p. 53-64, 2000.

—. Legalidade Tributária ou Lei da Selva: Sonho ou Pesadelo. **Revista da Faculdade de Direito da UFPR**, Curitiba, Porto Alegre, Síntese, n. 37, p. 5-22, 2002.

—. Legalidade Tributária e Medida Provisória: Mel e Veneno. *In*: FISCHER, Octavio Campos (coord.). **Tributos e Direitos Fundamentais**. São Paulo: Dialética, 2004, p. 175-216.

—. E, Afinal, a Constituição Cria Tributos! *In*: TÔRRES, Heleno Taveira (coord.). **Teoria Geral da Obrigação Tributária: estudos em homenagem a José Souto Maior Borges**. São Paulo: Malheiros, 2005, p. 594-642.

—. Fundamentos Republicano-Democráticos da Legalidade Tributária: Óbvios Ululantes e Não Ululantes. *In*: FOLMANN, Melissa (coord.). **Tributação e Direitos Fundamentais: Propostas de Efetividade**. Curitiba: Juruá, 2006, p. 181-217.

—. O IRPF e o Direito Fundamental à Igualdade: Um Tributo de Dupla Personalidade ! *In:* BRANCO, Paulo Gonet; MEIRA, Liziane Angelotti; CORREIA NETO, Celso de Barros (coord.). **Tributação e Direitos Fundamentais conforme a Jurisprudência do STF e do STJ**. São Paulo: Saraiva, 2012, p. 164-226.

—. A Extrafiscalidade da Lei 12.715/2012 e a Capacidade Contributiva: a Convivência do Lobo e do Cordeiro? **Revista de Direito Tributário**, São Paulo, n. 118, p. 18-42, jun. 2013.

—. Normas Gerais de Direito Tributário: Um Velho Tema sob Novíssima Perspectiva. *In*: CARVALHO, Paulo de Barros (coord.). **50 Anos do Código Tributário Nacional**, 1. ed. São Paulo: Noeses: IBET, 2016, p. 687-730.

—. Prefácio – Em Busca da Verdade sobre o IPI: Dos Voos com Instrutor aos Voos Solos Ousados. *In*: VALLE, Maurício Dalri Timm. **Princípios Constitu-**

cionais e Regras-Matrizes de Incidência do IPI. São Paulo: Noeses, 2016, p. XXV-XLIII.

VILANOVA, Lourival. **As Estruturas Lógicas e o Sistema de Direito Positivo**. 4 ed. São Paulo: Noeses, 2010.

—. **Causalidade e Relação no Direito**. 5 ed. São Paulo: Noeses, 2015.

VILELA, Gilberto Etchaluz. **A Responsabilidade Tributária**. Porto Alegre: Livraria do Advogado, 2001.

VILLEGAS, Hector Destinatário Legal Tributário: contribuinte e sujeitos passivos na obrigação tributária. **Revista de Direito Público**, São Paulo, v. 7, n. 30, p. 271-294, jul./ago. 1974.

—. Retenção de Tributos – agentes de retenção e agentes de percepção. **Revista de Direito Tributário**, São Paulo, n. 6, p. 67-83, out./dez. 1978.

—. ***Curso de Finanzas, Derecho Financiero y Tributario***. 7. ed. Buenos Aires: Depalma, 2001.

VILLELA, Carlos Rocha; CANTO, Gilberto de Ulhôa; MURGEL, Ricardo Paranhos. Base de Cálculo. *In*: MARTINS, Ives Gandra da Silva (coord.). **Base de Cálculo**. São Paulo: Resenha Tributária: CEEU, 1991, 285-311. (Cadernos de Pesquisas Tributárias, 7).

VOSGERAU, Douglas; RIBEIRO, Marcelo Miranda. As Perspectivas da Neutralidade Tributária, da Extrafiscalidade e da Livre Concorrência Diante da Substituição Tributária e da Tributação Monofásica. *In*: FOLMANN, Melissa; GONÇALVES, Oksandro Osdival (coord.). **Tributação, Concorrência & Desenvolvimento**. Curitiba: Juruá, 2013. p. 103-120.

WERNECK, Raphael Sampaio; ALENCAR, Sandra Regina; MARIANO, Paulo Antonio. **Substituição Tributária no ICMS**. 7 ed. São Paulo: IOB/Sage, 2014.

XAVIER, Alberto. **Os Princípios da Legalidade e Tipicidade da Tributação**. São Paulo: RT, 1978.

—. Contribuinte e Responsável no Imposto de Renda sobre Juros Pagos a Residentes. **Revista de Direito Tributário,** São Paulo, n. 55, p. 82-114, jan./mar. 1991.

—. **Direito Tributário Internacional do Brasil**. 7 ed. Rio de Janeiro: Forense, 2010.

YAMASHITA, Douglas; TIPKE, Klaus. **Justiça Fiscal e Princípio da Capacidade Contributiva**. São Paulo: Malheiros, 2002.

ZILVETI, Fernando. **Princípios de Direito Tributário e a Capacidade Contributiva**. São Paulo: Quartier Latin, 2004.

—. *Simplicius simplicissismus*: os limites da praticabilidade diante do princípio da capacidade contributiva. **Revista Direito Tributário Atual**, São Paulo, n. 22, p. 179-192, 2008.

ZOCKUN, Maurício. **Regime Jurídico da Obrigação Tributária Acessória**. São Paulo: Malheiros, 2005.